首批上海高等教育精品教材
首批国家级一流本科课程配套教材
高等院校经济管理类专业"互联网+"创新规划教材

FINANCIAL
RISK MANAGEMENT
5th Edition

金融风险管理
（第5版）

朱淑珍 /主编　李成龙 /主审
吉余峰　王海侠　董平军 /副主编
李　勇　吴筱菲　孙　钰　贺　刚 /参编

内容简介

本书根据金融风险管理理论的内在逻辑，全面系统地介绍了金融风险管理原理和方法。全书分为3篇。第一篇基本原理，主要介绍金融风险形成的基本理论，根据金融风险管理流程，分别分析了金融风险的识别与度量，解释了金融风险预警的基本思想。第二篇商业银行，在总体介绍商业银行风险管理的基本原理基础上，对商业银行面临的主要风险如信用风险、流动性风险、利率风险、汇率风险、操作风险加以详细分析。第三篇主要金融市场，先后分析了股票市场、债券市场、基金市场、保险市场、金融衍生品市场风险管理的方法。

本书既可作为高等院校金融学专业、金融工程专业以及经管类其他专业教材，也可以供金融从业人员参考使用。

图书在版编目（CIP）数据

金融风险管理 / 朱淑珍主编 . -- 5 版 . -- 北京：北京大学出版社，2024.7. --（高等院校经济管理类专业"互联网+"创新规划教材）. -- ISBN 978-7-301-35251-9

Ⅰ. F830.2

中国国家版本馆 CIP 数据核字第 2024L8C997 号

书　　　名	金融风险管理（第5版）
	JINRONG FENGXIAN GUANLI（DI-WU BAN）
著作责任者	朱淑珍　主编
策 划 编 辑	王显超
责 任 编 辑	李娉婷
数 字 编 辑	金常伟
标 准 书 号	ISBN 978-7-301-35251-9
出 版 发 行	北京大学出版社
地　　　址	北京市海淀区成府路205号　100871
网　　　址	http://www.pup.cn　新浪微博：@北京大学出版社
电 子 邮 箱	编辑部 pup6@pup.cn　总编室 zpup@pup.cn
电　　　话	邮购部 010-62752015　发行部 010-62750672　编辑部 010-62750667
印 刷 者	北京圣夫亚美印刷有限公司
经 销 者	新华书店
	787毫米×1092毫米　16开本　21.75印张　525千字
	2012年2月第1版　2015年7月第2版
	2017年8月第3版　2020年10月第4版
	2024年7月第5版　2025年6月第2次印刷
定　　　价	59.00元

未经许可，不得以任何方式复制或抄袭本书之部分或全部内容。

版权所有，侵权必究

举报电话：010-62752024　电子邮箱：fd@pup.cn

图书如有印装质量问题，请与出版部联系，电话：010-62756370

第 5 版前言

迈向新发展的中国需要拥有与之匹配的金融支持，中国式现代化进程中面临着诸多风险，需防范化解风险，坚定守护金融安全，推进金融高质量发展和高水平开放是新时代的历史定位和发展使命，也是全面推进强国建设的坚实保障。党的二十大报告指出，为了实现建设社会主义现代化强国的伟大目标，要"深入实施科教兴国战略、人才强国战略、创新驱动发展战略"。

教材是教育教学的关键要素，也是立德树人的基本载体。人工智能、大数据和互联网金融等数智化技术的快速发展对教育提出了新要求。教育正经历着从知识传授到能力培养的范式转型。面对人工智能引发的教育变革，高校亟须构建"自主培养、能力为本、价值引领"三位一体的新模式，通过人机协同，培养具有健全人格、批判精神和社会担当的新人。时代在呼唤教育形态重塑，呼唤知识传授和获取方式变革，那么，如何适应社会发展对人才培养的要求？如何使教材反映人类文化知识积累？如何使教材框架体系适应思维进化？如何使教材逻辑内涵反映并推动金融学理论创新？这些都需要在教材内容和呈现形式上下功夫，包括对信息时代学习者认知和学习行为规律的认识，对现代技术推动下人才培养模式改革的把握，由此才能真正做到守正创新、科学严谨、适教利学。作为育人育才的重要依托，本版教材在前版的基础上，做了如下修订工作：

第一，本着精益求精的原则，对教材全部内容做了系统梳理并删减部分章节；

第二，本着一丝不苟的原则，对部分核心概念、基本原理等表述做了进一步规范；

第三，本着与时俱进的原则，在保留经典案例的前提下，更新了部分案例；

第四，为贯彻产教融合理念并体现国产先进技术，本书融入了区块链、人工智能、大数据及数智化的相关内容；

第五，对各章的参考文献进行了更新和补充，以便学有余力的同学跟踪相关领域的最新进展。

习近平总书记在中共中央政治局第二十次集体学习时强调推进人工智能全学段教育和全社会通识教育，源源不断培养高素质人才。本版教材基于智能教育技术创新理念，整合大语言模型技术，构建了自适应智能问答系统。该系统通过自然语言处理技术精准识别教材内容，可根据学习者提问提供定制化解答。此外，该系统还实现了 7×24 小时不间断的智能答疑服务，这一创新设计不仅将教材知识转化为动态交互内容，更通过人机协同的交互模式，显著提升了学习效率和知识获取体验。特别地，本版教材还新增了两项附录内容：附录 A 为 AI 伴学内容及提示词，是以教材核心知识点为基础设计，通过大语言模型技术构建智能化学习辅助平台，指导学生有效运用生成式人工智能工具（如 DeepSeek、Kimi、豆包、腾讯元宝等）开展个性化、交互式的深度学习；附录 B 为金融风险决策支持及模拟仿真（访问网址：www.jctd.net），借助此模块内容，学生可以实现风险管理的实践操作和量化计算。新增的附录内容，不仅打破了传统教材的静态知识传递模式，更构建了纸质媒介、数字技术与人工智能深度融合新一代学习生态。当前，世界百年未有之大变局加速演进，实现高质量发展任重道远，教育、科技、人才是全面建设社会主义现代化国家的基础性、战略性支撑，让我们以学术为本源，以学科为基石，共同为人才培养贡献力量。

由于受学识能力的限制，本版教材不可避免地存在疏漏缺失，恳请读者和同行们一如既往地给予支持并提出宝贵意见。

编 者

2025 年 6 月

【资源索引】

第4版前言

人类知识的积累已进入指数级增长时代,教师不再是知识的绝对掌控者,课堂也不再作为知识传播的唯一途径。面向未来,教材建设应如何在重塑教学关系过程中发挥积极作用,进而推动和引领整个教育、教学过程,是一直萦绕在我们脑海中的论题。伴随着世界政治经济格局的变化,金融形势更加变幻莫测,新的环境带来新的风险。基于以上考虑,本书编写人员自2017年第3版"互联网+"教材出版后,就开始探索和实践教材的进一步赋能,体现在本版教材上主要有以下两方面工作。

第一,本着立德树人的宗旨,在教材中首次融入了思政元素。习近平总书记在全国高校思想政治工作会议上指出"其他各门课都要守好一段渠、种好责任田,使各类课程与思想政治理论课同向同行,形成协同效应"。本版教材在每章中均嵌入思政元素,并通过导入案例分析给读者以提示,由此将思政课程和专业知识更好地融合,引导学生关注现实,培育学生经世济民、诚信服务、德法兼修的职业素养。

第二,秉承本教材前3版以来一直注重理论同时也重视案例的传统,针对金融环境复杂多变的特点,本版教材更新了三分之一以上案例。通过再现应用场景,既使教材内容与时俱进,又增强可读性。在案例的选择上,尽可能引入国内金融市场近年发生的典型案例,同时也不排斥国外有影响力的经典案例,以期我们的教材扎根中国,面向世界,通过不断凝练、升华,逐步实现从跟跑、并跑走向领跑的目标。这既是高质量人才培养之必需,也是教师社会责任之所在。

读者的反馈是编者开拓创新、不断进取的原动力。在此,我们恳请读者提出宝贵意见。

编　者

2020年6月

第 3 版前言

　　移动学习是未来学习的重要形式，读者可以通过移动终端随时随地自主学习。为了更好地服务广大读者，本次修订在第 2 版教材的基础上，新增了相关的二维码参考资料，读者可以扫描二维码获取教材以外的金融风险管理领域信息和知识。新增的二维码参考资料主要由以下 3 部分组成：教材配套 PPT、搜集和归纳的网络资源、对权威期刊刊载的相关学术论文要点的梳理和提炼。

　　二维码资源内容坚持理论与实践并重，既有对理论模型的学术探讨，也有对当前金融环境发展变化等相关金融时事的解读。例如，参考论文《基于 KMV 模型的制造业上市公司信用风险评价研究》，介绍了违约点修正后的 KMV 模型及其在信用风险评价中的应用；参考网络资源"和讯网"解读修改后的《商业银行流动性风险管理办法（试行）》等国内最前沿的金融政策。

　　二维码资源形式丰富多样，每章都有 PPT、视频、网页和论文等形式的批注。章首的 PPT 是对本章内容的要点提炼，向读者提示学习的重点、难点；视频或轻松活泼，或紧扣当前金融形势，如以动画形式讲解美国次贷危机，以新闻报道介绍中国存款保险制度；网页内容包括金融业的前沿资讯，有利于开阔读者的眼界；学术论文是对相关知识点的深入解读，可以帮助那些不满足一般结论的读者更深入地了解该领域的前沿动态。

　　此外，本书可与在线课程（中国大学 MOOC– 金融风险管理 – 朱淑珍）配合使用，以达到更好的学习效果。

　　读者的意见和建议是编者不断完善教材和追求创新的动力，期待各位读者一如既往地关注本书，并提出更多宝贵的意见和建议。

编　　者
2017 年 1 月

第 2 版前言

自第 1 版问世以来的 3 年时间中，我们不时接到来自众多高校及业界同行的来电来函，索要相关资料并深入研究金融风险管理新问题。承蒙北京大学出版社大力支持和同行们的厚爱，本教材获得了学界的充分认可和广泛的社会好评，已被评为上海市优秀教材。考虑到金融风险管理理论和实践的快速发展，为更好地服务社会，进一步回馈广大读者，我们对本教材在原有规范基础上，作了理论上的升华和资料上的更新。

近年来，国内外金融风险管理的环境发生了重大的变化。从国际范围来看，美元对主要世界货币正处于升值时期，欧洲央行正在实施量化宽松货币政策，亚洲基础设施投资银行即将横空出世，必然导致国际资本流动方向发生重大变化；人民币国际化进程日益加快，大大超出了预测。从国内视角来看，未来几年，一些重要事件对中国经济及整个金融体系会产生持续的影响，如利率市场化进程提速和影子银行体系影响与日俱增，互联网金融的异军突起等。这些事件会使得利率风险及其他金融风险愈益突出，同时也增加了金融风险管理的复杂性和难度。

有鉴于此，在这一版的修订过程中，我们认真听取了来自教学第一线的广大同行们的意见，也充分考虑了学生们使用教材的亲身感受，本着服务于教和学两方面需求的原则，第 2 版作了以下修改。

第一，对教材体系作了一定程度的调整，使之更加严密紧凑。全书目前分成三篇，即基本原理篇、商业银行篇和主要金融市场篇。在基本原理篇中，对第 4 章进行了重大修改，原先的一些内容合并到相关章节中，增添了金融风险预警的内容。在商业银行篇中，第 5 章对商业银行这类金融机构的风险管理进行了概述，尤其对《巴塞尔协议Ⅲ》进行了重点介绍。在主要金融市场篇中，考虑了债券市场和保险市场在整个金融市场体系中的地位，这两方面的内容都单独成章加以讨论。

第二，继承第 1 版的特色，保证每一章都有一个导入案例和结束时的思考案例。根据与时俱进的原则，在对经典案例予以保留的前提下，更新了约三分之一的案例，以便及时反映国内外金融现实最新发展动态，增强教材的实践性、可读性和趣味性。

第三，我们始终认为教学的主体是学生，让学生们真正掌握使用金融风险管理知识是教学的首要目标。在本次修订过程中，我们在每章习题的编写方面做了修订。对每道题目的语言仔细推敲使之更加简练准确；去掉了比较死板的填空题，适当增加了一些计算题。修改后的习题，既聚焦每一章的教学重点内容，又能为学生参加与本课程相关的职业资格考试，如银行业从业人员资格考试、金融风险管理师考试等提供一些力所能及的帮助。

在第 2 版的修订过程中，吉余峰老师欣然加入编写团队，并和主编一道共同讨论形成了新版教材的修订思路，具体负责全书修订幅度较大的商业银行风险管理概述和独立成章的债券市场风险管理这两章的编写工作，并修订了全书各章的所有复习思考题。王海侠老师参与了第 2 版的后期部分校对工作。

再一次期待各位读者对第 2 版教材提出宝贵的意见，共同为中国金融风险管理学科的发展作出贡献。

编　者
2015 年 5 月

第1版前言

中国经济实践的成就举世瞩目,经济增长的优秀表现赢得了广泛的国际赞誉,但金融发展的滞后特别是金融市场的不成熟性却更受关注。作为一个发展中国家,中国现有金融体系在未来发展中存在着诸多选择,迈向新发展方式的中国需要拥有与之匹配的金融管理。事实上,在当代经济运行中,小到企业的破产,大到全球性的金融危机,抑或是当前的欧洲主权债务危机的发生,均与金融风险管理密不可分。金融风险管理水平的高低已严重影响到企业的生存和世界经济的健康发展。尽管我国从政府到企业都对金融风险管理极为重视,但由于金融风险管理专业人才的匮乏,我国在风险管理领域大大落后于欧美国家。提高金融风险管理水平,不仅需要有关制度建设和体制创新的大环境基础,更需要大批熟悉金融风险理论与实务的专门人才。编者希望通过撰写本书为培养金融风险管理人才尽一份绵薄之力。

本书借鉴国外在风险管理方面的经验、方法和技术,结合我国金融风险管理的实践要求编写而成,其特色体现如下。

(1) 理论性。本书在总结吸收前人丰富的风险管理思想的基础上,对金融风险管理理论作了全面介绍和梳理,并在每章都设有知识链接和阅读材料,以提高学生的理论水平并拓展其知识面。

(2) 实用性。本书每章开头都设有导入案例,激发学生对本章阅读的浓厚兴趣;关键的知识点下面设有特别提示,以引起学生的注意;每章后面配有习题,以达到让学生理解知识、锻炼和提高能力的目的。

(3) 前沿性。本书结合国内外最新研究成果和实践中的最新探索编写,以便于学生了解金融风险管理学术前沿和实践的最新进展,拓宽视野,展望金融风险管理的发展趋势。

本书力图做到理论性、实用性和前沿性相结合,可作为高等院校金融学专业、经济类与管理类专业有关课程的本科生和研究生教材,也可作为金融从业人员以及实践管理者的参考用书。

本书由朱淑珍任主编,李勇和王海侠任副主编。在本书编写过程中,孙钰、欧捷、吴晓涛、王丽萍、张卉娟等承担了资料整理和编辑工作,付出了辛勤劳动,在此表示感谢。东华大学旭日工商管理学院和经济系的领导对本书的编写给了大力支持和资助,在此一并致谢。本书在编写过程中,参阅的国内外大量资料为我们提供了不少思路和丰富的养分,在此对相关作者表示深深的谢意。

由于金融风险管理理论和实践不断推陈出新,以及我们水平有限,书中疏漏之处在所难免,期望读者、专家指正,以便我们进一步完善。

编 者
2011 年 12 月

目 录

第一篇 基本原理

第1章 金融风险概述 …………………………………………………………………… 002
- 1.1 金融风险界定 ………………………………………………………………… 003
  - 1.1.1 金融风险的概念 ……………………………………………………… 003
  - 1.1.2 金融风险的内涵 ……………………………………………………… 004
- 1.2 金融风险的特征 ……………………………………………………………… 006
  - 1.2.1 金融风险的一般特征 ………………………………………………… 006
  - 1.2.2 金融风险的当代特征 ………………………………………………… 007
- 1.3 金融风险的分类 ……………………………………………………………… 007
  - 1.3.1 根据金融风险的形态分类 …………………………………………… 008
  - 1.3.2 根据金融风险的主体分类 …………………………………………… 015
  - 1.3.3 根据金融风险的产生根源分类 ……………………………………… 016
  - 1.3.4 根据金融风险的性质分类 …………………………………………… 016
  - 1.3.5 根据金融风险的层次分类 …………………………………………… 017
- 1.4 金融风险形成的理论 ………………………………………………………… 018
  - 1.4.1 金融风险的形成机理 ………………………………………………… 018
  - 1.4.2 金融风险形成的理论分析 …………………………………………… 020
- 1.5 金融风险的经济效应 ………………………………………………………… 023
  - 1.5.1 微观经济效应 ………………………………………………………… 024
  - 1.5.2 宏观经济效应 ………………………………………………………… 025

第2章 金融风险管理的基本理论 ……………………………………………………… 032
- 2.1 金融风险管理的概念、分类与意义 ………………………………………… 033
  - 2.1.1 金融风险管理的概念 ………………………………………………… 033
  - 2.1.2 金融风险管理的分类 ………………………………………………… 034
  - 2.1.3 金融风险管理的意义 ………………………………………………… 035
- 2.2 金融风险管理的特征、目标与手段 ………………………………………… 037
  - 2.2.1 金融风险管理的特征 ………………………………………………… 037
  - 2.2.2 金融风险管理的目标 ………………………………………………… 039
  - 2.2.3 金融风险管理的手段 ………………………………………………… 041
- 2.3 金融风险管理体制 …………………………………………………………… 044
  - 2.3.1 金融风险管理系统 …………………………………………………… 045

2.3.2　金融风险管理组织体系 ··· 047

第3章　金融风险的识别与度量 ··· 054

3.1　金融风险的识别 ·· 055
　　3.1.1　金融风险识别概要 ··· 055
　　3.1.2　金融风险识别的原则 ·· 056
　　3.1.3　金融风险识别的方法 ·· 057

3.2　金融风险的度量 ·· 059
　　3.2.1　金融风险度量概述 ··· 059
　　3.2.2　金融风险度量的代表性理论 ·· 062
　　3.2.3　金融风险度量方法 ··· 066

第4章　金融风险的预警 ··· 075

4.1　金融风险预警的基本理论 ··· 076
　　4.1.1　金融风险预警的概念 ·· 076
　　4.1.2　金融风险预警的方法 ·· 077
　　4.1.3　建立金融风险预警制度的意义 ··· 078

4.2　金融风险预警指标 ··· 078
　　4.2.1　金融风险预警指标的概念与意义 ·· 078
　　4.2.2　金融风险预警指标研究概况 ·· 079
　　4.2.3　我国金融风险预警指标体系的构建 ··· 081

4.3　金融风险预警模型 ··· 084
　　4.3.1　金融风险预警模型的概念 ·· 084
　　4.3.2　金融风险相关预警模型 ··· 085

第二篇　商业银行

第5章　商业银行风险管理概述 ·· 096

5.1　商业银行风险管理的基本概念 ·· 097
　　5.1.1　商业银行风险与风险管理 ·· 097
　　5.1.2　商业银行风险管理的主要方法 ··· 099

5.2　商业银行风险管理的基本架构 ·· 102
　　5.2.1　商业银行风险管理环境 ··· 102
　　5.2.2　商业银行风险管理组织 ··· 104
　　5.2.3　商业银行风险管理流程 ··· 106

5.3　国际银行业风险管理的规则——《巴塞尔协议》 ·· 109
　　5.3.1　《巴塞尔协议Ⅰ》 ··· 109

5.3.2 《巴塞尔协议Ⅱ》 111

5.3.3 《巴塞尔协议Ⅲ》 114

5.3.4 《巴塞尔协议Ⅲ最终方案》 116

第6章 信用风险管理 124

6.1 商业银行信用风险概述 125

6.1.1 商业银行信用风险的含义及基本特点 125

6.1.2 商业银行信用风险产生的原因 127

6.2 内部评级法 128

6.2.1 内部评级法的体系结构 128

6.2.2 内部评级法的基本要素 129

6.2.3 商业银行信用风险管理与实施内部评级法的关系 131

6.3 传统信用风险的度量 132

6.3.1 专家评定方法 132

6.3.2 Z评分模型和ZETA评分模型 133

6.4 现代信用风险的度量 136

6.4.1 Credit Metrics模型 136

6.4.2 Credit Risk+模型 138

6.4.3 Credit Portfolio View模型 139

6.4.4 KMV模型 140

第7章 流动性风险管理 151

7.1 流动性风险概述 152

7.1.1 流动性 152

7.1.2 流动性风险 153

7.1.3 流动性风险的成因 153

7.2 流动性风险的度量 155

7.2.1 度量流动性风险的财务指标 156

7.2.2 度量流动性风险的市场信息指标 159

7.3 流动性风险管理方法 160

7.3.1 衡量流动性缺口 160

7.3.2 提供流动性供给 161

第8章 利率风险管理 166

8.1 利率风险概述 167

8.1.1 利率风险的概念及成因 167

8.1.2 利率风险的种类 168

8.2 利率风险的度量 170

8.2.1 利率敏感性缺口度量法 ……………………………………………………… 170

8.2.2 持续期缺口度量法 …………………………………………………………… 172

8.2.3 在险价值度量法 ……………………………………………………………… 174

8.2.4 收益分析度量法 ……………………………………………………………… 174

8.2.5 动态模拟分析度量法 ………………………………………………………… 175

8.3 利率风险管理工具及策略 ……………………………………………………………… 176

8.3.1 利率风险管理工具 …………………………………………………………… 176

8.3.2 利率风险管理策略 …………………………………………………………… 180

第9章 汇率风险管理 …………………………………………………………………………… 188

9.1 汇率风险概述 …………………………………………………………………………… 189

9.1.1 汇率风险的概念 ……………………………………………………………… 189

9.1.2 汇率风险的成因 ……………………………………………………………… 189

9.1.3 汇率风险的类型 ……………………………………………………………… 190

9.2 汇率风险的度量 ………………………………………………………………………… 191

9.2.1 在险价值法 …………………………………………………………………… 191

9.2.2 极端测试法 …………………………………………………………………… 192

9.2.3 情景分析法 …………………………………………………………………… 193

9.2.4 预期损失分析法 ……………………………………………………………… 193

9.3 汇率风险的管理 ………………………………………………………………………… 194

9.3.1 汇率风险管理的原则 ………………………………………………………… 194

9.3.2 汇率风险管理的程序 ………………………………………………………… 195

9.3.3 商业银行汇率风险的管理方法 ……………………………………………… 195

第10章 操作风险管理 ………………………………………………………………………… 203

10.1 操作风险概述 …………………………………………………………………………… 204

10.1.1 操作风险的概念 ……………………………………………………………… 204

10.1.2 操作风险的种类 ……………………………………………………………… 207

10.1.3 操作风险的成因 ……………………………………………………………… 208

10.2 操作风险的度量 ………………………………………………………………………… 210

10.2.1 操作风险的定性评估方法 …………………………………………………… 210

10.2.2 操作风险的量化度量模型 …………………………………………………… 211

10.3 操作风险的控制 ………………………………………………………………………… 214

10.3.1 操作风险的管理原则 ………………………………………………………… 214

10.3.2 操作风险的管理过程 ………………………………………………………… 215

10.3.3 西方银行操作风险管理的经验 ……………………………………………… 219

第三篇 主要金融市场

第11章 股票市场风险管理 … 226
11.1 股票市场风险的内涵及种类 … 227
11.1.1 股票市场风险的内涵 … 227
11.1.2 股票市场风险的种类 … 228
11.2 股票市场的风险度量 … 228
11.2.1 证券投资组合分析 … 228
11.2.2 资本资产定价模型 … 235
11.2.3 套利定价模型 … 240

第12章 债券市场风险管理 … 246
12.1 债券交易中的风险分类 … 247
12.2 债券信用风险度量与管理 … 250
12.2.1 债券信用风险度量 … 250
12.2.2 债券信用风险管理 … 253
12.3 债券市场利率风险度量与管理 … 256
12.3.1 债券市场利率风险度量 … 256
12.3.2 债券市场利率风险管理 … 260
12.4 债券投资组合管理 … 262

第13章 基金市场风险管理 … 267
13.1 基金市场风险的内涵及种类 … 268
13.1.1 基金市场风险的内涵 … 268
13.1.2 基金市场风险的种类 … 268
13.2 基金市场风险的度量 … 269
13.2.1 基金市场风险度量的发展历史 … 269
13.2.2 基金市场风险的度量方法 … 271
13.3 基金市场风险管理的目标与策略 … 273
13.3.1 基金市场风险管理目标 … 273
13.3.2 基金市场风险管理策略 … 274

第14章 保险市场风险管理 … 279
14.1 保险市场风险及其形成机理 … 280
14.1.1 保险的概念与职能 … 280
14.1.2 风险、风险管理与保险的关系 … 281
14.1.3 保险公司风险的形成机理 … 282
14.1.4 保险行业风险及其形成机制 … 284

14.2 保险市场风险识别 ··· 285
    14.2.1 经营性风险 ··· 286
    14.2.2 人为性风险 ··· 289
    14.2.3 环境性风险 ··· 290
14.3 保险市场风险管理 ··· 292
    14.3.1 保险市场风险的宏观管理 ··· 293
    14.3.2 保险市场风险的中观管理 ··· 296
    14.3.3 保险市场风险的微观管理 ··· 298

第15章 金融衍生品市场风险管理 ··· 306

15.1 期货市场管理 ·· 307
    15.1.1 金融期货的特点 ·· 307
    15.1.2 金融期货市场风险的种类 ··· 308
    15.1.3 金融期货市场风险的特征 ··· 308
    15.1.4 期货市场风险的成因 ··· 309
    15.1.5 期货风险的管理方法 ··· 310
    15.1.6 期货市场的风险监管 ··· 310
15.2 期权市场风险管理 ·· 312
    15.2.1 期权市场的原理与运作 ··· 313
    15.2.2 期权定价理论的基本思想 ··· 314
    15.2.3 期权定价模型 ··· 314
    15.2.4 期权风险的来源 ·· 318
    15.2.5 利用期权管理风险 ··· 319
15.3 互换市场风险管理 ·· 320
    15.3.1 互换市场风险的种类 ··· 320
    15.3.2 互换市场风险的控制 ··· 321
    15.3.3 互换市场风险的防范 ··· 323

参考文献 ··· 328

附录A AI伴学内容及提示词 ··· 330

附录B 金融决策支持和金融风险管理模拟仿真 ······························· 331

第一篇

基本原理

第 1 章 金融风险概述

【参考课件】

本章教学要点

知识要点	掌握程度	相关知识
金融风险的特征	掌握	当代金融业发展特征
金融风险的分类	重点掌握	价格风险的微观表现
金融风险的经济效应	了解	金融危机的影响
金融风险形成理论	掌握	金融脆弱性理论

导入案例

做好预期管理，积极防范美国货币政策溢出风险

美联储最新发布的议息决议显示，将联邦基金利率的目标区间维持在 5.25%～5.5% 不变，但美联储同时公布的点阵图显示，2023 年或再加息一次，且对 2024 年降息的预测由 100BP 缩减至 50BP（4 次变 2 次），显示偏鹰立场。

自 2022 年 3 月启动本轮加息周期以来，美联储累计加息达 525 个基点，但美国经济依然强劲，通胀持续高企。但是，美联储也不得不考虑货币政策的累积紧缩、货币政策影响经济活动和通胀的滞后性等问题，如果利率维持高位过久，可能引发经济衰退。这种两难困境让美联储主席鲍威尔在新闻发布会上说了 6 次 "谨慎行事"。

毫无疑问，利率在高位维持得越久，市场受到的伤害可能越大，最好在经济陷入衰退之前实现通胀目标并及时放松货币政策。而且，2024 年美国将迎来大选，白宫不会希望经济陷入衰退影响到自己的选票。但是，美国经济超预期表现，此次会议声明将经济预测中间值由上次的 1.0% 上调到了 2.1%，同时期的失业率预测由 4.1% 下降到了 3.8%。这些数据似乎让美联储对实现软着陆更有信心。

目前，燃油价格的重新上涨及美国汽车业的罢工对通胀构成了潜在支撑，使得美联储担心近期通胀下滑的趋势会陷入停滞或反转，所以，美联储要表现出更加鹰派的立场以引导预期，从而避免过早退出加息后通胀仍然顽强的情况，但其暗示会减少降息次数，而不是增加加息的次数。

更加持久的通胀可能意味着高利率会持续维持高位，刺激美元保持长期强势地位。国际金融协会的数据显示，目前新兴市场国家背负的债务达到创纪录的 100 万亿美元，美元持续走强将加重新兴市场国家的债务负担，使其产生经济衰退的风险，从而影响我国出口。我国或将持续面临人民币贬值与资本流出的问题，对人民币资产构成下行压力，必须防范风险。但是，中国良好的国际收支与经济内生动力的不断增强，让我们具有一定的抵御相关冲击的实力。因此，防范风险主要是要做好预期管理，巩固信心，打击投机行为。

资料来源：https://www.21jingji.com/article/20230922/c4d9a3165689982738b4a624b9c77340.html ［2024—03—27］

案例启示：在世界经济仍处于历史脆弱状态、金融市场出现压力迹象的背景下，各国采取紧缩性的货币和财政政策均未起到理想效果，反而引发了负面影响，高通胀、高利率及市场剧烈波动导致金融系统性风险进一步加大。党的二十大报告指出，要坚持系统观念，守住不发生系统性风险的底线，因此金融从业人员和监管人员应该科学地进行风险管理，与各国加强政策协调行动，共同合作促进全球经济发展。

1.1 金融风险界定

1.1.1 金融风险的概念

"风险"一词被广泛地运用到实际生活中的方方面面，人们习惯于将某件结果不确定或者可能带来损失的事件称作"有风险的事件"。对学生而言，早上赖床不去上课有着会被老师点名的风险，平日不好好学习将面临考试不及格甚至将来找不到好工作的风险……当然，风险最常用于金融投资领域，企业的项目投资必然面临着一定的财务、政策与环境变化等风险；股票市场中股票的价格变幻莫测，其风险对投资者而言主要在于市场价格与购买价格之间差价的不确定性，因为差价决定了投资者的收益大小（有可能是负值）；商业银行等金融机构也时刻面临着贷款者能否按时按量还款等风险。由此可见，风险的本质特征就是不确定性。我们把风险定义为"在一定条件下和一定时期内，由于各种结果发生的不确定性而导致行为主体遭受损失的大小及其可能性的大小"。

风险与不确定性是两个不同的概念。美国经济学家、芝加哥学派创始人奈特在《风险、不确定性与利润》中，对风险与不确定性的关系进行了比较全面的分析。在书中，奈特把能测定的不确定性定义为严格意义上的风险，把不能测定的不确定性定义为真正的不确定性。"是否可测定"成为判别风险与不确定性的一个重要标准。因而，一般认为，风险是一个二维概念，它表示损失的大小和损失发生概率的大小（损失或其他结果实际上是一个随机量，可以运用概率论等知识来测量）。当这个二维特征参数确定后，风险也就随之确定。

还需要明确一点，一般地，将风险限定为只是损失的大小及其发生的可能性，不讨论其可能带来收益的情况。风险与收益是一对相对的概念，若强调风险包括收益的可能，则进行风险管理就不具备多大的意义，因为好的结果往往是不需要控制管理的。另外，通过风险获取收益与遭遇损失的情况是难以混同来进行讨论研究的。

理解风险的本质有利于把握金融风险（Financial Risk）的含义。基于对风险内涵和金融风险特征的考察，给出金融风险的定义。金融风险是指在一定条件下和一定时期内，金融市场中各种经济变量的不确定造成结果发生的变动，从而导致的行为主体遭受损失的大小和该损失发生概率的大小。其中，损失的大小和损失发生概率的大小既是金融风险的核心参量，又是进行金融风险管理的重要考虑因素。

1.1.2 金融风险的内涵

金融风险是一种复杂的经济现象。准确理解金融风险的内涵，有助于更好地识别和管理金融风险。

1. 金融风险的构成要素

金融风险由金融风险因素、金融风险事故和金融风险结果构成。

金融风险因素是金融风险的必要条件，是金融风险产生和存在的前提。

金融风险事故是经济及金融环境变量发生始料未及的变动从而导致金融风险结果的事件，它是金融风险存在的充分条件，在金融风险中占据核心地位。金融风险事故是连接金融风险因素与金融风险结果的桥梁，是金融风险由可能性转化为现实性的媒介。金融风险事故不仅在质上决定金融风险结果的性质，而且在量上决定金融风险结果的程度。例如，汇率和利率的意外变动，从变动方向上对金融行为者产生有利或不利的风险结果，又从变动程度上决定了其损益数量。这表明，金融风险结果的程度与金融风险事故的大小是正相关的。

金融风险结果是金融风险事故给金融行为主体带来的直接影响，这种影响一般表现为实际收益与预期收益或实际成本与预期成本的背离，从而给金融行为主体造成非故意的、非计划的、非预期的经济利益或经济损失。

在金融市场上，利率、汇率、价格等金融参数是极其敏感的，这些参数对来自社会及自然的各种因素的微妙变动都会做出相当敏感的反应。金融参数的敏感性使金融风险的产生形式和存在形式复杂多变且不规则，比其他风险显得更难以准确预测和估计。金融风险的多变性体现在对其有影响的金融风险因素、金融风险事故、金融风险结果随时随地处于变化之中，这既增加了金融风险管理的难度，也为风险爱好者提供了利用风险和获得风险收益的机会。由此，金融风险的内涵可以界定为：在一定时间内，以相应的金融风险因素为必要条件，以相应的金融风险事故为充分条件，有关金融主体承受相应的金融风险结果的可能性。

2. 金融风险发生的不确定性

金融风险的实质在于金融风险是一种直接发生货币资金损益的可能性和不确定性。在金融现象的发生和发展过程中，金融风险事故既可能发生也可能不发生，从而使金融风险结果既可能出现也可能不出现。金融行为主体承受着风险，只是说它有受损的可能性，但究竟是受损还是受益以及损益程度如何，在金融风险事故发生之前是不确定的。金融行为主体购买金融期货、期权等保值产品，不过是自愿付出一定的代价取得未来结果的相对确定性而已。也就是说，金融活动的不确定性是金融风险产生的根源。金融活动的不确定性越大，金融风险就越大；反之，金融活动的不确定性越小，金融风险就越小。其中，金融活动的内在不确定性造成的金融风险称为非系统性风险；金融活动的外在不确定性造成的金融风险称为系统性风险。此外，也可以将金融风险的不确定性按照其动荡的源头分为内在的不确定性和外在的不确定性。前者一般源于经济行为主体主观决策的不确定或获取信息的不充分等；后者则是指在经济行为主体之外，经济运行过程中的随机性、偶然性的变化趋势，如宏观经济的走势、资源条件、技术和政治局势等。

正是由于金融风险是否发生存在不确定性，人们往往倾向预测金融风险的发生概率及其风险损失的大小。金融风险事故的发生需要"土壤"，也就是要具备相应的充分条件。金融风险事故的发生是由很多经济和非经济因素决定的，人们可以研究金融风险事故发生的规律，分析引发金融风险事故的各种因素，测算金融风险事故发生的概率，从而有效地预测和防范金融风险事故的发生，减少风险损失。然而，由于决定金融风险事故的因素是相当复杂且多变的，因此对金融风险事故的预测始终不能取得令人满意的效果，甚至常常是各种预测结论大相径庭、互相矛盾。金融行为主体盲目地依据这些预测结论从事金融交易往往会加大金融风险。因此，金融风险预测是一门尚不成熟、需要进一步完善的科学。

3. 金融风险是金融活动的内在属性

金融风险孕育于金融活动之中，哪里有金融活动，就意味着哪里会有金融风险。也就是说，金融风险是金融活动的内在属性，有别于自然风险和技术风险，金融风险的产生一定是依附于金融活动而进行的。例如，某公司因发生火灾而造成重大损失，从而引起其股票价格大跌。这里的火灾是自然风险，是导致股票价格下跌这一证券价格风险发生的重要因素。但是，不能将火灾认为是金融风险，如果没有该公司的股票上市这一金融因素，其后的证券价格风险就不会发生了，金融风险需要通过具体事件的发展来体现。例如，"暴露"或者"敞口"（Exposure）表示的是金融活动中存在金融风险的部位和受金融风险影响的程度，它是金融风险管理中的一个重要概念。一般认为暴露是较为具体、便于计量和研究的，但暴露的大小与金融风险的大小没有绝对的对等关系，需要置身于具体的金融事件中来分析。例如，一笔以英镑存款为抵押的100万元贷款，尽管暴露（即贷款金额）很大，但它相对于一笔10万元的信用贷款来说，金融风险却是不大的，因为信用贷款发生损失的可能性要大得多。一般而言，金融活动中不确定性的大小决定了其可能产生金融风险的大小。此外，从某种意义上说，金融风险是金融市场上的内在推动与约束力量，可以促进经济行为主体在从事金融活动时提高管理效率、增添市场活力，同时调节金融市场约束参与主体的不当经济行为，这也是金融风险作为金融活动内在属性的一项重要表现。

4. 金融风险是相对的，通常情况下是一种不可保风险

金融风险总是相对的，有一方发生了损失，必然有另一方或几方会获得与损失方对应的盈利，它不同于有时表现为单方面损失的非金融风险。例如，在自然风险里，一家

远程货运公司因途中遭遇泥石流而导致部分货物损失，此时的货物损失就是单方面的。在保险学中，保险人所承保的只能是仅有损失机会而无获利机会的风险，譬如上例中货运公司的遭遇泥石流的风险，金融风险是不属于可保风险范围的。

1.2 金融风险的特征

1.2.1 金融风险的一般特征

1. 客观性

金融风险的客观性是指金融风险的产生是一种不以人的主观意志为转移而客观存在的现象。金融风险伴随着金融实践活动的全过程。金融机构的倒闭和破产，股市、期市行情的涨跌，外汇汇率的变动，上市公司的亏损、合并、停业、摘牌与破产等，都是不以人的主观意志为转移的客观存在。具体而言，以国际金融活动为例，在其实践活动中，国际金融所特有的价格——汇率与国际利率发生的变动是客观的、绝对的、无条件的，其变动方向不以国际金融主体任何一方的主观意志为转移，这就决定了国际金融风险亦是必然存在的。从某种意义上说，正是由于金融风险客观性的特征，为了避免金融风险可能造成的严重后果，需要对金融活动参与者的行为进行一定的约束，以促使他们提高对金融风险的管控能力。

2. 普遍性

金融风险具有普遍性，具体表现为整个金融领域内金融风险的无处不在、无时不有。即在每一个具体行业、每一个经营机构、每一种金融工具和每一次交易行为中，都有可能潜伏着金融风险。

3. 扩张性

金融风险的扩张性表现为金融风险在时间、空间上具有较大的传播能力。从时间上来看，金融风险一旦出现，短者可以延续数月，长者要3～5年方能平复；从空间上来看，小的金融风险可能在局部地区形成连续动荡，大的金融风险则可以导致国家、各大洲之间甚至是全球范围内的持续动荡，这种"多米诺骨牌效应"在东南亚金融危机和美国次贷危机中表现得尤为淋漓尽致。

4. 多样性和可变性

金融风险是具体的风险，存在于特定的时间和空间里。由于时间点和空间方位的不同，即使是同一种金融风险，其内容和程度也会存在差异，这在国际金融风险方面表现得更为显著。一方面，由于国际金融市场的利率、汇率的决定因素日趋复杂，加上国际金融工具的杠杆效应，使得国际金融风险在发展的过程中只要有一个条件发生变化，其结果就可能大不一样。另一方面，国际金融创新层出不穷，传统的交易技术随着新型国际金融交易技术的发明和推广，或被淘汰，或与新的交易技术嫁接融合，发生着明显的差异，金融风险程度也不可能齐涨齐落，整齐划一。这就是金融风险的多样性和可变性。

5. 可控制性

金融风险所带来的后果虽然可怕,但并不是不可控制和管理的。首先,金融市场是有组织、有秩序的市场,这个市场是其规律可循的。只要按照规律,因势利导,就能控制这个市场中的风险。其次,金融风险理论的研究和相关管理工具的不断发展给管理金融风险提供了有效手段。最后,计算机和网络的发展为管理金融风险提供了有力的技术支持。因此,在相应的理论知识指导下,通过选择适合的金融风险管理工具可以在一定程度上达到管理金融风险的目的。正是金融风险的可控制性特征才使本书的论述具有了理论价值和实践意义。

1.2.2 金融风险的当代特征

20世纪90年代以来,全球资本中以衍生商品为主的表外交易飞速发展。例如在1998年,全球场外衍生品交易额接近51万亿美元,比10年前的1988年增加了31倍,亦大大超过约30万亿美元的全球各国国内生产总值(Gross Domestic Product,GDP)总额。按照国际清算银行(Bank for International Settlement,BIS)的统计,截至2022年年底,全球场外衍生品合约的名义本金总额达到617.96万亿美元,而同期场内衍生品合约的名义本金总额则仅为80.64万亿美元。场外交易的迅猛发展,意味着金融业创新日新月异,与其伴生的金融风险也随之变化。

1. 高传染性

金融风险的高传染性主要表现为金融风险传导的快速度和大面积。一方面,通信手段的现代化,带来了交易方式的现代化。通过电话、网络,金融信息瞬间就会传遍全球。另一方面,国际金融创新以及金融衍生工具的推陈出新,使国际资本流动更趋灵活。

2. "零"距离性

金融全球化犹如一把"双刃剑",既能提供发展机遇,又会带来金融风险。2008年的全球金融危机,爆发后迅速波及各个国家的金融领域,覆盖发达国家和发展中国家。依靠距离来防御金融风险不再适用,金融全球化缩短了各国之间的"影响距离",可谓是"城门失火,殃及池鱼"。

3. 强破坏性

金融风险的高传染性和"零"距离性是导致强破坏性的重要因素。金融是现代经济发展的血液,特别是在市场经济日益自由化、市场化的今天,金融的作用不断得到强化。因而,金融风险一旦发生,对国民经济的打击也是空前的。美国发生的次贷危机从2007年8月开始席卷美国、欧洲和日本等世界主要金融市场,2009年发生的欧洲主权债务危机直至2013年仍然对全球经济产生巨大的负面影响。

1.3 金融风险的分类

依据不同的标准,金融风险可被划分为不同的种类,这便于人们从不同的角度去把握和理解金融风险的概念。

1.3.1 根据金融风险的形态分类

1. 价格风险

在市场交易过程中,价格因素往往是导致产生金融风险及其扩展性影响的因素。利率、汇率、证券价格、金融衍生品价格及通货膨胀是价格作为基础金融变量在金融市场上的主要表现形式,而作为价格一般性质的物价水平,其变动也属于一种金融风险形式,因为它涉及的范围广,整个社会经济系统都将受到其影响,金融活动也不例外。

(1)利率风险。

利率风险(Interest Rate Risk)指的是由于利率水平的不确定变动而导致经济主体遭受损失的可能性。利率是资金的价格,其高低由政治、经济、金融状况来决定。经济发展情况、投资者预期及其他国家和地区的利率水平等都会对利率造成影响。利率反映了货币市场的供求关系,受到政府经济政策的控制。利率的调整会使银行的收益随之变化,金融机构的竞争也就会发生变化。有些金融机构没有把立足点放在健全功能、加强服务上,而是随意抬高利率、乱拉客户、争夺存款,造成同业之间的无序竞争,从而使有些银行客户严重流失,负债来源减少,资产质量下降,借贷利差缩小乃至利息倒挂。

在经济生活中,资金链中的现金流量(利息收入或支出)是以货币为单位来计算的。同时,资产(或负债)的市场价值也是用货币来衡量的。当利率水平发生变动时,以货币表示的资产(或负债)和现金流量也随之变动。这样一来,就使损失或收益发生不确定性,金融风险就以利率风险的形式表现出来了。显然,这种情况下资金市场的供求关系和政府的调控会造成利率的上升和下降。如果利率上升,则按固定利率收取利息的投资者的收入就会有损失。相反,如果利率下降,则投资者就会有额外收益。在另外一种情况下,由于货币时间价值的关系,当利率上升时,原来预期的收益就相对变低,从而造成损失。当利率下降时,原先利率情况下确定的收益就会比现时的市场收益高,投资者就会获得额外收益。

由此可见,利率水平的变动会给投资者带来损失的不确定性,金融风险的一部分就是以利率风险的形式直接表现出来的。

(2)汇率风险。

汇率风险(Exchange Rate Risk)指的是由于汇率的波动而导致经济主体遭受损失的可能性。

【参考资料】

布雷顿森林体系崩溃之后,大部分国家放弃了原来的固定汇率制度,实行浮动汇率制度,再加上各种游资在汇市中兴风作浪,使汇率的波动日趋频繁、剧烈,难以捉摸。近二三十年以来,金融市场的国际化和信息技术的运用,使汇率对国际政治、经济等环境因素更加敏感。一有风吹草动,往往就会引起汇率的大幅波动,严重时甚至会以金融危机的形式表现出来。例如,在1997年7月间发生的东南亚金融危机中,先是泰国在遭受国际投机资金攻击后,失去对汇率的控制能力,当年7月2日泰国放弃泰铢与美元的挂钩之后,金融危机迅速扩散,愈演愈烈,迅速波及亚洲其他一些国家和地区;7月11日,菲律宾比索自由浮动;7月14日,马来西亚也放弃了捍卫其货币林吉特的努力;8月14日,印度尼西亚盾开始自由浮动;到了11月份,韩元也大幅度波动;随后该金融危机波及日本,日元大幅贬值，日本第四大证券公司——山一证券破产。这场金融危机造成新加坡元、菲律宾比索、马来西亚林吉特、泰铢和印度尼西亚盾的币值分别下跌了14%、33%、34%、46%和51%，汇率的不确定性变动给这些国家和地区造成重大经济损失。

对于涉及外汇交易的金融实体来说，汇率波动造成的金融风险主要体现在两个基本点上。一是汇率波动会造成金融实体现金流量的价值变化。在用外币支付的贸易中，出口商会因为外币贬值而遭受到损失，进口商会因外币升值而遭受到损失。对于外汇投资者来说，汇率波动的不确定性往往会使他们不但不能取得预期收益，反而还要损失原有的资本。在经济主体的外币流量已确定的情况下，由于这些外币的价值是以本币或机构所在地货币为衡量标准的，这个转换过程需要一段时间，因此真正的价值要由交割日的有关汇率来确定。在这个过程中，汇率可能发生很大的波动，会使经济主体的现金流量在以本币衡量时会有不确定性的变动。二是涉外企业会计科目中以外币记账的各项科目会因汇率变动而引起企业账面价值的不确定性变动。在世界经济全球化的趋势下，越来越多的机构在两个或两个以上的国家和地区拥有多个分支机构，在将这些分支机构的财务报表进行合并时，需要将其按照统一的基准货币进行操作。在合并过程中，不同货币及其基准货币之间的汇率变动是不确定的，反映在账面上就是合并报表上的价值变化、收益或损失。

（3）证券价格风险。

证券价格风险（Security Price Risk）指的是由于证券价格的波动而导致经济主体遭受损失的可能性。

现代市场经济环境下，证券的表现形式有股票、国库券、票据及企业债券等。金融市场上每天都有大量的交易发生，这些证券的价格会随着供求关系等因素的变化而上下波动，直接关系到购买这些证券的行为主体的损益情况。

以股票投资为例。从投资的动机来看，投资者投入一笔资金，预期得到若干收益。若实际收益低于预期收益，则二者之差即股票投资的收入风险；从时间来看，投入本金是在当前，在数额上是确定的，而取得收益是在将来，相隔一段时间，在这段时间内变动可能会很大，且促成变动的因素有很多，各种因素都可能使本金损失、预期收入减少，或者它们的数额无法预先确定。而且时间越长，其不确定性就越大。股票投资既可能给投资者带来丰厚的收益，也可能使投资者遭受巨大损失，投资者甚至要承担倾家荡产的风险。

证券价格往往与实际资产价值不相等，更多地表现为一种虚拟资产，其价格可能会发生很大的变动。例如，根据对道琼斯指数的统计，1929年10月—1933年1月，30种工业股票的每股平均价格从365美元下降到63美元；20种公用事业股票的每股平均价格从142美元下降到28美元；10种铁路股票的每股平均价格从180美元下降到28美元。到了1933年7月，美国股票市场上的股票价值只相当于1929年9月的六分之一。中国证券市场虽然建立时间不长，但也不乏大起大落的例子。例如，被称为全亚洲最赚钱的股票——中国石油，在2007年11月5日上市当日开盘最高价格达到48.6元，而到了2013年11月29日，股价跌至7.9元左右。投资者从事证券交易，不仅是为了从投资公司的经营效益中获得收益，更多的时候是想从证券的波动中获得价差，也就是一种投机。这对证券的价格波动起了推波助澜的作用，这种波动体现了证券投资的风险。

(4) 金融衍生品价格风险。

金融衍生品价格风险 (Financial Derivatives Price Risk) 指的是由于金融衍生品价格的波动而导致经济主体遭受损失的可能性。

金融衍生品通常是从原生金融资产 (Underlying Financial Assets) 中派生出来的金融工具。自20世纪70年代以来,金融衍生品发展迅速。例如,金融期货问世至今不过约50年的历史,远不如商品期货的历史悠久,但其发展速度却比商品期货快得多。目前,金融期货交易已成为金融市场的主要内容之一,在许多重要的金融市场上,金融期货交易量甚至超过了其基础金融产品的交易量。随着全球金融市场的发展,金融期货日益呈现出国际化特征,表现为世界主要金融期货市场的互动性增强,竞争日趋激烈。

国际上金融衍生品种类繁多,活跃的金融创新活动接连不断地推出新的金融衍生品。金融衍生品是为分散和转移金融市场中的金融风险而产生的,是风险的产物。它的基本形式有远期协议 (Forward Agreement)、金融期货 (Financial Futures)、金融期权 (Financial Options) 和金融互换 (Financial Swaps)。许多金融衍生品交易在资产负债表上没有相应科目,因此也被称为资产负债表外交易 (简称表外交易)。这就使得金融衍生品的交易难以被监管,其在市场中的不确定性更大。并且,金融衍生品交易的共同特征是保证金交易,即只要支付一定比例的保证金就可进行全额交易,不需实际上的本金转移,合约的了结一般也采用现金差价结算的方式进行,只有在满期日以实物交割方式履约的合约才需要买方交足货款。因此,金融衍生品交易具有很强的杠杆效应。保证金越低,杠杆效应越大,风险也就越大。例如,1995年2月,英国巴林银行在进行日经股指期货交易中亏损10亿美元;1996年6月,住友商社损失超过18亿美元,原因是其交易员在过去的10年中从事未经许可的铜和铜衍生品交易;2008年9月,雷曼兄弟公司由于持有的次贷债券和信用违约互换 (Credit Default Swap) 等金融产品发生巨额亏损,宣布破产。在金融变量中,金融衍生品价格的变动具有更大的严重性和危害性。可以说,在金融衍生品交易中,金融风险表现得更加明显。

(5) 通货膨胀风险。

通货膨胀风险 (Inflation Risk) 又称购买力风险,指的是由于一般物价水平的波动而使经济主体遭受损失的可能性。鉴于金融活动是社会经济系统的一个重要组成部分,因此各类金融基础变量的波动性,以及作为一般意义上的物价波动的购买力风险都在我们对金融风险的考查范围之中。

当通货膨胀风险造成货币购买力下降 (即货币贬值) 时,通常是债权人面临着损失的不确定性;通货膨胀率越高,债权人可能遭受的损失越大。此外,货币贬值还将使人们所持有的货币实际余额下降,这个时候将资金放在银行作为储蓄存款并不是一种理智的选择,严重的话甚至会导致负利率的产生。通货膨胀率上升,实际利率下降,实际收益率下降,人们的生活成本和企业的经营成本上升,最终影响人们的消费储蓄行为以及企业的经营行为。这一系列反应是相互连贯的,波及的范围是相当广泛的,在此我们仅分析了通货膨胀造成经济影响的一个简单层面而已。

2. 信用风险

信用 (Credit) 从属于商品货币关系的经济范畴,其最主要的形式是应收账款和预付账款这些商业信用。随着商品货币经济的发展和社会生产方式的变更，信用超出了商品范围，具有了更多的表现形式：以货币资金的借贷形式出现的银行信用、其他金融机构的信用和国家信用等。无论哪种信用，都具有以下两个特点。

（1）信用是到期履约，保证一个协议或契约的完整完成，从起点出发以约定的方式到达终点，完成一个周期。在这个过程中，各种因素交叉作用影响结果。银行有可能出现货币资金不能正常周转和有效增值的情况，从而带来风险。

（2）信用风险（Credit Risk）的后果，不会有带来意外收益的可能。信用好，到期能完成交易，就会获得原来预期的收益，不会直接获得额外收入。信用不好，到期不能履行，交易就会中断，造成损失。当然，如果交易一方故意破坏信用，以获得非法收益为目的就是另一回事，对于行为人来说，就没有金融风险了。对信用的破坏已变成另外一种风险，如犯罪被惩罚的风险，也就不属于金融风险的领域了。

3. 流动性风险

经济实体在经营过程中，常常面对资金流量的不确定性变动。建立金融市场的一个目的就是加快社会经济中资金的流动和运转速度，使经济获得效益和活力。资金流量的时大时小、时快时慢，会带来流动性风险（Liquidity Risk）。资金流量超过所需，会造成资金滞留，因货币时间价值的关系，会使效益下降，预期收益降低；资金流量变小，会使正常的经营发生困难，严重时资金链会发生中断，把企业推向绝境。由此可见，因流动性的不确定性变动而表现出来的金融风险也是很重要的。

例如，由于开放式基金负债数量和期限具有不确定性，即投资者未来赎回开放式基金的数量和时间是不确定的，因此保持资产的流动性是开放式基金稳健经营、规避风险的关键。在牛市中，人气旺盛、交投活跃，开放式基金的净现金流入常为正（即申购申请多于赎回申请），开放式基金变现资产的压力并不迫切。即使因为偶然因素需要变现，由于牛市中"买高卖更高"的上升惯性和活跃的人气，开放式基金可以在高于成本的价位或在较短的时间内套现资产，流动性问题尚不足虑。而在熊市中，情况则远不乐观。与熊市如影随形的是人气低迷、交投清淡，开放式基金的净现金流入常为负（即申购申请少于赎回申请）。在强大的赎回压力下，开放式基金不得不套现部分资产。大笔的抛单对本来就信心不足的股市无疑是雪上加霜，突然增多的供给会加剧资产价格的下跌。而价格的连续大幅下跌，又会进一步导致投资者信心不足、买盘不济，使开放式基金的变现需求更加难以实现。如果开放式基金遭遇流动性风险，则其对股市甚至对金融市场的冲击都是不言而喻的。

4. 经营或操作风险

在经营管理过程中，有很多种金融因素会发生变动，从而造成经营管理出现失误，使行为人遭受损失。具体可能发生在战略、战术和财务 3 个层面。

（1）战略层面。

由于经营方针不明确、信息不充分或者对业务发展趋势的把握不准等原因，行为人在经营方向和范围的选择上出现偏差，造成投资决策失误，因此有可能导致损失发生。例如，有些地区房地产市场行情经常大起大落，当房地产行情暴涨时，投资者过多地将资金投入房地产市场；当房地产行情低落时，投资者会因为对房地产投资风险认识不足而做出错误的决策。又如,投资者在购买某种股票之后,即遇上该股票价格大跌,这是由于投资者对该股票价格走势的判断失误而做出了错误决策。实际上,市场上每个参与者在经营管理中都不断地进行判断和决策,一念之差就可能给自己造成重大甚至是致命的损失。例如,在金融期货市场上,交易人员往往在分秒之间就要做出期货价格是上升还是下降的判断,做出是买进还是卖出的决策。一旦判断失误,其损失往往是惨重的。

（2）战术层面。

任何细节上的失误,都有可能对企业造成损害,有时甚至是非常严重的损害。实际影响的因素很多,有客观因素,也有主观因素。客观因素往往是由于有关信息没有及时传达给操作人员,或在信息传递过程中出现偏差等。例如,管理人员发出的立即抛出某种股票的指令,因终端连接不畅而没有及时地被场内交易员看到,就会延误指令的执行,错过时机。又如,要挂失一本活期存折,如果受理挂失的银行未能及时将存折挂失,未将限制取款的信息发给联网银行,那么在该存折"挂失"后,其存款仍有被冒领的可能。主观因素往往为操作人员业务技能不高或操作中偶然失误。例如,在储蓄业务中经常出现的"实错""虚错",在日常会计处理中出现的账目"巧平"、记账"串户",以及企业信用评定不准确、品质受损等都属于这一类型。雇员行为不轨也是一种主观因素,包括雇员蓄意越权、欺上瞒下、违规操作等。例如前文所举巴林银行遭受巨额亏损而倒闭的事例,就是因其新加坡分行的一名交易员在逃避多级监管机构,越权大量购进日经股价指数期货后造成了 10 亿美元的损失。除此之外,也有少数雇员利用职权之便,牟取私利,甚至进行犯罪活动。例如,有的银行储蓄人员将储户提前兑取的定期存单私自收下,截取利差;有的计算机技术人员通过修改计算机程序,窃取银行资金等。

（3）财务层面。

融资方式不同,融资成本也不同。例如,通过发行股票所筹得的资金可以作为资本来使用,其股息的支付一般不固定,可完全根据公司的经营情况而确定。所得资金没有到期还款之忧,只要企业能在股市中生存,就可获得资金。中国股市在发展初期,对上市公司发放红利没有强制规定,即使现在,也没有规定上市公司必须每年都要发放。但是,通过发行股票来筹集资金,其筹资过程中所发生的成本往往较高,时间也长。另外,上市也要有一定条件,不是每个企业都能进行。相反,通过发行债券所筹得的资金可根据债券期限安排使用,筹资过程中所发生的成本往往较低。但是,发行债券后,公司必须按期付息而且债券的利率一般较高,到期必须进行兑付。所以,在一个公司的财务结构中,按固定利率付息的债务越多,其预期收入就越不稳定。债券和贷款到期还本付息具有强制性,如果公司不能保持合理的债务结构,就将面临较大的流动性风险。

5. 政策风险

从宏观经济的角度,需要采取一些政策手段来对经济进行调节,如财政政策、货币政策等。采取这些政策手段是为了达到一定的目的,但政策的选择往往难以做到两全其美,一种政策具有积极作用的同时往往也有着副作用。例如,刺激就业的同时就会有价格的波动;而要想实现价格的稳定,则可能同时会带来经济的萧条和失业。最后,往往是两者相比,取其正面作用大的一种。另外,在金融市场中,有许多不确定性因素会对政策的实施效果产生影响,使得结果未必尽如人意。金融风险往往通过政策的作用以另一种形式表现出来,具体如下。

（1）在财政政策上的表现。

财政是国家为实现其职能的需要而对一部分社会产品进行的分配活动，它体现着国家与其有关各方面发生的经济关系。国家财政资金主要来自企业的纯收入。其多少取决于物质生产部门以及其他事业的发展状况、经济结构的优化、经济效益的高低以及财政政策的正确与否。财政支出主要用于经济建设、公用事业、教育、国防及社会福利。国家合理的预算收支及措施会促使股价上涨，预算的重点使用方向也会影响到股价。人们的预期心理对政策效果影响较大，预期心理的作用往往会降低政策的效果。财政政策对股市的影响如下：财政规模扩大，只要国家采取积极的财政方针，股价就会上涨；相反，国家财政规模缩小，或者显示将要紧缩财政的征兆，则投资者会预测未来经济不景气而减少投资，因而股价就会下跌。虽然股价反映的程度会依当时的股价水准而有所不同，但财政规模的增减可作为辨认股价转变的根据之一。

（2）在货币政策上的表现。

一国中央银行在公开市场上的操作会影响商业银行等金融机构的流动性。中央银行在公开市场上卖出国债等有价证券，会降低市场的流动性，进而影响商业银行的贷款规模，也会影响股市的资金流。例如，2013年我国货币市场的钱荒事件，起因就是中国人民银行相对减少了货币，致使上海银行间同业拆借利率飙升，并导致了沪深股指的大跌。

（3）在汇率政策上的表现。

汇率体现了货币之间的价值关系。在固定汇率制度下，汇率几乎不能波动，只能由各国政府进行调控。在布雷顿森林体系崩溃之后，各国转向采用浮动汇率制度。在金融国际化和存在大量国际游资的情况下，各国外汇市场上的汇率变动的不确定性很大。例如，在亚洲金融危机期间，国际游资对泰国金融市场的冲击就迫使泰国改变外汇政策。我国没有受到冲击，很重要的一个原因就是我国的外汇政策与东南亚国家不一样，资本项目下资金不能自由兑换，使国际游资不能破门而入，加上拥有大量的外汇储备，使我国政府可以轻松保持外汇市场的稳定。

东南亚国家在外汇政策上的失误，使得金融风险被放大，最终发展成为金融危机。墨西哥金融危机就是在不适宜的时机（政局动荡、外国投资者信心减弱、经济严重依赖进口、贸易连年逆差、外资流入、中短期投机性资金比重过高等情况下）宣布比索贬值而引发的。20世纪70年代以来，亚洲发展中国家和地区纷纷进行金融体制改革，放宽金融管制，减少政府干预，依靠市场机制优化资源的有效分配。但在金融改革的过程中，在强调减少政府对金融体系干预的同时，不能忽视政府的调控作用。

（4）在其他金融政策上的表现。

一个国家在制定金融政策方面，一般不是简单地使用一种政策。除上述的几种政策以外，还有信贷政策、金融监管政策等。金融风险或多或少地都会在这些方面得到体现。例如，在放松金融管制的同时，应相应地建立和完善金融监管制度。在将银行体系从严格的经济管制中解放出来的过程中，如果缺少有效的金融管理和银行监督，可能导致一些产业集团利用银行的私有化和国际化而获得对一些银行的控股权，并利用它们向集团所在的企业过度发放贷款，从而助长营私舞弊现象的发生，也有可能使一些金融机构因不适应金融秩序的变革而陷入困境。20世纪80年代上半期，菲律宾的两家主要政府银行——菲律宾国家银行和菲律宾发展银行就因丧失清偿能力而被迫向中央银行求助，引起了金融界的一阵混乱。

6. 科技风险

金融市场的电子化发展，为金融业提供了划时代的广阔前景，金融企业可以经营更大规模的金融交易，可以用更快的速度处理金融交易，可以用电信手段迅速跨国传输全球金融信息，可以将复杂的国际金融跨国交易变成"个性化"或者"傻瓜"交易。互联网更是一个没有时间和地域限制的虚拟金融市场，为金融交易的全球化提供了交易平台。但是，互联网很难确定交易合同的签订地和履行地，从而电子化合同的管辖权也就无法确定。随着科技的发展，各种利用计算机攻击金融网络的犯罪越来越多，造成的损失也越来越大。例如，1994年，一名俄罗斯人在圣彼得堡通过一台计算机就从美国花旗银行窃取了3.1亿美元。利用法律对金融网络犯罪进行打击显得迫在眉睫。金融电子化对法律带来了空前的挑战，法律只有改变自身才能适应新的形势；同时，也只有通过法律的规制，才能把金融电子化的发展引向正确的轨道，金融电子化才能适应世界经济一体化、金融市场全球化和网络化的要求，降低金融风险，促进金融业的快速发展。

7. 其他形态的风险

（1）法律风险。

法律风险（Legal Risk）指的是经济主体在金融活动中由于存在法律方面的问题而遭受风险的可能性。它可能是经济主体没有适当履行其对客户的法律和条规职责，或行为上触犯了相关法律规定，或者是其交易合同不符合法律或金融监管部门的规定，甚至是各类犯罪和不道德行为给金融资产造成了极大威胁等造成的。例如，美国信孚银行（Bankers Trust）在1996年就被指控对客户进行错误性销售，并被迫支付了1.5亿美元的赔偿款；由于宝洁公司公布了其在信孚银行参与的复合利率掉期上有着1.95亿美元的损失，宝洁公司股东们对信孚银行公司管理层进行起诉，最终导致信孚银行不得不为"错误卖出"而向宝洁公司支付了一笔巨额赔款。

法律风险随着金融活动在现代经济社会中的不断渗入而进入新的、不熟悉的业务领域。实质上，法律风险还包括监管风险。这是由于法律风险将破坏正常的监管活动，而不同国家和地区的监管条例也存在巨大差别，对监管条例的理解不恰当就有可能遭受相应的惩罚。不可否认的是，一些投机者会利用法律空隙来牟取暴利，这更加大了监管当局规范市场行为的难度。

（2）国家风险。

国家风险（Country Risk）指的是经济主体由于国家政治、经济、社会等方面发生重大变化而遭受损失的可能性。造成国家风险的因素很多，结构性因素、货币性因素、国家政治因素、外部经济因素和流动性因素等都是可能的"祸源"。国家风险一般具有两个突出的特点：第一，属于国际金融活动的副产物，即只存在于国际经济金融活动中，一个国家范围内发生的金融风险不列入国家风险范畴；第二，范围广泛，既然发生了国家风险，国家范围内的几乎所有经济主体，包括政府、个人、企业（包括金融机构）等都避免不了遭受国家风险的"侵袭"。

政治风险和经济风险是两类最重要的国家风险。政治风险是指由于一个国家内部政治环境或者国际关系等因素的不确定性，而造成其他国家的经济主体遭受损失的可能性，其导火索可以是一次政治动乱、一场罢工事件等。经济风险则是指由于一个国家的经济方面不确定性因素的变化，而造成其他国家的经济主体遭受损失的可能性，其导火索可以是国民收入水平的变动、经济发展状况的突然变化、恶性通货膨胀的爆发以及外汇储备的变动等。

（3）环境风险。

环境风险（Environmental Risk）指的是经济主体在参与金融活动时由于自然、政治和社会的环境变化而遭受损失的可能性。环境的概念将经济主体周围的自然、政治和社会等因素统一起来，重点指国家内部经济主体所可能面临的各种风险因素的集合。环境风险需要与国家风险相区别，国家风险是指国际金融活动中遭遇他国各方面变数的风险。环境的变化给经济主体带来的损害可以是直接的，也可以是间接的。例如，意外事故、自然灾害等给借款人带来直接财产损失和人身伤害，导致借款人无法按时按量还款，从而会造成金融机构回收贷款损失的可能性。

（4）关联风险。

关联风险（Related Risk）指的是由于经济社会中相关产业或者相关市场发生了严重的问题，而使经济主体遭受损失的可能性。在金融全球化趋势下的现代经济社会里，关联风险突出表现了各经济主体之间的联动关系。各经济主体间的关系复杂、联系紧密。例如，国家的经济产业链中一个环节受到损坏就会"牵一发而动全身"，整个市场将会产生连锁反应，甚至造成市场混乱。尤其是金融业，2007年的美国次贷危机就是关联风险的一个突出表现，犹如"多米诺骨牌"效应，处于经济枢纽地位的金融银行业的问题（如挤兑、银行倒闭等）往往是金融危机的诱发因素。正是由于关联风险对一个国家的经济和社会秩序存在严重危害，它已经成为各个国家或者金融监管部门努力防范的一个重要风险类型。

【参考视频】

1.3.2 根据金融风险的主体分类

1. 个人金融风险

个人金融风险又称居民金融风险，是指居民在进行金融活动时所面临的遭受损失的可能性。股市中最为普遍的是股民们所遭遇的证券市场价格波动风险。除了股票，日益增多的存款、债券、期货等可供居民选择的金融工具也会给居民带来金融风险；甚至选择持有现金时，居民仍然会面临通货膨胀风险。存款是居民最常选择的理财方式，此时居民不单单是资金的提供者，也是资金的需求者，如作为消费信贷的借款人将面临清偿风险和利率风险等。

2. 企业金融风险

顾名思义，企业（非金融类）在从事金融活动中所面临的遭受损失的可能性即企业金融风险。而企业是现代经济中金融活动的重要参与者，对金融服务有着较强的需求。西方的金融（Finance）一词通常意指企业在资本市场的行为，即企业金融或公司金融的概念。而我国的金融概念至今仍是以金融机构为主导的，企业的金融活动尚处于从属地位。企业不论在筹资还是在融资的过程中都将遭遇金融风险。企业金融风险与金融机构风险是不同的，同一笔贷款，对商业银行来说是资金的有效运用，但对于借款人企业来说却是实际存在的风险。

3. 金融机构风险

金融机构可谓是金融风险的"聚居地"。由于金融机构专门经营金融业务这个特殊性，金融活动是金融机构日常最普遍的活动，金融机构中有可能诞生各种各样的金融风险。金融机构风险主要涉及市场风险、信用风险和其他风险。其中，市场风险是指因市场波动而使得投资者不能获得预期收益的风险，包括价格、利率或汇率因经济原因而产生不利波动。信用风险是指合同的一方不履行义务的可能性，包括贷款、掉期、期权及在结算过程中交易对手违约带来损失的风险。应针对不同风险的特点，确定不同的实施方案和管理战略。

4. 国家金融风险

国家金融风险是指将国家作为一个经济整体来讨论其在金融活动中所面临的遭受损失的可能性。一般地，国家金融风险是指一国在从事国际金融活动时所面临的风险。作为金融风险的承担者，国家金融风险的主要表现形式是外债风险。外债风险指的是外国投资者（主要是机构投资者）在一国掀起的有组织、大规模的金融投机活动所造成的风险。一旦超过了一定的国际安全线，外债风险是有可能转化为外债危机的。

1.3.3 根据金融风险的产生根源分类

金融风险按照产生的根源可以分为客观金融风险和主观金融风险两种类型。前文已提到，外在与内在的不确定性会导致金融风险的发生，当这些不确定性已然表现为具有一定危害性的风险时，相应地，将其称为客观金融风险和主观金融风险。

1. 客观金融风险

客观金融风险是指由自然灾害、政治因素、科学技术、经济运行过程的发展等一系列客观因素所带来的金融风险。例如，如果泥石流、沙尘暴等严重的自然灾害使得农业生产减产，农民因亏损严重而无法按期按量归还银行贷款，那么对于放贷的银行而言，它就在蒙受着较大的客观金融风险。又如，政治动乱或者一项国家经济新政策的出台使某种工业品的生产经营者损失惨重，甚至面临企业倒闭的境地，那么对于持有该公司股份的股东而言，他们就面临着巨大的信用风险与股价暴跌的市场风险。

2. 主观金融风险

主观金融风险是指由经济行为主体自身经营管理不善或受投机因素的干扰，或是自身心理预期失误等原因所引起的金融风险。常见的如证券市场、期货市场上大量投资者因心理预期失误而做出与市场运行相反的决策，从而导致金融风险的发生。

1.3.4 根据金融风险的性质分类

1. 系统性金融风险

系统性金融风险（Systemic Financial Risk）又称不可分散化风险，是指能使整个金融系统，甚至整个地区或国家的经济主体都有遭受损失的可能性的风险。系统性金融风险是一种破坏性极大的金融风险，它隐含着发生金融危机的可能性，直接威胁着一国经济安全。金融投资者自身不能控制的一些因素通常会引起投资报酬的变动，这些不可控的因素主要包括政治因素、经济因素、自然灾害和突发事件等，其不利影响可能导致整个金融体系发生"多米诺骨牌"效应，造成经济金融的大幅度波动，从而产生宏观层面上的金融风险。世界上频频发生的金融危机都反复证明了系统性金融风险是国家经济安全最为危险的敌人之一。国际货币基金组织（International Monetary Fund，IMF）对31个发展中国家金融危机的考查表明，当金融危机所造成的累计产出损失达到12%时，至少需要3年时间才能使产出恢复到危机前的水平。

2. 非系统性金融风险

非系统性金融风险（Nonsystemic Financial Risk）又称可分散化风险，是指某个产业或企业特有的风险。投资者可以通过分散化投资或转换投资品种来消除这种风险。"特有"是指这种风险的产生一般都是由经济行为主体自身经营管理不善、客户违约等造成的，只是一种个别的风险，不会对市场整体发生作用。

经营风险、财务风险、信用风险、道德风险等风险是非系统性金融风险的主要类型。在非系统性金融风险还没有显现之时，对于风险的防范，重点是采取分散投资的方式，亦即不要将所有鸡蛋放在同一个篮子里。此外，需要特别注意分散投资的程度和分散投资的品种选择，可以根据具体情况来区别对待。例如，根据投资者资金实力的强弱来确定分散程度，资金实力强的投资者可以适当多地持有股票种类，资金实力弱的投资者则应少持有股票种类。这是因为，持有股票种类多了，容易分散注意力、降低操作效率，特别是对于资金实力弱的投资者，持有股票种类过多，反而会造成交易费用的上升。

1.3.5 根据金融风险的层次分类

从层次论来分析，金融风险可分为微观金融风险和宏观金融风险。这两者在风险主体、形成机理、经济社会影响以及风险管理等方面都有明显的区别。

1. 微观金融风险

微观金融风险指的是微观经济主体所遭遇的金融风险。一旦微观金融风险转化为现实，将使金融交易者遭受如资产缩水、投资损失、收益减少或严重亏损等形式的损失。此外，微观经济主体还有可能面临破产，但这类风险出现的频率相对要低得多。

2. 宏观金融风险

宏观金融风险主要涉及整个金融体系或经济体的健康状况，通常由经济活动、货币政策、财政政策等因素引起，可能对整个经济体产生广泛的影响。可以从静态和动态两个角度来理解宏观金融风险。从静态角度看，主权国家对本国经济与金融的控制力越强，国家的经济、金融的政策目标与经济、金融运行的结果越接近，国家金融越安全，宏观金融风险也就越少。从动态角度看，宏观金融风险衡量的是金融能否实现质和量的协调发展，以及能否使主权国家在长期内实现动态的经济和社会效益最大化。

宏观金融风险与金融体系性风险的定义相近，但又有一定的区别。美国经济学者克罗凯特在他的"金融稳定的理论与实践"一文中对金融体系性风险做了如下规定：金融体系性风险是指由于金融资产价格的不正常活动或大量的经济主体和金融机构背负巨额债务及其资产负债结构恶化使得他们在经济冲击下极为脆弱，并可能严重地影响到宏观经济的正常运行。而宏观金融风险是指结合动态与静态两个角度考查一国金融体系所面临的金融秩序混乱和发生金融风暴的可能性。当这种可能性转变为现实时，宏观金融风险就会演变为金融危机。所以，金融体系性风险是从金融风暴在金融系统的表象上对全局性金融风险进行描述，而宏观金融风险则是从经济与金融的多视角、多层面，对能够影响经济、社会和政治稳定的金融风险形成和发展的分析。宏观金融风险的影响是对宏观经济整体而言的，宏观金融风险的防范则是从宏观制度和政策的角度来考虑。

3. 两者的区别

宏观金融风险的主体是国家，或者说是整个社会公众；而微观金融风险的主体是金融机构。风险承受主体不同，决定了两者具有不同的性质及应对方式。宏观金融风险属于公共风险，无疑需要由政府来承担相应的责任；微观金融风险属于个体风险，自然要让市场主体来防范和化解。由于长期以来没有对金融风险的主体进行过区分，以至于对金融风险防范的责任边界十分模糊，甚至出现"错位"，本属于政府的责任由市场主体来承担，而本属于市场主体的责任却又由政府揽过来，发出了错误的信号，从而引发逆向选择（Adverse Selection）。

只有宏观金融风险才属于公共风险，与政府的财政责任有内在的关联性，构成财政风险的重要来源。而微观金融风险如利率风险、汇率风险、信用风险、流动性风险等，则是个体风险，主要是金融机构内部控制的日常任务，与政府的财政责任无直接的关联性。只有当微观金融风险向宏观金融风险转化时，才会与政府的财政责任产生逻辑的联系。

宏观金融风险和微观金融风险的区分依据是风险后果的影响范围及其相应的承担主体。如果金融风险带来的后果是孤立性的、个体性的，不产生连带性影响，则是微观金融风险，如利率风险、汇率风险、信用风险、流动性风险等一般情况下都不会产生关联性；如果金融风险带来的后果与此相反，是整体性的、关联性的，则是宏观金融风险。

1.4 金融风险形成的理论

1.4.1 金融风险的形成机理

从金融风险产生的必要条件和充分条件两个方面来描述金融风险的形成机理，如图 1-1 所示。

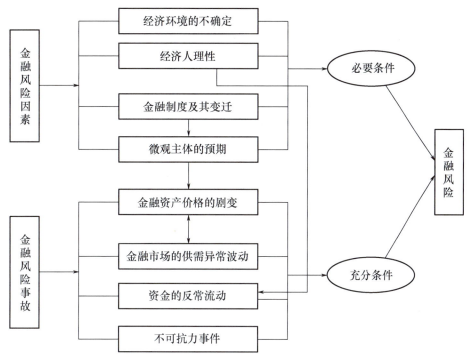

图 1-1　金融风险的形成机理

资料来源：朱淑珍，2002. 金融创新与金融风险：发展中的两难 [M]. 上海：复旦大学出版社．

首先，金融风险因素是产生金融风险的必要条件，包括经济环境的不确定、经济人理性、金融制度及其变迁以及微观主体的预期。金融风险源于不确定，所以经济环境的不确定必然导致金融投资活动结果的不确定，进而引发金融风险。经济人理性主要体现在效用最大化、需求偏好多样性与机会主义倾向，由此导致金融交易或金融活动中的各种金融风险。有效的金融制度也不可能完全消除金融风险，而无效的或低效的金融制度反而助长金融风险的蔓延。微观主体的预期也是引发金融风险的重要因素之一。例如，微观主体追求效用最大化必然导致金融活动的预期不确定性，从而产生金融风险。微观主体的预期通常引发金融资产价格的变化甚至是非常大的变化，金融风险伴随而生。

其次，金融风险事故是产生金融风险的充分条件，包括金融资产价格的剧变、金融市场的供需异常波动、资金的反常流动、不可抗力事件等。金融资产价格的剧变，如利率、汇率等的不确定变动，能引发金融风险，国内外几次较为重大的金融风险事故大多是由于金融资产的价格突然发生大幅度变动，使金融风险成为现实，严重的就形成金融危机。金融市场的供需异常波动也能导致金融风险。事实上，金融市场的供需异常波动与金融资产价格的变化是有紧密联系的，但不是完全等价。即使没有市场供需的波动，金融资产价格也会突然变动。资金的反常流动也是常见的一种金融风险事故，如大额的国际游资通常是引发金融风险及导致金融危机的重要原因，这可以从索罗斯的量子基金在东南亚金融危机中所起的作用中清楚地体现。当然，不可抗力事件（如自然灾害等）的影响也能导致金融风险的发生。这些不可抗力事件也可能是金融市场波动的关键因素之一。

最后，以上这些金融风险因素和金融风险事故的结合，引发了金融风险。这些单元的交错作用，有可能进一步加剧金融风险，并有可能导致金融危机的发生。

1.4.2 金融风险形成的理论分析

金融风险形成的理论大多从各个层面探讨金融风险的成因。金融风险的成因，有些是内生的，如信用风险、操作风险等；有些是外生的、不可预测的，如天灾人祸、战争、石油危机、经济周期等。从制度角度看，有些是在正常的市场环境下纯粹由不确定性造成的，有些是由市场经济体制不完善（如我国的转轨时期）、法规不健全、内部控制不完善、外部监管不得力等因素使不确定性空间扩大造成的。从主客观角度看，有些是由金融机构主观失误造成的，如管理风险、操作风险等；有些是客观存在的，如利率风险、汇率风险等。从金融业自身特征看，金融业之所以成为一个高风险的行业，是由于它是一个以经营货币和信用为基础的行业，金融业可超越实体经济而发展，并越来越趋向虚拟化；信用本身具有脆弱性，任何信用链条的断裂都可能引发金融危机；随着金融体系从国内发展到国际，由于国际金融体系缺少完善的监管体系和最终贷款人，金融市场本身难以稳定；信息的不对称性又使金融工具和金融产品对实体经济有很强的敏感性，往往会做出过度的反应，另外政府的宏观经济政策、金融政策也对金融机构的经营状况有很大的影响。

因此，金融风险作为一种引致损失的可能，其生成机制是复杂的。微观主体行为和宏观经济运行环境等因素，都可以从不同的侧面直接或间接地造成金融风险。对此，西方学者研究得较为深入。

【参考资料】

1. 金融体系不稳定性假说

明斯基把凡勃伦提出的金融体系内在脆弱性理论系统化，提出"金融体系不稳定性假说"，认为以商业银行为代表的信用创造机构和借款人的相关特性使金融体系具有天然的内在不稳定性。他把借款人分为3类：第一类是基于未来现金流量缺口，从而进行补偿性融资的避险性借款人（Hedge Unit）；第二类是根据所测的未来资金丰缺程度与时间来确定和借款的投机性借款人（Speculative Unit）；第三类是需要滚动融资以新债偿旧债的庞齐借款人（Ponzi Unit）。其中庞齐借款人又可分为两类：第一类是本身有回收期很长的项目，较长时期没有收益，因而在一定时期内需要靠借款还本付息的借款人；第二类是基本失去流动性或偿付能力，靠借款来维持流动性以图起死回生的借款人。显然，在3类借款人中，避险性借款人风险最小，庞齐借款人风险最大，而庞齐借款人中第二类风险较大。

明斯基认为，由于代际遗忘（Generational Ignorance）和竞争性压力导致经济具有长周期，在经济扩张时，市场信心越来越强，贷款人的贷款条件越来越宽松，信贷量越来越大，银行增加贷款的发放量，不断创造新的财富。在扩张高潮时，厂商因债务与其本身资产净值之比上升，逐渐由避险性借款人向投机性借款人甚至庞齐借款人转变。当金融链条断裂后，便会形成破产浪潮。一旦出现恐慌，个人就会尽力将债权变现，因而引起利率上升，利润率下降，厂商资产净值缩水。无论何时，利润率下降时，避险性借款人都可能变成投机性借款人，而投机性借款人则可能进一步变为庞齐借款人。

2. 金融资产价格波动性理论

金融资产价格波动主要表现为股票、外汇等资产价格的波动,这些金融资产价格的波动与信息不完全性有关。

(1)股票价格的内在波动性。

马克思对股票市场的波动性曾做过深刻的描述,他认为股票能够吸引资金、影响人们投资的原因就在于其价格的波动性,即通过高抛低吸来套利。现代经济学者也对股票市场的波动性做出了解释。麻省理工学院博弈论学者克瑞普斯认为,无论股市与实体经济是否相符,股市投资者个人的理性行为足以导致整个市场的周期性崩溃。如果投资者的预期是悲观的,则投资者会由于恐慌心理而抛售股票,直至摧毁健康的股市。明斯基和金德尔伯格认为,当经济繁荣时,股市存在的"乐队车效应"(Bandwagon Effect)推动股价上升,幼稚的投资者开始拥向价格"乐队车",从而促使股票市场行情飙升,直至资产价格上升到无法用基础经济学来解释的水平,导致股市预期发生逆转,价格崩溃。

与股票价格内在波动性相关的理论内容非常多,感兴趣的同学可以参考《行为金融学》等相关书籍。

(2)汇率的内在波动性。

汇率的内在波动性包括两种:一种是固定汇率的不稳定性波动,即货币对外价值发生意外的变化,使固定汇率水平难以维持;另一种是浮动汇率的不稳定性波动,即市场汇率的波动幅度超过了能够用真实经济因素来解释的范围。

在固定汇率制度下,政府货币当局应将本国货币的汇率维持在可持续水平上,否则当市场对该货币当前汇率能否维持下去失去了信心时,将会引起抛售现象,导致固定汇率水平难以维持,从而引发货币危机。造成信心丧失的原因通常是政府把本国货币汇率定在不适当的水平上,虽然政府通过动用储备对外汇市场进行干预或使用其他手段使汇率在一定时期内稳定,但是当不适当水平的汇率引起的一些不利后果出现时,市场预期就会转向,引起汇率崩溃。随着金融市场的国际化和金融衍生工具的不恰当增长,国际巨额游资使得货币当局在面临货币投机者"单方面赌博"时非常脆弱。

在浮动汇率制度下,汇率水平有过度波动的可能性。金融衍生工具的出现及迅速增长,可能造成"汇率错位"(Exchange Rate Distortion)。20 世纪 70 年代后期以多恩布什、弗伦克尔等人为代表的经济学家把研究的重点集中于汇率的短期变动,产生了汇率动态理论的相关学说,提出了多种理论来解释市场汇率的波动性。其中为中国学者所熟知的多恩布什的汇率超调理论指出,浮动汇率制度下汇率的强烈波动及其错位源于初始外部冲击发生后资本市场和商品市场调整速度不一致,由于价格超调是一切金融资产价格的特征,结果使汇率波动几乎不可避免。

3. 信用脆弱性理论

马克思早就对信用脆弱性做过深刻描述。马克思认为,信用是资本积聚和集中的有力杠杆。但是,金融体系得以生存和运行的前提是信用,仅仅是作为对商品内在精神的货币价值的信仰,绝不能脱离实物经济。然而,金融资本家的趋利心以及虚拟资本运动的相对独立性为信用崩溃提供了条件。信用在经济运行中具有周期性，随着经济运行的周期交替表现出膨胀和紧缩。在经济波动剧烈的情况下，信用的猛烈膨胀和紧缩常常造成信用的严重扭曲。

在马克思和恩格斯时代，资本主义处于上升阶段，新公司、新企业如雨后春笋般地创立起来，对股票等证券的投机活动不断掀起高潮。在金融领域，银行业不断发展，信用过度扩张。因此，一旦出现生产过剩的苗头，一些厂商不能如期偿还债务，就很容易引起"多米诺骨牌"效应，在商业货币和信用领域引起动荡。

现代经济学理论认为，信用的脆弱性是由信用过度扩张和金融业的过度竞争造成的。这可以从信用运行特征的角度来解释：信用是联系国民经济运行的网络，这个网络使国民经济各个部门相互依存、共同发展，但是这个网络的任一环节受到即使是偶然的破坏都势必引起连锁反应，信用的广泛连锁性和依存性是信用脆弱、产生金融风险的一个重要原因。金融业的过度竞争以及信用监管制度的不完善是信用脆弱性的又一表现。为了争夺存款客户，银行通常提高存款利率；为了吸引贷款客户，增加市场信用份额，银行通常降低贷款利率。存贷利差的缩小，在其他条件既定时，银行盈利水平下降，经营风险增加。在这种情况下，许多金融机构不得不越来越重视发展高风险业务，以图取得较高的收益。趋利性促使金融机构放弃稳健经营原则。金融市场的证券化趋势和创新趋势，使许多信誉较高的大公司转向在金融市场直接融资，银行被迫转向信誉较低、风险较大的中小企业，从而使其资产质量降低，经营风险加大。由于趋利机制作用而规避信用监管，银行业不断进行金融创新，大力发展表外业务，如担保、承兑、贷款出售、代理等，从而使传统的货币概念和测试口径逐渐趋于失效，使金融监管难度加大，削弱了金融监管的监控能力。

4. 信息经济学的微观解释

信息经济学是在非对称信息情况下，研究当事人之间如何签订合同（即契约）及如何对当事人行为进行规范的问题。借助于信息经济学，能够从微观行为的角度更深刻地认识金融风险。信息经济学认为，信息不对称是产生金融风险的主要原因。信息不对称是指当事人都有一些只有自己知道的私人信息。由于社会分工和专业化的存在，从事交易活动的双方对交易对象以及环境状态的认识是很难相同的，因此信息不对称是现实经济活动中的普遍现象。不对称的信息大致可以分为两类：第一类是外生的信息，它是先天的、先定的，不是由当事人的行为造成的，一般出现在签订合同之前；第二类是内生的信息，它取决于行为人本身，出现在签订合同之后。第一类信息将导致逆向选择，第二类信息将产生道德风险（Moral Hazard）。金融市场上出现这两种情况就会降低市场机制的运行效率，影响资本的有效配置，从而产生金融风险。

（1）逆向选择与金融风险。

在间接融资的资本市场上，银行贷款的收益取决于利率和企业还款的可能性，而企业还款的可能性在很大程度上与企业的经营活动有关。在借贷市场中，各企业的风险程度各不相同，当银行不能观察到项目投资风险所在或确定投资风险成本太高时，银行只能根据企业平均风险状况来决定贷款利率。如此一来，低风险企业会由于借贷成本高于预期水平而退出借贷市场，而余下的愿意支付高利率的企业都是高风险企业，因为从事高风险甚至投机性交易才能获得超额利润来偿付高利息。这时贷款的平均风险水平提高，银行收益可能降低，而且呆账增多，金融风险显著升高。逆向选择问题可以通过实施低利率来解决，如西方国家采用信贷配给制，维持较低的利率水平，并拒绝一部分贷款申请。这虽然牺牲了资本配置效率，但可以降低信用风险。如果不控制利率，则逆向选择的金融风险就会出现。例如，以前我国的一些金融机构为了完成储蓄指标，违反国家规定，高息揽储；为了避免亏损，又高息放贷，结果贷款流向投机型的高风险企业。随着国家宏观调控的加强和市场形势的变化，许多企业亏损，难以还贷，金融机构支付发生困难，金融风险问题十分突出。

（2）道德风险与金融风险。

虽然在交易双方达成合同时信息可能是对称的，但在合同实践中，一方缺乏另一方的行动信息，这时，拥有私人信息的一方就可以利用这种信息优势从事使自身利益最大化但损害另一方利益的行为。道德风险普遍存在于以信用为基础的各种金融业务关系中，是造成金融风险的主要原因。当银行与企业签订资金使用权的契约后，企业在贷款执行过程中可能出于机会主义的动机，隐藏资金使用的真实信息，采取不完全负责任的态度，而不采取应当采取的缩减金融风险的措施，从而酿成金融风险。如何降低从企业的道德风险转化为金融风险的程度取决于契约设计的两个方面。其一，减少交易双方的信息差距，使企业的信息优势不足以获得较多的机会主义收益。例如，我国国有商业银行采取的驻厂信贷员制度和主办银行制度，其意图都在于改变银行的信息劣势，降低信息非对称程度。并且后者更着重通过银企之间的重复博弈关系，有效避免在一次博弈中可能出现企业的道德风险行为，诱导双方长期的合作行为。其二，强化银行对企业的约束和激励机制，使企业经过成本收益分析后能放弃机会主义行为，自觉按照双方达成的意愿行事。例如，实行贷款抵押或质押、评定企业信用等级、颁发贷款证等制度安排，分别从资产、信誉等方面建立起约束和激励机制。

小思考

试用金融风险形成的理论分析现实中的金融风险。

1.5 金融风险的经济效应

正是由于金融风险是金融市场的一种内在属性，并且具有客观性、普遍性、扩张性、多样性及可变性等特征，因此它所能造成的后果可能是十分严重的，尽管经济行为主体也有可能在金融风险中获取一定的收益。

有学者将金融风险的效应（也可理解为金融风险的影响）划分为经济效应、政治效应和社会效应3个方面。一旦一国发生了严重的金融风险甚至经济危机，政治上发生变动的可能性就剧增，会威胁到该国的政治安全和政治稳定。例如，1997年亚洲金融危机导致了泰国一系列的高层人事变动，韩国、印度尼西亚、俄罗斯等国政局变动；2011年欧洲主权债务危机导致全球金融市场大幅动荡，最终致使一些国家的政局发生剧变，等等。这些例证无不在说明金融风险可能带来政治上的不良结果，人们将之称为金融风险的政治效应。金融风险的社会效应则往往体现在金融业这一特殊行业的明显社会性特征上，倘若金融机构不能清偿债务，整个社会将要承受其带来的负面示范效应，社会经济秩序将发生混乱。

1.5.1 微观经济效应

金融风险的微观经济效应可概括为以下 5 点。

1. 直接经济损失

经济行为主体的直接经济损失可谓是金融风险带来的最显著后果。例如，经济行为主体在买进外汇进行套汇或套利时，汇率下滑；购买股票后，股价大跌；进行股指期货炒作时，指数与预期相反等。无疑，这些情况都会给经济行为主体造成重大损失。当经济行为主体是一家大银行或者一个国家时，金融风险所带来的损失可以巨大得令人惊异。例如，据国际货币基金组织在 1997 年年初发布的有关资料显示，52 个发展中国家在过去 10 多年中损失了大多数或所有的银行系统资本，一些国家失去的不止一次；许多国家用了相当于其国内生产总值的 10% 甚至更多的款项来解决银行问题。

2. 潜在损失

金融风险会给经济行为主体带来潜在损失。例如，一家企业可能因贸易对象不能及时支付债款而影响生产的正常进行；购买力风险不仅会导致实际收益率下降，而且会影响经济行为主体持有的货币余额的实际购买力；一家银行存在严重的信用风险，会使消费者对存款安全产生担忧，从而导致银行资金来源减少，业务萎缩。

3. 预期收益和投资信心变动

投资者的预期收益和投资信心也将受到金融风险的影响。一般而言，金融风险越大，风险溢价也相应越大，于是调整后的收益折扣率也越大。而金融体系的稳定是需要依靠各经济行为主体的信心来维系的，当金融风险被诱发后，经济行为主体的信心将发生不同程度的动摇。例如，股市投资者因对金融市场失去信心而大规模抛售股票，严重者将导致证券价格急剧下跌；存款人因对某家银行失去信心而挤提存款，严重者将引发银行危机或致使该银行最终倒闭。

4. 经营管理成本和交易成本增大

经营管理成本和交易成本增大是由于经济行为主体收集信息、整理信息的工作量、难度以及预测工作的成本和难度都在增大，甚至经济行为主体的决策风险也在增大。与此同时，由于金融风险导致市场情况发生变化，经济行为主体在实施其计划和决策过程中，必须适时调整行动方案，对计划进行适当的修改、扬弃，如此一来将增大管理成本。以商业银行为例，商业银行在运营过程中，由于金融风险的存在，必须实施金融风险防范策略，对原有计划进行修改，这就增大了管理成本。同时，由于资金融通中存在不确定性，市场上的许多资产难以正确估价，资产的估价程序纷繁复杂，使市场缺乏效率，增大了交易成本，影响了交易的正常进行。有的时候对金融风险的估计不足还将导致一些不应有的损失，如由于实际通货膨胀率超过预期的通货膨胀率，企业在生产过程中难免会出现生产资金预算不足的情况，从而导致被迫修改生产计划。

5. 资金利用率降低

由于金融风险的广泛性及其后果的严重性，一些经济行为主体不得不持有一定的风险准备金来应对金融风险。由于流动性变化的不确定性，难以准确安排备付准备金的数额，银行等金融机构往往会发生大量资金闲置的现象。此外，由于担忧金融风险的存在，一些消费者和投资者会选择持币观望，从而导致社会上出现大量资金闲置的现象，增大了机会成本，降低了资金利用率。

1.5.2 宏观经济效应

金融风险的宏观经济效应可概括为以下5点。

1. 宏观经济指标变动

实际收益率、产出率、社会总消费和投资水平下降，经济增长速度将放缓。金融风险越大，这些重要指标下降的幅度就越大。这一效应早在20世纪60年代末就已被一些经济学家所察觉。这仍然要归因于金融风险所能导致的十分严重的后果，当大部分的经济行为主体都采取谨慎的应对策略时，社会总消费和投资水平将下滑。例如，经济行为主体为降低投资风险，不得不选择风险较低的技术组合，引起产出率和实际收益率下降，并且由于未来收入的不确定性，个人未来财富可能会出现较大波动，境况相对变坏，从而不得不改变其消费和投资决策。此时，投资者会因为实际收益率下降和对资本安全的忧虑而减少投资，导致整个社会的投资水平下降；消费者为了保证在未来能获得正常消费，总是保持较谨慎的消费行为。

2. 社会生产力水平下降

金融风险会使经济运行基础遭到破坏，导致产业结构畸形发展，甚至导致整个社会生产力水平下降。金融风险会致使大量资源流向安全性较高的部门，造成边际生产力的下降和资源配置的不当，一些国家的关键经济部门会因此形成经济结构中的"瓶颈"。金融风险还会扰乱正常的信用秩序，各个经济行为主体之间的到期不能支付债务不断扩大，这将导致极其严重的后果。例如，一家银行因经营不善而倒闭会提高存款人对信用风险的警惕，可能触发银行信任危机，引起存款人大规模挤提，严重者会导致金融制度崩溃。又如，在1929—1933年美国的大萧条时期，美国平均每年约有2000家银行停业，其中1933年停业的银行达4000家，导致信用关系中断，不仅使全社会损失了巨额的金融资产，而且导致了美国严重的经济衰退。而一些经济行为主体往往选择风险较低、较为传统的技术方法，那些进行技术革新的经济行为主体将难以筹集到开发资金或从银行获得贷款。信息不对称等客观现实的存在将使金融风险对过度投资以一种产业的抑制作用局限在十分有限的范围内，而调节由金融风险造成的过度投资，其成本将相当昂贵。

3. 金融市场秩序混乱

金融市场秩序混乱将破坏社会正常的生产和生活秩序，甚至使社会陷入恐慌，极大地破坏生产力。1997年发生的东南亚金融危机造成了严重后果，世界经济增长率受其影响，下降了1%以上。处于危机中心的一些国家和地区的经济增长率更是受到严重打击，下降了2%以上，有的国家经济因此而倒退了10多年，印度尼西亚因此引发了一场政治危机。

表 1-1 是一些著名的由于衍生工具使用不当而导致的金融风险损失案例。这些案例很具有启发性，因为这些案例的发生有一个共同的原因，即对金融风险管理不善。

表 1-1 金融风险损失案例

公　司	日　期	金融工具	损失额/亿美元
巴林银行	1995 年 2 月	股指期货	13
中航油公司	2004 年 12 月	石油期权	6
北岩银行	2007 年 9 月	抵押贷款资产证券化	13
兴业银行	2008 年 1 月	欧洲股指期货	71
美国国际集团	2008 年 6 月	信贷违约掉期	250
中信泰富	2008 年 10 月	外汇期权	18
雷曼兄弟	2009 年 9 月	债券衍生工具	138
摩根大通	2012 年 5 月	企业债及衍生品交易	58
光大证券	2013 年 8 月	ETF 和股指期货交易	6

4. 宏观经济政策的制定和实施受到影响

金融风险能够影响宏观经济政策的制定和实施，甚至能造成财政政策和货币政策的扭曲。从一定角度来讲，政府对宏观经济的调节也就是对市场风险的调控。例如，中央银行在市场上调节货币供求，使资金供求平衡，以降低市场的不确定性。金融风险又会影响宏观政策，如增加宏观政策制定的难度、削弱宏观政策的效果等。在宏观政策的制定方面，政府会由于金融风险导致的市场供求的经常性变动而难以及时准确地掌握社会总供求状况以做出决策，容易导致决策滞后现象；在政策的传导方面，金融风险会使传导机制中的利率、信用等某些重要环节出现障碍，以致出现偏差；在宏观政策的效果方面，各经济行为主体为回避风险会尽可能充分地利用有用信息，并据此判断未来的政策及其可能产生的效果，采取相应的应对措施，从而使得政策的预期效果难以达到。

5. 国际收支状况受到影响

金融风险关系着一国的贸易收支，直接影响国际经贸活动和金融活动的进行。原因有以下 4 点。第一，汇率的上升或下降影响商品的进出口总额和贸易收支水平。第二，一国投资环境变差，可能是利率风险大、通货膨胀严重、国家风险大等因素造成的。另外，外国投资者会减少对本国的投资和其他交往，导致各种劳务收入减少。第三，金融风险也影响着资本的流入和流出。利率风险和汇率风险的大小，会引起国内资本的流出或者国外资本的流入；企业信用风险、国家风险等会影响甚至决定国际金融组织贷款、政府借贷、短期资金的拆放、直接投资等经济行为和决策，从而直接影响一国的资本项目。例如，1994 年墨西哥爆发金融危机的主要原因就是外国投资者对墨西哥经济的信心动摇，撤出资金，从而引起墨西哥比索大幅度贬值。第四，汇率的波动将会引起官方外汇储备价值的增加或减少，因此，金融风险影响着国际收支的平衡项目。例如，1997 年的东南亚金融危机使马来西亚等国几十年来苦心经营积累的外汇储备顷刻间消失殆尽。

应用实例与分析

全球经济滞胀，金融风险上升

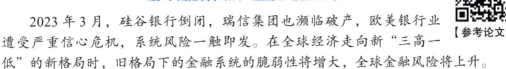
【参考论文】

2023年3月，硅谷银行倒闭，瑞信集团也濒临破产，欧美银行业遭受严重信心危机，系统风险一触即发。在全球经济走向新"三高一低"的新格局时，旧格局下的金融系统的脆弱性将增大，全球金融风险将上升。

新冠肺炎疫情已基本淡出，但它对全球经济和金融的影响仍在持续，疫情期间，美欧等发达经济体的超大规模财政货币刺激政策已急剧转向，但刺激导致的高通胀仍在继续，难以回落。疫情后，全球经济增长动能持续减弱，阻力巨大。全球经济滞胀，高债务、高通胀、高利率和低增长的新"三高一低"格局越发清晰。新格局下，全球宏观经济和金融环境与发展范式已发生根本性转变，旧格局下的银行、金融机构、央行的资产负债配置也要随之改变。资产负债表错配导致了近期硅谷银行、瑞士信贷银行等美欧银行破产或陷入困境；配置的改变则需要大规模抛售和买入资产，势必将导致金融市场动荡，全球金融风险上升。中国须警惕美国金融市场进一步动荡对我国的风险外溢，尽早制订应对预案。

1. 全球经济滞胀

高通胀持续，经济增长动能减弱。新冠肺炎疫情暴发后，因主要经济体的大规模财政货币刺激政策，叠加疫情对供应端的冲击，2021年起全球通胀快速上升，已由结构性通胀转变为持续性通胀和全面性通胀。进入2022年以来，以美联储为首的发达经济体央行采取了激进的、协调一致的加息策略对抗高通胀。此后主要经济体通胀虽触顶下行，但仍显著高于疫情前水平，发达经济体核心通胀仍多呈上升趋势。据国际货币基金组织统计，2020年到2022年间，全球、发达经济体、新兴和发展中经济体的消费者价格指数年均同比升幅分别达5.6%、3.7%和7.0%，比它们2009年到2019年的年均通胀分别高出60%、166%和33%。

通胀黏性也越来越大，并呈结构性分化。美国的能源价格虽已恢复至疫情前水平，但服务、住宅、食品价格的涨幅仍处于高位；欧盟进入2023年以来的通胀则主要由食品、商品和服务等驱动。疫情后全球房价也呈高速上涨的态势，2022年底，全球和美国的实际房价指数已分别较金融危机前的顶峰上涨18.4%和18.1%，在历史高点徘徊。2022年以来美国劳动力市场持续收紧，失业率维持在3.5%～3.7%，"用工荒"仍未缓解；工资同比增速也持续显著高于疫情前水平，2023年一季度开始名义小时工资增速已超过消费者价格指数同比增速，工资—物价螺旋式上升风险高。能源类大宗商品价格虽已回落至疫情前水平，但铜、玉米等有色金属和粮食类商品价格仍高于疫情前水平，若再次出现供给冲击事件，价格将可能反弹，成为通胀上行的推力。这些因素的结合也将增大全球通胀快速回落的难度。

另外，疫情后大规模刺激政策带来的经济复苏持续时间短暂，2022年全球主要经济体经济增长动能逐渐减弱。2022年一季度后，美国、欧盟和中国的经济增速均显著下滑，低于2020年到2021年的平均增速。同时，2022年第四季度主要经济体的贸易环比增速也显著下降，进出口额下降幅度分别为4%～12%和3%～10%。

据国际货币基金组织最新预测，2023年和2024年全球经济增速将达2.8%和3.0%，较2010年到2019年的平均增速分别低0.9个和0.7个百分点，经济增长乏力。

（1）经济走向"停滞式增长"。

全球近40年来的发展"范式"已改变，全球经济正从低通胀、低利率、低增长和高债务的"三低一高"格局走向高通胀、高利率、高债务、低增长的新"三高一低"发展周期，世界经济金融也正在进入滞胀和分裂的新格局。新格局中，高债务和高利率将严重限制需求端扩张，政府难采取类似以往的财政刺激政策推动需求扩张。而疫情后供应端受到损伤、地缘政治冲突风险加剧、金融体系稳定性减弱也将限制供给扩张，增加供应链扰动风险。

当前，全球正面对"百年未见之高债务"。截至2022年6月，全球债务总额已触及300万亿美元，占GDP的比重高达349%，较2007年占比上升超70%。发达国家政府债务更已攀升至难以持续的水平，根据国际货币基金组织数据，2007年到2022年间，G7国家政府债务的本地生产总值占比已从80.7%大幅上升至128.4%。另外，疫情期间主要发达经济体央行采取迅猛的财政赤字货币化操作，使其资产负债表大幅膨胀：2023年5月，美联储、欧洲央行、日本央行的总资产分别为2019年末的2.01倍、1.64倍和1.3倍，分别为2007年末的9.42倍、5.1倍和6.7倍。随着2022年主要发达经济体央行协调一致开启激进加息，其政府债务的偿债成本显著上升；而由于美联储等央行同时也开始了量化紧缩，新发行的政府债券也将对私营部门融资产生"挤出"效应，抬升后者的融资成本。上述两者的合力也将大幅限制发达经济体的政府通过进一步财政扩张推升总需求的空间和能力。

此外，新冠肺炎疫情的"损伤效应"和地缘政治冲突导致的全球经济格局"碎片化"将对供应端产生负面影响，央行激进加息后引发的金融市场动荡和金融环境紧缩也将进一步加剧这种影响。其中，经济危机会对供应侧造成损伤，改变整个经济结构和潜在增长率，每次危机后全球经济的增速都比危机前10年的平均增速低。例如，亚洲金融危机后的10年（1999年到2008年）间全球年均经济增速为4.23%，全球金融危机后的10年（2010年到2019年）间年均增速下滑至3.71%，而国际货币基金组织预测2021年到2028年间年均增速将进一步降至3.5%。在一个"碎片化"的全球格局下，贸易摩擦频率上升，人才、资本、技术的流通将在分散的区域而非全球范围内流动，这将降低直接投资和科技创新的增速，拖累经济增长。而发达经济体的金融市场动荡将驱动资本流向"安全资产"，可能引发发展中经济体资本外流、货币贬值，并降低全球的消费和投资增速，进一步冲击经济。

综上所述，全球进入新"三高一低"发展周期后，需求和供应端的扩张将大幅受限，通胀的持续和高黏性将使发达经济体央行短期内难以转向宽松货币政策刺激经济，利率将持续高于疫情前水平，全球经济也将走向"停滞式"增长。

（2）资产负债表错配，金融风险上升。

2023年3月，美国资产规模排名第16位的硅谷银行因遭遇爆发性挤兑而倒闭，排名第29位的签名银行也宣告倒闭。同月，拥有超150年历史的瑞士第二大、全球系统性重要银行瑞士信贷银行也濒临破产,欧美银行业遭受严重信心危机。尽管硅谷银行倒闭由多种原因促成,且因其规模较小,不一定构成系统性风险,但其倒闭的性质确实是系统性风险。在全球经济走向"三高一低"的新格局中,旧格局下的金融系统的脆弱性将增大,全球金融风险将上升。

2. 金融风险上升

硅谷银行倒闭的最主要原因是资产负债表错配:资产端,它在低息环境下大幅增持美国国债和不动产抵押贷款支持债券等长久期证券投资,此类资产占总资产比由2018年的近41%大幅升至2021年的59%;负债端,其存款占比极高(2021年超97%),且不受存款保险覆盖的存款占比达89%,挤兑风险高。2022年,美联储激进加息导致美国国债和抵押支持证券等的价格暴跌,硅谷银行遭受大额账面浮亏,亏损信息在推特等新媒体推波助澜下快速传播,电子支付进一步支持储户快速挤兑,使该行3天内流出约1400亿美元,超过其总资产的60%,最终导致破产。

探究更深层次原因,硅谷银行等金融机构破产或濒临破产的本质诱因是美欧宏观货币环境的激烈转变,以及2008年金融危机以来全球金融系统已对旧"三低一高"格局下的宽松宏观金融环境产生依赖。为应对金融危机,美联储快速降息并进行了持续的量化宽松。2020年新冠肺炎疫情冲击阻止了美联储货币政策"正常化"的进程,迫使其进一步大幅降息至0%附近,并推出远超金融危机时的超大规模货币宽松政策,以支持财政赤字货币化。结果,2007年9月至2022年9月,美联储资产负债表从8900亿美元增长近9倍,达到8.8万亿美元;美国国债存量也从约9万亿美元大幅攀升至31万亿美元。超大规模的货币宽松政策为银行系统注入了惊人的流动性,危机和疫情后全球经济和金融市场剧烈动荡、贷款需求不足,则使银行在资产配置中更偏向于安全性高、流动性强的美国国债。截至2022年2月,所有美国商业银行持有的债券投资和美国国债总额达5.82万亿美元和4.71万亿美元,分别占其总资产的25.8%和20.9%,较疫情前大幅提升。

2022年3月,为对抗居高不下的通胀,美联储进行了货币政策"急转弯",开启了近40年来最激进的加息进程,至2023年5月已加息500基点。急剧猛烈的加息对长期国债和抵押支持证券等长久期债券价格造成严重冲击,2022年第一季度到2023年第一季度间,预计因债券价格下跌导致美国银行系统的账面资产浮亏高达2.2万亿美元,约占其总资产的10%。当前,银行系统经营的宏观金融环境已发生急剧变化,适应了长期低利率、宽货币的银行面临的环境也完全改变。银行持有的大量美债是在过去三年零利率环境下买入的,因对利率风险对冲不足,这些资产需要重新定价和调整。如果银行将这些资产放在"可出售资产"会计科目,则必须按照市价计值,将会产生巨大的当期损失;若放在"持有到期资产"会计科目,在未来利率持续高于零的情况下,也将面临收益和估值的损失。两种情形都将增加银行存款大量被取出的概率,银行系统面临的挤兑风险将显著上升。

硅谷银行和签名银行破产后,美国财政部以"系统性风险豁免"为由采取了超常规的救助措施,对它们所有储户的存款都提供保险,美联储也宣布创设"过桥"抵押贷款工具为银行系统提供流动性;瑞士政府则协调促成瑞银集团对瑞信集团的兼并,避免瑞信集团破产。然而,事件发生后,美国出现了大量银行存款流向货币基金、小银行存款流向大银行的局面，这将增加地区性银行陷入困境和破产的风险，对美国政府在触及"债务上限"下实施救助、稳定市场的能力提出严峻考验。

除商业银行外，诸如保险公司等非银行金融机构以及全球主要央行均持有大量欧美国家零利率或者低利率时期发行的债券，也面临资产大幅减值，须对资产负债表进行调整的困境。若它们的调整行动趋于一致，叠加科技和社交媒体普及下风险的"传染"能力增强，可能进一步导致全球金融市场动荡。当前，全球金融市场上空已"乌云密布"。

资料来源：https://baijiahao.baidu.com/s?id=1772978536030846082&wfr=spider&for=pc [2024-03-27]

案例启示：

疫情后全球经济复苏动能趋缓的背景下，"三高一低"的经济格局成为新的金融趋势，美欧实施超一年的激进加息政策，负面作用大于积极作用，全球呈现出"百年未见之高政府债务"叠加高利率将增强金融市场的动荡，金融系统性风险也随之上升。党的二十大报告指出，坚持系统观念，守住不发生系统性风险的底线。虽然硅谷银行等系统性风险事件的发生对中国的金融和银行体系尚未造成影响，但我们仍需警惕外界经济进一步的动荡对我国金融市场的风险外溢，加强政策协调能力，守住我们的底线。

本章小结

本章重点讲述了金融风险的概念、特征、种类与形成机理，以便读者能更好地认清管理的对象，进而实施更有成效的管理政策。

关键术语

金融风险（Financial Risk）、价格风险（Price Risk）、信用风险（Credit Risk）、流动性风险（Liquidity Risk）、系统风险（Systematic Risk）、非系统风险（Nonsystematic Risk）、逆向选择（Adverse Selection）、道德风险（Moral Hazard）

知识链接

[1] 张金清，2009. 金融风险管理 [M]. 上海：复旦大学出版社.
[2] 谢非，赵宸元，2019. 金融风险管理实务案例 [M]. 北京：经济管理出版社.

习　题

1. 请判断下列说法是否正确并给出理由：
（1）"乐队车效应"会推动股市价格高估；
（2）风险和不确定性是一回事。

2. 金融风险孕育于金融活动之中，哪里有金融活动意味着哪里就会有金融风险。这说明（　　）。

A. 金融风险的内在属性　　　　B. 金融风险不可控制
C. 金融风险具有传染性　　　　D. 金融风险的发生是不确定的

3. 现代金融学理论认为，信用的脆弱性引发的原因主要是（　　）。

A. 信用过度扩张和金融业的过度竞争

B. 金融创新过多过快

C. 监管不力

D. 利率、汇率的市场化

4. 用自己的语言解释金融风险的内涵。

5. 举例说明金融风险的特征。

6. 简述金融风险的类型及其分类依据。

7. 金融风险存在哪些效应？请着重说明金融风险的经济效应。

8. 简述金融风险的形成机理。

9. 简述金融风险的信用脆弱性理论。

10. 简述金融体系不稳定假说。

11. 宏观金融风险和微观金融风险的区别有哪些？

第 2 章 金融风险管理的基本理论

【参考课件】

本章教学要点

知识要点	掌握程度	相关知识
金融风险管理的概念与分类	了解	金融风险管理的内涵、意义
金融风险管理的手段	了解	金融风险的表现
金融风险管理体制	了解	企业组织构成
金融风险管理战略	了解	战略内涵
金融风险管理策略的类型	重点掌握	金融风险的表现形式

导入案例

银行基业长青系于风险管理

2023 年，欧美银行业的震荡，时刻牵动人心。拥有 167 年历史的瑞士信贷银行被迫委身他人，硅谷银行破产后股价一夜清零，另外美国还有若干中小银行挣扎于生死线上，前途不得而知。这些活生生的案例，再次展示出金融系统的脆弱性和外部性，风险管理是金融行业尤其是银行业的命脉，其重要性怎么强调都不为过。

受益于中国经济良好的基本面，以及宏观和微观两个层面的审慎监管，中国银行业整体运行非常稳健，各项指标都在安全线以内，类似事件在我国发生的可能性极其微小。欧美银行业的风险事件很难传导至中国，不会对中国金融市场造成实质性冲击。但是，瑞士信贷银行和硅谷银行所反映出的风险管理短板，仍然值得镜鉴。

事实上，国内银行业的思考从未停止，近期商业银行业绩发布会上，银行家频繁提到风险管理的话题。招商银行董事长缪建民出席该行业绩交流会时曾强调，风险管理能力决定我们能走多远。他认为，瑞士信贷银行黯然离场首先是风险管理没做好，"167 年已经够远了，但又还不够远"。

光大银行新任行长王志恒所见略同。他在该行业绩发布会上表示，风险是可以经营的，合规是必须坚守的，风险管理能力和合规经营能力都是银行的核心竞争力。王志恒认为，在当前经营环境严峻复杂的形势下，要实现银行战略发展愿景，必须树牢正确的发展观、业绩观和风险观，回归本源，遵循正确的经营哲学和经营逻辑，讲规矩、守底线、知敬畏。

硅谷银行破产，正是因为颠倒了安全性、流动性、盈利性这三项商业银行经营基本原则的顺序，过度关注盈利性，必然会忽视不断堆积的流动性风险，严重缺乏风险集中度管理，危机自然会接踵而至。

【参考资料】

以安全性、流动性为先的底线思维并非消极被动，而是奋发向上的积极防御。硅谷银行的教训或许意味着，越是顺风顺水的时候，越要如履薄冰、居安思危，做足风险管理功课，增厚应对流动性风险的安全垫。唯有如此，才有可能平稳渡过激流险滩。

如果说自身流动性风险管理是低头拉车，那么跨周期经营则是抬头看路。对于我国商业银行来说，在提升全面风险管理能力、完善风险治理体系的同时，还需增强穿越周期的能力，以从容应对复杂多变的内外部环境。

以贷款、自营金融投资业务为主的资本消耗型业务，往往在对抗周期上显得吃力；而轻资本业务即便没有做好，也不太容易造成系统性风险，这也是倡导发展资本节约型业务的原因所在。硅谷银行则是一个反例，其资产端债券投资占比超过六成，轻资本业务占比不高。不合理、不均衡的业务结构，导致其面对周期反转时措手不及，最终轰然倒下。

资料来源：https://www.cnfin.com/hb-lb/detail/20230330/3833270_1.html ［2024-03-27］

案例启示：金融风险管理始终是金融机构持续经营的关键要素，欧美银行业的陆续倒台是很好的反面教材。面对当前世界经济不确定增强、复苏态势疲软的格局，我国在吸取教训的同时更要注重培养金融风险管理的能力，始终遵循安全性、流动性、盈利性这三项商业银行经营基本原则的顺序，守住风险管理的底线。

2.1 金融风险管理的概念、分类与意义

2.1.1 金融风险管理的概念

现代金融风险所具备的高传染、"零"距离和强破坏等特性，客观上要求经济行为主体运用一定的工具和手段来管理，而从主观上，任何经济行为主体也不会贸然迎着风险的方向进行市场交易，即使存在非常可观的预期收益，在利益最大化原则指导下，也必须防范或规避可能带来损失的风险。因此，人们有必要对金融风险管理进行全面、深刻的认识。

金融风险管理是指以消除或减少金融风险及其不利影响为目的，通过实施一系列的政策和措施来控制金融风险的行为。

根据管理学的定义，经济行为主体的管理行为是为实现一定的目标而对其经济经营活动采取的计划、组织、指挥、协调、控制的完整过程。对金融风险进行管理也应是一

整套系列性、完整性的管理行为，包括对金融风险的预测、识别、度量、策略选择及评估等内容；但是，由于金融风险复杂、善变的特性，这一系列的管理行为并不是孤立发生的，它们相互融合、交互产生，以在动态管理行为中有效减少或消除金融风险产生的损失，维护经济行为主体的目标实现为己任。

值得注意的是，金融风险管理有一个重要的内在含义，即经济主体要以最小的代价去实现金融风险程度的降低。降低金融风险是进行金融风险管理的目的，但管理是需要成本的，要在力所能及的范围内支付一定的代价，从而获取较小程度的损失，规避大范围、深层次的金融风险。与此含义最为紧密相关的是保险风险的管理：保险往往强调要控制风险损失发生的频率和大小，通过控制，损失的分布更为集中，从而降低不确定性；而购买保险所付出的代价就是保险费，保险费与经济主体的平均损失成正相关关系，平均损失越大，需要支付的保险费越高，但是，支付了保险费并不意味着这部分代价将得到充分的利用，亦即投保的风险并不一定发生，即使发生了也不一定能够全额弥补经济行为主体的损失。因此，掌握金融风险管理所支付代价的尺度是非常重要的。

2.1.2 金融风险管理的分类

为了全面认识金融风险管理，有必要了解金融风险管理的分类，从不同角度去理解金融风险管理的实质，以获得较深层次的认识。

1. 金融风险内部管理和外部管理

根据管理主体的不同，金融风险管理可以分为内部管理和外部管理。这里的管理主体的判别标准在于实行金融风险管理措施的主体是否为经济行为主体本身。

金融风险内部管理是指经济行为主体针对自身存在的危险因素进行的一系列管理措施行为。进行金融风险内部管理的经济行为主体可以是个人、企业、金融机构、政府等，尤其是金融机构，其自身的风险管理一直以来是众人所关注的话题。由于金融机构专门从事金融业务，所面临的金融风险（不论是显性的还是隐性的）毋庸置疑是最为突出的，其风险管理水平的高低不仅关系到自身健康持续经营的问题，更关系到社会金融经济秩序的稳定性，是一国经济中牵一发而动全身的关键所在。当然，金融机构的风险管理水平存在差异性，这需要金融机构不断加强内部建设，建立全面风险管理机制，在保证安全运营的前提下追求盈利的最大化。

金融风险外部管理是指经济行为主体之外的机构或组织对其进行的风险管理行为。它包括了政府监管、行业自律组织的管理等。一般情况下，进行金融风险外部管理的组织机构不参与金融市场中的交易，因而，它通常以非受险主体的身份来进行管理，制定一系列行为规范或者对管理对象进行风险警示，以达到约束风险管理对象行为的目的，并尽可能地减小风险损失。其中，政府监管通常是以国家权力为后盾，其管理行为具有强制性、全面性和权威性。

2. 微观金融风险管理和宏观金融风险管理

根据涉及的范围不同，金融风险管理可分为微观金融风险管理和宏观金融风险管理。这也是众多的金融风险管理书籍中常用的分类法。在进行管理时，它们的风险管理"整体"观念是不同的。微观金融风险管理以个人、单个企业等作为"全局"来进行相应的风险布局措施，而宏观金融风险管理囊括了许许多多的单个经济主体，是一个有机集合体的概念，其风险管理行为更为复杂、多变，要求管理者具有战略性、全局性、动态性和开放性的管理观念。

2.1.3 金融风险管理的意义

加强金融风险管理，可以保护单个经济行为主体的交易免受经济损失，并且其日常经济管理也需要完善的金融风险预警和监控系统，以随时发现金融风险的存在及变化，做到有的放矢、有备无患；对于国家、社会这类经济整体而言，金融风险管理的重大意义不言而喻，风险的毒爪甚至可以危及一国经济稳定、国家经济主权的控制等。下面将从单个经济行为主体和经济整体（即单个经济行为主体的集合，可以是一个经济集团、国家甚至全球等）两个层面来探讨金融风险管理的意义。

1. 对于单个经济行为主体的意义

单个经济行为主体包括居民个人、家庭、企业以及政府等（单个银行及非银行金融机构也包括在内），其抵抗金融风险的能力毕竟是很有限的，尤其是对于居民个人、家庭以及风险管理体系通常不甚完善的中小型企业而言，本着审慎的管理原则，金融风险管理应当渗入单个企业日常经营管理的每一个角落。

（1）金融风险管理可以使单个经济行为主体加强对自身金融风险的认识。经济行为主体的某个部门或者部分业务在建立了一定的金融风险管理机制或者采取了一定的金融风险管理措施之后，各种潜在经济损失就可能被识别、度量和处理（其识别、度量的准确性则是另一个议题，其依赖于管理者的技术水平以及所采取的金融风险管理策略等因素）。能够意识到金融风险的存在是进行有效管理的前提。例如，商业银行可以通过监控资本充足率、不良贷款率等指标来判别自身的经营风险状况，一旦这些指标出现异常波动或者接近国际惯例的临界值，就意味着金融风险在不断增大。

（2）金融风险管理能够帮助单个经济行为主体以较低的成本来减少或避免损失。金融风险管理的实质是一套预测、监控和处理金融风险的有效机制。在识别、测定出单个经济行为主体存在金融风险后，风险管理措施的选择和实施需要付出一定的成本，在能减少或避免损失的前提下控制单个经济行为主体所付出的成本是金融风险管理过程中要认真思考的问题。例如，商业银行的贷款类风险处理中，可以要求借款人提供价值不低于贷款本息的抵押品，也可以将贷款证券化从而把该贷款的信用风险转嫁给其他投资者等。

（3）金融风险管理可以为单个经济行为主体提供相对宽松安全的资金筹集与经营环境，提高资金使用效率，确保其经营活动的正常进行。实施金融风险管理从某种程度上来说能够减少或者消除单个经济行为主体的紧张不安和恐惧心理（尤其是对于投身于价格起伏波动的股票市场中的个人和家庭而言），提高其工作效率和经营效益。从资金使用方面来说，金融风险管理中有着各种防范措施和对策，可以根据各金融变量变动的情况，保持相对稳定的收入和支出，减少现金流量的波动。例如，企业可以运用期货、期权等金融工具来规避利率风险和汇率风险；也可以通过合理计提一定的备付准备金来防范流动性危机，同时也能够防止因大量资金闲置而导致效率低下的情况发生。单个经济行为主体可以在金融风险管理的框架下促进资金筹集和资金经营决策的合理化与科学化，降低决策的风险。

（4）金融风险管理有利于单个经济行为主体经营目标的顺利实现和良好形象的树立。获取收益和利润是单个经济行为主体进行经营的最直接目的，金融风险管理能够把单个经济行为主体所面临的金融风险降到最低限度，减少影响预定盈利目标实现的不确定性，直接或者间接地降低费用开支，最大限度地保证预期收益的获得。树立良好形象对于金融机构而言意义更为突出。一家建立了完善风险控制体系的商业银行对于储户而言具有相当大的吸引力，它可以保证完好保管和有效运用储户的资金，减少纠纷，增强合作，而且不必担心挤兑等严重现象的发生。客户的信任是金融机构持续经营的基石。

【参考资料】

（5）金融风险管理能够有效处理金融风险造成的损失，防止发生连锁反应。金融风险一旦发生，小则造成一定的经济损失，大则危及单个经济行为主体的持续经营。例如，一家企业可能由于市场环境发生异常变动或者遭遇信用风险而导致购买原材料的资金链断裂，使其无法持续生产经营。倘若该企业具有一定的风险防范措施，生产资金能够迅速得到补充，就可以将损失减至最小，避免由此引发的其他损失。金融风险管理对于银行的意义更为明显。当一家银行出现流动性风险时，其筹资成本将增加，而流动性风险一旦不能得到很好的处理和控制，就很可能诱发挤兑风潮，甚至导致银行倒闭。

2. 对于经济整体的意义

作为单个经济行为主体的有机集合，经济整体的情况更为复杂，它实际上还囊括了由单个经济行为主体之间的交错关系而造成的风险因素，对金融风险管理体系水平的要求更高。金融风险管理对于经济整体的意义更为宏观，影响更为巨大。

（1）金融风险管理是适应国际竞争的需要的。20世纪70年代以来，金融自由化和金融一体化程度日益加深，各个国家处于相对联动的环境中，2007年美国的次贷危机和2009年10月20日开始的欧洲主权债务危机都有力地显示了当今经济社会中金融风险所传导的能量。金融管制是国家应对金融风险国际性传导的必然举措。然而，在金融自由化环境下，金融管制往往催生经济行为主体在相应的制度、工具或者机构等方面的金融创新，风险在创新的推动下不断增加，从而导致金融管制与金融风险相互追逐的螺旋式上升现象发生。此外，国际金融环境的新变化和国际金融创新带来了国际虚拟资本的急剧增加，"热钱"的疯狂逐利更增添了国际交易的不确定性。据统计，21世纪初始，全球每天有2万亿美元的金融交易，但是，其中只有2%的交易与物质生产和交换有关。从国际性视角来看，金融风险带来的危害更为巨大，各国的货币政策独立性正日益削弱，如何进行有效的金融风险管理是每个国家正努力探索的问题。

一国的国际收支状况能够由于金融风险管理水平的提高而获得改善。这可以从3个方面加以说明：第一，金融风险管理水平的提高可以带来良好的投资环境与合理的经济秩序，使国家之间的经济贸易关系得到进一步发展；第二，更多的外国直接投资资本能够被吸引进来，资本项目得到改善；第三，加强金融风险管理可以在一定程度上减少一国国际储备因利率、汇率及通货膨胀等因素造成的损失。

（2）金融风险管理有助于规范金融市场秩序。实践研究表明，加强金融风险管理，建立较完善的风险管理机制，能够保证市场上各个参与者的行为趋于合理化和规范化。这是由于金融风险管理手段的引入能够促使投资者与筹资者双方行为趋于理性化。一方面，投资者在投资时需要考虑各种经济变量的变化趋势，通过分析和评估各种金融资产状况来选择最佳投资组合，以防止风险的产生和扩大，从而降低整个市场的金融风险水平，保证金融市场的高效、稳定运转；而筹资者在筹集资金的过程中也需要仔细度量所承担债务的合理数量、期限结构及通货膨胀等因素，并根据实际需要、偿债能力和偏好来确定适当的债务总量和结构，以确保所融入资金的顺利回流。另一方面，设置各种类型的交易行为规范和约束措施（如市场准入和退出的条件、交易规则以及保证金制度等），能够有效防止市场参与者的一些高风险投机行为，从而规范市场秩序，减少市场交易双方之间的纠纷，提高市场效率。

（3）金融风险管理能够优化社会资源配置。提高效率、合理配置资源、使有限资源得到充分利用是金融市场机制的重要功能。对于经济整体而言，金融风险管理优化社会资源配置的作用主要体现在对一国产业结构的调整方面。经济行为主体往往趋向于将资源投向安全性较高的部门，然而这并不能带来一国产业结构的合理化，其甚至会造成产业结构的畸形发展。而单独依靠市场机制来对产业结构进行调整也是不现实的，因为这会耗费巨额成本。因此，通过经济行为主体自觉加强金融风险管理，预先消除或者预防一些风险较大的行业（如技术开发等）在经营中的不确定因素，可以使其不利影响得到一定程度的控制，使资源流向那些风险大但收益高的行业或部门，这就是金融风险管理促进社会资源配置的作用过程。从这种意义上来说，金融风险管理有助于提高社会生产率。

（4）金融风险管理能够改善宏观经济环境，促进社会经济稳定有序发展。这个意义可以从集合效应的角度来理解：当所有或者大部分的经济行为主体采取一定的金融风险管理手段来防范风险的时候，社会整体的金融风险防范已达到一个很高的水平，微小的经济变量变动也可以通过指标来监测，一旦达到形成风险的临界值便会发出警示，而风险防范措施的采用也是逐层递进的，其目的在于以最小的成本来规避最大限度的风险损失。由于金融风险的种类多样、危害程度各异，倘若任由其发展必将危害社会生产的正常秩序，甚至造成社会的恐慌。例如，信用风险可能带来银行挤兑风潮。加强金融风险管理，有利于保证社会经济的安全，创造良好的经济环境，促进社会生产的正常有序进行和健康发展。

2.2 金融风险管理的特征、目标与手段

2.2.1 金融风险管理的特征

一般而言，管理对象的不同特性决定了管理方式与性质方面的差异性，下面将从宏观和微观两个角度论述金融风险管理的特征。

1. 宏观金融风险管理的特征

上文已经讲解了宏观金融风险管理的概况，实质上，一国的部分宏观经济政策（如中央银行的货币政策与财政部的财政政策等）与金融监管部门的规范、措施等内容（如银行业的市场准入标准等）即为最常见的宏观金融风险管理特征。人们研究较多的是属于微观层面的金融风险管理特征。相对于微观金融风险管理，宏观金融风险管理的特征

大致可归纳为以下两点。

（1）战略性。

在风险估计、策略选择及评估等宏观金融风险管理步骤中，需要始终坚持整体的管理观念，宏观金融风险是每一个置身其中的经济行为主体必然要面临的不确定性。宏观金融风险管理的战略性可以用全局性、全面性等与"宏观"相对应的字眼来描述，在于强调管理者进行风险处置时的通盘考虑，以及在时间、空间上的统率意义。宏观金融风险是单个经济行为主体无法消除的系统性风险，单凭经济行为主体个体的力量是无力管理的，必须由一个市场管理者来统领全局。战略性特征不同于战略及策略等内容，它作为宏观金融风险管理的特性之一，意在突出管理的国家层次和对经济整体的宏观把握。

（2）综合性。

综合性应该从其管理实施部门的组成上来理解：以国家的金融监管当局为主，其他如审计部门、工商管理部门以及司法部门等都承担了一定的宏观金融风险管理职能。例如，审计部门需要对企业的财务情况进行审计监督，以防止企业以编制虚假报表等形式来造假，这样可以减少证券价格风险，这对于规范上市企业来说尤为重要；工商管理部门则通过对企业的经营范围以及经营行为进行限制来减少企业经营方面的不确定性；司法部门通过保障各种合同的履行来消除或降低信用风险等。从世界经济这一整体来看，国际金融市场上更需要各国金融监管部门的相互合作与协调，更需要如国际货币基金组织、世界银行和国际商会等国际组织来共同完成对世界性金融风险的管理。但从一般意义来讲，宏观金融风险管理指的是对单个国家层面上的金融风险进行管理。

2. 微观金融风险管理的特征

作为经济行为主体的个体行为，微观金融风险管理的特征大致可归纳为以下两点。

（1）经济行为主体日常管理的重要组成部分。

在现代金融已将触角伸向经济生活各个角落的今天，微观金融风险管理成为了每一个经济行为主体必须重视的关键问题。特别是对于金融机构而言尤为重要，全面风险管理（Enterprise Risk Management，ERM）已经在银行业广泛推行。全面风险管理强调对风险的全面、系统、动态和战略性把握以及管理措施的全方位、多层次和有针对性，也可为一般企业所吸纳。企业可以通过完善公司治理架构，突出董事会、风险管理委员会和审计委员会等企业内部组织在金融风险管理中的作用。当企业在制度、机制以至企业文化上建立起全面风险管理体系时，金融风险管理已悄然成为现代企业日常经营管理的重要组成部分。

（2）管理的复杂性与相容性。

现代经济社会中有太多的不确定性在影响着人们的生活。就个人理财而言，利率、汇率和通货膨胀等价格性金融风险是必然要面对的，如外汇存款人将同时面临着利率风险、汇率风险及其他类型的金融风险。企业（尤其是金融机构）在筹资、经营和投资乃至利润分配的财务管理过程中的不确定性因素常在，管理起来也颇为复杂，如银行在贷款活动（资金的运用）中会同时面临着信用风险、利率风险和流动性风险等。这些金融风险特征不一，有的可以通过管理进行分散并最终消除，有的则属于系统性风险，是不能避免的。此外，金融风险的扩张性和可变性特征也在昭示着微观金融风险管理的任务不会轻松。风险管理的相容性很好解释，即在处理微观经济行为主体面临的各类风险时，最终目的都是减少风险损失、最大化经济行为主体的价值。在对单个风险进行措施设计时不能相互违背，至少不应有相互抵消的作用，否则就做了无用功。

2.2.2 金融风险管理的目标

立足于宏观和微观两个层面，金融风险管理的目标有着明显的区别。

1. 宏观金融风险管理的目标

从国家层面来看，宏观金融风险管理的目标是保持整个金融系统的稳定性，避免出现金融危机，维护社会公众的利益。但具体来说，宏观金融风险管理的目标主要从两个方面来体现：一是稳定性目标，即保持金融市场的稳定性，保持人们对国家金融体系的信心；二是促进性目标，即促进金融市场有序、高效率地发展，促进各经济主体健康稳健地经营。

对于稳定性目标，可以将其视为一国进行宏观金融风险管理所需达到的基本标准，因为宏观金融风险管理的最终目的就在于尽可能地规避或减小风险，避免经济行为主体遭受巨大损失。保持金融系统原有秩序的稳定性或者维持其基础条件不至于恶化是宏观金融风险管理的最基本要求，即进行金融风险管理需要有希望不断进步的态度，最终达到金融秩序及其资源的不断优化，从而使金融风险被约束在极小的范围内发挥作用。促进性目标是在稳定性目标的基础上的更高层次的要求，不仅包括维持良好的金融秩序，还包括由各类资源的优化配置所形成的更为有效的风险约束机制的建立。

2. 微观金融风险管理的目标

（1）目标制订的前提和原则。

不同于宏观金融风险管理的目标设置，微观金融风险管理的目标设置受到多方因素的影响。在探讨究竟何为微观经济行为主体目标之前，首先需要了解微观金融风险管理目标制订的前提和原则。

微观经济行为主体的经营都是以获取最大经济利益为目的的（公益性市场参与者除外），因此，其金融风险管理目标制订的基础是进行有效的成本-收益分析。可以说，微观金融风险管理目标的制订是微观风险管理主体在不同的风险管理方式之间进行成本-收益分析的结果，否则就是盲目的、缺乏科学性的微观风险管理目标。

金融风险管理目标的制订需要遵循以下几点原则：一是现实性，即应该符合企业及个人生产生活的实际需要，能够实际解决经济环境中危及企业及个人的问题；二是明确性，即金融风险管理的目标必须具体、明确，模糊不清的目标有时候只会带来更为严重的风险损失；三是定量性，即某些金融风险管理的目标需要以定量的方式表现出来（所有金融风险管理的目标都以定量形式表示具有较大困难且并不完全必要），其制订可以参考历史数据和以往的经验，如各商业银行的风险资本充足率指标确定就可参考或直接引用《巴塞尔协议》对核心资本与风险资本的规定。

（2）影响目标制订的因素。

微观金融风险管理的目标是单个经济行为主体金融风险管理各项活动的中心和方向，在确定过程中受到以下几个因素的影响。

① 经济行为主体的经营总目标。前文已述，金融风险管理是经济行为主体日常经营管理工作的一个重要组成部分；因此，金融风险管理必然要从属于"统领"地位的这个经营总目标，受到单个经济行为主体经营总目标的制约并为这个经营总目标服务。微观经济行为主体的最终目的一般都是追求最大化的利润，而进行金融风险管理的目的在于最大限度地减小风险损失，也就是要尽可能地保证收益的完整性。从这个角度来说，两者实质上是统一的。然而，风险和收益是相对的，在某些情况下两者之间会有矛盾产生。当经济主体只着眼于对收益的追求而忽略对风险的同步防范时，金融风险管理的直接目的似乎在于减少收益的获得（因其着重于对经营风险行为采取相应防范措施），是与经济行为主体的经营总目标相对的。此外，由于金融风险管理对经营规模有约束作用，当经济行为主体实施扩张性的经营方针时，其金融风险管理的目标必然要求进行调整。经济行为主体的管理者需要对看似矛盾的两个目标进行利弊权衡，谨慎地在风险防范中追求利益最大化。

② 客观环境和业务特征。从某种角度上讲，金融风险本身就是由客观环境和经济行为主体的业务特征所决定的。客观环境对目标制订的影响不可忽视，尤其是在处于经济改革与探索中的我国。例如，一个市场没有股指期货业务，又或者股指期货业务设有较高的门槛，经济行为主体（如个人投资者）就不能将这一工具运用于金融风险管理，必然影响其对股票指数变动风险进行管理的目标和策略。经济行为主体的类型不同，其风险管理的目标也存在差异。例如，商业银行进行金融风险管理的目标一方面在于保证运营的稳健安全，另一方面在于维护其良好的形象，吸引顾客；而对于一个生产型的企业来说，其进行金融风险管理的目标很可能是尽可能规避各类金融风险，保证生产过程中资金的正常、顺畅运转。

③ 目标决策者的个人偏好和主观判断。微观金融风险管理的目标制订与目标决策者对风险的态度密切相关。风险规避者、风险中立者和风险偏好者这3类人群不同的风险态度决定了他们将制定的金融风险管理目标的差异性。虽然经济行为主体在制订金融风险管理目标前会先权衡利弊，有相应的监督组织负责监控，但决策者的最后决定作用是不可忽视的。一个风险偏好的决策者必然会倾向于选择一定成本制约下的风险较大者，以增加获得较多收益的可能性。这对于一般没有制衡机制的个人而言表现尤为突出：在大牛市的背景下，个人的所谓金融风险管理的目标往往要比大熊市背景下的目标预期收益值高出许多倍。

④ 管理成本。微观金融风险管理的目标当然也会受到管理成本的制约。人们一直强调，要尽可能以最低的成本来使风险降低或消除。当金融风险管理成本超出经济行为主体的负担能力时，该项金融风险管理决策显然是不可能实现的，制订相应的金融风险管理目标便失去了实际价值。

（3）微观金融风险管理的两类目标。

一般而言，微观金融风险管理的目标是采用合理、经济的方法使微观经济行为主体的风险损失降到最低。目标的形成与上述各类因素紧密相关，它可以保证资金顺畅流动以使生产正常进行、运营稳健安全、形象良好，以及能识别和处理潜在损失等。微观金融风险管理的目标可以概括为以下两类。

① 风险控制目标。风险意味着不确定性，过多的不确定性不利于经济主体在进行

金融经济交易时锁定收益，获取较好的预期效用。经济主体进行金融风险管理的最明显动机即将风险控制在既定的（承受能力之内的、尽可能小的）范围之内。一般而言，一些定量指标即可反映对风险的控制效果，如存款准备金、资本充足率、资产负债比率、单项资产占比以及资产负债比重的各种缺口等。前3项指标反映的是经济行为主体在预防风险时常常设置的目标，而单项资产占比反映的是经济行为主体为分散风险而设置的目标，各种缺口的大小则是经济主体在规避风险时所设置的表层目标。值得说明的是，商业银行在进行金融风险管理时往往以树立良好的企业形象为目的，这也属于风险控制目标的范畴，因为从根本上来说，这也是在将风险控制在一定的限度之内。

② 损失控制目标。损失控制是经济主体进行金融风险管理的最终目的，消除风险或减少风险损失是管理的最终目的所在。一般而言，经济主体可以根据自身的主、客观条件等实际情况，通过转嫁、保值等方式将损失减少到最低限度。举例来说，生产型企业将保证生产的正常运行定为风险管理目标，这实质上是在预防资金流动等环节中的金融风险发生，最终将可能产生的金融风险损失控制在尽可能小的范围之内。

2.2.3 金融风险管理的手段

金融风险管理的手段可以分为宏观金融风险管理手段和微观金融风险管理手段，人们所强调的手段是从法规体系、市场机制及管理机制等方面来着手进行的。

1. 宏观金融风险管理手段

在管理目标的指引下，宏观金融风险管理手段一般关系到经济整体的法律、经济、市场的监督及保护机制等方面。从以下几个方面对经济整体进行合力管控，金融风险的不良影响可以被限定在一定的范围之内。

（1）建立维护市场运行的全面法规体系。

在法律的"规矩"之下，经济行为主体的市场行为有了被规范的界限，金融风险的波动性不会一味趋于无限。而主要负责宏观金融风险管理的金融监管当局则必须承担制定一整套适合市场运行的法律、制度和各种交易规则的任务，使市场行为有序化，更为了能公平地解决交易中的争议，有效地消除和减少市场运行中的诸多不确定性，最终降低金融风险发生和扩散的概率。

这个法规体系主要可以归纳为以下3个方面。

① 有关经济行为主体经营范围的法规。它包括商业银行法、公司法及金融机构从业规定等。这类法规对从事经济金融交易的各类行为主体进行了规则限定，即从性质、地位、职能和业务等方面进行界定，以获得产权明晰的效果。当经济行为主体在市场上进行各类合法活动时，法律将保护其利益所得，减少日常经营的不确定性。否则，某些经济行为主体（尤其是风险偏好者）在某些情境下会因追求收益最大化而"铤而走险"，进行不正当的经营行为，严重扰乱正常的金融经济秩序。

② 有关市场运行的办法和法律。它包括票据法、合同法、股票买卖办法、票据发行办法、担保法及相关的收费标准等。这些办法和法律为各种金融活动的开展提供了依据、客观标准及交易规则，使各类金融活动得到了规范。通常，经济行为主体在这些办法和法律的"规矩"之下"按部就班"（至少应在基本的法律框架内运作）地进行交易，

交易过程中的不确定性能得到较好的控制。在市场健康发展的环境下，金融风险发生的可能性至少会更规律一些。

③ 有关经济行为主体内部的某些规定和指导原则。它包括企业会计准则、资产负债管理办法以及金融机构内部控制指导原则等一系列规程。通过执行这些规程，经济行为主体的经营管理能够得到强化，经营透明度能够得到提高，并且，经济行为主体内部的经营风险可以得到有效降低。我们可以将这些规程理解为使经济行为主体内部信息规范化和具有可比较性，以达到使市场参与者及时、充分地了解有关经济行为主体的经营情况，减少不确定性，缩小市场震荡幅度，更有利于建立起投资者的市场信心，增加投资者对经济的乐观预期。例如，倘若经济行为主体通过法规建立起完善的内部控制制度，产生了权责明确、相互制约的组织架构，而且其决策程序也符合规范，实行谨慎的操作办法（如双人经手等），监控流动性比率、风险集中和大额暴露的控制目标等，那么最终能达到降低金融风险的目的。

（2）制定合理的经济政策。

经济政策在市场中往往被微观经济行为主体作为一个变量来看待。中央政府或者金融监管当局调控经济金融活动的指导方针、行为准则以及具体措施等构成了经济政策的主要内容，其影响范围可能波及整个社会，也可能只在某一个行业或者地区有效。例如，对商业银行的资金用途进行的分配和限制，规定利率浮动幅度，以及实行分业经营等都影响着金融风险的产生。特别地，当经济政策的诞生基于并不周全的环境考察或者忽略对市场经济行为进行全面分析时，市场和经济个体所面临的金融风险将会加剧。由此可见，中央政府和金融监管当局在进行经济政策制定时，必须适应市场的发展，及时做出调整（如中央银行公开市场业务的微调行为），其目的除对市场做出规范之外，还应该尽可能地消除或减轻市场的动荡，稳定市场运行。

（3）监控和约束市场行为。

市场行为是需要被监控和约束的，否则经济行为主体在自身利益最大化的驱使下，很可能造成市场经济秩序的混乱，导致金融风险的增加。金融监管当局在对市场行为进行监控和约束时，主要是对各经济行为主体是否合规及稳健经营进行考查，防止不合格的以及出现严重经营问题的机构对市场的健康有效运行造成危害，徒增其他经济行为主体的风险损失。一般而言，这项内容包括对经济行为主体的市场准入、市场运营以及市场退出的全程监管。

关于市场准入，金融监管当局会设立严格的审批制度，对各类机构（包括独立法人及其分支机构）的建立设置相应的门槛，以防止或者减少不稳定机构进入市场，从源头上防范金融风险的产生。市场准入门槛的设定包括很多方面，一般包括有关机构的所有权结构内容（包括资本数量、资本结构、股东出资比例以及股东单位和发起人的基本状况等），法人代表和高级管理人员的资格（如需具备基本的专业知识、较强的业务能力和管理能力，以及良好的品行等），机构的内部组织结构和控制制度，有关经营计划、财务预测等资料，以及其他如经营场所、安全防范措施和有关部门的批准件等内容。

关于市场运营行为，金融监管当局重在对各类机构的行为合规性和风险性进行监管，对各类机构在经营过程中的行为是否合乎规定、是否能够有效控制防范风险做出检测和评价。现场检查和非现场检查是金融监管当局使用的两种主要方式。巴塞尔银行监管委员会于1997年颁布的《有效银行监管的核心原则》明确指出，现场检查可用来核实和评估从银行收到的报告的准确性、银行的总体经营状况、贷款资产组合的质量和贷款损失准备的完善程度、银行的内部控制措施和风险管理制度的完善程度、银行遵守有关规章和条款的情况，以及银行的管理能力等。现场检查是一种较为有效的风险管理手段，在实际运用中可通过实地查阅报表、账册、文件等各类记录性资料以及询问等方式进行。而非现场检查往往通过经济行为主体将各类资料定期（或当发生问题时）报送至金融监管当局，金融监管当局通过建立警示系统对经济行为主体的经营活动进行检测。相对较完善的早期警示系统是完成该项检测的必要前提，一般需要预先设定各种类型的警示线，如资本充足率、流动性比率等指标。在非现场检查的实际运用中，通常是通过电子化形式来报送各类报表，如按季报送资产负债表、按月报送各种风险和财务状况的说明等。

关于市场退出，金融监管当局往往着眼于由机构退出所造成的对整个市场的损害性程度，防止对投资者产生较大的利益危害行为从而加剧整个市场风险。发生了公司章程规定的解散事件，需要解散以及分立、合并机构，因吊销经营许可证而撤销或不能支付到期债务最终被迫宣告破产等退出事由发生时，都将由金融监管当局组织、参与或监督依法成立的清算组进行清算并处理后期清偿债务事宜。

（4）提供市场保护机制。

在现实中，许多国家并没有设立市场保险制度或者保护基金以保障经济行为主体的合法合理权利。以银行业为例，大多数国家的中央银行在充当着"最后贷款人"的角色，为商业银行提供保证日常清偿力的援助。而另一些国家则建立了存款保险制度，通过提供一种制度化的机制，在有关政策和程序的指引下来处理各种金融机构的问题，这在一定程度上保障了银行储户的存款计提，从而可以达到减小银行破产可能性、降低金融体系风险的目的。自2015年5月1日起，存款保险制度在我国正式实施，各家银行向保险机构统一缴纳保险费，一旦银行出现危机，保险机构将对存款人提供最高50万元的赔付额。

2. 微观金融风险管理手段

微观金融风险管理明显不同于宏观金融风险管理，面向具体经济行为主体的微观金融风险管理手段具有较强的针对性，着重采取符合自身条件的具体策略。

（1）法律法规手段。

法律法规手段，即经济行为主体需要通过严格执行相关法律法规、制定内部规章制度和工作细则，来达到规范操作行为、降低金融风险的目的。法律法规即为上文中所提到的由金融监管当局制定的各类规程和约束条款。从这个角度来说，此时的微观金融风险管理是宏观金融风险管理的有效延伸，当各级经济行为主体都沿着这条路规范地走下去时，整个国家范围的金融风险是处于可控的、有序的法制框架之内的，金融风险的显现会更趋于规律性，较少出现当市场无序时发生的混乱、风险迸发状态。以《中华人民共和国商业银行法》为例，法律中制定了有关资产负债比例管理、分业经营、同业拆借以及发行金融债券等各类要求。在实际经营中，各商业银行的管理者必须围绕这些规定做出相应决策，明确各类责任人的工作职责及规范，并制定适合银行自身的管理措施和管理制度，使法律法规的执行具有较强的可操作性，便于及时采取措施防范各类金融风险。

（2）管理体制手段。

这是每一个经济行为主体必须思虑的重要问题，因为它关系到经济行为主体自身的管理有效性及风险可控性。这也可以视作上一要点的承接，因为各经济行为主体都应该在既定的法律法规下完成有效管理体制的制定，而且这个管理体制是建立在决策、执行、监督等职能相互制衡的基础之上的。管理体制的内容一般可分为两个部分。

① 实行决策责任制。它规定了决策人员要对自己的决策负责任，执行人员要认真地履行各项决策，监督人员要同时对执行人员的实际操作和决策人员的决策行为进行监督，并且，加强授权管理和实行分级决策、不越级决策也是必要的一环。

② 建立权责明确、相互制约的组织结构体系。它按工作特征和各项要求合理设置工作岗位，并要明确工作任务，同时赋予各个岗位相应的责任和权力，完善相互配合、监督、制衡的内部控制制度。

在这两部分内容中，所有工作和业务流程都应是在监督和约束之中的，这样可以在一定程度上减少因决策和操作失误所带来的风险损失。

（3）约束措施与具体管理手段。

约束措施通常表现为经济行为主体在日常交易行为中所要签订的、具有法律效力的合同或者协议，通过合同或者协议的形式来规定交易双方的权利和义务，防止各种纠纷以及信用风险的产生。而具体管理手段则是管理体制统领下对管理措施的进一步细化，是具体业务工作过程中的程式约束与规定，含有实务规程操作的意义。例如，通过将资产负债多元化的各种方法来分散信用风险和流动性风险，通过将资产与负债的敏感性缺口或者持续期缺口调整为零来规避利率风险，通过远期交易、互换交易、期货交易等金融工具或这些工具的组合来冲销原来的风险敞口可能遭受的损失，以此达到使各类资产保值的目的等。

小思考

市场的不完全性会加剧金融风险的程度。思考：我国金融市场的不完全性会给个人带来哪些金融风险？政府又该如何管理？

2.3 金融风险管理体制

一般来说，金融风险管理体制主要包括两个内容：一是金融风险管理系统，是以系统的观点来看待金融风险管理，并按照其在风险管理过程中所体现的职能划分为不同的子系统；二是金融风险管理组织体系，是经济行为主体在实际运作金融风险管理系统时的内部组织与外部组织表现形式。需要说明的是，这里的金融风险管理体制主要是针对微观金融风险管理而言的（宏观金融风险管理只能使用其中的某些内容）。

2.3.1 金融风险管理系统

以系统的眼光来看待金融风险管理，它其实就是一项复杂的系统工程，由各个密切相关的子系统有机组合而成。实质上，并不是单独的子系统组合成了金融风险管理这一系统整体，更多的是人为地按照职能的差异将其划分为各"独立"的子系统，以方便在各个环节抓住重点，使整个金融风险管理系统能有效运转，真正起到防范和处理金融风险的作用。通常，金融风险管理系统由以下 7 个子系统构成：衡量系统、决策系统、预警系统、监控系统、补救系统、评估系统和辅助系统。

1. 金融风险管理衡量系统

金融风险管理衡量系统主要用于估计和度量经济行为主体在日常交易中所遭受的金融风险的大小及其影响，为后面的金融风险管理决策系统的运作提供有效依据。由此可见，金融风险管理衡量系统是整个金融风险管理系统的基础，准确、有效地衡量风险才能使管理链条顺畅运行，精准地完成风险管理目标。一般地，金融风险的衡量都采用定量方法，以一定的数字和概率数值来表现风险及其发生的可能性大小。通过开发建立与相关业务经营相适应的风险管理模型，可以得出各类金融风险的衡量数据，从而进一步进行风险管理操作。利用模型来计量金融风险的所得结果便于对风险信息进行理解和传递。例如，经济行为主体通常采用信用评级的方法来衡量信用风险，用概率分布的方法来衡量证券价格风险，用各种缺口模型来衡量利率风险等。

此外，由于最初着手衡量的是单独的业务或者是经济行为主体局部的风险，其数据往往相对较小，但是，倘若将整个业务链条的风险或者经济行为主体所面临的全部风险汇总起来，所得到的将是一组相对较大的风险数据。在此风险汇总的机制下，经济行为主体宜根据风险分布的结构状况予以适当的处理。例如，目前对于整体金融风险的衡量，金融机构普遍认同衡量资本充足率的方法。

2. 金融风险管理决策系统

金融风险管理决策系统担负的是对整个金融风险管理系统设计和运行的任务，是整体系统的核心部分；通过制定各种防范和处置金融风险的规则、指导方针等来规范经济行为主体自身的业务运作，指导业务人员开展各项金融风险管理活动；通常还需要经济行为主体根据遭遇金融风险的具体特征和状况来研究管理的最佳策略，确定防范和化解金融风险的各项具体措施和安排，并指挥各业务职能部门执行决策。为使金融风险管理决策系统能顺畅地发挥作用，需要经济行为主体内部的各项决策支持，使管理人员能够通过该系统选择最佳的金融风险管理工具、最佳的资产组合以及其他类型的决策等。以银行的决策系统为例，决策部门根据衡量的风险状况做出安排，大多数情况下会要求计划部门对资产负债结构进行调整以缩小利率敏感性缺口，或者要求信贷人员提前收回某笔贷款以缩小或避免该贷款带来的风险。

在实际的金融风险管理决策系统中，风险管理政策的制定工作通常体现为结合测定风险的大小，紧密联系业务进程，适时调整性地建立各层次管理人员、业务人员或者是下属单位的授权制度以及下级单位的经营管理权限等。

3. 金融风险管理预警系统

要想预测金融风险，在风险爆发之前观察到风险的动态以便及时采取应对措施是很重要的，金融风险管理预警系统设置的目的，很大程度上就在于解决这个问题。通过经济行为主体内部的研究机构或者外部的咨询公司等专业机构，对经济行为主体在经营活动中出现的金融风险进行监测和预警，是金融风险管理预警系统的主要任务。例如，经济行为主体预先确定营运资本与总资产之间的比率，以此作为警戒线，在经营过程中关注该指标的变化，从而自觉地约束其投资规模等。此外，商业银行经常通过观察某行业的各项相关指标，对该行业的前景得出预测分析、提出警告，从而为信贷人员在贷款时提供参考。

一般而言，金融风险管理预警系统能够监测的范围较为广泛，可以根据经济行为主体的历史经验、同行业的经营状况以及对未来经济形势的分析来得出相应的预警结论。金融风险管理预警系统不但能够使经济行为主体了解自身经营的各类警示指标，还能够使经济行为主体掌握所处金融风险环境的整体状态，有效增强防范风险的自觉性；从另一个角度来说，金融风险管理预警系统还能使交易对手对金融风险引起足够的重视，从而防止因其过失行为导致的金融风险。

4. 金融风险管理监控系统

从动态上把握经济行为主体的金融风险状况，督促各部门严格执行有关风险管理的规章制度和风险管理决策，严密观察并控制风险的变化，这就是金融风险管理监控系统的主要职能。监控指标可以很好地观测经济行为主体的金融风险状况，如资本充足率、单项贷款的占比以及流动性比率等。计算机和网络技术的发展使得对金融风险的监控更为便利，通过计算机联网就可使经济行为主体的风险监测部门便捷地了解到各部门的关键数据，随时监督各业务部门的经营状况，掌握包括信贷、资金头寸、外汇交易等的进展情况。值得注意的是，金融风险管理监控系统设有限额权限提示、自动障碍和警讯等程序来确保授权制度的执行。这意味着，当经济行为主体内部出现超越限额权限的趋势时，金融风险管理监控系统会及时提醒业务操作人员，倘若业务操作人员仍未纠正错误或者继续违规操作，金融风险管理监控系统将会自动设置障碍，拒绝执行命令并同时向上级管理部门发出相应警讯。

对业务部门进行定期或者不定期、全面或者局部的稽核是非常必要的，这也属于金融风险管理监控系统的内容，其目的在于寻找出各种隐患，检查金融风险管理措施的实施情况，以便有关部门迅速改正或采取补救措施。

5. 金融风险管理补救系统

金融风险管理补救系统用于对已经显现出来的金融风险采取及时的处理措施，以减小风险损失，防止金融风险的恶化和蔓延。值得注意的是，金融风险管理补救系统强调对已存在风险处理的及时性，即采取一定的应急措施应对已经造成的损失和危害。例如，商业银行往往通过建立呆账准备金制度来核销那些无法收回的贷款，并应用呆账准备金来及时弥补损失，以确保银行资金的正常运转。此外，应急措施还应包括对实物风险的规范和处理，即在基础设施等发生故障时采取的防范措施和处理策略。在信息沟通电子化的条件下，这类风险通常表现为及时对计算机处理的资料和数据进行备份、存档，设置相应的恢复程序，即使计算机软件发生了故障，信息的完整性仍然可以得到保证，交易仍然可以正常进行。从某种意义上说，做好金融风险管理补救系统也就是对金融风险的"后事"进行预期并做好处理准备,这是一种事后防范机制。

例如,当商业银行面临严重的流动性风险时,金融风险管理补救系统的任务就在于协助相关部门及时采取措施(低价出卖资产等)以防止遭受更严重的损失,如影响各项业务乃至银行的声誉等,严重者会导致发生挤兑现象直至银行倒闭。一般地,对于商业银行而言,金融风险管理补救系统的现实意义突出表现在对各项呆账、逾期贷款等问题采取切实可行的措施并加以解决。当某项贷款不能收回时,金融风险管理补救系统可采用的措施有要求该贷款的主管信贷员与有关部门上门催收,或者诉诸法院力求追回贷款。

6. 金融风险管理评估系统

对金融风险管理的评估也是至关重要的一环,只有对前面所采取的风险管理措施进行分析评价,才能有效地吸收经验、避免事故再度发生。金融风险管理评估系统包括对内部控制系统的评估、对金融风险管理模型的评估以及对金融风险管理成效的评估。

对内部控制系统的评估是为了确保内部控制系统的可靠性,确保经济行为主体对自身风险的有效控制。选择若干个典型业务,沿着它们的处理程序来检查其业务运作过程中各个环节是否得到了有效控制,这就是内部控制系统评估中对整个业务过程的评估。而另一项重要的内部控制评估即针对某个环节的评估,它通过考查经济行为主体各个时期的处理手续的方式(即对该环节进行稽核)来检查内部控制系统是否有效。

对金融风险管理模型进行评估的主要目的在于检验模型的科学性、适用性及运用效率。回归测试是经济行为主体较为常用的方法,它是通过在较长时间内对风险管理对象进行观察检测,将每天的实际变化的回归检验值与模型所得结论相比较的一种方法。

对金融风险管理成效进行评估的主要目的在于估计金融风险管理的实际效果,促进金融风险管理工作更高效率地运行。业绩考评制度和奖励办法是金融风险管理评估系统的两个重要方面。定性与定量相结合是金融风险管理评估系统最有效的利用方式。例如可同时使用资本回报率(定量)与部门风险偏好(定性)维度来估测金融风险。

7. 金融风险管理辅助系统

金融风险管理辅助系统的主要职责在于推动利导其他系统作用的有效发挥。实质上,金融风险管理辅助系统的作用是通过一些部门的辅助和合作行为来体现的。一般地,金融风险管理需要各经济行为主体建立历史风险管理数据库,用以保存金融风险管理过程中过去的各类信息;对这些数据进行完整、妥善的储存有利于追索明确的事故责任和提供有效的证据。此外,科技部门和人力资源部门是该辅助系统的重要组成部分。科技部门通过开发金融风险管理技术网络并进行适时维护来保证系统的安全性,确保信息沟通的完整性和管理模型的保密性(为经济行为主体部门特有的)。而人力资源部门则通过培训、发掘金融风险管理方面的技术专才,为有效进行金融风险管理提供人力资源保障。

2.3.2 金融风险管理组织体系

金融风险管理组织体系包括经济行为主体内部管理组织体系与外部管理组织体系两个部分。内部管理组织体系意指经济行为主体,即在金融风险管理对象内部进行风险控制时的各部门组织形式（与经济行为主体的公司治理状况有关）、各项风险管理措施和体制，以及由这些组织和体制集合而成的有机管理整体。它是微观金融风险管理的重要组织形式。外部管理组织体系则与宏观金融风险管理有关，它是独立于经济行为主体之外的且对经济行为主体的金融风险状况具有监督、控制和指导作用的外部组织形式。内部与外部的管理组织体系相结合，构成了完整的金融风险管理组织体系，在机构组织上确保了金融风险管理的全面性。

1. 内部管理组织体系

金融风险管理的内部管理组织体系是经济行为主体进行金融风险管理的重要机体，它与经济行为主体（机构）内部的公司治理紧密联系。作为受险主体，其内部控制机制的完善程度对金融风险管理的有效性有着关键的作用。一般地，机构性质的经济行为主体及其公司治理结构的各部分都与风险管理具有一定的关联。有人甚至认为，当代公司治理的核心是进行风险管理（当然，这里面的风险不只是金融风险）。对于一个公司制经济行为主体而言，其股东大会、董事会以及各业务部门都与金融风险管理有关联。以商业银行为主要参考对象，能够更详细地认识金融风险管理的内部管理组织体系。

股东大会是股份制机构中具有最高权力的机构，是代表着经济行为主体意志的机关。它可以通过行使各种职权来行使一定的、与金融风险管理相关的事务，如决定对风险具有基础性影响的经济行为主体经营方针和投资决策，选举和更换董事和监事，审议董事会和监事会的报告，审议经济行为主体的年度财务预算和决算方案等。可以说，股东大会对经济行为主体的整体金融风险进行控制，并优选其风险管理体制。

董事会对股东大会负责，任命管理层，确定经济行为主体的经营目标和经营战略，承担经济行为主体的最终责任。董事会的责任在于确保经济行为主体的健康运行，从而确保实行有效的风险管理。应特别注意的是，董事会下设有风险管理的关键部门——风险管理委员会，其由数名董事组成，承担董事会的日常风险管理职能，定期向董事会报告有关风险管理的问题等。风险管理委员会通常设置有风险管理部。风险管理部的设置与公司规模大小、遭遇风险的高低程度有关联。例如，大规模企业需要设置专职的风险管理部负责日常和紧急状况下的风险处理，而容易发生安全生产责任事故或者生产流程存在严重风险的经济行为主体更需要重视风险管理部的顺畅运作。

管理层（可分为高级管理层、中级管理层和基层管理层，各层级对金融风险管理的责任不同，但都起着不可或缺的重要作用）负责将董事会的战略级经营投资决策逐级细化至具有一定可操作性的管理方案、计划、组织形式等（到基层管理层一级时，往往通过具体指导员工工作行为、编制员工手册等手段，从最基本的微小行为层面来监控金融风险的发生）。一般地，经济行为主体的总经理是金融风险管理具体操作的最终责任人，同时也与各职能部门（如财务部门、科技部门、人力资源部门以及各级业务部门等）经理一道负责领导经济行为主体的金融风险管理工作。

其他与金融风险管理相关的内部组织形式还有审计部门。它位于经济行为主体各层级中，自上而下地、独立且具有一定权威性地对经济行为主体的业务经营等活动进行审核、检查。高层内部审计部门直接对董事会负责，向董事会做审计报告；各分支机构的业务经营地域范围内也设置有内部审计部门，它们对上层审计部门负责，不受各分支机构的管辖。除此之外，经济行为主体还可以通过外聘审计师、会计师的形式来加强金融风险管理，以达到对风险及时发现、积极处理的目的。

以上介绍的是与经济行为主体内部有关联的主要组织形式。实际上，一个合理、科学的金融风险内部管理组织体系可以被分为3个层级：第一个层级，董事会与风险管理委员会，处于经济行为主体金融风险管理的高层，负责制定和处理有关风险的战略级事务，决定和引领管理层和基层的风险管理工作方向；第二个层级，风险管理部，风险管理委员会下设的、独立于日常交易管理的实务部门，负责具体金融风险管理策略的制定和工作的协调、实施，它的两个分部（战略组和监控组），分别负责风险管理政策、制度、风险度量模型和标准的制定及具体管理实施，监督控制经济主体内部金融风险和评估各业务部门的风险管理业绩等；第三个层级，业务系统，与整个经济行为主体的金融风险管理状况直接相关，具体负责本业务部门的风险管理操作，它既与第二个层级的风险管理部相独立，又与其有机联系，执行风险管理部制定的有关风险管理制度和策略，并给予风险管理部支持和协助，如及时向风险管理部汇报、反馈有关信息等。

此外，针对金融机构这一重要金融风险聚发传导地，中国人民银行制定了《加强金融机构内部控制的指导原则》，这一指导原则为金融机构建立了循序渐进的三道监控防线以供参考。

第一道监控防线：岗位制约，即建立完善的岗位责任制度以及规范的岗位管理措施，通过实行双人、双职、双责制度，确保金融机构的业务操作是在职责分离、交叉核对、资产双重控制和双人签字等约束措施下进行的，以此保证不同岗位之间相互配合、督促和制约。

第二道监控防线：部门制约，即建立起相关部门和相关岗位之间的互相监督制约的机制和工作程序来控制金融风险的发生，如商业银行的业务部门的数据处理程序受到科技部门的控制，信贷部门的贷款规模受到资金计划部门的约束等。

第三道监控防线：内部稽核，往往由金融机构顶部的稽核部来执行，通过对机构内部各岗位、各部门和各项业务实施全面的监督，及时发现问题与风险潜伏处，向有关部门反映真实情况，同时协助有关部门纠正错误、填补漏洞等，保证各项规章制度的正确执行和各项政策的准确实施，从操作等层面上避免不当行为，从而消灭风险隐患。

2. 外部管理组织体系

经济行为主体中只有内部的金融风险管理组织体系是不全面的，有效率的金融风险管理少不了强力有效的外部监督组织，包括行业自律组织和政府监管部门。

行业自律组织是由一定数量的同行业经济行为主体按自愿原则组成的行会性质的自我管理组织，其目的在于维护本行业的业务运作秩序并营造有效的竞争环境，起到防范行业内风险的作用。首先，确立行业内部的规章制度、公约、章程和准则等都是行业自律组织内部用来规范经济行为主体的行为、防范风险的形式，如同行业竞争规则、业务运作规范、从业人员资格和职业道德规范等。其次，传播和推广行业内先进的风险管理方法和工具，并与行业内经济行为主体建立委托代理关系，负责培养一定的行业专才。此外，行业自律组织代表会员与政府监管部门沟通，一方面可以执行一些不宜由政府监管部门实施的管理职能，另一方面可以根据本行业的实际情况向政府监管部门报告出现的问题，并适时地提出合理建议。最后，行业自律组织还可以对遭受金融风险损失的会员给予一定的救助或做出相应的处理。行业自律组织的形式是多样的，其内部可以设置若干职能部门，或者设立专门的子协会。

政府监管部门可由中央银行或特定的银行、证券、保险等监管机构担当。一般地，它们担负着防范和解决宏观金融风险的重大责任，人们将其称为金融监管。有效的金融监管能够对国家金融风险管理起到反馈与警示的作用，甚至能够减缓国际金融危机对本国经济的冲击，起到事前预防、事后救护的作用。尤其是当一国经济发展迅猛，享受着经济增长的丰厚利益之时，长期隐伏的金融危机将日益逼近。这是由于在一个追求经济、金融高速发展的背景下，国家的金融监管体制往往疏于对政府金融管理失误的监督，却不遗余力地去执行政府对各金融部门的管理政策。一般地，一国金融监管体制基本上符合以下基本原则：政府监管部门职责明确、合理分工，并保持较高的独立性但同时与其他有关部门相协调；尽量精简组织框架体系以降低成本、提高监管效率；与他国积极开展国际金融监管合作等。各国的金融监管体制各具特色，这是由各国历史、国家制度、政府组织体系、文化传统、风俗习惯、金融结构和金融市场成熟程度的差异，甚至地理环境的差异等种种因素造成的。

应用实例与分析

金融机构如何应对金融科技带来的潜在风险

近年来，金融科技的兴起带来了金融市场的巨大创新与变革，引起了人们的高度关注，同时，如何防范金融科技风险是传统金融机构发展金融科技需要关注的一个重要问题。下文就金融机构如何防范金融科技风险问题进行研究，分析金融科技风险产生的原因，为金融机构有效防范金融科技风险提供借鉴。

1. 金融科技发展应用给金融机构带来的潜在风险

互联网科技与金融的高度融合，使金融科技这种轻资产、重服务的网络模式慢慢渗透到金融模型、业务类型中，逐渐对传统金融业务产生了鲶鱼效应和示范效应，并推动金融机构产生变革。然而，网络虚拟环境信息不对称、交易过程透明度低、信息安全无法得到保障，使得传统金融机构在应对原有声誉风险、系统性风险等宏观风险的同时，还得应对道德风险、技术风险、信用风险、法律风险、操作风险、市场风险、流动性风险等微观风险。

金融科技是互联网技术与传统金融结合的产物，金融机构在发展金融科技和与互联网公司合作时，面临诸多的问题。金融机构金融科技风险的动因，主要包括以下几个方面：第一，金融科技政策的模糊、法律的缺失、监管的滞后，容易引发法律风险、市场风险，如e租宝、大大集团等风险的频发；第二，互联网虚拟环境下的信息不对称、交易不透明、身份不确定，容易引发道德风险；第三，金融科技对信息系统的依赖性、可篡改性、受攻击性，容易引发技术风险；第四，金融科技与传统金融业务的交叉性、综合性、替代性，容易引发系统性风险。

2. 金融机构金融科技风险分类和风险识别

究其本质，金融科技还是金融，其活动没有脱离资金融通、信用创造、风险管理的范畴，没有违背风险与收益相匹配的客观规律，也没有改变金融风险隐蔽性、突发性、传染性和负外部性的特征。不仅如此,现代网络空间的多维开放性和多向互动性,使得金融科技风险的波及面、扩散速度、外溢效应等影响都远超出传统金融。金融机构开展金融科技业务主要风险类别有以下几方面。

第一,金融机构布局金融科技P2P业务,容易引发信用风险。一方面,传统金融机构纷纷布局金融科技业务,但由于我国信用环境不健全、信用录入数据不完整,容易引发信用风险;另一方面,传统金融机构为P2P平台提供资金托管服务,基于平台自身进行项目审核和资金管理,一旦平台出现信用问题,投资人的合法权益很难得到保障,容易引发对传统金融机构资金托管的责任追究,导致信用风险爆发。

第二,金融机构与第三方支付、众筹和互联网理财等合作,容易引发法律风险。传统金融机构利用第三方支付机构投资网上货币市场基金,逐步拓展到定期理财、保险理财、指数基金等,支付机构会利用资金存管账户形成资金池,从而导致备付金数量剧增,支付机构违规操作挪用备付金引发客户兑付困难,从而引发法律风险;与违规经营企业合作导致的非法集资、集资诈骗、洗钱等违法问题发生,容易引发法律风险。

第三,金融机构搭建金融科技综合经营平台,容易引发操作风险。传统金融机构纷纷布局金融科技综合经营平台,将金融投资、融资服务、证券交易、基金购买等金融业务植入网上平台,通过打通银政保业务界限,提高综合化经营水平,增强客户黏性。金融科技综合经营平台的便捷性促使平台更新信息并便于用户操作,然而,一方面,网上开户容易缺乏充分的投资者教育,容易引发投资者操作不当;另一方面,业务交叉容易引起内部控制和操作程序设计不当,由此造成投资者资金损失或身份信息泄露,进而引发操作风险。

第四,金融机构与P2P、互联网理财、互联网银行合作,容易引发流动性风险。一方面,P2P、互联网理财等违规采用拆标形式对投资者承诺保本保息、集中兑付等,容易引发流动性风险;另一方面,第三方支付账户活跃度较高并投身到金融科技领域,存在着资金期限错配的风险因素,一旦货币市场出现大的波动,就会出现大规模的资金挤兑,从而引发流动性风险。

第五,移动通信技术的发展与普及,容易引发信息技术风险。移动通信技术的安全性很大程度取决于网络平台的IT技术、风险识别技术、抵御黑客和病毒攻击技术。近年来,伪基站、伪造银行服务信息、信息"拖库""撞库"事件频发,如果防备不当,则极易发生信息技术风险。

第六,金融机构涉及"宝宝"类货币基金业务,存在监管套利风险。一方面导致产品功能跨界;另一方面可能从监管标准不一中套利。例如,互联网"宝宝"类产品投资与银行协议存款资金不属于一般性存款,不需要缴纳存款准备金,被一些人士认为是一种监管套利行为。

3. 金融机构金融风险应对机制

目前,监管部门已经着手金融科技行业跨界互联网理财和跨界金融业务规范的制定,传统金融风险应对机制已经不能适应互联网的金融创新。一方面,互联网业务在确立负面清单、行为监管和投资者适当性原则等方面通过创新科技监管防范风险;另一方面,加强对资产、资金端、投资者的分类保护,以及强化风险控制能力势在必行。此外,根据《商业银行并表管理与监管指引》,无论是银行集团各附属机构之间、附属机构与其他金融机构之间的交叉产品和合作业务的协同,还是其所属机构的公司治理、资本和财务等,都必须在现有体制下进行全面持续的并表管控。因此,传统金融机构布局金融科技或者与相关企业合作时,为防范风险跨业传染,同样必须将金融科技的风险类别融入现行风险管理体系中,构建一体化全面风险管理体系,才能有效识别、计量、监测和控制并表后的总体风险状况。

(1) 合理把控金融科技内部控制风险

第一,应建立完备的金融机构防范金融科技风险内部控制机制,提高金融机构内部控制、操作管理及抵御外部风险的能力,有效防范操作风险;第二,加强金融机构依法合规经营风险防范意识,增强员工的道德教育和行为管控,提高员工的职业素养,有效防范道德风险;第三,加强账户和资金流转监测,严格身份识别、交易审核、大额对账等;第四,建立金融机构子公司风险承担、风险转移的差异化经营策略,有效防范和化解声誉风险;第五,建立风险预警应急措施,对涉嫌非法集资、集资诈骗、洗钱等违法违规行为做到早预警、早处理、早报告,一旦发现,采取清收措施,并快速启动司法保护程序,有效防范法律风险。

(2) 加强金融科技信息科技风险防范

第一,提升金融科技核心技术水平,运行安全防范体系,如维护操作系统安全、防火墙技术、虚拟专用网络技术、入侵检测技术、金融信息和数据安全防范技术等,防范系统故障、黑客攻击、病毒植入等技术风险;第二,自建信用信息征集和应用系统,配合监管机构实现信息共享,运用信息科学技术实现现场与非现场检查,有效防范通过互联网技术进行的非法集资、集资诈骗、洗钱等犯罪活动,有效防范系统性风险;第三,运用大数据挖掘、区块链等技术,建立信用评估体系和风险预警模型,有效防范信息泄露等产生的法律风险。

(3) 构建金融科技风险量化监测指标体系

第一,运用量化指标,分析金融科技运行、强化金融科技风险管理和宏观决策,金融机构可在资产品质端另列金融科技板块,定期提供金融科技产品流动性风险、信用风险与操作风险资本等量化指标风险监测。第二,可依托现行风控指标模型选择指标,例如经由横跨银行、证券与保险采用的流动性覆盖率与净稳定资金比率来防范兑付流动性风险,利用资产组合的五级分类来监测防范信用风险,或者通过关键风险敞口提列资本来防范操作风险。第三,从综合统计的视角构建风险数据采集的基本框架,通过汇集金融科技子平台相关信息构建指标体系,形成一套与现行风险管理制度融合统一的监测框架,作为传统金融风险管理体系的补充。

(4) 避免金融科技风险传染发生

第一,在大量客户相互迁徙和交叉等日趋复杂的情况下,应制定单一用户画像、个别交易对象或关联企业所属集团、特定商品风险头寸、特定信息服务提供商等风险集中型态的限额,抵御交易过于集中而产生交叉传染的风险。第二,对于金融机构所属的不同网贷子平台可建立同一人、同一关联人或同一关联企业的信息系统,运用平台间借款金额阈值的动态风险调整机制,有效防范跨平台借贷行为可能产生的违约或者恶意诈欺风险。第三，建立金融科技板块重大突发信用事件通报机制，及早防范危机发生时的交叉感染风险。

资料来源：https://www.sohu.com/a/240485524_100188883　[2024-3-29]

本章小结

本章着重介绍金融风险管理的基本理论知识，即金融风险管理的概念、分类、意义、特征、目标与手段，以及金融风险管理体制（即系统和组织体系）。

关键术语

金融风险管理（Financial Risk Management）、金融风险管理系统（Financial Risk Management System）、预防策略（Prevention Strategy）、规避策略（Avoiding Strategy）、分散策略（Decentralized Strategy）、转嫁策略（Shift Strategy）、保值策略（Hedging Strategy）、补偿策略（Compensatory Strategy）

知识链接

[1] 马勇，2023.金融风险管理[M].北京：中国人民大学出版社
[2] 周晔，2023.金融风险管理[M].北京：北京大学出版社

习　题

1. 判断下列说法是否正确并给出理由。
摩根规则在经济上升时期可能靠得住，然而一旦经济周期下行，银行原来固守的"安全边界"就变得不安全了。

2. 中国人民银行为金融机构建立了循序渐进的三道监控防线，不包括（　　　）。
A. 岗位制约　　　B. 部门制约　　　C. 领导制约　　　D. 内部稽核

3. 高层内部审计部门直接对（　　）负责，向其做审计报告。
A. 股东大会　　　B. 董事会　　　C. 总经理　　　D. 财务总监

4.（　　）担负的是整个金融风险管理系统的设计和运用，是整体系统的核心部分。
A. 金融风险管理衡量系统　　　　B. 金融风险管理决策系统
C. 金融风险管理预警系统　　　　D. 金融风险管理评估系统

5. 金融风险管理的含义是什么？"管理"体现在哪里？

6. 假设你是一位股民，请说明金融风险管理能给你带来的影响。

7. 假设你是政府管理者，你的金融风险管理目标是什么？请说明理由。

8. 假设你是一家商业银行的高层管理者，你将如何布局自己银行的风险管理系统和组织体系？请尽量详细地说明。

9. 金融风险管理可以分为哪几类？

10. 金融风险管理的特征有哪些？

第 3 章 金融风险的识别与度量

【参考课件】

知识要点	掌握程度	相关知识
金融风险识别概要	了解	金融风险识别的概念、意义
金融风险识别的方法	了解	风险清单分析法、财务报表分析法等
金融风险度量概述	了解	风险度量的重要理论
金融风险度量方法	掌握	微积分理论及方差的计算公式

导入案例

瑞士信贷集团被收购

　　1934年，瑞士通过一个法案——《瑞士联邦银行法》，该法案的核心就是保护客户信息不外泄。全球跨境私人财富有四分之一集中在瑞士的银行，而在瑞士众多的银行当中，崛起了两家巨头，分别是瑞士信贷集团和瑞银集团。

　　2000年至2008年，由于瑞士采取的保密机制，瑞士信贷集团一直处在辉煌时期。各个国家的演艺明星、商业巨鳄、政要人员都以把存款放在瑞士的银行而感到安心。2021年，瑞士信贷集团的供应链金融公司Greensill和对冲基金Archegos Capital相继爆雷，让瑞士信贷集团在损失利润的同时，也爆出了信用危机。但这种程度的亏损还不至于让瑞士信贷集团这个金融大鳄走向破产。然而，2023年3月9日，在硅谷银行出事的风口浪尖，美国证监会叫停了瑞士信贷集团年报的发布。3月14日，瑞士信贷集团在其年报中宣布财报程序存在"重大缺陷"。3月15日，瑞士信贷集团的信用违约互换（CDS）价格飙升，表明违约风险增加，市场担忧加深，其最大股东沙特国家银行董事长表示不追加投资。市场预测瑞士信贷集团爆雷的风险提高，因此瑞士信贷集团股价一度下跌超30%。3月19日，瑞银集团宣布以30亿瑞士法郎收购瑞士信贷集团，约172亿美元的瑞士信贷额外一级资本AT1债券（AT1债券是在金融危机后被引入欧洲的，用于在银行倒闭时承担损失）将被完全减记，变得一文不值。如果银行的资本充足率低于某个水平，这类债券的持有人将面临永久性损失。自此，成立于1856年，迄今有167年历史的瑞士信贷集团走向了被收购的命运。

　　案例启示：作为投资者或客户，要警惕银行的风险管理能力和内部控制水平。瑞士信贷集团的危机反映了其在风险管理和内部控制方面存在严重缺陷，导致其无法及时发现和防范潜在的风险事件，监管者（或政策制定者）要加强对系统性重要银行的监管和干预。在危机发生时，瑞士政府、央行和监管机构及时出手相救是必要的。最后，投资需谨慎，风险不容忽视。这次监管机构的做法是保障储户的权益，而忽视了投资者的权益。尤其是瑞士信贷集团被4折收购、AT1债券直接被减记为零，投资者蒙受了巨大损失。

【参考视频】

3.1 金融风险的识别

金融风险识别是进行金融风险管理工作最基本的一步。金融风险管理犹如与千变万化的各种风险进行对决，而金融风险识别则是实现准确打击对象的基础，恰如军事战略中"知己知彼"的"知彼"一环。做好金融风险识别工作，后续的度量、选择策略等步骤将会变得更有针对性、更有效率。

3.1.1 金融风险识别概要

金融风险识别是指运用有关的知识和方法，系统、全面、连续地对经济行为主体所面临的各种风险因素进行认识、鉴别和分析的行为。

金融风险识别是金融风险管理的第一步。它实际上是一个搜集并研究有关金融风险因素和金融风险事故的信息，发现潜在损失的过程。它不是简单、片面地指经济行为主体对已存在损失的一种确认，而是通过建立系统化、制度化的风险识别机制，提高风险管理的主动性和反应速度，保证风险管理决策的有效性，提升经济资本的配置效率。国际知名商业银行往往会建立科学的金融风险识别程序和相应的金融风险识别系统，为金融风险的评估准备数据信息基础。

金融风险识别的意义包含以下3个方面。

1. 金融风险识别是金融风险管理最基本的程序

金融风险识别的主要目的在于尽可能了解经济行为主体面临的金融风险的客观存在，分析金融风险产生的原因，以便选择合理、有效的管理手段进行风险防范和处理。如果没有针对性，那么即使经济行为主体拥有极为便利、可行的风险管理手段，金融风险管理的效果也不会理想。尤其是当企业在采用风险控制技术时更是如此。例如，一个不清楚风险损失发生原因的财务处理方案，是不可能在风险责任转移和损失补偿的经济、合理有效性上获得充分保证的。可以这样说，金融风险识别是金融风险管理过程中最基本的和极为重要的程序。

2. 金融风险识别是整个金融风险管理过程中极为艰难和复杂的工作

识别金融风险的主、客观原因决定了这一工作的艰难性。这不仅是因为金融风险具有复杂性和多变性，而且识别金融风险还要受到企业管理者金融风险意识强弱的影响。一个具有较强风险意识的企业管理者，更愿意、更容易觉察企业金融风险的存在。相反，倘若企业管理者的金融风险意识淡薄，则其容易无视金融风险的存在。

3. 金融风险识别是一项连续性和制度性的工作

金融风险的特性表明，此时发生了风险绝不意味着彼时发生的风险也会出现相同的风险表征。此外，经济行为主体处于变幻莫测的世界之中，新技术、新产品、新工艺甚至新的价值观念的不断出现均可改变原有的风险性质，也可能出现前所未有的新风险。因此，要了解企业的金融风险状况，就必须能连续地识别金融风险，识别工作具有连续性。同时，由于金融风险管理是一项科学管理活动，它本身要求有组织，并且需要落实为一项贯穿始终的严格制度。因此，金融风险识别还是一项制度性的工作。

3.1.2 金融风险识别的原则

金融风险属投机性风险，在识别时应把主观金融风险的识别作为重点。为确保金融风险识别的有效性和可靠性，金融风险识别工作需要遵循一定的原则。

1. 全面周详原则

要准确识别金融风险，必须全面系统地考查、了解各种金融风险事件的存在和可能发生的概率、损失的严重程度，以及风险因素和风险导致的其他问题。由于损失发生的概率及其后果的严重程度，直接影响人们对损失危害的衡量，最终决定着风险应对措施的选择和管理效果的优劣。因此，必须全面了解各种金融风险的存在和发生及其可能引起的损失的详细信息，以便及时、准确地为决策提供比较完备的决策信息。

2. 综合考察原则

不论是哪种经济行为主体，其面临的金融风险均是一个复杂的系统，包括不同类型、不同性质和不同程度的金融风险。这就导致仅仅采用某种独立的分析方法难以对全部金融风险奏效，必须综合运用多种分析方法。例如，在保险中，可以按照风险清单的内容，将单位、家庭和个人面临的风险损失分为3类。第一类是直接损失。直接损失的识别方法很多，如可向经验丰富的生产经营人员和资金借贷经营人员询问，查看有关的财务报表等。第二类是间接损失。间接损失的识别可采用投入产出、分解分析等方法。第三类是责任损失。这是因受害方对过失方的胜诉而产生的。只有具备丰富的业务知识和法律知识，才能识别和衡量责任损失。

3. 成本效益原则

金融风险的识别和分析需要花费人力、物力和时间等，一般来说，随着金融风险识别活动的进行，识别的边际成本越来越大，而边际收益会越来越小，所以需要权衡成本和收益，以选择和确定最佳的识别程度和识别方法。必须强调的是，金融风险识别的目的在于为风险管理提供决策依据，保证企业、单位和个人以最小支出来获得最大的安全保障，减少风险损失。因此，经济行为主体在进行金融风险识别和衡量时，必须考虑成本因素，以保证用较小的支出换取较大的收益。

知识要点提醒

考虑到管理风险的成本及能力，国际上最先进的金融风险识别方法未必适合我国。

4. 科学计算原则

毋庸置疑，识别金融风险的过程，同时也是对经济行为主体的自身生产经营状况及其所处环境进行量化核算的具体过程。金融风险的识别和衡量，需要以严格的数学理论作为分析工具，在普遍估计的基础上，进行统计和计算，以得出比较合理的分析结果。

5. 系统化、制度化、经常化原则

要保证金融风险识别的准确性，就必须进行全面系统的调查分析，对金融风险进行综合归类，以揭示其性质、类型及后果。否则，就不可能对金融风险有综合认识，就难以确定哪种金融风险有发生的可能性，就难以合理地选择控制和处置金融风险的方法。因此，金融风险识别必须坚持系统化原则。同时，由于金融风险随时存在于经济行为主体的生产经营活动中，所以金融风险的识别和衡量也必须是一个连续不断的、制度化的过程，这就是金融风险识别的制度化、经常化原则。

3.1.3 金融风险识别的方法

在确定了金融风险识别的基本原则后，接下来的问题自然就是采取何种方法来完成识别工作。现实中金融风险识别的客体差异很大，而且会随着时间的推移发生变化，这就决定了金融风险识别主体必须采用不同的风险识别方法，并随着金融风险识别客体的变化对所运用的识别方法做出及时、合理的调整。

1. 现场调查法

现场调查法（Method of Scene Investigation）是指金融风险识别主体通过对有可能存在或遭遇金融风险的机构、部门和所有经营活动进行详尽的现场调查来识别金融风险的方法，现场调查法是金融风险识别的常用方法，在金融风险管理实务中被广泛应用。

现场调查法一般包括以下几个步骤。

（1）调查前的准备工作。了解相关的背景、资料，确定调查目标、调查地点、调查对象，同时编制现场调查表，以确定调查内容；确定调查步骤和方法；根据调查的内容与时效性等确定调查需要花费的时间及调查开始的时间。调查前的准备工作是确保现场调查成功的前提和基础，其中关键是确定调查需要花费的时间以及调查的开始时间，核心是确定现场调查的内容，这可以通过编制一个现场调查表反映出来。

（2）现场调查。现场调查时，金融风险管理人员可以通过访问、实地观察业务活动及查阅相关文件档案等方式来完成先期编制的现场调查表所列举的项目，当然，也可以根据现场调查发现的新信息适时调整需要调查的项目和关注的重点，为尽可能成功地完成金融风险识别后续工作获得准确、全面的资料和信息。

（3）调查报告。现场调查完后，金融风险管理人员应立即对现场调查获取的资料和信息进行整理、研究和分析，在此基础上根据现场调查的目的撰写调查报告。

现场调查法能够在金融风险识别中得到广泛应用不仅是因为该方法简单、经济，更主要的是通过现场调查可以直接获得进行金融风险识别的第一手资料，在某种程度上可以确保资料和信息的可靠性。然而，现场调查法也有一些缺陷，如进行现场调查需要花费大量的人力、物力，而且现场调查没有固定的方法可循，因而需要调查人员具有敏锐的观察力等，更重要的是调查人员的能力和水平在一定程度上决定了调查的结果，这对

调查人员来说是比较大的挑战。

2. 流程图法

流程图法（Flow Charts Method）是按照业务活动的内在逻辑关系将整个业务活动过程绘制成流程图，并借此识别金融风险的方法。根据业务活动的不同内容、不同特征及其复杂程度，可以将风险主体的活动绘制成不同类型的流程图，如按照业务内容可以绘制成生产流程图、销售流程图、会计流程图等。一般而言，风险主体的规模越大，业务活动越复杂，流程图法就越具有优势。

流程图法主要包括以下4个方面：①分析业务活动之间的逻辑关系；②绘制流程图；③对流程图做出解释；④金融风险管理部门通过观察流程图，识别流程中各个环节可能发生的风险以及导致风险发生的原因和风险可能引发的后果。

流程图法的优点是能把复杂问题分解成若干个简单明了、易于识别和分析的单元。缺点是绘制流程图往往需要绘制人员充分了解和把握业务活动之间的逻辑关系及业务流程的各个阶段，并具有抽象、概括、提炼主要流程的能力，而且一些业务流程非常复杂，可能导致流程图的绘制很难顾及所有细节，而流程图绘制过程中的任何疏漏和错误都有可能导致金融风险识别时出现不准确、不全面的情况。

3. 幕景分析法

幕景分析法（Method of Scene Analysis）也称情景分析法，是一种识别引致风险的关键因素及其影响程度的方法。幕景分析法的操作过程如下：先利用有关数据、曲线及图标等资料对未来状态进行描述，以便考查引起有关风险的关键因素及风险的影响程度，然后研究当某些因素发生变化时，又将出现何种风险及将导致何种损失与后果。

幕景分析法主要包括情景构造和情景评估。情景构造是情景分析的基础，主要包括历史模拟情景法、典型情景法和假设特殊事件法。情景评估是指完成情景构造后，评估该情景的发生对资产组合价值变化的影响和后果。幕景分析法的结果大致分两类：一类是对未来某种状态的描述；另一类是描述一个发展过程及未来若干年某种情况一系列的变化。它可以向决策者提供未来某种机会带来最好的、最可能发生的和最坏的前景，还能详细给出3种不同情况下可能发生的事件和风险。幕景分析法研究的重点是：当引发风险的条件和因素发生变化时，会产生什么样的风险，导致什么样的后果等。幕景分析法可以扩展决策者的视野，使决策者能充分考虑不利情景的影响，重视评估偶然事件特别是极端事件的危害。在金融风险管理中，压力测试就是一种常用的可测定极端事件风险的幕景分析法。

幕景分析法的主要优点在于可以识别和测定资产组合面临的最大可能损失。主要缺点可以从幕景分析法的操作过程和结果来观察：从操作过程来看，该方法的实施效果很大程度上依赖于有效情景的构造和选择，而有效情景的构造和选择需要良好的判断能力、丰富的经验和技巧；从结果来看，情景分析不能给出不同情景实际发生的可能性，只是指出了特定情景产生的损失大小。

4. 故障树分析法

故障树分析法（Method of Fault Tree Analysis）是把所研究系统的最不希望发生的故障状态作为故障分析的目标，然后找出直接导致这一故障发生的全部因素，再找出造成下一级事件发生的全部直接因素，直到那些故障机理已经搞清楚基本因素为止。通常把最不希望发生的事件称为顶事件，不再深究的事件称为基本事件，而介于顶事件和基本事件之间的一切事件称为中间事件，先用相应的符号代表这些事件，再用适当的逻辑门把顶事件、中间事件和基本事件连接成树形图，即得到故障树。它表示了系统设备的特定事件（不希望发生事件）与各子系统部件的故障事件之间的逻辑结构关系。以故障树为工具，分析系统发生故障的各种原因、途径，提出有效防止措施的系统可靠性研究方法即为故障树分析法。故障树分析法利用图解的形式将可能出现的、比较庞大复杂的故障分解成不同层次的小故障，并对各种引起故障的原因进行不同层次的分解。

当直接经验很少时，可以考虑运用故障树分析法进行风险识别。该方法适用于对复杂系统的风险描述和风险识别，而且该方法由于基于客观事实因此具有很大的可靠性。当然，该方法也存在一定的缺陷，主要是对该方法的掌握和使用需要花费大量的时间，而且一旦对某个环节或层次上的小故障或原因的识别存在偏差，就有可能导致最后结论出现大的偏差。

除上述4种常见的金融风险识别方法外，还可以采取以下方法：一是风险清单分析法，即按照直接损失风险、间接损失风险和责任损失风险来编制记载了人们已经识别的、最基本的各类损失风险的风险清单表，运用规范的方法，检查风险管理对象所面临的风险，并视情况采取各种措施的方法；二是财务报表分析法，即通过分析资产负债表、利润表和现金流量表三大财务报表的各类数据来分析风险管理对象的各类财务信息，从而发现所面临的金融风险的方法；三是因果图法，即从导致风险事故的因素出发，推导出可能发生的结果的方法。

3.2 金融风险的度量

当前，人们对风险的认识水平已经达到了非常高的层次，新的切实可行的研究方法、研究理论不断推出，如我国著名科学家钱学森提出的从定性到定量的综合集成方法、摩根集团推出的在险价值（Value at Risk，VaR）方法等都已经广泛应用于社会实践。

3.2.1 金融风险度量概述

在了解金融风险的度量之前，先来熟悉一下风险度量的基本知识。

【参考资料】

1. 风险度量

风险度量是指对风险存在及发生的可能性，以及风险损失的范围与程度进行估计和衡量，其基本内容为运用概率统计方法对风险发生的可能性及其后果加以估计，得出一个比较准确的概率水平，为风险管理奠定可靠的数学基础。风险度量的具体内容包括3个方面：第一，确定风险事件在一定时间内发生的可能性，即概率的大小，并且估计可能造成损失的严重程度；第二，根据风险事件发生的概率及损失的严重程度估计总体损失的大小；第三，根据以上结果，预测这些风险事件的发生次数及后果，为决策提供依据。

风险度量包括风险分析和风险评估两个部分。

（1）风险分析。

风险分析的具体方法主要有以下3种。

① 风险逻辑法。即从最直接的风险开始，层层深入地分析风险产生的原因和条件。运用这种方法能够有条理、合乎逻辑地把风险分析过程进行到底。

② 指标体系法。财务报表中各科目的比率、国民经济增长指标、资金流动指标等都是风险分析的常用工具，常常以图表形式把需要分析的内容、指标的计算和含义集中表示出来。

③ 风险清单法。即尽可能全面地列出金融机构所有的资产、所处的环境、每一资产或负债的有关风险，找出导致风险发生的所有潜在因素及其风险程度。风险清单的具体格式必须包括本机构的全部资产，包括有形资产和无形资产；经营所需的基础设施，如公共事业、公路、铁路、水源条件等；危险源，包括可保风险和不可保风险以及一切导致风险损益的其他风险因素。

（2）风险评估。

风险评估的内容包括两个方面：一是给出风险发生的概率；二是预测风险结果。事故性风险，如火灾、交通阻断等，或发生或不发生，风险结果是离散的。而非事故性风险，如利率变动、汇率变动等，其风险发生的各种可能性是连续的，所以这些风险的估计要求连续的概率分布，因此各种可能变动下的风险结果也是连续的，这些原因导致非事故性风险更为复杂。概率分析的方法分为主观概率法、时间序列预测法、累积频率分析法。

① 主观概率法。对于既无确定性规律也无统计性规律的风险，只能由专家或管理者根据主观判断来分析和估计其概率。这种估计一般很难定量，即使运用模糊数学方法，系统误差也比较大。

② 时间序列预测法。此方法利用风险环境变动的规律性和趋势性来估计未来风险因素的最可能范围和相应概率。其中，移动平均法、回归法等都能对有规律的波动或者趋势性变动进行预测，其假设前提是本期受到前一期至前几期的影响，总体是有规律的随机过程。

③ 累积频率分析法。累积频率分析法是指利用大数法则，通过对原始资料进行分析，依次画出风险发生的直方图（以频率为纵坐标，以损失程度为横坐标），由直方图估计累积频率分布。根据统计学知识，只要样本互相独立且足够大，这种频率分布就能够以很小的误差逼近真实的概率分布。但是，由于此方法的统计假设是样本取自同一随机主体，因此，它只适合稳定的风险环境。

风险度量通过对实际可能出现的损失后果，即对不同程度损失发生的概率、损失的严重程度予以充分地估计和衡量，有助于选择有效的工具处置风险，并实现用最少费用支出获得最佳风险管理效果的目的。

2. 金融风险度量的历史沿革

在市场经济条件下，金融部门处于全社会支付体系的枢纽地位，一旦金融部门发生风险导致金融危机发生，就会产生极其强烈的连锁反应，产生更为严重的社会危机，因此可以说金融风险已经成为现代社会风险问题的核心问题。

20世纪50年代以前，由于受到技术、经济及金融市场本身的限制，人们对于金融风险的研究主要还是局限于定性的分析研究。真正对金融风险进行定量化研究则始于20世纪50年代诺贝尔经济学奖获得者马科维茨于1952年发表的经典论文《资产组合选择》，该研究提供了可以进行资产风险与收益选择的模型，开创了现代投资数理分析理论的先河。马科维茨经过对多种风险测度方法的研究分析，最终采用方差作为风险的测度工具，构建了以均值 – 方差选择为基础的马科维茨模型。

由于只有在风险收益概率密度函数为对称性分布时，才能根据均值 – 方差来评价所有风险与收益分布，因此方差法在20世纪60年代受到很多批评。针对学术界的普遍批评，夏普于1965年研究了资本资产价格的均衡构造，提出了资本资产定价模型（Capital Asset Pricing Model，CAPM）。资本资产定价模型使用标准差 σ 与 β 值来计量风险的大小，其中标准差 σ 用于计量证券品种的特有风险，β 值则主要用于计量系统风险。由于 β 值的确定取决于标准差 σ，因此，该方法可以归于方差法。资本资产定价模型的提出，为金融市场的风险测定提供了基本的数量工具，发展了金融风险计量分析理论。在此基础上，罗森伯格和盖伊给出了 β 值的具体预测方法。上述方法属于多变量衡量方法，计算过程极其繁杂，并且实际应用效果也不太好，因此未能得以全面推广。经过几年的发展，罗斯于1976年提出了套利定价理论（Arbitrage Pricing Theory，APT），该理论并不是主要依赖于潜在的市场投资组合观点，而是从产生资产收益过程的性质中推导回报，用套利概念定义均衡，它强化了市场中风险 – 回报率关系的存在。套利定价理论的提出使金融投资风险的测定尺度更加复杂化。

上述证券分析理论经过几十年的发展创新，金融风险的度量方法经过不断修正与完善，取得了长足的发展，但是上述理论以方差作为基本风险计量工具的特征并没有变化，即仍以方差作为金融投资风险的衡量标准。

20世纪80年代后期，上述以资本资产定价模型和市场效率假说为核心的现代金融理论范式由于难以解释金融市场上的一系列现象而受到众多批评和怀疑，行为金融理论由此兴起。该理论认为使用方差来衡量风险，并不能真正地度量投资人的风险，因为在实际的投资活动中投资人不把高出初始财富的投资结果视为风险，而把低于初始财富的投资结果视为真正的风险，所以在投资人的效用函数中常常对损失带来的负效用施以更大权重，对收入带来的效用增加施以较小的权重。以方差衡量风险却对高出均值的投资结果和低于均值的投资结果给予了同样权重，难以符合实际。基于这种理解，该理论采用了 $\text{Prob}\chi \leq E(\chi)$ 方法衡量风险。上述观点起源于20世纪50年代，最早由罗伊提出，在此基础上特尔舍在经济研究评论上发表了安全第一与套期保值的论文，文中特尔舍构建了一个更为精致的安全第一模型，该模型使用 $\text{Prob}\, v < \lambda$ 来衡量风险，该式表示大于价值 v 的所有可能收益的概率。接着，派勒和藤沃尔斯盖进一步发展了安全第一模型，给出了置信水平可以发生变化的新模型，反映了不同投资者的风险心理特征。此外，鲍莫尔在其关于现金交易需求的一篇论文中也认为方差并不能代表风险，风险主要是指未来结果小于一定置信水平下最低值的可能性。由于当时以方差衡量金融风险的经典资产组合理论方兴未艾，上述学者关于风险的合理观点并未受到应有的重视。

20世纪90年代，上述行为金融理论关于如何计量评判风险与收益的基本思想受到理论界的重视。在这种历史背景下，诞生了一种新型的金融风险计量评判模型方法——在险价值方法，即在正常的市场条件和给定的置信水平下，评估和计量任何一种金融资产在既定时期内所面临的市场风险大小和可能遭受的最大价值损失的方法。在险价值方法提供了一种独特的风险度量方式，能直接比较面临不同风险的不同工具之间的相对风险度。它创造了一个统一的框架，在这个框架之上，所有的金融风险均可以被看作同质风险，从而进行度量、加总，根据高层管理层所需，提供有用的信息。该方法目前已被全球各主要银行、非银行金融机构、公司和金融监管机构广泛采用。

综上所述，自马科维茨对风险使用方差进行定量化衡量至今，经过半个多世纪的发展创新，用方差对金融投资风险计量评判的方法，正日益受到行为金融理论，和以预期财富及财富低于特定水平概率为基础的风险防范工具等新型金融工具的强有力挑战。

3.2.2 金融风险度量的代表性理论

先进的金融风险度量方法是西方发达国家为防范与化解日趋复杂的金融风险而发展起来的，并在金融风险管理的实践中得到广泛的应用。现代的金融风险管理更加关注对微观主体的有效风险管理。马科维茨的投资组合理论、夏普的资本资产定价模型，以及布莱克和斯科尔斯的期权定价模型，这三大现代微观金融理论始终贯穿着对风险进行识别、定价和管理的思想。对金融风险度量的研究是一个不断发展的过程，有必要先掌握一些具有重要意义的理论和具有代表性的观点。

【参考论文】

1. 基于方差的马科维茨投资组合理论（M–V 模型）

这是相当经典的风险度量模型和理论之一。1952 年，美国芝加哥大学经济系博士马科维茨在《资产组合选择》一文中，运用概率论和二次规划的方法解决投资组合的选择问题，提出了均值–方差模型（Mean–Variance Model，M–V 模型）。这是现代组合资产管理理论产生的标志，也预示了现代金融学的开端。该理论的基本思想是，用均值描述期望收益，用方差描述风险，投资决策的目标函数是在风险一定的前提下选择最佳投资组合，使收益最大；或是在收益一定时决定最小的方差，使风险最小。事实上，马科维茨的均值–方差模型给出了投资决策的最基本也是最完整的框架。在马科维茨之后，投资决策大多是在其理论的框架和基本思想下展开的，不同的只是对收益和风险的描述不同。

20 世纪 60 年代，单指数模型的提出和完善，以及资本资产定价模型的发展和广泛应用，使现代证券理论从理论走向实务。资本资产定价模型的提出主要归功于夏普、林特纳和莫辛三人，后来的很多学者都为资本资产定价模型的拓展和改进做出了贡献。到 20 世纪 70 年代，罗斯提出资本资产定价模型的替代理论——套利定价理论，套利定价理论比资本资产定价模型更加一般化，进一步充实了证券投资理论体系。

马科维茨投资组合理论的基本方法和模型如下。

假设投资者选择 J 种证券进行投资，$r_j\,(j=1,2,\cdots,J)$ 为第 j 种证券的收益率，是一随机变量，令

$$R_j = E(r_j) \tag{3-1}$$

$$\sigma_j^2 = \mathrm{Var}(r_j) \tag{3-2}$$

设 w_j 为第 j 种证券的投资权重，σ_{ij} 是证券 i 与证券 j 的协方差，则组合证券投资的总收益 R_p 和总风险 σ_p^2 分别为

$$R_p = \sum_{j=1}^{J} w_j R_j \tag{3-3}$$

$$\sigma_p^2 = \text{Var}\left(\sum_{j=1}^{J} w_j R_j\right) = \sum_{j=1}^{J} \sum_{i=1}^{J} w_i \sigma_{ij} w_j \tag{3-4}$$

式中 $\qquad \sigma_{ij} = E[(r_i - R_i)(r_j - R_j)]$

不允许卖空条件下的马科维茨模型表示如下：

$$\min \sigma_p^2 = \sum_{j=1}^{J} \sum_{i=1}^{J} w_i \sigma_{ij} w_j \tag{3-5}$$

$$\text{s.t.} \sum_{j=1}^{J} w_j R_j \geqslant R_0 \tag{3-6}$$

$$\sum_{j=1}^{J} w_j = 1 \tag{3-7}$$

$$0 \leqslant w_j \leqslant 1, \quad j=1,2,\cdots,J \tag{3-8}$$

式中，R_0 是最低收益率。

该模型成立的前提条件是投资者是厌恶风险的，用数学语言描述即为投资者的效用函数对财富的一阶导数大于零，二阶导数小于零，也可以简单地表述为投资者总是偏好较小的方差。该模型可通过求解二次规划的方法得到最优投资组合。在标准差和收益率的平面直角坐标系里，根据该模型得到的证券组合的有效边界是一条抛物线，这种有效边界实际上就是投资者的决策方案集。

马科维茨模型是以方差作为度量风险的方法，但法玛、伊博森和辛科费尔德等人对美国证券市场投资收益率分布状况的研究以及布科斯特伯、克拉克对包含期权的投资组合的收益率分布的研究，基本否定了以方差作为度量风险的方法的理论前提——投资收益的正态分布假设；特维尔斯基和卡尼曼等对风险心理学的研究则表明损失和盈利对风险确定的贡献度有所不同，即风险的方差度量对正离差和负离差的平等处理有违投资者对风险的真实心理感受。马科维茨本人也承认，"选择方差作为变动性度量的因素包括成本、便利性、熟悉程度，以及分析所产生的组合的任意性……除方差之外，也存在着多种风险衡量方法的替代"。因此，有下文的基于半方差的风险度量模型。

2. 基于半方差的风险度量模型（E-SV 模型）

对投资者而言，只有当实际的证券收益率低于期望收益率时，才产生投资风险，因

此人们更关心收益率小于期望收益率的情形。而方差方法则是将风险收益和风险损失统一考虑,不能单一地反映出损失风险的大小。在这样的思想提示下,欧德里和苏利文于1991年提出以证券收益率的半方差作为证券投资风险的测度,即投资收益率低于某个预定水平的概率,简称 E-SV 模型。下面给出半方差的定义和基本模型。

设 X 是一随机变量,h 是一实数,记:

$$(X-h)^- = \min(X-h, 0) \quad (3\text{-}9)$$

$$(X-h)^+ = \max(X-h, 0) \quad (3\text{-}10)$$

则,$E[(X-h)^-]^2$ 和 $E[(X-h)^+]^2$ 是随机变量 X 的两个半方差,记为 $D_h^-(X)$ 和 $D_h^+(X)$,$\sigma_h^-(X) = \sqrt{D_h^-(X)}$ 和 $\sigma_h^+(X) = \sqrt{D_h^+(X)}$ 称为 X 的半标准差。

由定义可见,半方差 $D_h^-(X)$ 考虑的是 X 对于 h 的左偏差程度,记 $\text{Cov}_{h_1,h_2}(X,Y) = E(X-h_1)(Y-h_2)$ 为 X,Y 关于 h_1,h_2 的协方差,则以下两式:

$$\frac{D_{h_1}^-(X)D_{h_2}^-(Y) + 0.5 D_{h_1}^-(X)D_{h_2}^+(Y) + 0.5 D_{h_1}^+(X)D_{h_2}^-(Y)}{D_{h_1}(X)D_{h_2}(Y)} \text{Cov}_{h_1,h_2}(X,Y) \quad (3\text{-}11)$$

$$\frac{D_{h_1}^-(X)D_{h_2}^+(Y) + 0.5 D_{h_1}^-(X)D_{h_2}^+(Y) + 0.5 D_{h_1}^+(X)D_{h_2}^-(Y)}{D_{h_1}(X)D_{h_2}(Y)} \text{Cov}_{h_1,h_2}(X,Y) \quad (3\text{-}12)$$

称为 X,Y 关于 h_1,h_2 的两个半协方差,分别记为 $\text{Cov}_{h_1,h_2}^-(X,Y)$ 和 $\text{Cov}_{h_1,h_2}^+(X,Y)$。

均值 – 半方差模型的矩阵形式表示如下:

$$\min D_h^-(r_p) = \boldsymbol{X}^T \boldsymbol{Q}_h^- \boldsymbol{X} \quad (3\text{-}13)$$

$$\text{s.t.} \ \boldsymbol{X}^T \boldsymbol{E}_n = 1 \quad (3\text{-}14)$$

$$\boldsymbol{X}^T \boldsymbol{R} = \boldsymbol{R}_0 \quad (3\text{-}15)$$

$$\boldsymbol{X} \geqslant 0 \quad (3\text{-}16)$$

式中,$\boldsymbol{Q}_h^- = (\text{Cov}_h^-(r_i, r_j))_{n \times n}$,$\boldsymbol{Q}_h^+ = (\text{Cov}_h^+(r_i, r_j))_{n \times n}$。

基于半方差的风险度量模型,其缺点主要在于组合证券的风险表达式比较复杂,复杂性超过马科维茨的基于方差的风险度量模型,这为实际计算带来了困难,同时,这一方法也没有给出风险(损失)的期望值。

需要指出的是,低部位矩也是一种针对下侧风险(Downside Risk)的风险度量。当低部位矩中的参数取某个特定的值时,就变为半方差形式,因此,可以将半方差看作低部位矩的特殊形式。

3. 灵敏度分析方法与持续期

灵敏度分析方法是利用金融资产的市场价值对其市场因子的敏感性来测量金融资产市场风险的方法。这些市场因子（用χ_i表示$i=1,2,\cdots,n$）包括利率、汇率、股票指数和商品价格等。金融资产的市场价值P与市场因子的关系可以表示为函数$P=P(\chi_1,\chi_2,\cdots,\chi_n)$。市场因子的变化会导致金融资产市场价值发生变化，故有

$$\frac{\Delta P}{P}=\sum_{i=1}^{n}D_i\Delta\chi_i \quad (3-17)$$

式中，D_i代表金融资产市场价值对市场因子的敏感性，即为灵敏度。

式（3-17）说明了市场因子变化一个单位时金融资产市场价值变化的百分数。灵敏度越大的金融资产受市场因子变化的影响也越大。

从式（3-17）可以看出，灵敏度分析方法是表示金融资产市场价值变化与市场因子一阶线性近似的局部测量方法，因此它不适用于市场价值变化与市场因子呈非线性关系的金融资产，如期权。尽管灵敏度分析方法具有过于简单而难以描述复杂金融资产的缺点，但由于其概念简洁直观，因此仍然成为测量市场风险的出发点，也是在险价值方法和条件在险价值方法的基础。

针对不同的金融资产、不同的市场因子，有不同类型的灵敏度分析指标，如针对利率性金融工具的持续期（Duration），针对股票的Beta，针对衍生金融工具的Delta、Gamma、Vega、Theta、Rho等。

持续期是一种针对债券等利率性金融产品的有效指标，能够比较准确、有效地衡量利率水平变化对债券和存贷款价格的影响。持续期这一概念最早是由麦考利在1938年提出来的，故又称麦考利持续期（Macaulay Duration），其基本计算公式为

$$D=\sum_{t=1}^{T}tW_t,\quad W_t=\frac{CF_t/(1+y)^t}{P_0} \quad (3-18)$$

式中，D表示持续期；t表示产生现金流的不同时期；W_t表示t期的时间权重；T表示债券的最后一次现金流的时期，即债券的成熟期；CF_t表示t期现金流量，即t期利息；y表示债券的到期收益率；P_0表示债券的期初价格。

持续期从本质上来说是一个时间概念。从式（3-18）可以看出，持续期是息票债券在未来产生现金流的时间的加权平均，权重是当期现金流的现值在债券的当前价格中所占的比重。持续期反映了债券对利率风险的敏感度，即反映了未来的利率水平变动对债券价格的影响程度。影响债券持续期大小的因素主要有债券的到期期限的长短、息票率（Coupon Rate）的大小和到期收益率。持续期的大小与债券的到期期限的长短成正比，与息票率成反比，与到期收益率也成反比。持续期还具有可加性的重要特征，这大大方便了对复杂投资组合的利率风险管理。

两种金融资产，一种持续期较大，另一种持续期较小。已知贴现率将提高，若只能保留一种资产，最好如何选择？

4. 风险调整资本收益率方法

风险调整资本收益率（Risk Adjusted Return on Capital，RAROC）方法是国际上银行业用来考查资本配置的核心技术手段。它是由信孚银行开发的风险管理系统，主要用来衡量银行业绩与考查资本配置。

RAROC是收益与在险价值的比值，其含义是单位风险下的最大收益。例如，投资者投资某股票，冒着股价下跌1元的风险，预期股价最多能涨几元。如果RAROC>1，那么投资该股票是可行的；如果RAROC<1，那么该项投资就不可取。使用这种方法的银行在对其资金使用进行决策的时候，不以营利的绝对水平作为评判基础，而是以该资金投资风险基础上的盈利贴现值作为依据。其相关公式为

$$RAROC=（净收益-预期损失）/经济成本 \qquad (3\text{-}19)$$

式中的在险价值也可以用其他的风险度量代替，如在险资本（Capital at Risk，CaR）。RAROC的思想是：将风险带来的未来可预期的损失，量化为银行当期的成本，并据以对银行当期盈利进行调整。

我们都知道，在进行一项投资时，风险越大，其预期的收益或亏损也就越大，投资如果产生亏损，则会使银行资本受侵蚀，最严重的情况可能导致银行倒闭。这样，一方面银行对投资亏损而导致的资本侵蚀十分敏感；另一方面银行承担这些风险是为了盈利，问题的关键在于如何在风险与收益之间寻找一个恰当的平衡点，这也是RAROC的宗旨所在。决定RAROC的关键是预期损失即风险值的大小，该风险值越大，投资报酬贴现就越多。

RAROC可用于业绩评估，如果交易员从事高风险的投资项目，那么即使利润较大，由于在险价值较大，RAROC值也不会很大，其业绩评价也就不会很高。实际上近几年出现的巴林银行倒闭、大和银行亏损和百富勤倒闭等事件，都可归因于对局中人的业绩评价不合理，即只考虑到某人的盈利水平，没有考虑到其在获得盈利的同时也承担了大量的风险。RAROC方法用于业绩评估，可以较真实地反映交易人员的经营业绩，对其过度投机行为进行限制，有助于避免大额亏损现象的发生。

应用RAROC方法的主要步骤如下。

（1）报告不同业务的盈利性和风险状况，计算RAROC。

（2）引导风险定价。

（3）根据风险-收益状况，在不同的部门、产品和客户间分配经济资本。

3.2.3 金融风险度量方法

金融风险的核心内容是风险的度量问题，只有对风险进行准确的度量，才能确定风险危害的严重性，并采取相应的措施。目前，世界各国的投资银行和一些国际性的金融组织，都致力于对金融风险度量的研究。本节将先介绍金融风险度量方法的结构框架，然后具体介绍几种常见的金融风险度量方法。

1. 金融风险度量方法的结构框架

每一种金融风险度量方法都具有一定的针对性，都有其优越性与局限性。例如，目前广泛应用于金融领域的在险价值方法，主要适用于对金融市场风险的测量，对

信用风险等就很难加以定量研究。因此，对金融风险的计量方法进行有效的划分归类，确定各种风险的逻辑与层次关系，这将十分有利于对不同的风险进行有针对性的计量。

概括而言，金融风险的度量方法可以分为定性与定量两种。当一些影响因素不能量化，或者影响因素过多，难以使用严格的数学模型进行量化分析时，只能用定性分析方法对金融风险做出度量。定性分析方法主要有经验判断法与专家调查法。定量分析方法则主要是通过构建精确的数学模型，对金融风险进行度量。目前，常用的定量分析方法主要有方差法、Downside-Risk法以及信用矩阵系统法等。当然，上述介绍的方法又可以衍生出不同的方法。

2. 金融风险度量方法

（1）经验判断法。

所谓经验判断法，主要是根据个人以往的经验，对金融风险进行主观判断分析。这种方法适用于涉险资产额度较小，但是涉及的风险因素却较多，很难使用或者没有必要使用定量分析方法或其他复杂的定性分析方法对风险做出准确度量的情况。例如，证券市场中的大多数中小散户在进行证券投资时，是不可能对所投资的证券使用定量分析方法或者其他复杂的定性分析方法进行风险度量的，投资者往往仅凭借个人以往的经验以及对未来的一种基本判断，给出大致且比较模糊的风险水平。这种方法最主要的特点就是主观随意性很强，不同的人给出的风险水平有较大差异，判断结果十分粗糙，只是对风险程度的感性认识。

（2）专家调查法。

专家调查法是指将专家们各自掌握的较为分散的经验和专业知识，汇聚成专家组的经验与知识，从而对金融资产的风险水平给出主观的预测。这里的专家主要是指对金融风险有丰富的实践经验和独到的个人见解的人员。根据具体调查方式不同，专家调查法又分为专家个人判断法、专家会议法以及德尔菲法。

① 专家个人判断法与经验判断法有相似之处，主要的区别在于判断主体的知识结构与知识层次存在差异。一般而言，专家对于金融风险水平的判断更加接近实际情况。这种方法的优点在于能够最大限度地发挥专家个人的能力。其主要的缺点是判断结果容易受到专家个人具体的知识面宽度、深度以及所占有信息量多寡的影响，此外这种方法还会受到专家个人的经历和个人风险偏好的影响，使判断结果具有一定的片面性。

② 专家会议法是指将一定数量的专家集中在一起，通过讨论或者辩论的形式，互相启发，取长补短，求同存异。由于参加会议的专家人数较多，多个专家占有的信息量明显大于某一个专家的信息量，考虑的因素会更加全面，因此比较容易得出正确的结论。这种方法最主要的缺点是，进行面对面地讨论时个别专家容易受到其他专家的影响，甚至不愿意发表自己的真实想法，这些都不利于得出正确结论。

③ 德尔菲法是在专家个人判断法与专家会议法的基础上发展起来的一种专家调查方法。它主要是采用匿名函询的方法，通过一系列调查征询表对专家进行调查，通过一定的反馈机制，取得尽可能一致的意见，给出最后的金融风险水平。这种方法最早由美国兰德公司应用于战略预测之中，之后该方法得到了迅速的发展。该方法最主要的优点是简单易行，费用较低，适用于复杂的社会、经济领域，特别是金融领域。但是由于德

尔菲法建立在专家的主观判断的基础之上，因此，专家自身的知识结构、心理偏好会对结果产生较大的影响，使得预测结果不够稳定。

考虑到影响金融风险的因素十分繁杂，简单使用定性的数学模型往往达不到预期目的，因此在实际应用中，主要还是采取定量与定性相结合的方法，对金融风险的水平给出较为合理的度量。

（3）方差法。

1952 年马科维茨发表了现代投资学的经典论文《资产组合选择》，首次将方差法用于对金融风险的度量，从而开创了对金融风险进行定量度量的先河。方差法的基本思想是，方差越大说明各种可能结果相对于各种收益期望值的离散程度越大，即不确定性越大，相应的风险也越大，它们之间存在一种紧密的正相关关系。马科维茨正是基于这种假设，将方差作为衡量金融风险的标准工具。马科维茨认为，只要金融资产收益的概率分布函数可以确定，那么通过度量这一概率分布函数的方差，便可以确定该项金融资产的风险水平。

概率分布函数是这样定义的：设 X 是一个随机变量，χ 是任意实数，则函数 $F(\chi) = P\{X \leq \chi\}$ 称为 X 的概率分布函数。这里的 X 是指金融资产的投资收益。在知道了概率分布函数的定义后，还需要知道期望收益的定义，期望收益的严格数学表述形式如下：

设离散型随机变量 X 的概率分布函数为 $P\{X = \chi_k\} = p_k$，$k = 1, 2, \cdots$，若级数 $\sum_{k=1}^{\infty} \chi_k p_k$ 绝对收敛，则称级数 $\sum_{k=1}^{\infty} \chi_k p_k$ 为随机变量 X 的期望收益，记为 $E(X)$，即 $E(X) = \sum_{k=1}^{\infty} \chi_k p_k$；设连续型随机变量 X 的概率密度为 $f(\chi)$，若积分 $\int_{-\infty}^{\infty} \chi f(\chi) d\chi$ 绝对收敛，则称积分 $\int_{-\infty}^{\infty} \chi f(\chi) d\chi$ 的值为随机变量 X 的期望收益，记为 $E(X)$，即 $E(X) = \int_{-\infty}^{\infty} \chi f(\chi) d\chi$。事实上，由于投资收益不可能无限大，期望收益总是收敛级数，因此投资收益的期望收益总是存在的。

在知道了期望收益后，我们这样定义方差：设 X 是一个随机变量，若 $E\{[X - E(X)]^2\}$ 存在，则称 $E\{[X - E(X)]^2\}$ 为 X 的方差，记为 $D(X)$，即 $D(X) = E\{[X - E(X)]^2\}$。在实际应用中，为方便起见还引入了与随机变量 X 具有相同量纲的量 $\sqrt{D(X)}$，记为 $\sigma(X)$，称为标准差或均方差。

由于只有当金融资产收益概率分布函数为对称性分布时，才能用方差法对金融资产的风险水平进行度量，并且这种方法以风险的相关量方差作为风险自身的度量指标，存在一定的模型构造缺陷。因此，这种方法受到很大的应用限制。

用方差法度量风险最大的优点是计算方便、指标单一。主要缺点是无法给出风险的直观表现形式。

（4）Downside-Risk 法。

针对方差法在度量收益概率分布函数为非对称性分布时的种种问题，学术界提出了 Downside-Risk 法。这种方法力图建立一套仅仅刻画相对于某一目标收益水平之下的收益概率分布状况。哈洛的 LPM 方法是这种金融风险度量方法的代表。其具体数学形式如下：

$$LPM_n = P_p(T - R_p)^n \quad (3\text{-}20)$$

式中，R_p 为资产组合的收益率；P_p 为 R_p 条件下的概率水平；T 为目标水平；n 为正整数。

当 $n=0$ 时，LPM_0 表示低于目标收益的概率水平。当 $n=1$ 时，LPM_1 表示收益发生在目标水平 T 之下的平均可能值与目标值之间的离差距离。当 $n=2$ 时，LPM_2 表示收益发生在目标水平 T 之下，而与目标值之间离差距离的平方的平均可能水平[a][b]。

尽管该方法克服了方差法的主要缺点，从风险的本义考查风险水平，能够对风险水平做出较为合理的度量。但是，在险价值方法的兴起，阻碍了这种方法在理论研究及实际应用中的进一步发展。

（5）信用矩阵系统法。

信用矩阵系统法主要用于测量金融市场的信用风险，近几年一些大银行认识到信用风险仍然是关键的金融风险，并开始关注信用风险测量方面的问题，试图建立测量信用风险的内部方法与模型。其中，以摩根士丹利的 CreditMetries 和 Credit Suisse Financial Products（CSFP）的 CreditRisk+ 两套信用风险管理系统最为引人注目。

信用矩阵系统法以信用评级为基础，计算某项贷款或组合贷款违约的概率，然后计算上述贷款同时转变为坏账的概率。该方法通过在险价值数值的计算，力图反映出：银行某个或整个信贷组合一旦面临信用级别变化或拖欠风险时所应准备的资金数值。该模型覆盖了几乎所有的信贷产品，包括传统的商业贷款、信用证和承付书、固定收入证券、商业合同如贸易信贷和应收账款，以及由市场驱动的信贷产品如掉期合同、期货合同和其他衍生产品。许多大银行和风险管理咨询和软件公司已开始尝试建立新一代的风险测量模型，即一体化模型。其中有些公司已经推出了自己的完整模型和软件（如 Axiom 软件公司建立的风险监测模型），并开始在市场上向金融机构出售。

应用实例与分析

金融风险分类：从"黑天鹅"到"灰犀牛"

一、"灰犀牛"：中兴通讯事件

2018 年 3 月初，考虑到中国 5G 发展的领先地位、科技股的长期成长性与政策支持的确定性，我重仓了中兴通讯（000063.SZ）。中兴通讯是 5G 板块龙头，

---

a 李健. 收益率非规则分布条件下有效风险度量方法的寻找 [J]. 经济研究，2000（1）.
b 吴世农，陈斌. 风险度量方法与金融资产配置模型的理论和实证研究 [J]. 经济研究，1999（9）.

长期业绩占优，在行业内是国内仅次于华为的通信企业。此外，经过2017年年初被美国制裁的利空事件后，市场普遍认为中兴通讯利空出尽，是典型的困境反转股。

不久之后，美国总统特朗普宣布对中国出口产品加征关税，中美贸易战初现端倪。特朗普宣布加征关税的当天，A股市场暴跌，通信板块作为最直接的受冲击板块，下跌幅度超过上证指数。随后，在中美贸易关系恶化的情形下，美国政府宣布对中兴通讯发布禁令，禁止中兴通讯购买美国企业的芯片。尽管中兴通讯A股与H股在当天宣布停牌，但股票复牌之后，中兴通讯股价暴跌，从31元一直下跌到最低12元。

中兴通讯事件具有明显的政治性，事件最后在中美两国政府的调节下得以解决，中兴通讯再次向美国交付巨额罚款。中兴通讯股价也在2019年中报发布后，随着业绩改善而再次实现困境反转，股价再次创出新高。反思中兴通讯事件，我一直在思考：中兴通讯事件是一次"黑天鹅"事件，还是"灰犀牛"事件？

"黑天鹅"事件是指小概率而影响巨大的事件，美国经济学家塔勒布将"黑天鹅"一词用于形容"9·11"事件、次贷危机事件等；而"灰犀牛"事件是指大概率且影响巨大的潜在危机，是政策分析师米歇尔在2012年希腊金融危机后发明的术语。一般而言，"黑天鹅"是众多"灰犀牛"汇聚的结果。

中兴通讯事件之后，我一度认为重仓中兴通讯是不可预知、防不胜防的"黑天鹅"事件，是典型的政治风险。经过后期中美贸易战、科技战甚至金融战的演变与思考，我逐步认识到，中兴通讯事件本质上是具备一定可前瞻性、可预知性的"灰犀牛"事件，主要有3个原因：①公司层面，中兴通讯在2017年曾因为伊朗事件，被美国政府实施过一次禁止购买芯片的制裁，制裁风险影响犹在；②行业层面，中兴通讯与华为公司一样，作为5G行业的龙头企业，在中国5G建设领先美国的背景下，是美国政府重点的科技制裁对象；③国家层面，中国与美国之间的"修昔底德陷阱"凸显，中美关系恶化，大国博弈呈现出长期性、曲折性与复杂性，中美贸易战存在一定先兆，并可从欧洲、日本的历史教训中吸取一定经验。

推而广之，中兴通讯事件之后的中美贸易战正式开始、华为公司被制裁事件、实体清单事件等都是中美对抗、科技竞争、意识形态等因素下逐步显现的"灰犀牛"事件。

二、已知的已知风险

"已知的已知风险"由可确定并可度量的风险构成，最典型的例子是股票持仓表现出的市场风险。市场风险通常情况下可通过在险价值方法等风险工具有效管理。股票投资的超预期损失是在坏运气与投资组合糟糕决定的作用下出现的。然而，超预期损失并不会频繁出现，假设99%置信水平下的在险价值是15%，在此条件下，连续数月亏损15%以上的情形是非常罕见的。如果连续亏损15%以上的情形发生，那么大概率是模型缺陷的原因。一般地，可通过使用压力测试手段去检查风险度量系统中的缺陷。宏观层面，随着近期中美关系恶化、美国大选临近、大国博弈与地缘政治风险上升，美国采取提高关税、直接打压中国企业、科技限制、扩大实体清单、金融制裁、资本市场做空、提高汇率升值压力等手段，对中国开展贸易战、科技战、地缘战与金融战的迹象逐步显现，是2020年继新冠肺炎疫情后的重大"灰犀牛"事件。

信用风险评级模型、市场风险量化模型、操作风险评估模型均是风险管理部门尝试有效管理风险的工具。客观上看，由量化模型所度量出的金融风险，是典型的"灰犀牛"，是"已知的已知风险"；此外，当超预期损失发生时，金融风险在度量范围之外，可理解为"黑天鹅"。

三、已知的未知风险

"已知的未知风险"包括风险已知，或应当已知但却没有被风险经理恰当度量的风险。例如：第一，风险经理可能忽略了重要的已知风险因子；第二，风险因子分布与计量所包括的波动率、相关系数、违约率、违约损失率等风险参数没有被准确地计量；第三，映射过程中，由暴露于风险因子的风险敞口来代替头寸，可能是不正确的。已知的未知风险通常是模型风险，模型风险可以用压力测试进行评估，在正常范围冲击金融随机变量或风险模型。

典型案例如瑞银集团于2007年在次级和Alt-A级抵押贷款支持的结构化信用证券头寸上损失190亿美元，其风险度量过程依赖于基于近期房价正增长的简单模型，风险经理过分地依赖于信用评级机构提供的评级，而没有做出投资工具价格下行风险的提示，是典型的风险管理失败。再如，在布雷顿森林体系解体前，由于国际金价直接与美元挂钩，因此国际金价的波动率与均值均表现出相对稳定的态势；而布雷顿森林体系解体后，国际金价主导因素发生本质性变化，原有风险模型与历史数据已不适用，国际金价走势由稳定震荡向长期上行转变。

2020年4月，在新冠肺炎疫情导致需求下降的背景下，叠加沙特开启石油价格战，芝加哥商品交易所于月初修改交易系统，允许原油价格出现"负价格"，国际上众多金融机构对芝加哥商品交易所的行为没有给予足够重视，最终导致原油期货在转期时出现–37美元/桶的负价格事件，多家大型金融机构因此遭受巨额损失，这是一次典型的"已知的未知风险"。

流动性风险是另一类典型的"已知的未知风险"。许多风险模型假设头寸可以在指定的时间内迅速变现。而实际上，流动性取决于多种因素，最关键的是资产的内在流动性。例如，国债比高收益债券的流动性要好，国债在较低的买卖价差中交易并且很少受到市场冲击。另外是头寸的规模。在头寸相对于正常交易行为过大的情况下，规模是一个重要问题，可能导致交易执行过程中，资产价格经历一个非常大的价格下跌过程。

2020年2—3月，在新冠肺炎疫情的影响下，中国金融市场、国际金融市场中均出现了典型的流动性冲击事件。在新年过后A股开盘的第一个交易日，市场出现普跌现象，除少数医药板块股票外，绝大多数股票均大幅下跌，长期以来被认为是避险资产的黄金股，也在大盘急速下跌，出现流动性危机的大幅下跌。随后，在A股市场流动性危机缓解后，黄金股逐步表现出避险属性，小盘股赤峰黄金大幅上涨。

国际金融市场在2020年3月新冠肺炎疫情全球化蔓延的背景下,股票、原油、非美货币汇率均大幅下跌,流动性危机导致"美元荒",美元指数上破100。

2020年,在新冠肺炎疫情冲击下,世界各主要经济体开展规模大、速度快的财政刺激计划,客观上加大全球经济通胀压力,提高脆弱经济体债务风险,构成典型的"灰犀牛"事件。中国银行业在新冠肺炎疫情影响下,开始向实体经济让利,对公贷款向中小微企业与受疫情影响严重的企业倾斜,贷款规模增速提高,在利差缩窄的大背景下,客观上已表现出信用风险"灰犀牛"的信号。

对于国际金融体系,长期而言,美元周期律一直驱动国际资本流动与世界经济周期。1973—1977年,美元经历贬值周期;1977—1985年,美元开启升值周期,引发拉美债务危机;1985—1994年,美元经历贬值周期;1994—2001年,美元经历升值周期,引发墨西哥金融危机、亚洲金融危机与俄罗斯金融危机;2001—2011年,美元经历贬值周期,其间美国爆发次贷危机;2012—2018年,美元经历升值周期,期间引发俄罗斯、土耳其、阿根廷、巴西等新兴经济体货币危机;2019年至今,在新冠肺炎疫情影响下,美联储于2020年3月快速降息,联邦基金利率仅为0.25%,美元指数在避险情绪消退后逐渐走弱,美元或将长期处于贬值周期,为新兴经济体在货币升值、泡沫积累与流动性泛滥的情形中埋下下一次"灰犀牛"危机。

模型风险、流动性风险、利率风险是典型的"已知的未知风险"。实际上,众多"已知的未知风险"所导致的"灰犀牛"事件,往往会被市场误解为"未知的未知风险"所导致的"黑天鹅"事件。

四、未知的未知风险

"未知的未知风险"代表大部分情景范围之外的所有事件,其中包括监管风险。例如监管层突然对卖空交易进行限制,这将对对冲策略产生结构化影响;再如将投资银行转变为商业银行过程中加速的行业去杠杆化等。监管规则的改变将引发金融领域难以估量的潜在风险。

交易对手信用风险也难以预测,即投资者无法充分了解交易对手。例如,对雷曼兄弟破产后果的深入研究就需要了解整个金融交易网络整体情况的信息,因为没有一家公司可以获得这些信息,其中的传染性风险也无法直接度量。同样地,对一些流动性风险进行形式评估也非常困难。这涉及相同交易者的行为和头寸情况,一般情况下这些具体信息是无法获得的。在非流动性市场,如果大量相同的投资组合同时出售,那么强制出售将会产生非常大的损失。

"未知的未知风险"的存在,是奈特不确定性的表现,金融机构往往无法时刻持有足够的资本来抵御大量交易对手破产等系统性风险。因此,一方面,金融机构压力测试要保证足够的审慎性、严谨性;另一方面,中央银行与政府实际上是最后的风险经理,在金融危机出现时需要承担起风险控制与缓释的作用。政治风险、监管风险、传染性风险、交易对手信用风险是典型的"未知的未知风险"。"未知的未知风险"是严格意义上的"黑天鹅"事件,然而,从前瞻性风险管理的角度上看,世界上没有全新的事件发生,历史是最好的老师,"黑天鹅"引发的风险事件,也会表现出一定的预警信号。

"无恃其不来，恃吾有以待之"，走在市场曲线前面，前瞻性的风险管理理念、审慎性的风险管理方法、先进的风险管理工具与严谨的压力测试，是有效降低"黑天鹅"事件冲击，防范系统性金融风险的必要前提。

资料来源：https://mp.weixin.qq.com/s/KgJzYoD5SC8sAEGbvAfCnQ [2024-5-10]

【参考资料】

本章小结

本章着重介绍金融风险管理程序中的识别与度量部分。识别部分包括金融风险识别的概念、要求和原则，并着重介绍金融风险识别的几种方法；度量部分首先介绍了金融风险度量的基本知识，分析了金融风险度量的历史沿革，详细介绍了金融风险度量的代表性理论，并进一步介绍了各种金融风险度量的方法。

关键术语

资本资产定价模型（Capital Asset Pricing Model）、套利定价模型（Arbitrage Pricing Theory）、在险价值（Value at Risk）、持续期（Duration）、风险调整资本收益率（Risk-adjusted Return on Capital）、信用矩阵系统（Credit Metrics）

知识链接

[1] 中国银行间市场交易商协会教材编写组，2019. 金融市场风险管理：理论与实务 [M]. 北京：北京大学出版社.

[2] 王勇，关晶奇，隋鹏达，2020. 金融风险管理 升级版 [M]. 北京：机械工业出版社.

习 题

1. 判断下列说法正确与否并说明理由：
(1) 在风险度量中，半方差是对方差的良好替代；
(2) 投资组合理论认为，只要两种资产收益率的相关系数不等于1，分散投资于两种资产就具有降低风险的作用。

2. 持续期从本质上来说是（　　）。
   A. 时间概念　　B. 价值概念　　C. 收益概念　　D. 利率概念

3. 风险调整资本收益率衡量的是（　　）。
   A. 资本回报的大小　　　　　　B. 收益与风险的比
   C. 资金回报效率　　　　　　　D. 扣除预期损失后的收益情况

4. 20世纪50年代，马科维茨的（　　）理论和莫迪利亚尼-米勒的MM定理为现代金融理论的定量化发展指明了方向。
   A. 德尔菲法　　　　　　　　　B. CART结构分析
   C. 投资组合选择　　　　　　　D. 资本资产定价

5. 最基本、最常用的风险识别方法是（　　）。
A. 制作风险清单　　　　　　　　B. 专家调查列举法
C. 资产财务状况分析法　　　　　D. 情景分析法
6. 简要说明金融风险识别步骤的重要性。
7. 在进行金融风险识别前，必须做好哪些准备工作？
8. 简述金融风险度量的历史沿革。
9. 金融风险度量的方法有哪些？
10. 简述金融风险度量的代表理论。
11. 分析金融风险度量的定量与定性度量方法的优劣，并说明理由。

第 4 章　金融风险的预警

本章教学要点

知识要点	掌握程度	相关知识
金融风险预警基本理论	掌握	金融风险预警的概念、方法
金融风险预警指标	掌握	金融风险预警指标体系及构建
金融风险预警模型	了解	单位概率模型及单位对数模型、横截面回归预警模型等
国外金融风险预警机制	了解	美国、英国等的金融风险预警制度

导入案例

【参考课件】

村镇银行风险集中爆发，如何应对？

2022年4月以来，河南、安徽等地区村镇银行发生"取款难"风险事件，对商业银行自身公司治理、内部控制以及流动性风险管控等均提出更高要求。根据银保监会（已改为国家金融监管总局）回应，河南、安徽5家村镇银行受不法股东操控，通过内外勾结、利用第三方平台以及资金掮客等方式，吸收并非法占有公众资金，性质恶劣，涉嫌严重犯罪。村镇银行账外吸收的资金既未缴纳存款准备金，也未缴纳存款保险费。目前，还有40家村镇银行吸收账内互联网存款，余额39亿元。除河南、安徽5家村镇银行外，尚未发现其他村镇银行存在或持有账外非法吸收的互联网存款。

截至2021年末，我国村镇银行数量为1651家，占全国银行业金融机构总数的36%左右，分布在31个省（自治区、直辖市）。其中，山东、河北两地村镇银行数量超过百家，分别为126家和110家；河南和贵州紧随其后，分别有86家和84家。而据央行统计，截至2021年二季度末，共有122家村镇银行为高风险机构，占全部高风险机构的29%左右。2020年12月银保监会发布《中国银保监会办公厅关于进一步推动村镇银行化解风险改革重组有关事项的通知》，强化对主发起行的激励约束机制，支持村镇银行主发起行协助村镇银行处置不良贷款，支持引进合格战略投资者帮助收购和增资，有序推进村镇银行改革重组，实现持续健康发展，更好地服务乡村振兴战略。未来,在监管部门不断强化监管、加快风险处置的背景下,村镇银行整合改革将提速。

资料来源:国家金融监管总局

案例启示:银行业资产需要加强管理,很多的银行业资产都是处在对应的风险边境,做到合理地运用资产进行投资,才可以在获得更多收益的同时确保稳定性。针对性提高对中小银行的管理,加强风险控制,让中小银行接入更多的信息源,建立金融风险预警体系,防患于未然。党的二十大报告指出,"防范金融风险还须解决许多重大问题"。要强化金融稳定保障体系,守住不发生系统性风险底线。这为新时代处置重大金融风险、维护人民财产安全提供了重要遵循和根本指南。必须按照党的二十大精神和党中央决策部署,积极探索和优化重大金融风险处置方案,实现金融业稳健运行与经济高质量发展相互促进、良性循环。

【参考视频】

随着1997年东南亚金融危机、2007年美国次贷危机及2008年欧洲主权债务危机的先后爆发,全球金融稳定与金融安全面临空前考验,建立一个积极、有效的金融风险预警机制来监测整体金融风险动态,以防范、降低金融风险并消除潜在金融危机成为金融风险研究的重要任务。中国作为一个新兴市场国家,正逐步融入全球经济、金融体系,各种金融风险及金融危机通过日益紧密的国际经济、贸易往来在中国及全球其他各国之间相互传递,影响了中国经济、金融的稳定。特别是改革开放以来,中国经济迅速发展,各种产业呈现欣欣向荣之景,但同时也伴随着一系列的风险隐患,如金融法规不健全、金融监管不力、投机氛围浓厚、社会游资过多、市场准入机制不完善等。加入世界贸易组织以后,中国金融管制逐渐放开,来自全球的激烈竞争使中国的潜在金融风险进一步增大,这就迫切要求中国建立一套合理的金融风险预警机制,以便及时对各种金融风险进行监测,防范金融危机的爆发,维护国家金融体系的稳定,这对促进国家金融业的稳健发展具有十分重要的现实意义。

4.1 金融风险预警的基本理论

4.1.1 金融风险预警的概念

经济预警思想最早出现在19世纪末20世纪初,如法国学者用不同颜色表示各种经济状况的气象式经济研究等。而经济预警思想的正式提出是在20世纪30年代,西方经济学家在资本主义经历了全面、深刻的经济危机后,开始对资本主义经济产生了警惕,出现了经济预警方面的研究。一般来说,预警具有动态性、先觉性和深刻性,是基于当前和历史的信息,利用各项先行指标的发展趋势,预测未来的发展状况,定性和定量地判断风险强弱程度,并通知监管部门及决策人员尽可能及时地采取应对措施,以规避风险、减少损失。

金融风险预警机制是以现实中的金融活动为对象,在一定的经济、金融理论的指导下,采用一系列的科学预警方法、技术、指标体系以及预警模型,对整个金融运行过程进行监测,并针对监测结果所获得的警情和警兆发布相应警示的金融决策支持系统,主要内容包括:①预警方法,是指预警指标选取、预警模型构建与比较以及预警结果分析的技术方法;②预警指标,是指能够提前、广泛、显著地量化金融风险的各项经济、金融统计指标;③预警模型,是指在选取的预警指标及其样本的基础上,借助各种统计方法及计量经济模型,建立自变量(预警指标)与因变量(金融危机发生的可能性)之间的直接或间接的函数关系等。

金融风险预警机制的主要功能是:可随时掌握金融机构动态,并有效评估其风险;可及早发现金融机构问题,并采取适当的监管措施;为实地检查重点及检查频率提供参考,以降低监管成本,提高金融监管功效。

4.1.2 金融风险预警的方法

1. 景气指标预警法

景气指标预警法是最早出现的金融风险预警方法,其基本原理是结合经济发展的各个方面,选择一组能够反映经济发展状况的敏感指标,将这些指标进行数据处理,通过适度修正形成一个综合性的指标。景气指标分为先行指标、同步指标和滞后指标3类。通常情况下,对风险进行预警主要采取先行指标。由于先行指标超前于预警对象,因此可以根据先行指标与预警对象存在的相关性对其进行预警。

景气指标预警法的优点在于可以正确地评价当前宏观经济的状态,恰当地反映宏观经济形势的变化。该方法可以预测宏观经济运行发展趋势,在经济形势发生比较严重的变化或转折前及时发出预警信号。但由于景气指标预警法主观性比较强,很难准确地把握所有的重要信息,在预警的过程中,对一组指数变化的情况,很难分清引起变化具体是哪项经济指标,因此不利于对具体的经济变量进行调控。

2. 指标体系评分预警法

指标体系评分预警法是指将具有相关关系的一组金融预警指标建成一个指标群,并对指标进行数据处理。指标体系评分预警法的运用,最重要的就是确定指标的权重,因为用于预警的指标权重直接关系到预警法或模型的灵敏性。目前对于指标权重的设定及量化的方法主要包括层次分析法和多层次模糊综合判断法。

指标体系评分预警法的优点在于其给定了一个分值,便于理解。该方法可以将各方面因素按照各自的影响程度进行排序,筛掉一些影响比较小的指标,进而对风险的防范和预警起到参考作用。但是,指标体系评分预警法需要耗费大量的时间对影响因素进行筛选,而且指标体系的建立过程非常复杂,人力成本和时间成本都非常高。

3. 模型预警法

随着金融风险预警研究的发展,模型预警法已经成为对金融危机进行预警的最重要、使用最广泛的方法之一。其基本思路是:从经济学原理出发,利用经济计量学方法,以警情指标为因变量,以警兆指标为自变量建立警情预测模型。其中最为常见的就是KLR信号法。KLR信号法是通过选择一系列的指标,根据预警对象的历史数据来确定与预警对象有显著联系的变量,然后根据历史数据为每一个选定的先行指标确定一个安全的取值范围。超过这一范围就意味着出现危机，从而发出一个危机信号，危机信号越多，代表危机发生的可能性越大。

4.1.3 建立金融风险预警制度的意义

【参考资料】

近年来，国际金融危机事件频繁发生，如墨西哥金融危机，巴林银行倒闭，1997 年开始的东南亚金融危机，以及 2007 年由美国次贷危机引发的全球金融危机，等等。金融危机的频繁发生对金融市场的稳定性提出了越来越高的要求，建立金融风险预警制度不仅是必要的，而且是可行的。

1. 建立金融风险预警制度的必要性

首先，金融业是一个高负债的行业，金融市场的稳定性对于社会经济的发展具有直接的影响。一方面，金融机构经营状况的好坏与社会公众的信任紧密相连；另一方面，金融机构本身高负债经营的特点使其具有天然的脆弱性。如果金融机构发生严重的风险，那么将严重地影响负债的安全性。其次，全球范围内的金融一体化加剧了金融市场的不稳定性。金融一体化的发展模式虽然提高了市场效率，但是也扩大了风险的波及范围，使整个金融体系变得更加脆弱。因而一国范围内的危机就更加有可能发展为其他国家甚至整个世界的危机。金融风险的增大，在客观上要求更加有效的金融预警制度的出现。再次，一旦金融风险逐渐演变为金融危机，将会给危机发生国带来难以估量的损失。金融危机的发生会造成国民经济的严重衰退，失业率上升，限制货币政策发挥作用，同时政府为了化解危机还要付出大量的财政支出，更甚者可能会引起社会动荡。最后，金融危机往往具有突发性，这就要求我们要把对危机的提前判断作为危机防范的重点。因此，建立一个有效的金融风险预警制度是非常必要的。

2. 建立金融风险预警制度的可行性

金融危机的爆发是由多方面因素共同作用的结果，我们可以将反映这些因素的经济指标进行量化处理，达到反映危机的效果。金融危机的形成是一个逐渐积累的过程，危机的爆发也有一定的预兆，一般可以将某些宏观经济指标的恶化作为危机的预兆，而且从出现危机预兆到真正爆发大规模危机一般会有一段前置时间，在危机爆发前，与其相关的宏观经济指标值会不同程度地发生异常变化。通过研究发现：从主要经济指标超过监测临界值开始，到金融危机爆发的时差，一般期间为 12～17 个月。在前置时间内，如果能够及时发现宏观经济指标值的异常变化并进行相应的调控，那么是可以对金融危机进行防范的。

4.2 金融风险预警指标

4.2.1 金融风险预警指标的概念与意义

金融风险预警指标是指由进行金融监测预警活动的一系列相互联系、相互依存的金融监测预警指标组成的指标群，指标体系具有科学性、联系性、实用性、可行性的特征。一个完善的金融风险预警指标体系既要具有较好的代表性，又要具有较好的可操作性；既能对长期的金融风险进行预警，又能对中短期的金融风险进行预警。

预警离不开指标，建立金融风险预警机制，对指标体系的研究和设置是最重要的部分之一，恰当地选择指标并编制指标体系不仅能正确评价当前金融风险，而且能准确预测金融风险未来发展趋势并及时反映金融调控效果。因此，建立金融风险预警指标体系具有重要意义。第一，预警指标是金融风险预警的基础，金融危机是外生冲击和金融体系脆弱性共同作用的结果。一般认为，金融危机爆发前都存在明显的金融风险的积累，而这种风险的积累能通过经济、金融指标的异常波动表现出来，这就是金融风险预警的基础。第二，金融风险预警指标体系是金融风险的"报警器"，它之所以能像"报警器"那样发挥监测和预警的作用，是因为在金融体系运行过程中，金融风险可以通过一些指标率先暴露和反映出来，一系列金融指标值的恶化往往是出现金融危机的先兆。由于一国或地区金融危机的出现会对该国或地区甚至整个世界经济的发展产生严重的破坏作用，因此，研究金融风险预警指标体系，并对涉及的有关指标值随时进行观测分析，以便及时采取化解金融危机的对策，避免危机的爆发或减轻危机爆发对国民经济的不利影响，对一国或地区的经济健康稳定的发展具有重要的意义。

4.2.2 金融风险预警指标研究概况

1. 国外学术界对金融风险预警指标的研究情况

国外学术界对金融风险预警指标的研究主要集中在两个方面。一方面为与金融机构经营状况有关的微观金融指标。1929 年以后，美国金融当局建立了 CAMELS 评级体系，该体系是对金融机构的资本充足率（Capital Adequacy）、资产质量（Asset Quality）、管理水平（Management）、盈利性（Earnings）、流动性（Liquidity）和市场风险敏感度（Sensitivity）6 项指标进行分析评判，确定金融机构经营的安全性和稳定性的一种综合评判体系。因为这 6 项指标的英文缩写为 CAMELS（骆驼），所以 CAMELS 评级体系也称骆驼评级体系；弗兰克尔、罗斯和霍诺翰的研究主要集中在外债方面；卡明斯基、利松多和莱因哈特将汇率、同业拆借利率、存款占 M2 的比率以及股票总市值等指标作为监测的关键指标。另一方面为宏观经济状况指标：罗哈斯-苏亚雷斯和维斯保德、德米尔古克-肯特和德特拉贾凯等分别从金融危机与金融稳健监测角度设计了指标体系；卡明斯基认为，国内信用总量、国内通货膨胀、实际经济增长率、货币增长率、实际汇率水平和财政赤字等指标，在一定程度上能够对系统性金融风险起到一定的指示作用；Illing 和 Liu、Hakkio 和 Keeton 分别基于度量系统性风险程度的被解释变量和其他影响系统性风险的因素构建了不同国家或地区的金融系统性风险预警指标体系。国外学术界关于金融风险预警指标的研究概览见表 4-1。

表 4-1　国外学术界关于金融风险预警指标的研究概览

1. 微观金融指标	
Altman（1968）	Z-Score 模型（基于一些金融指标来评估银行的资产质量、收益表现和流动性）
Edwards（1989）	中央银行国外资产/基础货币、净国外资产、对公共部门的国内信贷/总信贷、信贷增长、财政赤字/GDP、经常项目/GDP
Collons（1995）	国际储备/GDP、实际 GDP 增长、通货膨胀等
Frankel 和 Rose（1996）	主要集中在外债方面：公共部门负债/总负债、国外直接投资/总负债，信贷增长等
Honohan（1997）	不良贷款
Kaminsky 和 Reinhart（1998）	汇率、同业拆借利率、存款占 M2 的比率、股票总市值等
Gonzalez-Hermosillo（1999）	不良贷款和资本充足率
Hawkins 和 Klau（2000）	国内信贷/GDP、负债增加/GDP、负债/国内对私人部门信贷
Lehar（2005）	银行规模、资产收益率、股票价值、长期债务等
Davis 和 Karim（2008）	实际 GDP 增长、贸易条件变化、实际利率、通货膨胀率、M2/外汇储备、私人部门信贷/GDP、银行流动性储备/银行总资产，真实国内信贷增长等
Gagnon（2009）	政府证券回报、汇率、消费物价、实际 GDP、经常项目等
Barrell，Davis，Karim 和 Liadze（2010）	资本充足率、流动性比率及资产价格
2. 宏观经济状况指标	
国际货币基金组织	金融稳健指标、宏观审慎指标
世界银行	金融部门评估（FSAs），既有宏观经济指标也有银行指标；与国际货币基金组织建立了金融部门评估的综合评估规划框架（FSAP）；国家信贷风险部门的风险评级模型，包括宏观经济绩效的结构，宏观经济指标和外部虚弱性，外债和它的可持续性等
国际清算银行	金融压力指数、外部脆弱性指数、银行体系脆弱性指数
Goldstein，Kaminsky 和 Reinhart（2000）	贸易条件、进口、出口、国际储备、真实汇率对趋势的偏离、外国和国内存款真实利率的差异、M1、货币乘数、国内信贷对 GDP 的比率、存款的真实利率、贷款对存款利率的比、商业银行存款存量、广义货币对总国际储备的比、产出指数、股票价格指数、经常项目差额等
Illing 和 Liu（2003）；Hakkio 和 Keeton（2009）；Duca 和 Peltonen（2011）	金融困境指数

2. 国内学术界对金融风险预警指标的研究情况

我国学术界对金融风险预警指标问题的研究始于20世纪80年代，倡导者是吉林大学的董文权教授；随后国家统计局、国家信息中心等政府机构以及专家学者在这方面进行了一定程度的研究，取得了阶段性的成果。赵英等在其著作《中国经济面临的危险——国家经济安全论》涉及的国家经济安全监测指标体系中设计了5个监测子系统、41个基本指标，其中5个监测子系统分别为国内经济状况指标体系、国际经济联系指标体系、社会与政治因素指标体系、国家防务指标体系和生态环境指标体系。陈秀英在《金融危机预警指标体系的建立及应用》一文中提出的金融风险预警指标体系包括20个指标，具体有实际GDP增长率、财政收支差额/GDP、经常项目差额/GDP、国内信贷增长率、外汇储备可供进口月数、短期外债/外债总额、通货膨胀率、M2增长率、资本充足率和股价指数波动幅度等。何建雄将指标分为微观指标、市场指标和宏观指标3个层次。冯芸、吴冲锋提出基于合成指标的多指标货币危机预警流程，金融风险预警指标体系由长、中、短期3个层面组成。南旭光利用汇率、外汇储备和利率3项指标结合而成的外汇压力指数来衡量金融危机程度，对我国金融风险预警指标体系的建立有很好的应用价值。陈金凤指出构建一个涵盖金融监管各个层面的金融监测预警指标体系迫在眉睫，我国的金融监测预警指标体系应该由微观和宏观两个层次的指标构成。王胜华从金融体制、银行体系、货币、资本市场和经济稳定指数5个方面建立金融稳定综合评估指标体系。徐璐从经济子系统、金融子系统、国际子系统和公众信心子系统4个方面对我国金融危机监测预警系统进行了指标设定和分析。吕江林、赖娟通过采取逐步回归法构建了系统性金融风险预警的指标体系。

由于研究视角、研究范围以及研究工具的差异，上述研究成果在指标权重的选择上有相对的主观因素，目前还没有形成权威的、能够从动态上进行金融风险预警的指标体系。

4.2.3 我国金融风险预警指标体系的构建

1. 我国金融风险预警指标体系构建的原则

以往的经验显示，某个或者某些经济、金融状态的先行失衡，经常是大规模金融危机爆发的诱导因素，即金融危机的预兆通常都表现为某些金融指标数据的急剧恶化，因此，通过构建金融风险预警指标体系来预测金融风险是一个可取之策。由于能够用于金融风险预警的预警指标很多，因此所选取的各项预警指标不仅要具备及时识别出金融运行过程中所存在的问题的能力，而且要具有高效灵敏的金融风险监测能力，尽可能降低错误信号的传递率，为金融预警及监管提供一定的依据。

在构建我国金融风险预警指标体系时，应坚持以下指标选取原则。

（1）规范性原则，即统一预警指标的口径，选取在国际、国内均具有可比性的各项指标来构建金融风险预警指标体系，确保各指标的可比性，使整个预警指标体系更科学、合理，这样不仅便于中央银行对国家金融风险的统一监测、度量和管理，还能促进与国际的交流、借鉴。

（2）系统性原则，即选取具有高度概括性的预警指标，以全面反映经济的变动规律。从时间上而言，金融风险预警指标体系应该作为一个有机整体，从不同的角度、层面来反映金融风险的现状和动态变化趋势；从空间上而言，金融风险预警指标体系要形成一个能全面反映金融风险各方相关性的系统。

（3）灵敏性原则，即所选取的预警指标的数值的细微变化就能反映金融风险的变化情况，指标灵敏度高，能在金融运行体系发生异动的时候，迅速发出预警信号，使管理当局能够及时采取防范和改进措施。

（4）可操作性原则，即所选取的预警指标均可以被量化，且各指标的样本数据均容易收集，能够从广泛的经济数据当中准确获取。

（5）互补性原则，金融风险预警指标体系内的各指标看似独立，实际上相互联系、相互补充，且只有在各预警指标的共同作用下预警指标体系才能够全面、客观地反映金融体系的整体风险，起到预警作用。

2. 我国金融风险预警指标体系

一个完善的金融风险预警指标体系至少要包括3个层次的审慎指标：微观审慎指标、宏观审慎指标和市场审慎指标。整个金融体系稳健的基础是金融机构的稳健，因此可以反映金融机构运行状况的微观指标就成为金融风险预警指标体系的核心指标。实现宏观经济的平衡是金融体系稳定运行的根本条件，宏观经济平衡被打破就会导致金融风险甚至金融危机，因此，可以说宏观审慎指标是金融风险预警指标体系的基础指标。微观审慎指标和宏观审慎指标是通过改变市场参与者的预期和行为来发生作用的，因此，市场审慎指标就成为二者的中间指标。

（1）微观审慎指标。

微观层面的审慎指标是根据具体金融机构的审慎指标汇总和综合而成的，根据金融企业经营风险的独特规律和综合评价指标体系的设置原则，综合评判金融企业经营风险程度的指标体系应包括资本充足性指标、资产质量指标、盈利能力指标、管理质量指标、流动性风险指标5项指标。

① 资本充足性指标。资本充足性风险是指由于资产的质量恶化、呆滞、受损等因素而引起的资不抵债、破产倒闭的风险。资本充足性指标包括资本充足率、资本与总资产比例和核心资本充足率3项。资本充足性是衡量金融机构稳健与否的重要因素之一，因此自有资本的充足程度在预警系统中占有重要地位。

② 资产质量指标。目前在我国，国有商业银行不良贷款占贷款总额的比例较高，对国有商业银行的发展造成了很大的障碍。衡量银行资产质量的指标主要有不良贷款率、银行不良资产分布情况、贷款欠息率、贷款展期率、贷款集中程度等。资产质量问题一直是各国政府重点监测的指标，在我国也应当成为现阶段金融监管当局预警的重点。

③ 盈利能力指标。盈利能力指标主要包括资产利润比例和资本收益率。

④ 管理质量指标。一般来说，管理质量的好坏是很难进行量化表示的，通常是依靠主观判断。不过可以将某些量化指标作为标准进行参考，如人均收益、金融机构的进入和退出数量、支出结构等。此外，还可以将金融机构违规事件的发生数量和涉案金额作为参考标准。

⑤ 流动性风险指标。流动性风险是指由于金融企业负债在总资产中的比例过高，资产负债的结构长期和短期不平衡，资产流动性偏低所引起的支付危机和挤兑风险。流

动性风险可以用净流动覆盖率、流动比例等指标来度量。

（2）宏观审慎指标。

宏观审慎指标的选取要满足两个要求：第一，所选取的指标能够很好地诠释宏观经济环境的变化；第二，对金融危机的发生具有很高的敏感性。也就是说，指标既要能够反映宏观经济的总体特征，又要能够准确地反映金融市场的微妙变化。

① 失业率。失业率是反映经济总体情况的重要指标之一，具体是指失业人数占劳动力总人数的百分比，反映了社会的充分就业状况。失业率与经济增长率具有反向的对应变动关系。失业率上升到一定水平，就会严重扰乱社会稳定、阻碍经济的发展。在国际上，每一个国家能够承受的失业率水平并没有一个统一的标准，承受程度与各国的社会制度、文化历史和经济水平是有直接联系的。按照我国人力资源和社会保障部公布的数据，近5年我国城镇登记失业率为4%左右。2013年9月9日，中国首次向外公开了调查失业率的有关数据来源。

② 通货膨胀率。通货膨胀率能够直接反映出一个国家的物价上涨水平，这个指标与货币危机的发生也具有直接的联系。只有建立综合物价指数，才能够对通货膨胀风险进行有效预警。综合物价指数不仅要能够反映消费品的价格水平，还要能够反映投资品的价格水平，以及每个指标对于风险发生的影响程度。国际上普遍认为正常的通货膨胀率的区间是2%～3%。

③ 国际收支平衡指标。一般认为，本国在一定时期内国际收支的平衡状况和外汇储备可以作为评判该国金融稳定性的主要指标。例如，国际收支出现较大的顺差就会导致国内承受巨大的通货膨胀压力，反之则会导致国内经济衰退。国际收支平衡指标主要包括以下3类：经常项目逆差占GDP之比、外汇储备指标、外债结构指标。

④ GDP增长率。GDP增长率具体是指本年度相比上一年度实际GDP的增长幅度。实际GDP=名义GDP/GDP平减指数。GDP增长率是反映某个国家经济发展水平的最为重要的一个指标。它很好地刻画了一个国家的经济增长速度，能够显示一个国家经济的总体发展水平。

⑤ 广义货币M2增长率。这个指标的具体表达式为：M2增长率=M2/GDP。金融风险水平的增加和金融深化问题都可能引起M2增长率的增大。因为广义货币的快速增长一方面意味着储蓄存款快速增长，另一方面也意味着银行的不良贷款数量在增加。因此，该指标的数值并非越大越好。

（3）市场审慎指标。

市场审慎指标介于微观审慎指标和宏观审慎指标之间，反映市场波动性的指标有利率、汇率、股价、商品价格及其他金融产品价格的波动。在这里主要针对股票市场的波动性进行分析，同时将显示危机传染性和市场预期的指标纳入考虑范围。

① 利率。利率可以用来表示资产的价格，金融机构作为金融市场中资金供需双方的中介机构，其资产负债绝大多数是通过利率来计价的。如果资产和负债对利率变动的敏感程度不一致，就可能诱发利率风险。可以从现实利率风险和潜在利率风险两个角度对综合利率风险进行考查。对现实利率风险的考查可以采用存款综合利率指数和贷款综合利率指数等指标；对潜在利率风险的考查可以采用利率敏感性和消费物价指数等指标。

② 汇率。汇率表示的是货币的对外价值，贸易商品的价格受到汇率的影响，汇率频繁发生波动会对国内的物价水平产生不良影响，不利于对外贸易的稳定发展。2013年9月29日，中国（上海）自由贸易试验区正式挂牌成立。其涉及金融方面的试点内容包括利率市场化、汇率自由汇兑、金融业的对外开放、产品创新等，以及一些离岸业务，等等。随着我国经济开放程度的不断提高，汇率的变动对宏观经济产生的影响也越来越大，汇率对金融风险的预警意义也将更加重大。

③ 股价指数。一般可以用股价指数的平均值变动情况来对股票市场的动态变化进行描述。如果股价指数每日的波动徘徊在±10%以内，则表明股票市场处于安全状态。如果股价指数连续每日的波动超过10%，或者每日波动5%左右但是累计周期内达到20%以上，则表示金融状态处于危险区间。如果股价指数每日波动长时间超过30%，则可以认为局部市场发生了金融危机。

④ 股票市盈率。市盈率是一个风险指标，它综合反映了某一时期内投资股票在成本与收益这两个方面的特征。市盈率反映了市场对企业盈利的看法。对中国股票市盈率高好还是低好的回答，不可能有绝对答案。理论上市盈率低的股票适合投资，因为市盈率是每股市场价格与每股收益的比率，市盈率低的股票的购买成本就低。但是市盈率高的股票有可能在另一侧面上反映了该企业具有良好的发展前景，通过资产重组或注入可使业绩飞速提升，结果是大幅度降低市盈率，当然前提是要对该企业的前景有个预期。

⑤ 证券化率。证券化率是指一国各类证券总值与该国GDP的比率，计算公式为：证券化率=股票市价总值/GDP（%）。证券化率的高低是与一个国家总体经济中证券市场的重要性相联系的，它主要用来衡量证券市场的发育程度。

4.3 金融风险预警模型

4.3.1 金融风险预警模型的概念

金融风险预警模型是在选取特定样本的基础上，借助计量分析方法，通过实证分析建立的预警指标（自变量）与金融危机发生可能性（因变量）之间直接的或间接的函数关系。构建金融风险预警系统离不开金融风险预警模型，利用计量经济技术对模型进行检验，可以克服推断的主观性并提高分析判断的精度。国际货币基金组织的研究也表明，从1990年以后发生的金融危机来看，基于模型的预警方法比基于非模型的方法的准确性要高得多。

随着金融风险研究的深入，金融风险预警模型的方法不断发展。在已有的金融危机预警研究成果当中，影响范围广、可操作性强且广泛得到认可的有3种：弗兰克尔和罗斯提出的单位概率模型及其单位对数模型（FR模型）；萨克斯、托尼尔和韦拉斯科建立的横截面回归预警模型（STV模型）；卡明斯基、利松多和莱因哈特创建的信号法模型（KLR模型）。近年来，伴随着数量经济学的发展，金融风险预警模型借鉴了诸多数量经济的研究成果，预警模型方法不断改进与创新，如纳吉和米特拉使用人工神经网络建立货币危机预警系统等。

4.3.2 金融风险相关预警模型

1. 经典模型

（1）单位概率模型及单位对数模型。

弗兰克尔和罗斯等人建立了单位概率模型及单位对数模型。这两个模型在分析中，对于每个因变量来讲，都假定存在两种情况：如果发出预警信号，该变量等于1；否则该变量等于0。这两个模型首先将危机指数用一些变量和参数表示，然后利用得出的危机指数给出危机的观测变量。由于各个变量之间不相关，因此可以通过最小二乘法计算出各个参数的值，进而依据危机指数给出危机的观测变量。如果危机指数超出其阈值，那么危机观测变量为1；反之则为0。单位概率模型假定危机指数符合标准正态分布，危机指数小于或等于1的概率，即危机爆发的概率通过标准正态分布的积累分布函数计算得出。单位对数模型首先依据对数分布函数来定义，进而对危机进行预测。

1996年弗兰克尔和罗斯基于105个发展中国家在1971—1992年的季度数据，运用单位概率模型来估计金融危机发生的概率。他们把货币危机定义为货币贬值至少25%，并至少超出上年贬值率的10%。研究得出：当经济增长越慢、国内信贷增长越快、外商直接投资与外债比越低、国际市场利率水平越高、外汇储备越少，以及实际汇率越被高估时，发生危机的可能性越大。JP摩根选取了25个国家在1980—1997年的月度数据并利用单位对数模型进行危机预测。通过研究得出的结论是，危机的爆发时间主要取决于两方面的因素：一是政府对于保持汇率稳定性的决心；二是传染效应的影响。

单位概率模型和单位对数模型存在若干优点：①这两个模型可以很容易地对危机发生的概率进行预测；②它们可以对全部的变量同时进行考虑，不过这也限制了它们对单个变量的识别；③它们属于非线性模型，对于预警指标超出阈值时产生的影响能够很容易进行识别。

单位概率模型和单位对数模型存在如下缺陷：①没有将国别因素纳入研究范围，单单以名义汇率贬值程度确定危机发生与否，没有考虑通货膨胀，通货膨胀不同就无法将各国的名义汇率进行比较；②估计中使用的是年度数据，限制了实用性；③对于银行危机和传染效应很难做出识别。

（2）横截面回归预警模型。

萨克斯、托尼尔和韦拉斯科在1996年建立了横截面回归预警模型。该模型在分析中以横截面（面板）数据为基础，使用线性回归法进行分析。尽管该模型不能预测危机发生时机，但能对改变全球金融环境事件中哪些国家将受到严重影响进行预测。萨克斯等以20个新兴市场国家的横截面数据为样本，建立横截面回归预警模型，将货币危机指数定义为储备减少百分比和汇率贬值百分比的加权和，利用横截面数据估计模型进行检验。他们认为：实际汇率贬值幅度、私人国内信贷增长率、国际储备与广义货币供应量的比率是对一个国家是否将发生货币危机的至关重要的监测指标。除了这3个指标，他们还确定了两个虚拟变量（$D1$、$D2$）：$D1$ 表示当国际储备与广义货币供应量的比率的取值低于四分位时，虚拟变量取值为1，其他情况为0；$D2$ 表示当实际汇率贬值幅度低于四分位或私人国内信贷增长率高于四分位时，虚拟变量取值为1，其他情况为0。这样，在构建回归模型时，自变量包括实际汇率贬值幅度、私人国内信贷增长率和两个虚拟变量与实际汇率贬值幅度、私人国内信贷增长率两两组合形成 4 个新变量，一共 6 个自变量，加上常数项，合计 7 个估计参数。因变量则为货币危机指数。研究表明，如果一国的银行体系脆弱，实际汇率被高估，同时外汇储备水平较低的话，经济基本面脆弱，会遭到严重的攻击。萨克斯等选用 20 个新兴市场国家的横截面数据再次对模型进行了实证检验。研究结果表明，模型对马来西亚和泰国两国在 1997 年发生金融危机的预测基本上与实际相符合，对巴西和阿根廷两国的预测与实际情况也相差不大，但对印度尼西亚和韩国两国的预测偏差较大。

横截面回归预警模型的最大优点就是考虑了金融危机的传染性，而且相对于单位概率模型和单位对数模型，研究方法也有所改进：第一，它将国别差异纳入了考虑范围，选择的研究对象是危机成因近似的一组国家；第二，使用的是月度数据，这就极大地增加了数据的数量；第三，数据处理方法比较简单，克服了多重估计的困难；第四，对一个国家发生银行危机、货币危机和外债危机的可能性进行综合性分析，克服了单位概率模型和单位对数模型的局限性。但是横截面回归预警模型是利用线性回归建立的，过于简单，它假定各因素呈线性关系，这种假定在指标数量很大的时候就不再适用。而且，虽然横截面回归预警模型考虑了国别差异，但是必须选择一组危机成因相似的国家作为样本，这就限制了它在实际研究中的应用。因此，该模型还是存在一定的缺陷。

（3）信号法模型。

【参考论文】

卡明斯基、利松多和莱因哈特于 1998 年创建了信号法模型，该模型于 1999 年由卡明斯基进行了完善。信号法模型的理论基础是研究经济周期转折的信号理论，其核心思想是：首先，通过研究货币危机发生的原因来确定哪些经济变量可以用于货币危机的预测，并运用历史上的数据进行统计分析，确定与货币危机有显著联系的变量，以此作为货币危机发生的先行指标；其次，根据其历史数据为每一个选定的先行指标确定一个安全阈值。当某个指标的阈值在某个时点或某段时间被突破，就意味着该指标发出了一个危机信号；危机信号发出得越多，表示某一个国家在未来一段时间内爆发危机的可能性就越大。阈值是使噪声–信号比（即错误信号与正确信号之比值）最小的临界值。其预测步骤如下：首先，通过研究货币危机发生的原因来确定哪些变量可以用于货币危机的预测；其次，运用历史数据进行统计分析，确定与货币危机的发生有显著联系的变量，以此作为货币危机发生的先行指标，并计算出用该指标对危机发生进行预测的临界值。一旦一国经济中相对应的指标变动超过了临界值，那么就可以认为在 24 个月内将发生货币危机。信号法模型中阈值大小的选择至关重要。如果阈值定得太紧，则会降低错误信号的数目，除了最严重的危机，它将不能预警出其他所有的危机；相反，如果阈值定得太松，模型过于敏感，会预警出所有的危机，但与此同时很可能将没有发生危机的情形预警为危机，发出错误的预警信号。

卡明斯基等人在 1998 年通过对 20 世纪 50 年代至 90 年代发生于发达国家与发展中国家货币危机的 25 份研究成果的比较，得出了以下主要结论：预测货币危机的有效指标包括出口、实际汇率对一般趋势的偏离、广义货币对外汇储备的比例、产出和股票价格，而国内外实际存款利率的差别、借款利率和贷款利率的差别、进口、银行存款等指标并不具备有效预测的能力。

信号法模型选取的是一种先导指标体系，信号一般在货币危机发生前 1～2 年内发出，因此便于货币管理当局提前应对。同时，预警系统指标选取的原则：噪声 – 信号比最小，这确保了指标选择的稳健性。通过直接观察信号是否突破阈值并收集突破信号的多寡，就能判断危机是否发生，使得模型简便实用、易于实际应用。尽管信号法模型具有这一系列优点，但是也存在一些不足：样本依存的临界值有一个固定的缺陷，未来发生的危机会影响对过去发生的危机的识别，因为如果有新的更加严重的危机发生，这对模型来说可能是一个强影响点，预警的阈值将会被调高，模型就不再能识别出部分曾经发生过的危机。信号法模型没有考虑变量中包含的重复信息，当多个包含重复信息的指标发出预警信号时，可能会增加错误预警的概率。

2. 现代模型

（1）人工神经网络模型。

人工神经网络（Artificial Neural Network，ANN）是近年来发展最快的人工智能领域的研究成果之一。它是一种平行分散处理模式，由多个神经元组成，其信息处理功能是由网络单元的输入输出特性、网络的拓扑结构（神经元的连接方式）所决定的。徐建峰、高会丽、胡燕京等把人工神经网络模型应用于金融风险预警系统的构建，改进了传统的 BP 神经网络模型，验证了人工神经网络模型在金融预警方面的可行性，然后对建立的风险预警 BP 神经网络模型进行训练检测，最终得出一个可行的预警模型，并提出建议以防范金融风险。人工神经网络模型与传统方法在求解方式上是不同的，人工神经网络模型对于问题的求解是利用"训练"来进行的，首先以同系列的输入例子和理想的输出为样本进行训练，根据一定的训练算法对网络进行足够的训练，使得人工神经网络模型能够学会包含在"解"中的基本原理，当训练完成时，该模型便可以用来求解类似的问题。BP 神经网络模型采取的是误差反向传播模式，是最具代表性的神经网络模型，在应用方面也最为广泛。BP 神经网络模型的主要计算步骤如下：第一步，为了避免网络过早进入饱和状态，一般将连接权重设为比较小的随机数；第二步，选取一个模式输入网络，然后计算网络输出值；第三步，计算输出值与期望值的误差，然后利用反向传播的方式调整权重；第四步，对训练集中的每个模式重复上述过程，直到整体误差令人满意为止。

人工神经网络模型具有较好的模式识别能力，可以克服统计预警等方法的限制，因为它具有容错能力，对数据的分布要求不严格，所以具备处理资料遗漏或错误的能力。又由于具有学习能力，人工神经网络模型可随时依据新准备的数据资料进行自我学习、训练，调整内部的储存权重参数以对应多变的经济环境。但是限于专业上的原因，人工神经网络模型还存在一定的不足，如收敛速度的控制、学习因子的选择等。

（2）在险价值方法。

布莱赫尔和舒马赫使用在险价值方法来分析中央银行的清偿力和风险敞口。在险价值就是在一定置信水平下资产在一定时间内的最大可能损失值。它可以把各种资产组合以及金融机构总体的市场风险具体化为一个简单的数值，让使用者能十分清楚地了解其资产在某段时间内所面临的最大风险。布莱赫尔和舒马赫在模型中考虑了几个风险敞口因素，包括汇率的波动性、国际市场利率和国家风险。虽然他们没有使用数据来估计这个模型，但在模型中，应用于中央银行的方差 – 协方差在险价值方法已被详尽地开发出来。因为中央银行对固定汇率的放弃根源于清偿力损失带来的脆弱性，用中央银行的清偿力作为危机指标的替代变量就很有说服力。因此，使用在险价值方法度量的清偿力指标就很可能成为度量金融危机可能性的良好指标。近年来，在险价值方法被引入银行风险管理领域，在金融风险控制、机构业绩评估以及金融监管等方面被广泛运用。目前，美国一些著名的商业银行和投资银行，甚至一些非金融机构（如 IBM 公司）已采用在险价值方法。

（3）压力测试法。

1995 年，国际证监会组织（International Organization of Securities Commissions，IOSCO）指出：压力测试是假设市场在最不利的情形（如利率突然急升或股市突然重挫）时，分析对资产组合的影响效果；该组织于 1999 年更具体地指出压力测试是将资产组合所面临的极端但可能发生的风险加以认定并量化。国际清算银行巴塞尔银行全球金融系统委员会（BIS Committee on the Global Financial System，BCGFS）则将压力测试定义为金融机构衡量潜在但可能发生异常损失的模型。

实施一次具体的压力测试一般来讲有以下 6 个步骤：①确认资料的完整性、正确性及实时性；②建立压力情境事件；③定义各风险因子；④选择并执行测试压力的方法；⑤依新压力情境重新评估资产组合；⑥解释分析压力测试结果。

其中，压力情境事件是指一些可能对银行的资产质量、盈利及资本充足性等产生重要影响的不利条件，它往往由金融机构通过分析历史上的不利事件产生，或由相关专家根据经验假设产生，如本国经济衰退、主要经济体经济衰退等。风险因子是指会对资产组合未来的收益产生影响的变量。我国银行业常见的风险因子有违约概率（Probability Default，PD）、违约损失率（Loss Given Default，LGD）及违约风险敞口（Exposure at Default，EAD）。压力测试通常可用以下方法进行。①敏感性分析。敏感性分析又称单一因素分析，其主要思想是通过改变模型中的某个或某组特定的风险因子来观测模型结果的变化，从而得出相应的资产的变化。②情景分析。情景分析又称多因素分析，即同时考虑多因素变化对资产质量的影响。资产组合的评估是指评估在这些不利的情况下银行损失的大小、盈利能力的变化等，可以衡量银行的稳健性和安全性。问题的关键在于确定这些不利情况下的情景参数（GDP 上升、利率上升、失业率上升、房价下跌、股指下跌等）和风险因子（违约概率、违约损失率、违约风险敞口等）之间的联系，以及风险因子对资产组合价值、损失等的影响关系。

应用实例与分析

从长期资本管理公司的陨落来看风险管理

1. 长期资本管理公司的交易产品与套利策略

长期资本管理公司（Long Term Capital Management，LTCM）的核心交易策略是"相对价值"或称"趋同套利"，即利用不同市场上具有强相关性的金融产品之间的微小价差进行套利。理论上说，上述价差最终会随着时间的推移而"趋同"，从而使用该策略可获得超额收益。由于趋同套利的微利，长期资本管理公司构建优化收益-投资组合并同时采用 25 倍杠杆率。但是使用优化收益-投资组合以及使用在险价值方法来度量风险的方式在实践上偏差相当大。

长期资本管理公司有以下几种获利方式。

（1）债券收益率利差套利。长期资本管理公司认为债券收益率应当趋同。具体案例有：买入新兴市场上俄罗斯国债，使用美国国债对冲；在欧洲市场上买入低收益率意大利国债等，卖出高收益率德国国债对冲；在本国市场做多房地产抵押担保债券，做空国债；日本可转债套利。

（2）流动性套利。某些资产因为流动性不同而价格会有细微差异，但长期资本管理公司认为它们会最终弥合。具体案例为：买入过期国债（off the run，指发行一段时间的国债），卖空当期国债（on the run，指刚刚发售的债券）；普通股和优先股套利。

（3）不同市场之间的套利，认为在多个交易所上市的股票价格应趋于一致。一个经典的案例为长期资本管理公司在 Royal Dutch 上投入 23 亿美元，最后长期资本管理公司在该类交易上亏损 2.8 亿美元，其中超过一半是在 Royal Dutch 上亏损的。

（4）非套利交易。赌波动率期货（长期资本管理公司认为波动率的均衡位置在 19% 以下，从而卖出了大量的 S&P500 期权，组合的 Vega 金额高达 4000 万美元，即波动率每上升 1%，组合即亏损 4000 万美元，最后长期资本管理公司在该类交易中亏损了 13 亿美元）；赌并购预期股票 [并购价格宣告之后等待正式完成前（还需等待证监会批准手续），股票价格与收购价格会有小幅度的差距。长期资本管理公司大量进入该市场，对赌股票价格最后会弥合到收购价格。该类交易有亏有赚，总收益基本持平，但带来很大的风险] 等。

简单地说，长期资本管理公司以"不同市场证券间不合理价差生灭自然性"为基础，通过一套较完整的量化自动投资模型，发现不正常市场价格差，入市套利。将金融市场历史交易资料、已有的市场理论、学术研究报告和市场信息有机结合在一起，利用计算机处理大量历史数据，通过连续而精密的计算得到两种不同金融工具间的正常历史价格差，然后结合市场信息分析它们之间的最新价格差。如果两者出现偏差，并且该偏差正在放大，则计算机立即建立起庞大的债券和衍生工具组合，大举套利入市投资。经过一段时间的市场调节，放大的偏差会自动恢复到正常轨道上，此时计算机指令平仓离场。

同时，由于套利的收益率相对较低，长期资本管理公司使用了 25 倍杠杆及衍生合约。长期资本管理公司通过回购协议，从华尔街的各大银行获得了大量流动资金。通常情况下，银行对于回购协议中的抵押资产，会进行折价，作为抵押资产减值风险的缓冲。然而长期资本管理公司可以以优惠的条件获得资金。在华尔街的投行看来，长期资本管理公司作为对手方的回购交易是无风险的，因为完全没有另一家机构可以做到长期资本管理公司的规模。低到可以忽略不计的借贷成本加大了长期资本管理公司的杠杆，也将大量债主置于风险之中。长期资本管理公司设置了一个资产组合波动率上限，在低于该上限的约束条件下追求组合收益最大化。该上限即 S&P500 指数波动率，通过对组合进行调整，锚定无杠杆股票市场波动率，长期资本管理公司认为可以将风险控制在一定水平的同时追求收益最大化组合。在资产端，长期资本管理公司对投资者资金进行最短 3 年的锁定，防止因一时表现不好，投资者撤资，从而造成流动性枯竭。

量化定价模型有一个致命的弱点：它的假设前提和计算结果都是在历史统计数据基础上得出的，德国国债与意大利国债的正相关性就是统计了大量历史数据的结果，因此它预期多个市场将朝着同一个方向发展。但是历史数据的统计过程往往会忽略一些概率很小的事件，这些小概率事件一旦发生，将会改变整个系统的风险（如相关性的改变），造成灾难性后果。

谁都没有料到，俄罗斯国债违约这样的小概率事件竟然发生了。1998年8月，由于国际石油价格不断下跌，国内经济恶化，再加上政局不稳，俄罗斯采取了"非常"举动。8月17日，俄罗斯宣布卢布贬值，停止国债交易，并将1999年12月31日前到期的债券转换成了3～5年期债券，冻结国外投资者贷款偿还期为90天。一个曾经称霸世界的强国竟然赖账，真不可思议，但这事的确发生了。全球金融市场一片恐慌，投资者纷纷从新兴市场和较落后国家的证券市场撤出，转持风险较低的美国国债和德国国债。8月21日，美国30年期国债利率下降到20年来的最低点，8月31日纽约股市大跌。对冲交易赖以存在的正相关逆转了，德国国债价格上涨，收益率降低，意大利国债价格下跌，收益率上升，长期资本管理公司国内外市场两头亏损。

管理层认为对欧元启动息差收窄的预期是正确的，只要短期内有足够的现金补足衍生合约的保证金，等到恐慌过去，市场理性还会回到原有的轨道上来。随着金融市场波动持续加剧，以沽空债券波幅为主的长期资本管理公司不停地加大筹码，更多沽空债券波幅。为了筹措资金以补足其庞大的欧洲政府债券和美国按揭证券衍生合约保证金，长期资本管理公司开始抛售非核心资产。但这场暴风雨来得太猛烈了，持续的时间也太长了，超出了长期资本管理公司能承受的范围。

在1997年，随着基金净资产的增加和投资收益率的下降，长期资本管理公司的杠杆率从25降至18，为了保持40%的年化收益率，长期资本管理公司从投资者手中强制赎回27亿美元，将资产保持在1300亿美元，净资产重新回到47亿美元，杠杆率升至28。净资产的不断减少使得长期资本管理公司在市场波动中非常脆弱。5月和6月美国MBS证券的下跌导致长期资本管理公司亏损16%，长期资本管理公司的净资产降至40亿美元，杠杆率升至31。到了8月底，债券波幅进一步增大，情况更加危急，长期资本管理公司的净资产掉落到23亿美元，比年初缩水52%，杠杆率飙升至55。在这种情况下，长期资本管理公司根本无法募集到新的资本金，面临平仓，其手持头寸超过1万亿美元，整个金融市场陷于极度恐慌中。各大银行更加收紧对对冲基金的贷款额度，许多对冲基金不得不平仓或拆仓，流动性进一步恶化。9月初，长期资本管理公司主经纪商贝尔斯登要求其在亏损的长期国债期货上追加巨额保证金或抵押物，最终耗尽了它的流动性，引发市场上国债的抛售。

小概率事件只是个导火索，高杠杆比率才真正把长期资本管理公司推向了危机的边缘。事实证明，只要长期资本管理公司拥有足够的现金追缴保证金，它就能等到风雨之后出现彩虹的那一刻。因为小概率事件的发生虽然会使现实偏离轨道，但在事件结束后仍会回到正常的水平上来。

2. 长期资本管理公司风险管理失败原因分析

第一，用在险价值方法来度量风险的主要缺陷是需要统计上的严格假设。比如需要假设方差是恒定的，但很明显在市场剧烈波动的情况下方差很容易以几倍的数量增长。另外需要假设收益损失分布是对称的，但很明显对于违约风险来讲损失分布是非对称的。当分布不对称时，二阶矩估计量会产生很大的偏差。即使放宽分布对称的假设，其尾部也不太可能呈现正态分布的特征，绝大多数经济数据的时间序列分布呈肥尾状态。甚至在考虑时间变异的调整过后（使用广义自回归条件异方差过程进行拟合），拟合分布也更符合 t 分布而非正态分布。长期资本管理公司的报告显示，他们曾经试图减少自己的风险敞口，但是却犯了巨大的错误：本应该出售次流动性的资产或者增加新鲜的资本，他们却因为那些最具流动性的头寸收益率较低而卖出了这些高流动性资产。经过这次交易之后，长期资本管理公司的模型显示每日波动率应该减少到 3500 万美元，但事实上他们的每日波动率接近 1 亿美元。要么是市场波动率极大增加，要么是他们的模型出现了巨大的偏差，也有可能两个原因都有。如果使用公司设置的 4500 万美元的日标准差，那么这种小概率事件差不多是每 8000 亿年才发生一次！这个假设明显是错误的。但是如果真实的波动率是 1 亿美元，再使用更加肥尾的 t 分布，那么这种小概率事件就大约每 8 年发生一次。长期资本管理公司过于依赖历史数据来计量风险，同时对极小概率事件（比如国债违约和新兴市场的崩溃）赋予了相当低的概率权重。这些原因都使得他们对风险管理做出了巨大的错判。另外，报告显示，在危机发生之前他们刚刚对自己的投资组合进行了压力测试，并得出预测结果：预计在最不利的情景下总共损失 23 亿美元。然而事实上仅在 1998 年，长期资本管理公司就损失了 44 亿美元。错误的模型使得压力测试也出现了偏差。

第二，长期资本管理公司的资产组合存在集中度问题。其投资组合看似分散了风险，但实际上都暴露于某一个共同的风险因子上。比如，它的交易大多暴露于共同的市场波动，且同时暴露于流动性风险因子（流动性风险与市场波动呈高度正相关关系）。另外，一部分交易共同暴露于违约风险因子。基金的投资收益率与债券利差呈高度相关关系，极高的拟合优度表明债券利差这个单个风险因子可以解释近 90% 的收益波动，风险集中相当严重。还有，其绝大多数交易的风险特征呈现出期权的特征：其组合在大多数情况下获得很小的收益，但在小概率事件中承受巨大的损失——这种收益损失分布类似于卖空期权，远非一个充分分散的投资组合的特征。

3. 教训总结

（1）隐含风险因子和无法建模的相关性变化。

长期资本管理公司对自己组合的自信来源于它是一个足够分散的组合，至少表面上是这样。风险因子包括利率、利差、权益、波动率等。但实际情况并非如此，至少在后面的实际表现并非如此。组合虽然投资在无数的套利因子上，但这些套利因子有几个隐含的共同因子，即投资者信心和流动性。另外，信用债券利差、互换利差等都跟这两个因子正相关。从这个角度来说，长期资本管理公司一直在大规模做多投资者信心和流动性，根本没有进行对冲。

从计量上来看，当市场平稳时，不同市场和产品之间的相关性较弱，风险模型会得到一个很高的分散化效应，使得计算出的风险值较小。但是当市场风险真正爆发时，投资者信心和流动性下降，这些套利因子呈现出高度的关联性，它们会几乎同时下跌，使得实际损失远比用风险模型计算出来的损失大。在长期资本管理公司这个案例里，还有另外一个因素：长期资本管理公司的财务状况和持仓明细被泄露。市场上其他参与者争先恐后抛售长期资本管理公司也持有的资产，生怕落在长期资本管理公司的后面。这也是长期资本管理公司发现自己在每个地方都亏钱的原因之一。

（2）在险价值模型本身的缺陷和错误的解读。

长期资本管理公司主要使用在险价值方法计量风险，但这是不够的。在险价值事实上只是正常市场下的波动范围，单纯的在险价值不足以解释组合的风险。多数定价模型和在险价值计量体系都基于两个重要的假设：①市场是连续的；②不同时间段的市场行为是独立的或近似独立的。基于这两个假设条件及大数定律，很容易得到风险因子的变化符合正态分布或者类正态分布。连续的市场意味着可以通过动态地调整持仓来控制风险，这也是很多定价模型的基本假设。但事实上多数在险价值计量模型并未正确处理市场的跳变现象，市场并不是连续的。历史上出现过很多次跳变现象，市场上根本不存在足够的交易，能使得在下跌中还能保持风险动态平衡，这使得很多无套利定价模型存在瑕疵，即存在肥尾现象。在险价值计量时的样本空间有限，可能根本没有市场跳变的样本。主流的在险价值计量考虑一年，顶多考虑三年的样本。

（3）在险价值风险评估体系并未考虑时间因素。

在险价值与时间的根号成正比，基于假设条件——市场在不同时间独立或近似独立，但这是不经常的。长期资本管理公司在1998年8月和9月只有屈指可数的几个交易日挣钱，其他时间都在亏钱，这显示市场背后存在一些更深层次因素。投资者情绪和市场流动性，同时左右几乎所有的风险因子。在正常市场条件下，这种作用力很弱，所以市场表现出在不同时间独立的现象。但在投资者恐惧、市场缺乏流动性时，这种影响力开始显现。需要注意的是，投资者情绪和市场流动性的变化是比较缓慢的，所以它会同时左右市场比较长时间。这使得在某些时间段里，市场的时间独立性开始消失，呈现出反复下跌的现象。前面提到，资产之间的独立性也在下降。时间和资产两个维度的独立性下降带来远远高于模型所显示的风险。

资料来源：陈博，2017. 从长期资本管理公司的陨落看风险管理：基于案例的分析 [J]. 中国科技期刊数据库（文摘版）经济管理（7）：374-375.

本章小结

本章介绍了金融风险预警的基本理论知识，包括概念、预警方法及意义；着重阐述了金融风险预警指标和金融风险预警模型的相关内容。

关键术语

资本充足率（Capital Adequacy Ratio）、在险价值（Value at Risk）、违约概率（Probability of Default）、违约损失率（Loss Given Default）、违约风险敞口（Exposure at Default）

知识链接

[1] 欧阳资生，2022. 网络舆情影响下的金融系统性风险测度与预警 [M]. 北京：经济管理出版社.

[2] 王小霞，2015. 中国金融风险预警研究 [M]. 北京：中国社会科学出版社.

习 题

1. 下列说法错误的是（ ）。
 A. 横截面回归预警模型考虑了金融危机的传染性
 B. 单位概率模型及其单位对数模型将国别因素纳入了研究范围
 C. 信号法模型预警指标选取的原则是信号－噪声比最小
 D. 人工神经网络模型具有较好的模式识别能力

2. （ ）不是实施一次具体的压力测试的步骤。
 A. 压力情境事件的建立　　　B. 压力测试结果的解释分析
 C. 学习因子的选择　　　　　D. 定义各风险因子

3. 1996 年发布的《资本协议市场风险补充规定》，要求采用内部模型计算市场风险资本的银行对模型进行（ ），以提高模型的正确性和可靠性。
 A. 情景分析　　B. 压力测试　　C. 事后检验　　D. 敏感性分析

4. 金融风险预警的方法主要有哪些？

5. 简述建立金融风险预警制度的意义。

6. 金融风险预警的模型主要有哪些？

7. 在构建我国金融风险预警指标体系时，应坚持哪些指标选取原则？

8. 国内金融风险预警指标大致有哪些？

9. 简要说明信号分析法的优、缺点。

10. 简述在险价值方法与压力测试法。

11. 简要说明发达国家的金融风险预警制度对我国有哪些借鉴意义？

第二篇

商业银行

第 5 章　商业银行风险管理概述

本章教学要点

知识要点	掌握程度	相关知识
商业银行风险管理的基本概念	掌握	商业银行风险分类
商业银行风险管理的基本架构	掌握	风险管理流程
《巴塞尔协议Ⅱ》	重点掌握	金融风险分类、三大支柱
《巴塞尔协议Ⅲ》	掌握	系统性风险、逆周期监管

导入案例

【参考课件】

美国硅谷银行破产

2023年3月8日，美国硅谷银行宣布抛售210亿美元可出售资产，亏损约18亿美元，同时进行再融资22.5亿美元，引发市场高度关注。3月9日，硅谷银行股价大跌超60%，产生严重的存款挤兑。3月10日，硅谷银行宣告破产，由联邦存款保险公司（FDIC）接管。3月13日，美国财政部、美联储和FDIC采取联合行动，宣布将提供250亿美元紧急贷款支持，为硅谷银行储户存款托底，表示储户可以使用所有资金，纳税人对与硅谷银行相关的任何损失不承担责任。政府支持计划的及时推出，使储户利益得到保护，市场情绪逐步回暖，但硅谷银行破产在所难免，其引起的一系列市场连锁反应仍在延续。

硅谷银行破产事件的核心在于资负期限错配引发流动性危机。事件的传导链条大致为：新冠肺炎疫情暴发后美联储迅速扩表—硅谷银行大量吸收科技和初创企业的存款—硅谷银行在资产配置中大量投资于长久期的美债和MBS—美联储连续加息导致企业融资环境恶化，客户大量提取无息存款，且自身持有证券大幅浮亏—硅谷银行为应对流动性危机宣布变卖资产、再融资—市场发现硅谷银行困境，形成挤兑—硅谷银行宣布破产，被联邦存款保险公司接管。

硅谷银行破产事件爆发后，金融市场大幅震荡。3月8日开始，美债利率和美股指数大幅下行，2年期国债利率连续两日下行共45BP，标普指数连续两日下跌共3.8%；全球风险资产普遍调整；美元指数回落，黄金价格反弹。政府支持计划的及时推出，对稳定全球金融市场和银行业起到了积极作用，市场情绪得以回暖。当日标普500指数期货亚洲早盘涨0.5%，纳斯达克指数期货涨0.4%。市场预计美联储3月加息50BP的概率已不足10%，同时对下半年降息的预期正在飙升。此次事件的溢出效应虽有限，但英国养老金危机、硅谷银行破产等风险事件频发，也一定程度上反映出欧美金融机构的流动性已承压。

资料来源：硅谷银行事件始末及市场影响分析．中国城乡金融报．张丽云，韩思达，2023年3月17日．

案例启示：商业银行自身要守住核心业务，丰富业务结构，动态评估好期限错配情况，保持对市场的敏感性。硅谷银行披露的变卖资产、再融资等信息，大大挫伤了投资者信心，使股价大跌。金融机构需关注信息披露的风险传染机制，以防股价大幅波动放大风险事件，前瞻做好投资者管理工作。同时，还需密切关注国内外金融机构动态、金融市场波动，以规避潜在的交易对手风险。

5.1 商业银行风险管理的基本概念

随着20世纪70年代以来金融自由化、全球化和金融创新的发展，金融机构面临的不确定性和风险环境也日益复杂化。特别是我国市场经济体制还存在很多有待完善的地方，大量威胁银行体系安全的问题还未得到合理的解决，同时银行体系改革转型的过程也暴露出了很多问题。所有这些因素都直接威胁着我国银行体系甚至整个经济命脉的稳定。因此，风险管理对我国银行业进一步深化改革具有非常重大的意义。

5.1.1 商业银行风险与风险管理

1. 商业银行风险的含义

商业银行风险是指商业银行在经营过程中，由于事前受无法预料的不确定因素的影响，实际收益与预期收益产生背离，导致商业银行存在蒙受经济损失或不能获取额外收益的可能性。由于商业银行风险的主体和客体不同于其他行业，经营货币本身就是一种风险极强的活动，加之商业银行的资本金规模大、辐射力强、覆盖范围广，而贷款对象错综复杂，所处的市场变幻莫测，因此风险要比其他行业大得多。此外，商业银行的信用创造职能会使其风险成倍地扩大，并形成连锁反应，对存款人乃至整个经济体系都是极大的潜在威胁。

2. 风险管理与商业银行经营

风险管理作为一门学科，是研究风险发生规律和风险控制技术的科学；而作为一种行为，是指应用一般的管理原理去管理一个组织或一个活动，并通过运用各种风险管理技术和方法有效控制和处理所面临的各种风险，从而以最小的成本来获得最大安全保障目标的资源要素。

风险管理的核心在于选择最佳风险管理技术组合，体现成本与效益的关系。每一种风险管理技术都有其相应的适用范围，因此合理地运用优化组合和各种控制技术，是实现风险管理目标的重要环节。风险管理的目标在于获得最大的安全保障。商业银行在进行决策时，不仅要研究风险发生的规律，确定风险所致的损害程度，选择降低损失的方案，而且要不断修改控制方案，切合实际地评价风险管理效果。风险管理方案的实施过程是一个动态的过程，必须根据实际情况随时修改方案，以期实现社会和经济最大程度的稳定。

商业银行日常经营中，风险可谓是"无处不在，无时不有"。一般来讲，作为经济活动的风险，其产生和存在的充要条件是具备时间跨度和有两个以上的交易参与者这两个因素。而商业银行的多数业务都包含着风险产生和存在的充要条件，如存款、贷款和投资等，都需要经历一段时间推移才能终结，都涉及银行和客户等多个交易参与者。商业银行的资产主要是贷款、证券投资和其他资产等，是客户对银行的负债，是一种基于信用行为而形成的资产。当客户违约或其信用状况发生变化，或者是市场环境发生变动（如市场利率或汇率波动）时，商业银行都有较大的可能性会遭受损失。另外，作为商业银行经营的货币及以货币表示的其他金融产品，它们本身就是财富的代表和化身。因此，集中了大量货币和金融产品的商业银行，往往是不法分子所觊觎的对象，偷盗抢劫类风险随时可能发生，因此商业银行的风险管理必须贯穿银行日常业务经营的始终。国际一流银行风险管理的部分理念见表 5-1。

表 5-1　国际一流银行风险管理的部分理念

银行名称	主要风险理念
美国银行	风险报酬回报管理能力是美国银行的核心竞争力和竞争优势； 所有员工均应在工作中承担风险与报酬回报管理责任； 合规是风险文化价值观的核心和开展业务的方式； 风险决策必须以事实为依据
花旗银行	风险管理部门应该独立于业务部门，从而形成适当的制衡； 必须在限定框架内一致地定义、衡量和管理所有风险； 风险信息必须"有案可查"； 业务部门应权衡回报相对于风险和投入的资本状况，来决定承担多大风险
摩根士丹利	风险管理的目的是提高承担风险所带来的效益回报，而不是消除风险； 保持谨慎的风险水平（不承担可能危害根本经营情况的风险）； 在可能的情况下分散风险； 优先确保无意外出现，以保持风险的透明度； 风险识别和管理具有"连带"责任

3. 商业银行风险管理的发展

风险管理作为商业银行经营管理的重要内容，是随着商业银行的产生而产生的，并随着商业银行发展各个历史时期经营条件的变化，逐步形成了比较系统科学的方法。最初，商业银行的风险管理主要偏重于资产风险管理，强调保持银行资产的流动性和盈利性，这主要与当时商业银行业务以贷款等资产业务为主有关。随着经济环境的变化和银行业务的发展，资产风险管理理论经历了不同的发展阶段：从"真实票据理论""可转换能力理论""预期收入理论""超货币供给理论"到"资产结构理论"。这 5 种理论之间不是相互排斥而是相互补充的关系,反映了资产风险管理理论演变和发展的过程。

20世纪60年代以后,西方各国经济发展进入了高速增长时期,对银行资金需求极为旺盛。为了扩大资金来源,解决资金相对不足的问题,西方商业银行变被动负债为主动负债,使用了大量金融创新工具,如大额可转让存单、回购协议、同业拆借等。但是这种强调通过使用借入资金来增加资产规模和收益的方式,在为银行扩大业务创造了条件的同时也加大了银行经营的不确定性。在这种情况下,商业银行风险管理的重点转向了负债风险管理。负债风险管理包括两种方法:一种是用很短期限的借入资金来弥补资产上的缺口,称为准备头寸负债管理;另一种是对所有到期负债进行严格管理,称为总负债管理或贷款头寸负债管理。负债风险管理理论经历了4个发展阶段,分别是"银行券理论""存款理论""购买理论"和"销售理论"。

20世纪70年代末,国际市场利率剧烈波动,单一的资产风险管理或负债风险管理均不能实现银行安全性、流动性和盈利性的均衡,这两种风险管理模式均不再适用。此时资产负债风险管理理论应运而生。该理论突出强调对资产业务、负债业务的协调管理,通过对资产结构和负债结构的共同调整、偿还期对称、经营目标互相替代和资产分散来实现总量平衡和风险控制。

20世纪80年代之后,随着银行业竞争的加剧、金融创新的发展、衍生金融工具的广泛使用,特别是金融自由化、全球化浪潮的来临和金融创新的迅猛发展,商业银行面临的风险呈多样化、复杂化、全球化的发展趋势。特别是20世纪中后期发生的一系列银行危机都表明,损失不再像过去那样是由单一风险造成的,而是由市场风险、操作风险、信用风险等多种风险穿插交织在一起而形成的系统性风险造成的。在这种情况下,资产负债表外风险管理理论、资产组合管理理论、金融工程学等一系列思想及技术逐渐应用于商业银行风险管理,深化了商业银行风险管理的内涵。1988年,《巴塞尔协议Ⅰ》颁布,之后不断完善,标志着西方商业银行风险管理和金融监管理论的进一步完善和统一,也意味着国际银行界全面风险管理模式体系基本形成。

5.1.2 商业银行风险管理的主要方法

1. 风险分散

风险分散又称风险组合,是指将许多类似的但不会同时发生的风险集中起来考虑,从而使这一组合中发生风险损失的部分能够得到其他未发生损失部分的补偿。更确切地讲,风险分散通过承担各种性质不同的风险,利用它们之间的相关程度,取得最优风险组合,使这些风险加总得出的总体风险水平最低,同时又可获得较高的风险收益。具体就商业银行而言,风险分散的一种策略是商业银行将资金分配于贷款和证券投资时,尽量把贷款和证券的种类分散,选择一些互相独立的(即相关系数极小的)贷款与证券,避免使资金集中于某种贷款或证券上。这样,由于各类资产在资产总额中只占一个极小的比重,其盈亏的波动就可以在一定程度上相互抵消,从而保证商业银行最终有一个比较稳定的收益水平。

风险分散策略主要包括以下几个方面。

(1)资产种类分散。我国的商业银行应将资产分散在各类贷款和各类证券上。这样,银行的资产损失风险就不会集中在某一类贷款或证券上,从而避免某一类贷款或证券发生损失而引起全部资产损失的风险。

（2）行业分散。商业银行应将资金投资于各行各业。这些行业既包括受经济技术因素影响风险较大但又正在发展的新兴行业，也包括发展比较稳定的行业。将资金投资于不同的行业，银行就可把某一衰退行业所带来的损失用其他繁荣行业的投资收入来弥补。

（3）地区分散。商业银行应将资金既投资于经济发达的地区，又投资于经济正在快速发展的地区和经济落后、急需开发的地区，或者把资金投资于全国乃至全球不同的地区。这样，银行就可以避免因某一地区经济萧条或发生自然灾害带来投资损失而引起全部投资集中受到损失。

（4）客户分散。商业银行进行资产投资应不分客户大小，将资金向不同规模、不同行业、不同地区的客户发放贷款等。这样，银行在投资中既可以从一些信誉高的客户中取得较高的收益，又可以避免因某些客户资金紧张、还款困难导致投资全部损失。

2. 风险对冲

风险对冲是指商业银行通过进行一定的金融交易来对冲其面临的某种金融风险。银行所从事的不同金融交易的收益彼此之间呈负相关关系，即当其中一种交易亏损时，另一种交易将获得盈利，从而实现盈亏相抵。

除通过现货交易进行对冲外，金融衍生工具的创新也为经济行为主体提供了对冲风险的有效手段。套期保值者通过在远期市场、期货市场上建立与现货市场相反的头寸，以冲抵现货市场价格波动的风险。换句话说，套期保值者可以选择与现货市场交易相反的方向进行远期、期货交易，将未来的价格固定下来，使未来价格变动的结果保持中性化，以达到保值的目的。远期利率协议、远期外汇交易、外汇期货、利率期货、股指期货、股票期货等品种均可用于对冲汇率、利率及证券价格未来波动的风险。金融期权交易不仅可以用于套期保值，而且可以使期权买方获得可能出现的意外收益。另外，随着信用衍生工具的发展，风险对冲不仅可以用于对冲市场风险，而且可以用于对冲信用风险。

3. 风险转移

风险转移是一种事前风险管理手段，是指在风险发生之前，通过各种交易活动，把可能发生的风险转移给其他人承担，从而避免自己承担风险损失。

风险转移与风险规避相比是一种更积极主动的风险控制手段。因为这种手段并不是消灭风险源，而是改变了风险承担的主体，即将风险全部转移出去，使原风险主体不再承担任何风险导致的损失，但却有可能保留风险带来的部分收益。风险转移实际上是一种交易，是一种风险的买卖活动，因此该过程是需要成本的，转让人需要支付给受让人一定的补偿，有时还需要付给中介人一定的费用。而风险转移的结果是风险的转移方与被转移方都获得自己满意的风险-收益状态。

风险转移的方式主要包括以下几种。

（1）担保。当客户的信誉程度较低时，商业银行应要求客户寻求担保人对其进行担保，由担保人对债务承担连带责任。通过这种方式，便可以将客户的信用风险转移给担保人。

（2）保险。保险是一种重要的风险转移方式，只要商业银行与保险公司签订合同，保险公司对商业银行承保，便可以把银行可能遭受的损失转移给保险公司。

（3）转让。转让即风险主体将有风险的资产转让给其他人，从而所附带的风险也被相应地转移，达到控制风险的目的。尤其对于金融资产而言，转让是一种经常被使用的风险转移方式。

（4）期货与期权交易。利用期货与期权交易达到风险转移的管理方式被广泛采用。但需要注意的是，期货与期权虽然有巨大的风险防范作用，但是这也只能转移风险，不能消除风险。特别是由于期权与期货是重要的投机工具，因此它们都包含着巨大的潜在危机。

（5）指数化。指数化基本上是一种针对市场风险的转移方式，是指利用市场中的经济变量的指数来调整价格和利益分配的一种方式。其中一个典型的例子是保值补贴存款。它根据通货膨胀率来制订保值补贴率，以此给一定期限内的定期存款的存款人以补偿，降低存款人所面临的通货膨胀风险。

4. 风险规避

风险规避是指在风险发生之前，风险管理者应发现从事某种经营活动可能带来风险损失，因而有意识地采取规避措施，主动放弃或拒绝承担该风险。与风险转移相同，风险规避也是一种事前的风险控制手段。

选择规避风险还是承担风险是管理者风险决策的结果。风险规避是一种保守且较简单的风险控制手段。但是在现代的经济社会中，风险丛生，一味地规避风险可能是管理者不思进取的体现；而且，从经济成本的角度讲，放弃了可能取得的风险收益，实际上就是一种损失。所以，管理者应当认真地权衡收益与风险，应当只对极不安全或者得不偿失的风险才采取规避态度。具体地说，就是要在由风险所引起的损失与承担风险获得的收益不能抵消时，设法应用风险规避的手段；反之，则不采取这种手段。

除了应对信用风险，风险规避策略也可应用于对汇率风险和利率风险等市场风险的管理。经济行为主体如果难以预期利率的变动趋势，就可以缩小利率敏感性缺口和持续期缺口，直到消除缺口，使自己面临的利率风险为零；经济行为主体还可以利用货币互换交易以避免汇率风险，或者利用利率互换来避免利率风险。

5. 风险补偿

风险补偿是指风险主体利用资本、利润、抵押品拍卖收入等形式的资金，弥补其在某种风险中遭受的资产损失，使风险损失不会影响风险主体的正常经营，不会损害其形象与信誉。风险补偿是一种事后的风险控制手段，也是一种被动的风险控制手段。

建立商业银行信贷风险准备金提留制度是风险补偿的主要措施之一。风险准备金按信贷资金总额的一定比例从贷款收益中提留，某些风险性大的贷款项目按其贷款总额的一定比例提取。提取信贷风险准备金既要考虑企业的承受能力，又要兼顾准备金数量的要求，否则基金将不具备足够的抗御风险的能力。风险准备金主要用于弥补信贷资产损失。商业银行应设立专门管理机构，建立一套严密的财务、会计和审计制度，对风险准备金实行专户管理。

5.2 商业银行风险管理的基本架构

5.2.1 商业银行风险管理环境

1. 公司治理

公司治理一般泛指公司管理和激励约束的方法。早在20世纪70年代，公司治理的概念即已出现，但直到1997年东南亚金融危机发生后，这个议题才被广泛讨论。理由是金融危机发生后，各界所提出的未来防止金融危机的方法中，强化公司治理机制已被公认为是企业对抗危机的良方。

我国对公司治理有各种各样的看法。侧重法律观点的人认为，公司治理主要着眼于在企业所有权与企业经营权分离的现代公司组织体系下，通过法律的制衡设计，有效监督企业的组织活动，健全企业组织运作，防止出现非法行为的经营弊端；侧重经济学观点的人认为，公司治理是以公司经济价值最大化为目标的制度，如追求股东、债权人、员工间报酬的极大化；而强调财务管理的人则认为公司治理是指资金的提供者如何确保公司经理人能以最佳方式运用其资金并为其赚取应得的报酬。

从狭义上看，公司治理是指为解决因所有权和经营权相分离而产生的委托代理问题而设定的制度安排，具体主要指公司"三会"（股东大会、董事会、监事会）及高级管理层的组织机构设立和运作的机制制度。

图5-1所示为招商银行公司治理结构。

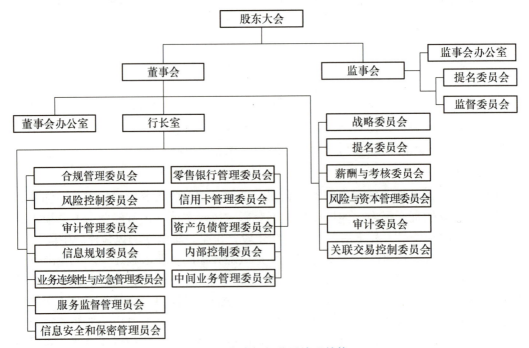

图 5-1 招商银行公司治理结构

2. 内部控制

商业银行内部控制体系是商业银行为实现经营管理目标，通过制定并实施系统化的政策、程序和方案，对风险进行有效识别、评估、控制、监测和改进的动态过程和机制。更为具体地讲，商业银行内部控制是指商业银行为实现安全性、流动性、盈利性的经营目标，协调与规范商业银行整体、商业银行内部各业务部门与职能部门、商业银行内部各层次员工在业务经营管理活动中的关系与行为的相互联系、相互制约的制度、组织、措施方法及程序的总和，其重心就是风险控制。对此，1998年巴塞尔银行监管委员会在其公布的《银行组织内部控制系统的框架》中将其界定为"商业银行的内部控制受董事会、高级管理层和各级管理人员的影响，它不应只是一个在特定时间执行的程序或政策，而应一直在银行内部的各级部门连续运作"。

【参考资料】

对商业银行内部控制这一范畴的完整把握需要进一步明确以下几点。

（1）商业银行内部控制是一项内部的自律管理机制。它实际上是商业银行作为经营金融资产和金融负债这类既具有高风险性又具有高社会性这样一种特殊商品的企业，应该而且必须采取的自主经营、自担风险、自负盈亏、自求资金平衡、自我净化、自我完善、自我革新、自我提高等经营机制的内在要求。

（2）这种机制具有明确的目的性。从总体上讲，商业银行内部控制是为了防范和控制风险，实现"三性"目标（即流动性、安全性、盈利性的协调和统一）而建立的。

（3）商业银行内部控制的主体是银行内部各个部门及其人员，内部控制的客体是各项业务、管理和服务活动。也就是说，内部控制是一种全面的控制。

（4）商业银行的内部控制并不是各种管理制度、规章、条例、操作办法和实施程序等的简单堆积，而是贯穿商业银行经营管理全过程的一系列具有控制职能的方法、措施和程序的有机总和，是一种系统、全面、完整的内部制约机制，要保证它们互相之间的作用不存在反向变动和对冲。

（5）由于金融业务不断创新，客观上商业银行的经营目标在具体的时段会有一些不同的调整，并且商业银行风险的不确定性和层出不穷性决定了商业银行的内部控制必须具有灵活性和适应性。换句话说，商业银行的内部控制要具有内容上的开放性。

3. 风险管理文化

风险存在于商业银行经营的每一项业务、每一个环节和每一个时刻，无论商业银行的风险管理规章制度如何完善，变幻莫测的市场随时都可能出现风险。这就要求商业银行要将风险管理理念渗透到每个部门、每个岗位和每个工作环节，并逐渐内化为员工的职业态度和工作习惯，扎根于整个银行的运作行为之中，力求最大限度地发挥各级员工在风险管理方面的主动性、积极性和创造性，在整个银行中形成一种风险控制的文化氛围，形成一种风险防范的道德评价和职业环境。只有培育出良好的风险管理文化，才能使风险管理机制有效地发挥作用，才能使政策和制度得以贯彻落实，才能让风险管理技术变得灵活而不致僵化，才能让每一位员工发挥风险管理的能动作用。

风险管理文化是风险管理体系的灵魂，有效的风险管理体系建设必须以先进风险管理文化的培育为先导。商业银行通过持续宣传，培训研讨，引导员工充分认识银行经营风险的企业属性，树立"风险管理本身寓于发展内涵"的科学发展观，确立"以资本对风险的约束为基础、业务增长与风险控制相适应、风险成本与风险收入相匹配"的风险管理基本原则，让整个银行更新观念和认识，统一思想和步调，为科学风险管理机制的建立和有效运行做好思想和舆论准备，调动全体员工的积极性，使员工主动参与风险管理。

风险管理文化是一种融合现代商业银行经营思想、风险管理理念、风险管理行为、风险道德标准与风险管理环境等要素于一体的文化力，是商业银行企业文化的重要组成部分。培育风险管理文化，就是倡导和强化风险意识，树立囊括各个部门、各项业务、各种产品的全方位风险管理理念，推行涵盖事前监测、事中管理、事后处置的全过程风险管理行为，引导和推进风险管理业务的发展。

先进的风险管理文化有助于推动风险管理体系的决策机构、执行机构采取积极的态度去履行自身职责，促进风险管理体系不断完善和发展。风险管理文化是商业银行核心竞争能力的重要组成部分，关系到商业银行的生存和发展。只有控制风险才能增加收益，这是风险管理文化的核心理念。风险控制和管理也是商业银行发展的一个重要标志。提倡和培育风险管理文化、强化全员风险意识，是国有商业银行治理不良资产、防范金融风险的基础和前提。

4. 风险管理战略

风险管理战略是商业银行根据自身条件和外部环境，围绕商业银行的发展战略，确定风险偏好、风险承受度、风险管理有效性标准，选择风险分散、风险对冲、风险转移、风险规避、风险补偿等合适的风险管理工具的总体策略，并确定风险管理所需人力和财力资源的配置原则。商业银行应根据不同业务特点统一确定风险偏好和风险承受度，即确定商业银行愿意承担哪些风险，明确风险的最低限度和不能超过的最高限度，并据此确定风险的预警线及相应采取的对策，确定风险偏好和风险承受度，要正确认识和把握风险与收益的平衡，防止和纠正忽视风险、片面追求收益而不讲条件、范围、认为风险越大收益越高的观念和做法；同时也要防止单纯为规避风险而放弃发展机遇的做法。

一般情况下，对于战略风险、操作风险和法律风险，可采取风险规避的方法。对于能够通过保险、期货、对冲等金融手段进行理财的风险，可以采用风险转移、风险对冲等方法。

商业银行应根据风险与收益相平衡的原则以及各种风险在风险坐标图上的位置，进一步确定风险管理的优选顺序，明确风险管理成本的资金预算和控制风险的组织体系、人力资源、应对措施等总体安排；同时应定期总结和分析已制定的风险管理战略的有效性和合理性，结合实际不断修订和完善。其中，应该重点检查依据风险偏好、风险承受度和风险控制预警线实施的结果是否有效，并提出定量或定性的有效性标准。

5.2.2 商业银行风险管理组织

1. 董事会及其专门委员会

董事会负责确定金融机构的经营目标和经营策略，对股东大会负责，最终承担股东权益损失的责任，因此，董事会必须确保实行有效的风险管理。董事会负责风险管理的基本政策和战略的制定。在董事会中通常由数名董事组成风险管理委员会，承担董事会的日常风险管理职能，并定期向董事会报告风险管理方面的有关问题。商业银行的董事会承担对风险管理实施监控的最终责任，确保商业银行可以有效地识别、计量、监测和控制各项业务所承担的各类风险。董事会负责审批风险管理的战略、政策和程序，确定银行可以承受的风险水平，督促高级管理层采取必要的措施以识别、计量、监测和控制各项风险，并定期获得关于风险性质和风险水平的报告，监控和评价风险管理的全面性、有效性以及高级管理层在风险管理方面的履职情况。董事会可以授权其下设的专门委员会履行以上部分职能，获得授权的委员会应当定期向董事会提交有关报告。

2. 监事会

监事会负责对金融机构的一般事务及会计实务进行监督，是商业银行的监督机构，对股东大会负责。监事会负责对董事、高级管理人员履行职责的行为进行监督，对违反法律法规、银行章程或者股东大会决议的董事、高级管理人员提出罢免的建议；当董事、高级管理人员的行为损害银行的利益时，要求董事、高级管理人员加以纠正；对银行经营决策、风险管理和内部控制等经营管理行为进行监督，尽最大可能防范潜在的风险损失。

3. 高级管理层

高级管理层负责将董事会制定的政策与战略具体化为可操作的管理方案和组织形式。金融机构的总经理是在具体操作中管理金融风险的最终负责人，总经理在组织业务经营的同时，也领导着金融机构的风险管理工作。在总经理领导下，各部门包括财务部、科技部、人力资源部、业务部等，不仅要负责本部门的风险管理，还应该通过相互支持协作与相互制约来控制风险。

商业银行的高级管理层负责制定、定期审查和监督执行风险管理的政策、程序以及具体的操作规程，及时了解风险水平及其管理状况，并确保银行具备足够的人力资源、物力资源以及恰当的组织结构、管理信息系统和技术水平，从而有效地识别、计量、监测和控制各项业务所承担的各类风险。

4. 风险管理部门

风险管理部门要专门制定银行的风险管理政策和程序，提交高级管理层和董事会审查批准，研究开发风险度量模型和风险预警系统来识别、计量和监测风险，监测相关业务经营部门和分支机构的风险管理情况，并指导和监督业务部门的日常风险管理工作，及时向董事会和高级管理层提供独立的风险报告。风险管理部门应该做到职责明确，与承担风险的业务经营部门保持相对独立，并且具备履行市场风险管理职责所需要的人力资源、物力资源。风险管理部门的工作人员应当具备相关的专业知识和技能，并充分了解本行的业务、本行所承担的各类风险，以及相应的风险识别、计量及控制的方法和技术。

5. 其他风险控制部门

其他风险控制部门还包括内部审计部门和行业自律组织等。

金融机构的高层内部审计部门可直接对董事会负责，并在各分支机构业务经营的地域范围内设立若干内部审计中心。这些审计中心对上层审计部门负责，不受各地分支机构的管辖。除内部日常自查外，金融机构也可以外聘审计师、会计师进行检查。

金融机构一般会自愿组成具有行会性质的行业自律组织，以维持本行业的业务运作秩序，营造有效的竞争环境，防范行业内风险。这些行业自律组织从各方面对金融业的风险管理发挥积极作用：通过制定公约、章程、准则等形式确立行业内部的规章制度，如同业竞争规则、业务运作规范、从业人员资格、职业道德规范等，从外部对业内金融机构的风险管理进行指导和监督；对会员的个体风险及行业整体风险状况进行监测，并及时采取措施进行应对；传播和推广金融机构先进的风险管理方法和工具，并接受金融机构委托，为其培养风险管理人才；代表会员与政府监管部门沟通，一方面执行不宜由政府部门实施的管理职能，另一方面根据本行业的实际情况和形势变化，适时提出合理建议，对行业内出现的重大问题及时向监管部门报告；对因遭受金融风险而受到损失的会员，根据具体情况予以处理或救助。

中国银行风险管理组织架构如图5-2所示。

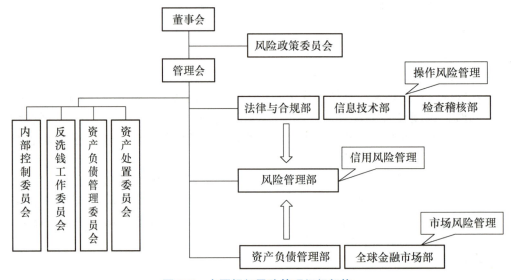

图5-2 中国银行风险管理组织架构

5.2.3 商业银行风险管理流程

1. 风险识别

风险识别就是在各种风险发生之前，对风险的类型及其产生的根源进行分析判断，以便对风险进行估算和控制。

风险识别是风险管理工作中非常重要的一项工作，可以说风险管理工作的成效主要取决于风险识别工作。一些商业银行因为风险管理工作方面的失误导致发生灾难性的后果，其根本原因往往是没有识别出商业银行所面临的风险。因此，在风险管理中，商业银行必须有人能够准确及时识别本银行所面临的风险。负责识别风险的人可以是商业银行内部的职员，也可以是外部的风险管理专家。

银行风险管理部门一般要设法识别下列5种类型的潜在损失：①财产的物质性损失

及额外费用支出；②因财产损失引起的收入损失和其他营业中断损失及额外费用支出；③因损害他人利益引起诉讼导致银行遭受的损失；④因欺诈、犯罪和雇员的不忠诚行为对银行造成的损失；⑤因银行高级管理人员或关键岗位员工的死亡或丧失工作能力对银行造成的损失。

风险识别主要有以下几种方法。

（1）故障树法。故障树法利用图解的形式将大的故障分解成各种小的故障，通过对故障的分解，找出引起风险的原因。

（2）专家预测法。专家预测法以专家为索取信息的对象，组织各个领域的专家应用专业知识，通过直接对过去和现在发生的问题进行综合分析，从中找出规律，从而对发展前景做出判断。

（3）流程图分析法。流程图分析法通过建立流程图系统分析识别风险的潜在因素，主要用于对资金运用方面的风险进行识别与分析。

（4）监测－诊断法。监测－诊断法是指银行通过对客户经营情况进行预测、记录和分析，及时发现风险信号，而后对银行面临的风险进行正确诊断的一种风险识别方法。

2. 风险计量

商业银行的风险计量是指在识别商业银行的某种业务可能面临某种类型的风险之后，运用一定的方法估计和测定发生风险损失的概率、损失的大小及其对银行产生影响的程度。风险计量是风险管理的第二阶段。只有准确计量风险，才能为正确控制和处理风险奠定基础。商业银行内部对违约概率、违约损失率和违约风险敞口的估计，必须包括所有相关的和可以获得的数据、信息和方法。银行可以使用的数据包括内部数据和外部数据（包括内部、外部汇集的数据）。使用内部数据或外部数据的商业银行，必须证明自己的估计代表了长期的经验。

商业银行可以采取不同的方法或模型来计量面临的风险。风险的计量方法包括缺口分析、持续期分析、外汇敞口分析、敏感性分析、情景分析和运用内部模型计算风险价值等。商业银行应当充分认识到不同计量方法的优势和局限性，并采用压力测试等其他分析手段进行补充。商业银行应当尽量在全行范围内对所计量的各类风险进行加总，以便董事会和高级管理层了解本行的总体风险水平。

各种计量方法的估计值必须以历史经验和经验证明为基础，而不是纯粹依据主观推断或经验判断。在观察期内，商业银行必须考虑贷款行为变化或贷款清收的过程。商业银行的估计必须及时反映技术进步、可以得到的新数据及其他信息的含义。商业银行必须每年（或更经常地）检查自己的估计值。用来估计关键风险要素的数据所表示的暴露数量和生成数据所使用的贷款标准，以及其他相关的特征应该紧密匹配，至少与商业银行暴露和贷款标准的特征相符。同时，商业银行也必须证明，与数据相关的经济状况或市场状况与当前的且可预见的状况相关。在违约损失率和违约风险敞口估计值易变的情况下，商业银行必须分别考虑更多的内容。样本中暴露的数目和量化选择的数据时间，必须能让商业银行对估值的准确性和完整性充满信心。用样本以外的数据来测试，估值的技术也必须非常过硬。

通常，估计违约概率、违约损失率和违约风险敞口可能遇到不可预见的失误。为了避免过于乐观，商业银行必须对估值留出余地，这主要是受各种可能的误差影响。在方法和数据不太令人满意,同时各种误差可能较多的情况下,对估值保留的余地必须大些。

3. 风险监测

商业银行高级管理层应该建立一套风险监测程序,以实现对商业银行面临所有类型风险的定性和定量评估进行监控;评估各种缓解措施是否有效和适当,包括可识别的风险在多大程度上被转移到银行外部;确保对风险的控制措施足够充分,能够保证商业银行的风险管理系统正常运行。风险控制部门和内部审计部门应该实施定期检查,分析控制环境,检测已实施控制方法的有效性,从而确保商业银行业务在有效控制的条件下正常进行。

商业银行还应该建立完整的风险监测指标体系,包括风险水平类指标、风险迁徙类指标和风险抵补类指标。风险水平类指标以时点数据为基础,包括流动性风险指标、信用风险指标、市场风险指标和操作风险指标,属于静态指标;风险迁徙类指标用于衡量商业银行风险变化的程度,表示资产质量从前期到本期变化的比率,包括正常贷款迁徙率和不良贷款迁徙率,属于动态指标;风险抵补类指标用于衡量商业银行抵补风险损失的能力,包括盈利能力、准备金充足程度和资本充足程度。

4. 风险控制

风险控制是风险管理的最后阶段,也是风险管理最核心、最关键的阶段。风险控制是指商业银行在识别出可能存在的风险之后,通过计量方法估算损失发生的概率和损失大小,并对其进行监控,从而采用风险分散、风险对冲、风险转移、风险规避、风险补偿等方法来控制风险,在实际风险发生之后,对发生的风险和风险资产进行处理,以控制风险损失的扩大,同时避免引发其他类型的风险。

风险控制与商业银行自身发展密不可分。控制风险、降低风险正是为了商业银行能更好地发展。只有稳健合规经营、资产质量优良的银行,才能真正留住并不断吸引有发展潜力的优质客户群,才能有持久发展的生命力;而资产质量差的银行,包袱日益沉重,不良资产大量侵蚀利润,不仅不能吸引优质客户,而且会丢失原有较好的客户。

美国银行风险管理流程如图 5-3 所示。

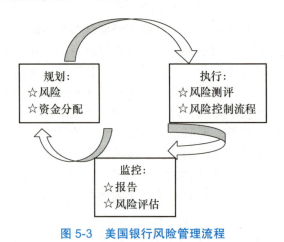

图 5-3　美国银行风险管理流程

5.3 国际银行业风险管理的规则——《巴塞尔协议》

5.3.1 《巴塞尔协议Ⅰ》

1.《巴塞尔协议》产生的历史背景

《巴塞尔协议》产生于全球银行业经历重大变革的时期。从当时的国际金融形势来看，首先，由于银行业务的全球化与各国银行的激烈竞争，监管机构迫切要求有一个统一的标准来管理银行；其次，解决 20 世纪 80 年代初爆发的国际债务危机希望渺茫，要求各发达国家的银行必须联合行动；最后，新的融资工具和融资形式层出不穷，利率、汇率乃至国家风险越来越大。在这种情况下，如何衡量与测算银行面临的风险就需要有一个国际统一的标准。

1975 年 2 月，巴塞尔银行监管委员会（以下简称巴塞尔委员会）成立，它为国际银行业发布监管原则和建议以及讨论监管问题提供了舞台。1975 年 9 月，巴塞尔委员会颁布了第一个《巴塞尔协议》（即《对银行国外机构的监管报告》）。《巴塞尔协议》第一次规定了对跨国银行的监督责任，为国际银行业与国际金融市场的安全和稳定奠定了基础。

1988 年 7 月，巴塞尔委员会正式颁布了《统一国际银行资本计量与资本标准的协议》（即《巴塞尔协议Ⅰ》）。最初制定该协议有两个重要目标：一是通过制定银行的资本与风险加权资产的比率，规定资本充足率的计算方法和计算标准，以保障国际银行体系健康而稳定地运行；二是通过制定统一的标准，以消除国际金融市场上各国银行之间的不平等竞争。该协议第一次建立了一套完整的、国际通用的、以加权方式衡量表内风险与表外风险的资本充足率标准，界定了银行资本的组成，这对推进全球银行监管的一致性和可操作性具有划时代的意义。

2.《巴塞尔协议Ⅰ》的组成

《巴塞尔协议Ⅰ》就银行的资本与风险加权资产的比率，确定了国际认可的计算方法和计算标准，其内容主要由资本的组成、资产风险加权的计算、标准化比率的目标、过渡期及实施的安排这几个部分组成。

（1）资本的组成。

银行的资本组成分为核心资本和附属资本两部分。其中，核心资本又称一级资本，应占银行全部资本的 50% 以上；附属资本也称二级资本，其作为资本基础的第二档，不能超过核心资本。附属资本包括未公开储备、重估储备、普通准备金和普通呆账准备金、带有债务性质的资本工具、长期次级债务。巴塞尔委员会还明确了从一级资本和总资本中的扣除项。

（2）资产风险加权的计算。

① 表内项目。《巴塞尔协议Ⅰ》将表内项目的风险划分为 4 级，见表 5-2。

表 5-2 表内项目的风险划分

风险权数	资产类别
0	（1）现金； （2）OECD 国家中央政府的债权； （3）以本国货币定值并以此币对中央政府和中央银行融通资金的债权
20%	（1）应收现金； （2）OECD 国家注册的银行以及受监督的证券机构的债权； （3）非 OECD 国家注册的银行余期在 1 年以内的债权； （4）对多边发展银行的债权； （5）对非本国的 OECD 国家公共部门机构（不包括中央政府）的债权
50%	住宅抵押贷款
100%	（1）对私人机构的债权； （2）非 OECD 的国家注册的银行剩余期限大于 1 年的债权； （3）不动产； （4）厂房和设备

资料来源：乔瑞，2004. 金融风险管理师手册 [M]. 张陶伟，彭永江，译. 北京：中国人民大学出版社.

a. 风险权数为 0 的资产，包括现金；以本国货币定值并以此币对中央政府和中央银行融通资金的债权；对 OECD 国家的中央政府和中央银行的其他债权；用现金或用 OECD 国家中央政府债券作担保，或由 OECD 国家中央政府提供的债权。

b. 风险权数为 20% 的资产，包括对多边发展银行的债权，以及由这类银行提供担保，或以这类银行发行的债券作抵押品的债权；对 OECD 国家内的注册银行的债权以及由这类银行提供担保的贷款；对 OECD 以外国家注册的银行余期在 1 年以内的债权和由 OECD 以外国家的法人银行提供担保的，余期在 1 年以内的贷款；对非本国的 OECD 国家的公共部门机构（不包括中央政府）的债权，以及由这些机构提供担保的贷款；托收中的现金款项。

c. 风险权数为 50% 的资产，是以完全用于居住用途的房产作抵押品的贷款。

d. 风险权数为 100% 的资产，包括对私人机构的债权；对 OECD 以外的国家的中央政府的债权（以本国货币定值和以此为通货融通的除外）；对公共部门所属的商业公司的债权；固定资产投资；不动产和其他投资（包括那些没有综合到资产负债表内的，对其他公司的投资）；其他银行发行的资本工具（从资本中扣除的除外）；所有其他资产。

② 表外项目。《巴塞尔协议 I》将表外项目的风险按"信用换算系数"划分为 4 级。

a. 风险权数为 0 的资产，是期限为 1 年以内的，或者是可能在任何时候无条件取消的承诺。

b. 风险权数为 20% 的资产，是短期的有自行清偿能力的与贸易有关的或有项目（如有优先索偿权的装运货物作抵押的跟单信用证）。

c. 风险权数为 50% 的资产，是与交易相关的或有项目（如履约担保、投标担保、认股权证和为某些特别交易而开出的备用信用证）；票据发行融通和循环包销便利；期限为1年以上的承诺（如正式的备用便利和信贷额度）。

d. 风险权数为100%的资产，是直接信用代用工具如一般负债保证和承兑；销售和回购协议以及有追索权的资产销售；远期资产购买，超远期存款和部分缴付款项的股票和代表承诺一定损失的证券。

（3）标准化比率的目标。

巴塞尔委员会提出了标准化比率的目标是资本与加权风险资产的比率为8%（其中核心资本成分至少为4%）。

（4）过渡期及实施的安排。

巴塞尔委员会希望在1992年之前，成员国的国际银行应达到这个共同的最低标准，并对过渡期和实施进行了安排。

1996年1月，巴塞尔委员会发布了《〈巴塞尔协议Ⅰ〉关于市场风险的修订案》，将银行的业务活动分成正常的银行业务活动和交易活动两类。前者指表内和表外正常的业务活动，银行在经营这些业务时要满足《巴塞尔协议Ⅰ》的要求；后者指诸如衍生产品交易等交易活动，银行在参与这些活动时会遭遇利率风险、股权风险、汇率风险和商品价格风险等市场风险，因此必须保持适当的"资本保险金"，以应付其承受的市场风险。

5.3.2 《巴塞尔协议Ⅱ》

20世纪90年代以来，国际银行业的运行环境和监管环境发生了很大的变化，随着国际金融危机的爆发、扩散以及金融衍生产品的增多，要求监管机构对银行资本金的监管能够更好地反映银行的风险状况，银行和金融监管当局也需要更多的、可供选择的衡量资本充足的方法。这就要求巴塞尔委员会的资本充足框架具有更大的灵活性来适应金融体系的变化，以便更准确、及时地反映银行经营活动中的实际风险水平及其需要配置的资本水平。

1999年，巴塞尔委员会公布了修改《巴塞尔协议Ⅱ》的框架性文件并开始征求意见，此后又在2001年和2003年发布了征求意见第二稿和第三稿。2004年6月，巴塞尔委员会正式通过《在国际上统一资本计量和资本标准：修订框架》，即《巴塞尔协议Ⅱ》的定稿。

《巴塞尔协议Ⅱ》全面继承以1988年《巴塞尔协议Ⅰ》为代表的一系列监管原则，继续延续以资本充足率为核心、以信用风险控制为重点，着手从单一的资本充足约束，转向突出强调银行风险监管。《巴塞尔协议Ⅱ》的结构具体如图5-4所示。

三 大 支 柱									
1.最低资本金要求									
风险权数									2.外部监管
信用风险				操作风险			市场风险	资本的定义	3.市场约束
标准法	内部评级法		资产证券化		基本指标法	标准法	高级计量法		
	初级法	高级法	标准法	内部评级法					

图5-4 《巴塞尔协议Ⅱ》的结构

《巴塞尔协议Ⅱ》的主要内容可以概括为三大支柱：最低资本金要求、外部监管和市场约束。

（1）第一支柱：最低资本金要求。

《巴塞尔协议Ⅱ》在第一支柱中维持了原有资本的范围和计算方法，但强调的应用范围扩大到全面并表后的作为银行集团母公司的控股公司，通过并表的方式最大限度涵盖银行集团内部所有的银行业务和其他有关金融业务。如果所有或所控制的证券或金融实体不并表，所有对这些实体的股权和其他监管资本投资都必须从集团中扣除，这些实体在附属机构中的资本投资和资产也必须扣除。对于单笔超过银行资本总额15%的投资以及此类对非银行机构的投资总额超过银行资本规模60%的投资都要从银行资本中扣除。《巴塞尔协议Ⅱ》考虑了信用风险、市场风险和操作风险，总资本的比率的分母由3部分组成：所有信用风险加权资产、12.5倍的市场风险和操作风险的资本。

① 《巴塞尔协议Ⅱ》提出了两种信用风险的基本计量方法。第一种是标准法，它延续了1988年《巴塞尔协议Ⅰ》的思路，建议风险管理水平较低一些的银行使用外部评级结果来计量风险，计算银行资本充足率。

【参考视频】

与《巴塞尔协议Ⅰ》中的风险权数进行比较，《巴塞尔协议Ⅱ》的主要进步是去掉了对于非OECD国家的歧视，采用按外部评级的高低进行加权，对于公司评级在BB^-以下的、主权和银行评级在B^-以下的由100%的风险权数调为150%，以更为灵敏地反映银行的风险状况。标准法风险权数标准见表5-3。

表 5-3 标准法风险权数标准

机构类别	AAA 至 AA⁻	A⁺ 至 A⁻	BBB⁺ 至 BBB⁻	BB⁺ 至 B⁻	B⁻ 以下	未评级
主权（国家）评级	0	20%	50%	100%	150%	100%
银行类方法 1	20%	50%	100%	100%	150%	100%
银行类方法 2	20%	50%	50%	100%	150%	50%
公司评级	AAA 至 AA⁻	A⁺ 至 A⁻	BBB⁺ 至 BB⁻	BB⁻ 以下	未评级	—
	20%	50%	100%	150%	100%	—

零售债权有两点变化：一是零售资产的风险敞口由100%的风险权数降低为75%；二是对完全由借款人占有或将要占有或出租的住房抵押贷款，由50%的风险权数降低为35%。

第二种是内部评级法。巴塞尔委员会提出的内部评级法允许银行在评估资产组合的信用风险时，应用银行自己对借款人资信情况的评估，前提条件是，银行的评估方式和信息披露必须符合一系列严格标准，并获得监管当局的批准。《巴塞尔协议Ⅱ》将银行的账面资产定义为公司类资产、主权类资产、银行类资产、零售类资产、项目融资类资产和股权类资产6类，由银行对每一个借款人的资信情况进行评估，并将结果转换为对未来潜在损失量的估计值，以此构成确定最低资本要求的基础。《巴塞尔协议Ⅱ》允许银行对公司类资产、主权类资产，以及银行类资产使用初级内部评级法和高级内部评级法两种方法。在初级内部评级法中，银行测算与每个借款人相关的违约概率，其他数值由监管部门提供。在高级内部评级法中，则允许内部资本配置方式较发达的银行自己测算其他必需的数值。无论在初级内部评级法中还是在高级内部评级法中，风险权数的范围都比标准法更加多样化，因而也更具有风险敏感性。初级内部评级法与高级内部评级法的区别如表5-4所示。

表5-4 初级内部评级法与高级内部评级法的区别

数　　据	初级内部评级法	高级内部评级法
违约概率	银行提供的估量值	银行提供的估量值
违约损失率	委员会规定的监管指标	银行提供的估量值
违约风险敞口	委员会规定的监管指标	银行提供的估量值
期限	委员会规定的监管指标或者由各国监管当局自己决定允许采用银行提供的估量值（但不包括某些风险敞口）	银行提供的估量值（但不包括某些风险敞口）

② 关于操作风险，巴塞尔委员会认为操作风险是指由不完善或有问题的内部程序、人员及系统或外部事件所造成损失的风险。为应对操作风险可能带来的损失，银行也要像对待信用风险那样，将操作风险的资本准备，列入资本监管的第一支柱，并保有相应的最低资本金，这是《巴塞尔协议Ⅱ》不同于《巴塞尔协议Ⅰ》的重要特点之一。对操作风险资本金的计算，《巴塞尔协议Ⅱ》提出了由简到繁的3种计算方式：基本指标法、标准法、内部计量法。银行要增加12%的资本作为操作风险的资本金配置，在使用内部计量法的情况下，可以相应减少一部分操作风险的资本金配置。

（2）第二支柱：外部监管。

巴塞尔委员会认为外部监管是对最低资本金要求和市场约束的重要补充，具体包括以下几个方面。

① 外部监管的四大原则。原则一，银行应具备与其风险状况相适应的评估总量资本的一整套程序，以及维持资本水平的战略。原则二，应检查和评价银行内部资本充足率的评估情况及其战略，以及银行监测和确保满足最低资本金要求的能力。若对最终结果不满意，监管当局应采取适当的监管措施。原则三，监管当局应希望银行的资本高于最低资本金要求，并应有能力要求银行持有高于最低标准的资本。原则四，监管当局应争取及早干预从而避免银行的资本低于抵御风险所需的最低水平，如果资本得不到保护或恢复，则需迅速采取补救措施。

② 检查各项最低标准的遵守情况。作为检查内容之一，对最低标准和资格条件的检查是第二支柱下监管检查的有机组成部分，监管当局必须确保上述条件自始至终得到满足。

③ 外部监管的其他内容包括监督检查的透明度及对银行账簿利率风险的处理。《巴塞尔协议Ⅱ》更为强调各国监管当局结合本国银行业的实际风险对本国银行进行灵活的监管。由于不同国家的具体金融环境和金融体制存在差异，因此《巴塞尔协议Ⅱ》中巴塞尔委员会开始强调各国监管机构应承担更大的责任。例如，在《巴塞尔协议Ⅱ》中，各国监管当局可以根据各国的具体状况，自主确定不低于8%水平的最低资本充足率要求，同时许多用于衡量风险的水平和指标需要各国金融监管当局根据实际状况来确定，

而且金融监管当局还要能够有效地对银行内部的风险评估体系进行考查。这样，各国金融监管当局的监管重点，将从原来单一的最低资本充足水平转向银行内部的风险评估体系的建设状况。

（3）第三支柱：市场约束。

市场约束具有强化资本监管，帮助监管当局提高金融体系安全性、稳健性的潜在作用。因此，《巴塞尔协议Ⅱ》增加了有关信息披露的强制性规定和建议，并在4个领域制定了更为具体的定量及定性的内容，包括适用范围、资本构成、风险敞口的评估和管理程序以及资本充足率。

《巴塞尔协议Ⅱ》认为银行应具有经董事会批准的信息披露政策，该政策应当阐述银行公开披露财务状况和经营状况的目的和战略；另外，银行还应该实施一定程序来评价其核心披露与补充披露的适当性，包括信息披露的频率（大型银行应按季度披露信息）。不经常披露信息的银行要公开解释其政策，监管当局还要做出反应，纠正问题。监管当局的反应力度，取决于不披露的性质、影响和期限长短。一般来讲，监管当局应对银行管理部门进行"道义劝说"、批评，严重的可以进行罚款。

5.3.3 《巴塞尔协议Ⅲ》

【参考资料】

美国次贷危机的爆发和蔓延，暴露了金融市场的缺陷和金融监管的漏洞；作为国际银行业监管基础的《巴塞尔协议Ⅱ》，也因监管标准的顺周期性和监管要求的风险覆盖能力不足而面临实质性调整的需要。2008年4月，金融稳定论坛（Financial Stability Forum，FSF）向七国集团（G7）财政部部长和中央银行行长提交的报告中指出"监管框架及其他政策措施存在问题，如《巴塞尔协议Ⅱ》框架等，也是金融机构风险敞口加大、过度涉险及流动性风险管理薄弱的因素之一"，并建议"强化对资本、流动性和风险管理的审慎监管"。在此背景下，为了进一步加强对银行部门的监管和风险管理，巴塞尔委员会以《巴塞尔协议Ⅱ》为基础，制定了一套全面的改革措施，即《巴塞尔协议Ⅲ》。2010年9月12日，巴塞尔委员召开中央银行行长及监管当局负责人会议，就《巴塞尔协议Ⅲ》的基本框架达成一致。2010年11月，二十国集团领导人首尔峰会正式通过了该框架。

《巴塞尔协议Ⅲ》主要包括以下3个方面的内容。

1. 提高资本标准的要求

（1）重新定义资本框架。

《巴塞尔协议Ⅲ》简化了资本框架的定义，重新突出了普通股、资本缓冲等的重要性。它对银行资本的重新定义表现在：①银行的一级资本必须充分考虑在"持续经营资本"的基础上吸收亏损，其核心形式是普通股和留存收益，剔除少数股东权益、无形资产等项目；不满足普通股核心资本标准的资本工具，自2013年1月1日起将不计入普通股核心资本；②银行的二级资本在银行破产清算资本的基础上吸收损失，并取消了二级资本结构中的所有子类别；③银行的三级资本被废除，以确保市场风险要求下的资本质量与信贷和操作风险要求下的资本质量看齐。具体而言，《巴塞尔协议Ⅲ》规定，截至2015年1月，最高亏损吸收资本形式由普通股构成的核心一级资本占银行风险资本的下限将从调整前的2%提高至调整生效之后的4.5%；包括普通股和其他基于更严格标准的合格金融工具的一级资本，在同期内将从 4% 提高到 6%。

（2）建立资本留存缓冲。

《巴塞尔协议Ⅲ》规定，银行必须在最低资本充足率的基础上，建立总额不低于银行风险资产 2.5% 的资本留存缓冲（Capital Conservation Buffer）资金池，以满足扣除资本扣减项后的普通股要求。建立资本留存缓冲资金池的目的是确保银行维持缓冲资金以弥补银行在经济和金融处于压力时期的损失。银行在经济或金融越处于压力时期，资本充足率越接近监管最低要求，越要限制收益分配。这一框架将强化良好的银行监管目标并且解决共同行动的问题，从而阻止银行即使是在面对资本恶化的情况下仍然自主发放奖金和分配高额红利的（非理性的）分配行为。

（3）建立逆周期资本缓冲。

根据经济环境，建立比率为 0～2.5% 的普通股或者是全部用来弥补损失的资本，也就是逆周期资本缓冲（Countercyclical Capital Buffer）。建立逆周期资本缓冲是为了达到保护银行部门承受过度信贷增长的宏观审慎目标。对任何国家来说，逆周期资本缓冲机制仅在信贷过度增长导致系统性风险累积的情况下才产生作用。逆周期资本缓冲一旦生效，将被作为资本留存缓冲的扩展加以推行。

2. 对系统风险的关注和对杠杆率的限制

（1）《巴塞尔协议Ⅲ》引入了"系统重要性银行"这一概念并对整个银行体系带来系统性风险的银行提出特别资本要求，使其具有超出一般标准的吸收亏损的能力。按照资产规模来看，资产规模 5000 亿美元以上的银行均可被归为此类。《巴塞尔协议Ⅲ》对系统重要性银行的附加资本充足率要求为 1%，这一附加资本可以由非核心一级资本（即一级资本中普通股以外的部分）来承担。

（2）考虑以杠杆率指标作为最低资本要求的补充。杠杆率与资本充足率的主要差别是，杠杆率是风险加权的指标，资本充足率可以通过人为操纵来达到监管要求，而杠杆率对风险不敏感，较难操纵。因此，为了减少监管套利，《巴塞尔协议Ⅲ》在最低资本要求之上补充了一个基于风险中立的杠杆比率，这是一项逆周期措施，设定一级资本占非权重资产的杠杆比率下限为 3%，以此降低银行的顺周期性，并于 2013—2016 年的过渡期内就该百分比进行测试。根据过渡期的测试结果，2017 年上半年进行最终调整，并在合理评优和校准的基础上，从 2018 年 1 月起纳入《巴塞尔协议Ⅲ》的最低资本要求中。

3. 强化流动性监管

《巴塞尔协议Ⅲ》引入新的流动性监管指标：流动性覆盖率和净稳定资金比率（见表 5-5）。流动性覆盖率指优质流动性资产储备与未来 30 日的资金净流出量之比，该比率的标准是不低于 100%，自 2015 年 1 月开始实施。引入这一指标的目的在于保证国际活跃银行具有长达 30 天的高质量流动资产，以应对短期机构性或系统性压力情景，同时可抵御银行批发性融资（包括担保融资）的大量流出。净稳定资金比率是指可用的稳定资金与业务所需的稳定资金之比，该比率应大于 100%，目的在于促使银行在压力情景下进行更长期限的融资，减少对不稳定融资来源的依赖，2018 年 1 月前开始实施。

表 5-5 《巴塞尔协议Ⅲ》的流动性监管指标

项 目	流动性覆盖率	净稳定资金比率
监管目标	短期流动性风险的监测	调整期限错配，稳定资金来源
分析基础	资产负债表	现金流量表
作用	保障银行基本的流动性	促进银行使用更长期的结构性资金来源以支持资产负债表内、表外风险敞口和资本市场业务活动
目的	通过确保机构拥有足够的优质流动性资源来提高应对短期流动性风险的能力	让银行运用更加稳定、持久和结构化的融资渠道，来提高其在较长时期内应对流动性风险的能力，防止银行在市场繁荣、流动性充裕时期过度依赖批发性融资
对应的压力场景	机构公众信用评级显著下降；储蓄的部分损失；无担保的批发资金的损失；担保资金头寸的显著增加；对衍生品交易提出追加抵押品要求；对契约型与非契约型的表外风险敞口提出高额提款要求	信用等级被调低；因风险造成的清偿或盈利能力下降；突发事件造成银行的声誉损失或者社会信任度下降

资料来源：巴曙松，王茜，王璟怡，2010.国际银行业的流动性监管现状及评述 [J].资本市场（11）：60-64.

5.3.4 《巴塞尔协议Ⅲ最终方案》

《巴塞尔协议Ⅱ》提供了多种风险资产计量模型，因此资本充足率也有多种计算方法。但是，人们对采用不同方法计算的资本充足率提出了越来越多的质疑。

第一，模型风险。风险加权资产计量方法体系过于复杂，银行需要基于多方面的假设，采集大量内外部数据，识别和确定经济周期，并通过庞杂的运算过程，才能计算出总的风险加权资产。但这样的计算结果可能误差偏大，有时使用简单的外部赋权法效果可能更好。

第二，各国监管标准松紧程度不一，存在监管套利问题。银行完全有能力采取逆向选择的方法，即通过有选择性地筛选样本数据、调整参数模型等来优化风险参数，导致计量结果的可靠性降低，资本充足率虚高。例如，巴塞尔委员会在评估中发现，采用不同银行的内部模型对同一假定样本资产组合进行测算，结果显示高级内部评级法综合风险权数为 9.2%～77.2%，初级内部评级法综合风险权数为 2.2%～78.5%，计量结果存在很大差异。

第三，计量结果不可比。采用不同的计量模型计算出来的资本充足率不可比。例如，在内部评级体系中，各国对违约、损失等覆盖范围关键定义的要求不一致，对风险参数估计的保守程度存在较大差异，对资本底线要求也不尽相同，这些都直接导致了计量结果的不可比。

第四，风险资产计量方法的复杂化，削弱了第二、三支柱的作用。对监管当局而言，计量方法的复杂化将在一定程度上提高监管成本，延长监管的滞后期，削弱第二支柱的作用。计量方法的复杂化也增加了投资者对银行稳健程度判断的难度，加剧了投资者和银行之间风险信息的不对称，降低了第三支柱市场约束的有效性。

在这种情况下，巴塞尔委员会对银行监管提出了进一步改革的目标：在可比性、简单性和风险敏感性之间取得平衡。

简单性和风险敏感性有时是负相关的。如模型太过简单，则无法精确描绘出风险因子的影响；但如模型过于复杂，则其结果也是灾难性的。因此要在这三者间找到一个均衡点。

经过近年来多轮征求意见和定量影响测算，巴塞尔委员会于 2017 年 12 月发布了《巴塞尔Ⅲ：后危机改革的最终方案》，简称《巴塞尔协议Ⅲ最终方案》。新的监管规则于 2022 年 1 月 1 日起分阶段实施。

《巴塞尔协议Ⅲ最终方案》的修订主要包括提高信用风险和操作风险标准法的稳健性和风险敏感性，以提升银行资本充足率的可比性，同时限制内部模型法的使用，此外还明确了资本底线和杠杆率缓冲资本要求。

《巴塞尔协议Ⅲ最终方案》规定，银行通过内部模型法计算加总的风险加权资产不能低于通过标准法计算得到风险资产的 72.5%，也就是说，《巴塞尔协议Ⅲ最终方案》将利用内部模型法所获得资本节约的好处限定在 27.5%，压缩了监管套利空间。

《巴塞尔协议Ⅲ》对全球系统重要性银行仅提出了额外的资本充足率要求，即在一级资本中额外计提 1.0%～3.5% 的系统重要性银行附加资本。《巴塞尔协议Ⅲ最终方案》对全球系统重要性银行提出了更高的杠杆率要求（表 5-6）：

全球系统重要性银行的杠杆率最低要求
= 一般银行杠杆率最低要求 +50%× 系统重要性银行附加资本要求

表 5-6 《巴塞尔协议Ⅲ最终方案》全球系统重要性银行杠杆率最低要求

一般银行	全球系统重要性银行	
杠杆率最低要求	附加资本充足率要求	杠杆率最低要求
3.00%	1.00%	3.00%
	1.50%	3.75%
	2.00%	4.00%
	2.50%	4.25%
	3.50%	4.75%

《巴塞尔协议Ⅲ》中，操作风险可采用基本指标法、标准法及高级法三种方法计量。其中，基本指标法及标准法都是通过将银行总收入乘以固定的资本系数这种较为简单的方式来计算操作风险的资本金，但这两种方法对于资本系数的设定不同。操作风险的这种计量体系存在的问题如下。

一是由于各方法复杂性、风险敏感度不同，导致计量结果差距很大，缺乏可比性。基本指标法、标准法实质趋同，风险敏感性不足；而高级法过于复杂、透明度差。多种方法存在监管套利。有些类型的操作风险（如行为不当，系统和控制不足）无法用模型来计量。

二是总收入是由净利息收入加上净非利息收入构成的，本质上相当于将银行的操作风险与盈利水平（而非业务规模）相关联，即银行盈利水平越高，操作风险越高。

三是固定的资本系数无法反映银行随着规模扩张、业务增加所导致的操作风险发生概率和损失率提高的问题。

四是操作风险与银行自身的风险管理水平之间的正相关关系无法得到有效体现。

《巴塞尔协议Ⅲ最终方案》的统一计量框架：基于业务指标、业务指标参数和内部损失乘数的统一模型。其中

操作风险资本要求

= 业务规模指数 BI × 资本边际系数 α × 内部损失乘数 ILM

（1）业务规模指数 BI：放弃总收入指标（之前总收入采用的是净收入，即支出项目可以扣减），改为业务规模。例如手续费收入和手续费支出，对应两个单独的业务。具体来说，为银行近3年平均的分红和净利息收入之和与生息资产×2.25%的孰小值，分红收入以及其他营业收入/支出、手续费收入/支出的孰大值等之和。

（2）资本边际系数 α：标准计量法根据业务规模指数 BI 确定了累进制资本边际系数 α 业务指标参数（即风险权数），不再按业务类型划分，而按银行业务指标大小分层的边际系数，银行规模越大，该指标越大。小于10亿为12%，10亿至300亿为15%，300亿以上为18%。标准法更加注重银行规模扩张所带来的操作风险。银行业务规模越大，复杂度越高，操作风险发生的概率及损失就越大，操作风险计量的基数及边际系数也就越大。

（3）内部损失乘数 ILM：是业务规模参数 BIC 和损失参数 LC 的函数，其中损失参数 LC 是银行过去10年平均操作损失的15倍，即操作风险将与银行的风险管理水平关联，银行风险管理水平越差，操作风险越高。

应用实例与分析

应用区块链技术，防范商业银行国际化经营风险

商业银行是我国银行体系中一支富有活力的生力军，是银行业乃至国民经济发展不可或缺的重要组成部分。随着"一带一路"倡议的逐步深化，人民币国际化进程加快，我国商业银行国际化也在快速启动。然而，我国商业银行国际化还处于萌芽阶段，国际化经营风险较高。例如，由于商业银行与境外部门沟通不畅，导致商业银行境外分支机构难以融入当地监管而引发监管风险；由于商业银行对海外市场的把握能力有限，收集和处理信息的成本较高，导致商业银行海外资本运营不规范而引发流动性风险；由于商业银行在国内人才选派成本较高，而海外招聘受到企业文化、风俗习惯不融合的影响，导致商业银行国际化人才队伍建设滞后而引发人才中断风险。近年来，随着区块链概念的普及和区块链技术的迅猛发展，区块链技术和银行业结合的落地应用，在全球获得越来越多的关注。下文介绍区块链技术在防范商业银行国际化经营风险方面的国内外经验，同时提出了推动区块链技术在防范

国际化经营风险落地方面的对策建议，为各相关银行国际化业务推广做参考。

1. 国内外经验与启示

传统金融经营模式难以解决信息不对称难题，而区块链技术与各行各业创新融合，其主要价值在于解决信息不对称的问题。区块链技术给传统金融领域带来巨大变革和突破，它以去中心化和去信任的方式集体维护一个可靠数据库的技术方案，该方案让参与系统的任意多个节点，把一段时间系统内全部信息交流的数据，通过密码学算法计算和记录到一个数据块，并生成该数据块的指纹用于链接下个数据块，系统所有参与节点共同认定记录是否为真。对银行业而言，区块链技术能节省资金并创造价值，引致银行的管控机制及业务创新渠道发生重大变革，帮助化解商业银行国际化经营风险。

西班牙对外银行：利用分布式账本技术能防范海外难以融入的监管风险

案例：西班牙对外银行是全世界第一家率先用区块链分布式账本技术发放贷款的银行，打破了协商→签署→资格审核→发放贷款→分批到账的放贷流程。根据银行和借贷人达成的共识，西班牙对外银行构建了一个银行与借贷人信息同步共享的区块链。分布式账本将贷款数据分散存储在全网络的各个节点上，每一个节点完整地存储和备份数据，保存所有信贷记录的副本，保证账本一致性，每条放贷记录都有时间和随机散列的数字签名，借贷人对签名进行检验，能够验证放贷者的信息，但所有信息都通过算法加密，保护客户隐私。如果贷款单据操作失误或遭到外界恶意攻击，则客户的贷款单据和记录也可以通过其他节点的交易副本进行查询。

与此同时，西班牙对外银行利用区块链建立了促使银行融入海外的信任体系。一是创新了业务渠道，在大数据的基础上完成数学（算法）背书、替代企业或政府背书，达成全球互信。二是创新管控机制。西班牙对外银行通过区块链能查询到海外分支机构每个时间段实时、全部的交易信息，及时掌握海外分支机构的业务动态，便于及时开展风险控制，制止一切风险操作。同样，境外监管机构通过区块链能调查到西班牙对外银行的运作模式、资质、历史上的违规事件等真实信息。

启示：第一，我国商业银行总行应与境外监管机构在系统之间选择一种基于共识的区块链算法，建立点对点分布式账本，将彼此间的信息互相串成"链条"进行安全加密，防止篡改，同时将信息在每个节点上存储和传输，便于共享。由此，商业银行总行既可以全面了解境外监管机构的要求，又能给境外监管机构提供全面真实的信息。第二，当商业银行境外分支机构成立之后，我国商业银行应将其纳入上述构建的区块链系统中，构建分布式的信用网络，让商业银行、监管机构根据需要访问境外分支机构的记录。此外，境外监管机构也能调取系统中账户变动、资金流向等信息进行监管，达成互信并进行跨国价值交换。

微众银行与华瑞银行：利用智能合约能防范海外资本运营不规范的流动性风险

案例：2016年9月，微众银行与华瑞银行联合开发了一套区块链应用系统。

该系统将两家银行的信息数据及磋商签署的合约以数字形式存储在区块链上，方便两家银行查阅。当合约达到履行期限时，区块链会根据双方的承诺自动执行合约，不经过第三方金融机构审查。例如，两家银行达成了一个银行贷款业务居间服务合同（甲方委托乙方向银行联系和安排借款，用于个人消费或装修，乙方接受委托）并将其记录在区块链上，每一个节点都将收到的信息纳入一个区块中。当履行期限来临，智能合约将自动调取甲方借贷所需真实资料并发送给乙方，协助乙方办理所有借款手续，再将甲方需要承担的费用，如利息、共管账户开户费用、居间服务费分批转账给乙方。如果一方擅自撤销委托，发生违约并满足赔付条件，则智能合约将通过透明可靠的支付机制自动执行代码指令，支持自动化索赔程序和自动划款赔付，从而减少传统赔付中的人工操作环节，帮助合约双方减少人力投入和管理费用。

启示：微众银行和华瑞银行的案例同样适用于我国商业银行海外分支机构应用智能合约规范海外资本运营的情况。在具体操作层面，当海外分支机构开展业务前，我国商业银行总行应构建区块链系统，与当地的法务、金融监管等机构联合，先将当地的法律法规、监察流程及客户征信存储在公共账簿，对境外业务经营环境进行客观、准确的分析评估。与境外客户签订合约前，商业银行海外分支机构应依托区块链读取客户身份、账户变动及交易历史并进行合法性和规范性审查。一旦签约成功，则智能合约会严格监督银行与客户间的合约执行，对合约规定的每个责任与交易加盖时间戳。一旦发现客户毁约，则智能合约会自行启动索赔模式，要求客户点对点进行赔偿，从而规范商业银行在海外的资本运营。

印度尼西亚的商业银行：利用公开透明的运作规则能防范国际化人才队伍建设滞后的人才中断风险

案例：印度尼西亚的商业银行利用区块链公开透明的运作规则来减少欺诈性客户的比例。一直以来，印度尼西亚的商业银行之间没有建设关联网，客户之间的个人信息和金融业务没有共享，这给了一些客户可乘之机。他们用同一个身份证在多家银行申请多个账户，用多个账户套现和洗钱，这严重影响了国家的金融秩序。基于此，2017年印度尼西亚各商业银行加入联盟链，创建了透明且高效的系统，在保护客户隐私的前提下，每个银行将各自掌握的客户信息转换为代码记录在区块链上，每个银行都掌握着相同的账本，确保记账过程公开透明。当客户申请银行账户时，他们的业务信息被记录在区块链上。如果同一个客户在其他家银行又申请另一个账户时，其申请权限将向全网广播，并标记为潜在欺诈行为。

启示：印度尼西亚的商业银行的案例对商业银行海外分支机构通过区块链技术提供公开透明的人才招聘活动有借鉴意义。区块链记录着商业银行海外分支机构的信息及其招聘要求，还记录着应聘人员的基本信息与历史情况，各节点互相验证信息的有效性（防伪），能让供需双方彼此都了解信息，从而准确地匹配合适的人才，最终帮助海外分支机构缩短人才搜索时间并降低招聘成本。在具体操作层面，我国商业银行海外分支机构首先以分布式节点搭建到当地的区块链，商业银行海外分支机构的属性情况能被当地更多居民所熟悉。当地居民可通过区块链上传他们的简历和要求，商业银行海外分支机构也将专业化人才的招聘要求发布在区块链上，这些数据在加密算法的应用下不可编辑。区块链运用去中心化、共识机制和公开透明等特性来加密和存储这些数据。同时，区块链还利用人工智能和大数据从多维度去分析和提供合适的人才以达到商业银行海外分支机构的需求。

2. 可行性建议

（1）加强系统研发，上线相关技术。虽然我国少数商业银行已尝试应用区块链技术，但仅局限于支付结算和数字票据，而很少运用分布式账本技术和智能合约技术。因此，我国商业银行有必要开发属于自己的区块链系统。一是在资金方面给予支持。专用的区块链系统需要大量的前期投入和后期维护，商业银行应重视，做好年度预算，设立区块链应用系统的资金项目，保障项目的有序开展。二是人才方面加强培养。商业银行要引进区块链专家，并与国内外高等院校开展长期合作，开设相关教学课程，订单式培养一批既了解区块链技术又懂金融的复合型人才，在开发、测试和维护方面发挥作用。在开发环节，成立区块链实验室，组建研究开发团队，瞄准分布式账本技术和智能合约等前沿应用，邀请企业技术人员、金融市场参与者、监管部门等共同部署解决方案，开发覆盖银行各个层级（包括海外分支机构）与海外联结端口的区块链系统；在投入使用环节，需做大量精致的先验性技术测试，及时发现系统性错误；在实际应用环节，应制定系统维护规定，定期对系统的软硬件、数据库进行维护和更新。

（2）形成统一标准，对接境外端口。完成区块链系统的开发之后，商业银行应与境外开展系统端口的跨境对接，整合形成统一的系统。目前，区块链技术还处于一个相对早期的阶段，统一的行业应用标准和技术标准尚未形成，阻碍了国与国之间的兼容对接。因此，我国商业银行首先要与境外的政府、金融机构等沟通协调，确保彼此了解双方的政治、经济、文化，共同商讨区块链应用系统下的技术标准和行业标准，形成双边统一的标准；其次，双方技术部门应协商确定端口对接方案，合作开发专业的通用接口软件，实现两个区块链系统的对接；再次，双方金融管理部门应针对区块链分布式账本、智能合约等应用场景模式进行商榷，找到最合适有效的加密算法和共识机制，实现互联互通和信息共享；最后，由双方协商维护区块链网络的基础设施和系统，保证系统的可持续利用。

（3）参与规则制定，开展联合监管。为加强对整个区块链系统内监管体系框架的统筹规划，我国金融监管部门应在关键业务环节参与规则制定，开展联合监管。第一，在政府层面，两国政府应发挥统筹协调的作用。一方面，双方应联合制定区块链金融监管的法律法规，将其纳入现行金融监管体制，另一方面，由中央银行牵头，联合各职能部门，对进入海外区块链技术的机构与个人的信用、收入、负债等进行严格的资质审查，规范机构与个人的金融交易行为，控制人为的金融风险，并重点解决由技术引发的区块链金融安全问题。第二，在协会层面，金融相关协会应鼓励应用区块链技术的商业银行成立区块链银行协会。协会应以自律管理和会员服务为宗旨。一方面，制定区块链银行领域业务和技术标准规范，督促银行会员按规定开展业务；另一方面，引导会员签订和履行自我监管的协议，规范区块链应用的海外市场行为。

新一轮新兴技术异军突起，商业银行走出去已成为不可逆的趋势。面对传统经营模式下的监管风险、流动性风险及国际化人才中断风险，商业银行应积极应用区块链技术解决银行内外部的信息不完全，开展银行区块链系统开发，实现跨国界端口对接，制定联合监管的规则，打造国际化经营的全新业态。

资料来源：李炫榆，2019.应用区块链技术防范商业银行国际化经营风险[J]，银行家（01）：91-93。

本章小结

本章探讨了商业银行风险的定义与分类，阐述了商业银行风险管理的主要方法（风险分散、风险对冲、风险转移、风险规避和风险补偿），指出商业银行风险管理的基本框架包括风险管理环境、风险管理组织和风险管理流程3个方面，最后分析了《巴塞尔协议》的发展与演变。

关键术语

资本充足率（Capital Adequacy Ratio）、《巴塞尔协议》（Basel Accord）、核心资本（Core Capital）、附属资本（Subsidiary Capital）、标准法（Standards Act）、内部评级法（Internal Ratings-Based Approaches）

知识链接

[1] 杨军，2013.风险管理与巴塞尔协议十八讲[M].北京：中国金融出版社.

[2] 赫尔，2021.风险管理与金融机构（原书第5版）[M].王勇，董方鹏，张翔，译.北京：机械工业出版社.

[3] 王良，薛斐，2021.商业银行资产负债管理实践[M].北京：中信出版社.

习　题

1. 判断下列说法正确与否并说明理由。

在内部评级法中，银行测算与每个借款人相关的违约概率，其他数值由监管部门提供。

2. 不属于二级资本的是（　　）。

A. 普通股股本　　　　　　　　B. 未公开储备

C. 普通呆账准备金　　　　　　D. 带有债务性质的资本工具

3. 下列选项中，不属于《巴塞尔协议Ⅱ》的三大核心内容的是（　　）。

A. 信息披露　　　　　　　　　B. 资本充足率要求

C. 金融监管　　　　　　　　　D. 市场约束

4. 1988年7月通过的《巴塞尔协议》中规定了衡量国际银行业资本充足率的指标，即将资本与加权风险资产的目标比率确定为（　　），其中核心资本充足率不得低于（　　）。

A. 8%，4%　　　B. 4%，8%　　　C. 10%，5%　　　D. 5%，10%

5. 商业银行风险的主要种类有哪些？
6. 商业银行风险可以采取的应对策略有哪些？
7. 简述《巴塞尔协议Ⅲ》的主要内容。
8. 简述《巴塞尔协议Ⅱ》与《巴塞尔协议Ⅲ》的主要区别。
9. 试述商业银行全面风险管理的流程。
10. 表 5-7 是某商业银行的资产负债表，假设该银行没有表外业务。

表 5-7　某商业银行的资产负债表　　　　　　　　　　　　　单位：百万元

资　　产		负　　债	
现金	10（0）	存款	490
政府债券	20（0）	次级债券	20
住房抵押贷款	300（50%）	普通股票	20
其他贷款	215（100%）	留存收益	15
总资产	545	总负债及所有者权益	545

请回答下列问题：
（1）该银行的杠杆比率是多少？
（2）该银行的核心资本与风险资产比率是多少？
（3）该银行的总资本与资产比率是多少？

第6章 信用风险管理

本章教学要点

知识要点	掌握程度	相关知识
商业银行信用风险的特点及产生原因	重点掌握	信息不对称
内部评级法	重点掌握	概率论基本知识
传统信用风险的度量	掌握	银行资产负债表相关内容
现代信用风险的度量	掌握	概率论基本知识

导入案例

法国里昂信贷银行巨额亏损案

【参考课件】

里昂信贷银行是法国一家历史悠久的银行，于1863年成立于法国里昂。由于经营稳健和信誉良好，因此到1900年，里昂信贷银行已经成为法国国内资产规模最大的银行。

进入20世纪90年代，里昂信贷银行经营业绩不断下滑，资产质量持续恶化，致使其亏损额从1992年的12亿法郎（约合2.5亿美元）、1993年的69亿法郎（约合14.4亿美元）激增到1994年的120亿法郎（约合24.5亿美元），而且如果按照国际会计规则严格核算的话，其损失更高达250亿法郎（约合62.5亿美元），濒临破产。里昂信贷银行1994年的账目上出现的呆账和坏账高达500亿法郎（约合125亿美元）。虽然里昂信贷银行的利润与资产额比率比较低，但其还是一家经营得法、信誉良好的大企业。那么，它究竟是怎样沦落到这步田地的呢？

法国财政部前部长斯特拉斯－卡恩认为，法国国内银企关系失调，银行家的失误、渎职、经济犯罪是里昂信贷银行巨额亏损的主要原因。从欧美报刊披露的资料来看，里昂信贷银行国内业务亏损的主要项目如下。

1. 不动产业务的亏空

里昂信贷银行的子公司阿尔都斯财务公司和国际银行家公司，多年来充当房地产开发商的角色，利用母公司的财力，高价收购地皮和危楼旧房，兴建新的商业性建筑。它们投资兴建的办公楼、公寓、商业中心因滞销及租金下降而亏损累累。

1997 年 5 月，国际银行家公司的创办者、里昂信贷银行的勒韦卡被刑事拘留。法国检察机关立案调查，怀疑他制造假账，虚报投资项目金额，从中贪污数亿法郎的建设资金。

2. 与政府控股企业的关系不正常

里昂信贷银行与实业财团的关系特别密切，在 1995 年 4 月以前，两者实为一家，均是国家控制绝大部分股份的国有企业，顶头上司均为法国财政部。

根据财政部拟定的里昂信贷银行改组方案，两者于 1995 年 4 月分离。然而在此之前，里昂信贷银行长期以低于市场标准的优惠利率向实业财团提供贷款。而实业财团用这些资金购买里昂信贷银行下属子公司的不动产。1995 年 4 月以来，里昂信贷银行继续提供低息贷款，使实业财团得以购买里昂信贷银行持有的法国大公司，如布尔日集团、罗纳－普朗克集团等。此举的目的是，通过实业财团的持股，保持法国政府对重点企业、重点行业的控制。但是，里昂信贷银行由于高价购进低价转让，并提供低息贷款而蒙受重大损失。据财政部审计专员科尔松估计，这些损失高达 39 亿法郎。这也是法国政府不断"输血"继续拨款的一个原因。新任财政部部长阿尔蒂斯对此十分不满，称前任部长的这些举措为"应受上帝诅咒的愚蠢行为"，把有价证券扔进一个财务上无法逆转的垃圾箱之中。

里昂信贷银行的子公司西部投资银行还有一笔十分荒唐的买卖，即将全部业务和资产无偿地供法国商人、政治家台佩使用。此人借此机会大量发行垃圾债券，以高利率吸收游资再进行风险投资和充当竞选经费。西部投资银行入不敷出，陷于破产的边缘，政府将它拨给实业财团，并注入 2.74 亿法郎的新资金。其后，实业财团再将它以 5000 万法郎的价格卖给里昂信贷银行。里昂信贷银行在企业重组、产权买卖中的损失难以估量。台佩付出的代价则是身败名裂、被捕入狱。

1991 年，法国出版商哈瑟特经营的法国第五电视频道宣告破产，里昂信贷银行同样遭受了巨额的贷款损失。

案例启示： 千里之堤毁于蚁穴。老牌的法国里昂信贷银行案例告诉我们，银行业应十分注重信用风险管控，信用风险依然是银行业最基本、最常见的风险，提升信用风险防控能力尤为重要。在社会生活中，我们每个人都应树立较强的风险防范意识，与此同时每个人都应该具备诚信意识，在向银行或身边亲友借款时，做到按时归还，否则不仅会造成他人和银行的财产损失，自身也会因此而丧失信用，使得再融资的成本上升甚至无法融资。

【参考资料】

6.1 商业银行信用风险概述

6.1.1 商业银行信用风险的含义及基本特点

1. 商业银行信用风险的含义

从狭义上讲，商业银行信用风险是指借款人到期不能或不愿履行借款协议，未能如期偿还其债务,致使银行遭受损失的可能性,这实际上指的是贷款的违约风险。

随着现代风险环境的变化和风险度量技术的发展,信用风险的狭义定义已经不能满足现代信用风险管理的需要。因为在传统的信贷市场中,贷款的流动性较差,缺乏类似有价证券那样活跃的二级市场,银行通常按照历史成本而不是按照盯市的方法来测定贷款资产的价值。当借款人信用等级、投资项目、盈利水平、融资渠道等信用因素发生变化,进而对信贷资产产生影响时,如果银行对其资产负债表不做相应调整,而是在违约实际发生后才做调整,那么信用风险就得不到及时的识别、衡量、监督、控制与调整,有悖于商业银行经营管理的安全性目标。

因此,现代意义上的广义的商业银行信用风险还应包括由于借款人信用水平的变动和履约能力的变化,导致借款人债务市场价值下降而给银行造成损失的可能性。

值得指出的是,信用风险与信贷风险是两个既有联系又有区别的概念。信贷风险是指在信贷过程中,由于存在各种不确定性,使借款人不能按时偿还贷款,造成银行贷款本金及利息损失的可能性。对于商业银行来说,信贷风险与信用风险的主体是一致的,即均是由于借款人信用状况发生变动而给银行经营带来的风险。二者的主要差异在于所包含的金融资产的范围不同,信用风险不仅包括贷款风险,还包括存在于其他表内业务、表外业务(如贷款承诺、证券投资、金融衍生工具)中的风险。由于贷款业务仍然是商业银行的主要业务,因此,信贷风险仍然是商业银行信用风险管理的主要对象,而本文也将侧重对商业银行信贷风险度量的研究。

2. 商业银行信用风险的基本特点

(1)明显的非系统性特征。商业银行信用风险不仅受到诸如经济周期、经济危机等系统性风险的影响,而且受微观经济行为主体的非系统性风险(如借款人财务状况、经营能力、还款意愿等)的影响。基于资产组合理论的资本资产定价模型和基于组合套利原理的套利定价模型都只对系统风险因素定价,而认为非系统风险可以通过充分多样化的投资被完全分散,理性有效的市场不会对非系统风险做出回应。因此,信用风险作为一种非系统风险无法在这些模型中得以体现。

(2)信用风险概率分布的有偏性。商业银行信用风险的分布不是对称的,而是具有有偏性。这种特点是由贷款的违约风险造成的,即银行在贷款合约期限内,有极大的可能收回贷款并获得事先约定的利息收益,但借款人一旦违约,银行则会面临较大的损失,这种损失要比利息收益大得多。借款人小概率违约产生的巨大损失与较大可能的约定收益间的不对称,造成了信用风险概率分布曲线向左倾斜,并在左侧出现肥尾现象,如图6-1所示。

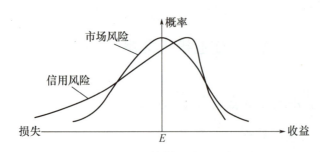

图 6-1 信用风险概率的分布特征

（3）信用悖论现象。理论上讲，规避风险的一个好办法就是投资分散化。适当分散投资有利于消除非系统性风险，从而降低组合的整体风险。但对于大多数没有信用评级的中小企业来说，银行只能通过长期的业务关系来了解其信用状况，这种信息获取方式使得银行会倾向于向老客户进行投资。同时，银行会将其授信对象集中于自己比较了解和擅长的某一领域或行业，从而无法做到分散化。再加上分散化原则不利于银行获得规模效益，最终导致了信用风险管理实践中信用悖论现象的出现。

（4）信用风险数据的获取困难。由于贷款等信用资产的流动性较差，缺乏公开的二级市场，信息的不对称性及贷款持有期长、违约事件频率少等原因，直接观察信用风险的变化十分困难。

6.1.2 商业银行信用风险产生的原因

1. 信用风险的成因是信用活动中的不确定性

不确定性是现实生活中客观存在的事实，它反映着一个特定事件在未来有多种可能的结果。在信用活动中，不确定性包括外在不确定性和内在不确定性两种。外在不确定性来自经济体系之外，是经济运行过程中随机性、偶然性的变化或不可预测的趋势。外在不确定性包括宏观经济的走势、市场资金的供求状况、政治局势、技术和资源条件、国外金融市场上的不确定性冲击等。内在不确定性来源于经济体系之内，它是由行为人主观决策及获取信息的非充分性等原因造成的，带有明显的个性特征。内在不确定性包括企业的管理能力、产品的竞争能力、生产规模、信用品质的变化等。

2. 银行与企业之间以及银行内部之间的信息不对称加深了信用风险

下面以典型的贷款为例分析信息不对称导致的逆向选择和道德风险对信用风险的影响。

在信贷合同签订之前，银行和企业存在严重的信息不对称。企业作为资金的使用者和借款人，通常比银行更了解自己的财务状况，以及投资项目的预期成本、收益、风险等信息。为达到借款目的，企业有粉饰自身财务报表和报告的动机，并且经营业绩越差的企业，粉饰财务信息的动机越大，从而导致银行贷款资产承担着巨大风险。对此，银行必须提高利率水平来平衡风险。这样，那些低风险项目由于借贷成本高于预期水平而退出借贷市场，剩下的愿意支付高利率的都是高风险项目，贷款的平均风险水平提高，银行的呆账、坏账增多，因此，逆向选择给银行带来了较高的信用风险。

在贷款合同签订后，企业作为资金的使用者，对资金的实际用途拥有较完备的信息，而银行对资金的监控存在成本约束，监管越细，成本越高，只能间接通过其他财务信息了解资金使用情况，这就为信贷资金的非正常使用创造了机会。企业管理者就会倾向于违反合同规定将资金转投高收益项目，但高收益往往伴随着高风险。高风险投资带来的高收益全部为企业所得，银行只能获取固定的利息，却需要承担高风险投资失败可能带来的资金损失，因此，道德风险加大了商业银行的信用风险。

信息不对称的情况也广泛存在于商业银行内部的上级行与下级行、行长与信贷人员之间的委托代理关系中。由于区域差异的影响，本地的优质客户，若以上级行标准考查，则可能沦为劣质客户不予授信。但下级行可能由于业务发展和同业竞争压力,或出于个人利益考虑等,有动机隐藏不利于上级审批贷款的信息。由于上级行受搜寻成本约束不能对信息做更详细的了解与核实,导致信贷投放极易背离上级行的贷款投放政策,造成信贷投放的不可控。因此,下级行隐藏贷款信息极易造成银行信用风险。

另外,在资金短缺的市场中,借款人寻租、贷款人有权接受寻租是一种常态的均衡选择,同样寻租也会导致信用风险。

本质上来说,商业银行信用风险是经济生活中广泛存在的信用风险的集中体现。

6.2 内部评级法

内部评级法是《巴塞尔协议Ⅲ》框架中有关信用风险的管理办法。巴塞尔委员会允许银行业在计算信用风险所要求的最低资本需求的两大类方法中进行选择:一种可供选择的方法为依靠外部信用评级机构评估结果的标准法;另一种则是由内部评级来支持的内部评级法。内部评级法的优势在于,它以银行内部对其交易对手的风险评估结果为支持。对于具有不同风险特征、不同风险管理水平的银行,其所需的风险资本要求是不同的。这就使得商业银行信用风险管理具有更高的风险敏感度,对资本要求更加精确。内部评级法有效实现资本要求与银行内部的信用风险管理水平相匹配,促进商业银行提高自身的信用风险管理能力。

6.2.1 内部评级法的体系结构

内部评级法作为一套商业银行信用风险管理的国际准则,其体系结构包括商业银行自身的内部评级体系与监管机构的外部监管两个部分。

【参考资料】

1. 商业银行自身的内部评级体系

商业银行自身的内部评级体系(Internal Rating System,IRS)是商业银行实施内部评级法的前提和主体。商业银行自身的内部评级体系包括商业银行内部评级系统和与其配套的内部评级制度。内部评级制度是与内部评级要求相适应的一系列规范和原则,包括人员的管理和评级工作的规章条例等。根据巴塞尔委员会的有关规定,商业银行的各项评级都必须经过独立的内部评级机构进行评审和确认。风险评级需要银行建立完善的操作流程和组织体系。内部评级系统主要采用先进的评级模型,并以数据管理作为支持。内部评级系统通过对数据的收集、处理与挖掘分析,以及对模型的设计、调整与运用,来实现商业银行内部评级的量化分析。因此,内部评级系统是商业银行实现内部评级的根本手段和方法。

2. 监管机构的外部监管

商业银行如果采用了内部评级法,按照要求,其内部评级过程和标准应当受到监管机构的监督。商业银行监管机构的外部监管是内部评级法实施的保证。《巴塞尔协议Ⅲ》提出了一整套商业银行内部评级法的监管要求,包括资本充足率要求、信息披露与公开、评级系统的检查与验证和监管指令的下达等内容。《巴塞尔协议Ⅲ》规定各国监管机构应当要求银行向市场提供更多的信息,以此加强监管的力度和实施效果。这些信息包括银行的信用级别和敞口分布、违约损失率和违约率分布等信息。同时，银行还必须按照监管要求对其内部评级所使用的方法进行检查和纠正，对在评级过程中使用的模型和数据、提交的文件材料等都要有规范的报告制度，以便及时接受监管当局的检查。结合以上两个方面，内部评级法的基本体系结构如图6-2所示。

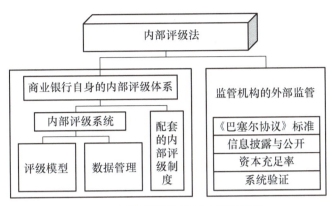

图6-2　内部评级法的基本体系结构

6.2.2　内部评级法的基本要素

内部评级法有以下4个基本要素：敞口的分类、风险要素、风险权数和最低要求。

1. 敞口的分类

在内部评级法下，商业银行必须根据其业务的风险特性，将资产分为几个大的类别，即公司类、主权类、银行同业类、零售类、项目融资类和股权类。对于任何不属于这6类业务的敞口一概划归为公司类敞口。以上这种划分方式是与银行经营的实践相一致的，允许某些银行在其内部评级系统和风险管理工作中使用其他与此类似的不同的定义，但必须要求其分类标准在不同时间上保持一致。

2. 风险要素

内部评级法的关键是如何根据内部评级系统确定4个风险要素，即违约概率、违约损失率、违约风险敞口和有效期限。它们是计算风险加权资产的重要参数。其关系如图6-3所示。

资本充足率					
风险加权资产				资本	
风险权数			各风险敞口资产	核心资本	附属资本
违约概率	违约损失率	有效期限	违约风险敞口		

图6-3　风险要素参数同风险加权资产的关系

风险要素的测算和确定是整个内部评级法的重点，也是难点。它们的测算需要整个商业银行评级系统的协调和配合，包括数据的准备、模型的使用和开发，以及结果的验证和反馈等一系列工作。

现将这4个风险要素简要分析如下。

(1)违约概率。

违约概率是指未来一段时间内借款人发生违约的可能性。《巴塞尔协议Ⅲ》对内部评级法中的违约概率的定义是：对于公司类和银行同业类敞口，违约概率是借款人内部评级一年期违约概率和0.03%中较大的数值；对主权类敞口，违约概率是借款人内部评级一年期的违约概率。各信用等级违约概率的确定必须是通过对历史数据进行统计分析和实证研究得到的，而且为保守的和前瞻性的估计。违约概率模型的构建和测算是内部评级法的核心，同时也是许多技术问题的焦点。通常，影响违约概率的因素主要有财务因素、经营因素、行业因素、宏观经济环境因素等。并且，不同的风险类别，其违约概率的影响因素不同。国际先进银行一般采用定量分析和定性分析相结合的分析方法确定违约概率。

(2)违约损失率。

违约损失率是指预期违约的损失占违约风险敞口的百分比，违约损失率与关键的交易特征有关，如是否有抵押品。由于很少有银行能准确地衡量与预测客户的违约损失率，并且不同银行对违约损失率的预测结果有很大的不同，因此银行之间违约损失率的测算结果可比性低。巴塞尔委员会在对银行测算违约损失率的能力进行调查的基础上，提出了内部评级法的初级法与高级法。在初级法中，违约损失率由监管当局统一规定；在高级法中，由银行自身来确定每一风险对应的违约损失率。

(3)违约风险敞口。

违约风险敞口是指由债务人违约所导致的可能承受风险的信贷业务的余额。所有违约风险敞口按扣除特别准备金后的净值计算。同处理违约损失率的方法一样，在初级法下，违约风险敞口由监管当局按标准监管规则来估计；在高级法下，违约风险敞口由商业银行自己确定，但所用数据和分析方法必须经得起银行内部和监管当局的检查。

(4)有效期限。

巴塞尔委员会希望内部评级法对风险具有更高的敏感性，因此明确地把期限看作一项重要的风险因素。在其他风险因素不变的前提下，期限越短，风险就越小。银行必须为每项风险敞口提供一个期限测量值。在初级法下，期限由监管当局确定，所有风险敞口都接受保守的评估，平均授信期限规定为3年。在高级法下，需要银行测算风险敞口的有效期限，并根据有效期限的概念运用期限调整模型来确定。

以上4个风险要素作为计算风险资本金的输入参数，在内部评级法的初级法与高级法中有所区别。即初级法中的违约损失率、违约风险敞口和有效期限由监管机构制定，而在高级法中银行可以根据自己的内部评级模型来确定这3个风险要素。

3. 风险权数

在内部评级法下，风险权数是由违约概率、违约损失率和有效期限构成的连续函数，在估计一个贷款组合的风险权数时，还要计算资产间的相关系数 R。由违约概率、违约损失率、有效期限和相关系数 R 构成的连续函数计算得出的风险权数能科学、精确、有效地反映资产质量。在内部评级法框架下，风险权数与违约概率和违约损失率等指标正相关。不同的风险因素将产生不同的风险权数。

风险加权资产总额等于各项资产的风险权数乘以其违约风险值，风险加权资产总额的确定分为以下两步：第一步，计算敞口的基准风险加权资产额，由单项风险值乘以风险权数；第二步，根据资产的风险集中度对基准风险加权资产进行上下调整，得出风险加权资产总额。风险权数函数是内部评级法的核心内容，也集中反映了内部评级法处理信用风险的基本思想。对每一个敞口分类，风险权数函数是通过一个精确、连续的函数给出的，其含义是违约时单位风险敞口的损失率，表明某项资产对总风险加权资产的边际贡献。由于各种敞口在历史损失特征和相关性上有着较大的差异，因此，不同敞口的风险权数函数在相关参数的规定上也有所不同。这里以公司类敞口为例，计算《巴塞尔协议Ⅲ》中风险加权资产的公式为

$$风险加权资产 = 监管资本要求 \times 12.5 \times 风险敞口 \quad (6\text{-}1)$$

即

$$\text{RWA} = K \times 12.5 \times \text{EAD}$$

$$K = \text{LGD} \times N\left[\frac{G(\text{PD})}{\sqrt{1-\rho}} + \frac{\sqrt{\rho}}{\sqrt{1-\rho}} \times G(0.999) - \text{PD} \times \text{LGD}\right]$$

$$\times \frac{1}{1 - 1.5 \times \text{PD}} \times [1 + (M - 2.5) \times b(\text{PD})]$$

$$\rho(\text{PD}) = 0.12 \times \left(\frac{1 - e^{-50 \times \text{PD}}}{1 - e^{-50}}\right) + 0.24 \times \left[1 - \frac{(1 - e^{-50 \times \text{PD}})}{1 - e^{-50}}\right]$$

$$b(\text{PD}) = [0.118\ 52 - 0.054\ 78 \times \ln(\text{PD})]^2$$

式中，ρ 代表相关度；b 代表期限调整；都与违约概率 PD 挂钩；LGD 为违约损失率；$G(z)$ 表示标准正态随机变量累积分布函数的反函数，即 $N(x) = Z$ 条件下的 x 值，其中 N 表示标准正态随机变量累积分布函数。

4. 最低要求

申请使用或者正在使用内部评级法的银行必须满足巴塞尔委员会规定的最低标准，这些最低标准涵盖以下 11 个方面的相关内容：信用风险的有效细分，即信用等级的划分数量能够区分风险；评级的完整性和及时性，完整性即评级的覆盖范围应该是银行风险敞口的每一个独立的合法主体，及时性是指信用评审部门对借款人的资信状况至少每年评定一次；对评级系统和过程的有效监督，指高层管理人员要对评级系统和评级过程起到有效的监督作用；其他方面还包括评级的标准和原理具有科学性、公司治理与监管、内部评级使用范围的要求、风险量化的能力、风险要素内部估计有效性的最低要求、租赁的识别、股权风险敞口的计算和信息披露的要求等。

6.2.3 商业银行信用风险管理与实施内部评级法的关系

实施内部评级法对商业银行信用风险管理有着重要的作用。按照内部评级法的要求，商业银行的内部评级通常包括客户评级、债项评级和组合评级 3 个部分。内部评级当中提供的违约概率、违约损失率、预期损失以及非预期损失等关键指标在授信审批、贷款定价、限额管理、风险预警等信贷管理流程中发挥着决策支持作用。同时，内部评级系统的计量分析结果也是制定信贷政策、计提准备金、分配经济资本以及实施风险调

整后的资本收益率组合管理的重要基础。商业银行实施内部评级法对信用风险管理的重要意义主要体现在以下几个方面。

1. 有益于提高自身的信贷管理水平

从商业银行贷前分析的角度看，贷前分析是信贷业务的起始，也是一个难点。贷前分析的标准和规范需要以充足的内部评级信息作为决策基础。实施了内部评级法的商业银行，可以通过内部评级系统来提供标准化的数据录入模板和指标参考值，便于信贷管理人员从经济周期、行业、区域、市场格局、银企关系等多个角度全面掌握客户的系统性风险、财务风险和经营状况，从而提高贷前调查分析的效率和质量。商业银行通过实施内部评级法可以对客户的信用风险进行多层次、多角度、连续的监测、分析和预警，通过聚类分析等手段搜索与目标客户相似的企业信用风险特点，准确界定客户风险等级，为贷款决策提供清晰、完整的参照系，降低决策失误率。

从贷后管理的角度看，内部评级系统可以定期跟踪和监测客户的信用风险状况，以提前发现客户经营状况的异常变化，为商业银行及早采取措施化解风险提供技术支持。

2. 可实现商业银行经济资本分配

信用风险管理的主要目的是为承担可能发生的风险损失提供足够的经济资本，使银行在遭受信用损失时保持较高的财务灵活性。国际最佳实践证明，要实施全面风险管理，就必须以经济资本为基础，建立一套有效的风险调整后的资本收益率管理体系。内部评级法可以实现风险资本的计量，因此，商业银行通过实施内部评级法，可以实现经济资本的计算、分配与监测。从整个流程来看，要确定和分配经济资本，可以通过计算单个客户和单笔资产的违约概率、违约损失率以及违约风险敞口等关键指标来实现。因此，内部评级法为商业银行的风险计量、经济资本优化配置提供了手段。

3. 为商业银行实现监管要求提供了有效的途径

《巴塞尔协议Ⅲ》对加强信用风险管理提出了新的要求，即商业银行必须建立自己的内部风险评估机制，运用自己的内部评级系统，决定自己对资本的要求，这本身是对商业银行的信用风险内部评级提出了更高的要求。加强内部评级建设，建立定量化内部评级模型，在此基础上结合企业的行业地位、管理水平等定性指标，制定出科学有效的内部评级方法，才能使商业银行达到有关机构的监管要求。因此，商业银行实施内部评级法可以实现信用风险管理更加精细化，使资本管理与信用风险管理相互协调统一。

6.3 传统信用风险的度量

6.3.1 专家评定方法

专家评定方法是一种古老的信用风险分析方法，其特点是银行信贷的决策权由那些经过长期训练、具有丰富经验的信贷人员所掌握，由他们做出是否贷款的决定。因此，在信贷决策过程中，信贷人员的专业知识、主观判断以及对某些关键因素的权衡成为决定因素。

1. 专家评定方法的主要内容

对于专家评定方法，西方商业银行在多年的实践中逐渐形成了一整套衡量标准，即通常所称的贷款审查 5C 原则。

（1）品德（Character）：主要考查借款人是否有良好的偿还债务的意愿，是否能够严格履行合同。如果借款人是个人，则指此人的工作作风、个人交往、在企业和社会中的声望、生活方式和诚信等内容；如果借款人是企业法人，则是指企业负责人的品德，以及企业管理方法、经营方针和资金运用等方面健全与否，经营妥当与否，以及偿还愿望度如何等。

（2）能力（Capacity）：主要考查借款人是否具有偿还贷款的能力，主要根据借款人的实力、财务状况等方面来评定。

（3）资本（Capital）：主要考查借款人是否有足够的资金积累，通常用现值来衡量。作为借款人，自有资本的多少在某种程度上是衡量其经济实力的一个重要指标。

（4）担保或抵押（Collateral）：借款人应提供一定的、合适的担保品，以减少或避免银行贷款风险；或者由保证人担保，保证贷款的按时、全部归还，也要考查担保人的各方面条件和信誉。

（5）环境（Condition）：主要考查借款人自身环境和外部环境。

有些商业银行将这些因素归纳为 5W 因素，即借款人（Who）、借款用途（Why）、还款期限（When）、担保物（What）及如何还款（How）；或者 5P 因素，即个人因素（Personal）、借款目的（Purpose）、偿还（Payment）、保障（Protection）和前景（Perspective）；或者 5C 因素，即品德与声望（Character）、资格与能力（Capacity）、资金实力（Capital or Cash）、担保（Collateral）、经营条件或商业周期（Condition）。

2. 专家评定方法的缺陷

专家评定方法的缺陷就是主观性太强。目前，我国商业银行审贷制度还不是很健全，审贷员的专业素质参差不齐，有可能由于主观性的原因造成信用风险评定的误差较大，造成不必要的损失。另外，这种方法还加剧了商业银行在贷款组合方面过度集中的问题，使商业银行面临着更大的风险。所以，专家评定方法只能作为一种辅助性信用分析工具。

6.3.2 Z 评分模型和 ZETA 评分模型

1. Z 评分模型

美国纽约大学斯特商恩学院教授阿特曼在 1968 年提出了著名的 Z 评分模型（Z-score Model）。阿特曼对当时美国破产和非破产生产企业进行观察，采用了 22 个最能反映借款人财务状况和还本付息能力的变量，经过数理统计筛选并建立了著名的 5 个财务比率变量的 Z 评分模型。该模型根据各行业的实际情况，确定每一变量的权重，将每一变量乘以相应的权重，然后相加，得到一个 Z 值。该值就是判断某一公司的财务状况和风险水平的临界值。Z 值越大，资信就越好；Z 值越小，风险就越大。根据阿特曼的分析，当 $Z<1.81$ 时，借款人会违约；当 $Z\geqslant 2.99$ 时，借款人会履约；当 $1.81\leqslant Z<2.99$ 时，该区域称为"未知区"或者"灰色区域"。在此区域内判断失误概率较大，是因为

原始样本存在错误或两类存在重叠。Z 评分模型用式（6-2）表达：

$$Z=1.2X_1+1.4X_2+3.3X_3+0.6X_4+0.999X_5 \tag{6-2}$$

X_1：营运资本/总资产（WC/TA）。这是衡量公司在一定的总资本额下流动资产数量及规模的指标，其中营运资本是公司流动资产与流动负债之差。一般来说，对于长期经营损失的公司，其流动资产一定会处于萎缩状态。

X_2：留存收益/总资产（RE/TA）。这是一个反映公司累积盈利能力的指标。留存收益是再投资的收益总量和公司在整个寿命期内的损失总量之差。这就意味着在考虑这一指标时还必须考虑公司的年龄因素。一家年轻的公司由于其累积利润少，该比值可能会较低，因此其倒闭的概率会大于老公司。公司累积盈利能力越强，实力就越强。

X_3：息税前利润/总资产（EBIT/TA）。该指标可以衡量除去税或其他杠杆因素外公司资产的盈利能力。因为公司的最终生存依赖于资产的盈利能力，所以该指标常用来衡量公司是否能长期稳健地生存下去。如果一家公司即将倒闭，该指标将会持续走低。

X_4：股权市值/总负债账面值（MVE/TL）。该指标可反映公司负债程度。其中，股权市值包括所有优先股和普通股，总负债账面值则由短期负债面值和长期负债面值构成。

X_5：销售收入/总资产（S/TA）。销售收入/总资产即资产周转率，是反映公司资产营运能力的财务比率。该指标用于衡量公司产生销售收入的能力以及该公司管理层应对市场、参与竞争的能力。

阿特曼选择了 66 家企业作为样本，分为两组，破产组 33 家，非破产组 33 家。利用模型，分别对样本企业破产前 1 年和破产前 2 年的分类准确度进行实际验证，如表 6-1 所示。破产前 1 年模型的整体分类准确度为 95%，破产前 2 年模型的整体分类准确度为 82%。分类准确度可以分别表示为第 1 类准确度（模型将破产公司确认为弱）和第 2 类准确度（模型将运行良好的公司确认为强）。

表 6-1　开发样本分类准确度结果

实际组	样本数目	破产前 1 年 预测结果		实际组	样本数目	破产前 2 年 预测结果	
		1	2			1	2
破产组	33	31	2	破产组	33	23	9
		94.0%	6.0%			72.0%	28.0%
非破产组	33	1	32	非破产组	33	2	31
		3.0%	97.0%			6.0%	94.0%

资料来源：考埃特，等著. 2001. 演进着的信用风险：金融领域面临的巨大挑战 . 石晓军，张振霞，译 . [M]. 北京：机械工业出版社 .

若将 Z 评分模型中的 X_4 用账面价值代替市场价值，可以得到非上市公司的 Z' 计分模型（Altman，1995）：

$$Z' = 0.717X_1 + 0.847X_2 + 3.107X_3 + 0.420X_4 + 0.998X_5 \qquad (6\text{-}3)$$

2. ZETA 评分模型

1977 年，阿特曼、霍尔德曼和纳拉亚南对原始的 Z 评分模型进行了扩展，推出了 ZETA 评分模型。ZETA 评分模型反映了财务报告标准和会计实践方面的变化，并对 Z 评分模型构建中采用的统计判别技术进行了修正。ZETA 评分模型将 Z 评分模型中的变量由 5 个增加到 7 个，使辨认精度大大提高。这 7 个变量分别如下。

X_1：资产报酬率，是公司息税前收益与总资产之比，这是衡量公司业绩的一个十分有效的指标。

X_2：收入的稳定性，是公司 5～10 年资产收益率变化的标准差。公司收入上的变化会直接影响到公司风险，因而用这一指标来衡量公司风险相当有效。

X_3：债务偿还能力，用利息保障倍数即公司息税前收益与总利息偿付之比来度量。固定收益证券分析师和债券评级机构通常用这一变量来评估借款人的利息偿付能力。

X_4：积累盈利，用公司的留存收益来度量。这一指标对于度量公司的信用状况极为有用。该指标需要考虑以下几个因素：公司年龄、公司的分红政策及不同时期的获利记录。

X_5：流动比率，即流动资产与流动负债之比，这是用来说明公司的变现能力的指标。

X_6：资本比率，即普通股权益与总资本之比。普通股权益可以用公司 5 年的平均市场值而非账面值来衡量。如果普通股在总资产中占的比重较大，则可认为该公司的资本实力较强。

X_7：规模指标，用公司总资产的对数形式来表示，并根据企业财务报告的变化做出相应的调整。

由于商业秘密，ZETA 评分模型 7 个变量的系数无法公开，但从模型的改进来看，ZETA 评分模型的分类准确度比 Z 评分模型要高，尤其是在预测破产前较长时间的准确度方面更为明显。在阿特曼等的 ZETA 评分模型所开发的样本中，共采用了 960 家公司，其中破产公司 480 家，非破产公司 480 家。两个模型的分类准确度比较见表 6-2。

表 6-2 ZETA 评分模型与 Z 评分模型分类准确度比较　　　　　　　　　　单位：%

破产前年数	ZETA 评分模型		Z 评分模型		Z 评分模型采用 ZETA 样本		ZETA 评分模型采用 Z 样本	
	破产公司	非破产公司	破产公司	非破产公司	破产公司	非破产公司	破产公司	非破产公司
1	96.2	89.7	93.9	97.0	86.8	82.4	92.5	84.5
2	84.9	93.1	71.9	93.9	83.0	89.3	83.0	86.2
3	74.5	91.4	48.3	NA	70.6	91.4	72.7	89.7
4	68.1	89.5	28.6	NA	61.7	86.0	57.5	83.0
5	69.8	82.1	36.0	NA	55.8	86.2	44.2	82.1

资料来源：考埃特，等著. 2001. 演进着的信用风险：金融领域面临的巨大挑战. 石晓军，张振霞，译. [M]. 北京：机械工业出版社.

3. Z 评分模型和 ZETA 评分模型的缺陷

Z 评分模型和 ZETA 评分模型具有较强的操作性、适应性及较强的预测能力，一经推出便在许多国家和地区得到推广和使用，并取得了显著的效果，成为当代预测企业违约或破产的核心分析方法之一。

然而，无论是 Z 评分模型还是 ZETA 评分模型都存在许多不足之处：首先，两个模型都依赖于财务报表的账面数据而忽视日益重要的各项资本市场指标，削弱了模型预测结果的可靠性和及时性；其次，两个模型都缺乏对违约和违约风险的系统认识，理论基础比较薄弱；再次，两个模型都假设在解释变量中存在着线性关系，而现实的经济现象是非线性的，使得违约模型不能精确地描述经济现实；最后，两个模型都无法计量企业表外的信用风险。另外，对于某些特定行业的企业如公用企业、财务公司、新公司以及资源企业，这两个模型也不适用，因而它们的应用范围受到较大限制。

6.4 现代信用风险的度量

传统的度量和管理信用风险的方法已远远不能适应当今社会发生的新情况和新问题，也不能满足人们对信用风险进行科学度量和有效管理的需要。因此，新的度量和管理方法不断涌现，其中比较有影响力的主要有以下 4 个：J. P. 摩根的 Credit Metrics 模型、瑞士银行的 Credit Risk+ 模型、麦肯锡公司的 Credit Portfolio View 模型、KMV 公司的 KMV 模型。

6.4.1 Credit Metrics 模型

Credit Metrics 模型是 1997 年美国 J. P. 摩根等 7 家国际著名金融机构共同开发的信用风险度量模型，又被称为信用度量术。该模型构建在资产组合理论、在险价值方法等基础之上，它不仅能够识别传统的诸如贷款、债券等投资工具的信用风险，还可以用于识别互换等金融衍生工具的风险，因而迅速成为行业标准模型之一。美国等发达国家大银行已经将该模型应用于信贷风险管理和控制，并已得到金融监管当局相当程度的认可。

1. 模型的假设

（1）市场风险与信用风险无关。债务未来市场价值和风险完全由其远期利率分布曲线决定，即承认了没有市场风险的存在，在模型中唯一的变量是信用等级。

（2）信用等级是离散的，在同一信用等级中的债务人具有完全相同的转移矩阵和违约概率，迁移概率遵循马尔可夫过程，实际违约率等于历史平均违约率。

（3）风险期限是固定的，一般为 1 年。这实际上受制于所用评级机构的转移矩阵，这些转移矩阵是 1 年。

（4）不同债务人的信用等级的联合分布是使用两者资产回报率联合分布来估计的，资产回报率的联合分布又使用所有者权益收益率的联合分布来代替。

（5）每个信用等级对应一条零利率曲线，而且在违约事件中设有回收率，即违约发生时，资产不是全部损失，损失的部分等于风险敞口×（1-回收率）。

（6）违约的含义不仅指债务人到期没有完全偿还债务，还可指信用等级的下降所导致的债务市场价值下跌，是一种盯市范式，并且违约事件发生在债务到期日。

2. 模型的构造与参数估计

为了简单起见，本书仅对单一债务的违约概率进行阐述。假定债券到期期限为 n（用 k 表示第 k 年），债券等级划分为 m 等级（用 j 表示信用等级）。它的基本构造由3个模块组成。

模块1：确定债务未来各种信用等级出现的概率。单笔债务的信用等级变化概率由信用转移矩阵给出。

模块2：确定各信用等级出现时债务的未来市场价值。单笔债务信用等级的市场价值等于该资产未来全部现金流的现值，即

$$P_j = \sum_{k=1}^{n} \frac{M_{jk}}{(1+y_{jk})^k} \tag{6-4}$$

式中，P_j 表示在出现 j 信用等级时债务的现值；M_{jk} 表示信用等级为 j 时第 k 年净现金流量；y_{jk} 表示信用等级为 j 的债务第 k 年零利率收益率。

模块3：根据历史信用等级迁移概率得出该信用等级的迁移概率 c_j，计算债务在第1年末的期望值和方差，即

$$E(P) = \sum_{j=1}^{m} P_j c_j \tag{6-5}$$

$$\sigma_P^2 = \sum_{j=1}^{m} c_j [P_j - E(P)]^2 \tag{6-6}$$

该模型计算债务价值的损失有两种方法。

（1）基于债务价值服从正态分布的假设。在这种情况下，信用等级为 j 的债务的预期损失就是债务现值 P_j 与债务的期望值 $E(P)$ 的差额；再根据债务价值变化的标准差 σ_P，依据式（6-7）计算债务在置信水平为 α 时的非预期损失，从而得出经济资本。

$$UL = EC = N^{-1}(\alpha) \cdot \sigma_P - E(P) \tag{6-7}$$

式中，$N^{-1}(\cdot)$ 为正态分布的反函数。

（2）基于债务价值的实际分布。在这种情况下，需要采用蒙特卡罗模拟法和在险价值方法，即要累加该债务向最差的信用等级迁移的概率，直到等于或者近似等于给定的 $(1-\sigma)$，此时可以得到与此对应的债务价值，该值与债务的期望值之差就是在险价值，即可求得该债务应该所需的经济资本。

3. 模型的评价

模型的优点：①对违约概念进行了拓展，认为违约也包括债务人信用等级的恶化；②该模型的应用非常广泛，包括传统的贷款、固定收益证券、贸易融资和应收

账款等商业合同，而且其高级版还能够处理互换合同、期货合同以及其他衍生工具；③在对债务价值的分布有正态分布假设下解析方法和蒙特卡罗模拟法，在一定程度上避免了资产收益率正态性的硬性假设，可以用资产价值分布和百分位求出资产损失。

模型的缺点：①大量证据表明信用等级迁移概率并不遵循马尔可夫过程，而是跨时期相关的；②模型中违约率直接取自历史数据平均值，但实证研究表明，违约率不是固定不变的，其与宏观经济状况有直接关系，在经济高速增长阶段，违约率较低；在经济衰退阶段，违约率较高；③该模型没有考虑市场风险，债务未来市场价值和风险完全由其远期利率分布曲线决定，模型中唯一的不确定性是信用等级的改变，也就是说，信用风险是独立于市场风险进行分析的，然而市场和经济状况的改变，如利率、股指、汇率、失业率的变化等，可能会影响公司的整体盈利性，从而可能导致违约或者信用等级的变动；④该模型通过股权回报关系来估计资产回报关系，而这可能导致不精确的估计。

6.4.2 Credit Risk+ 模型

Credit Risk+ 模型是瑞士银行金融产品开发部于1996年开发的信用风险管理系统，它是应用保险经济学中的保险精算方法来计算债务组合的损失分布。

1. 模型的假设

（1）每个考查期的期末，债务人只有两种状态：违约与不违约。
（2）债务组合中任何一笔债务违约与否是随机的。
（3）对于一个债务组合而言，每一笔债务的违约概率均很小，并且相互独立。

2. 模型的构造与参数估计

模型的构造可以按照以下3个模块来进行。

模块1：确定贷款组合违约次数的概率分布。根据以上的假设，在一定时期内，贷款组合违约次数的概率分布服从泊松分布：

$$P(n) = \frac{\mu^n e^{-\mu}}{n!} \quad (6-8)$$

式中，$P(n)$ 表示在计算期内发生 n 个债务人违约事件的概率；μ 表示贷款组合在计算期内期望的违约次数。

模块2：对贷款组合按照损失严重性的大小进行分组。虽然贷款组合的违约次数服从泊松分布，但是由于违约贷款损失额不同，对于整个贷款组合来说，损失分布将不再遵循泊松分布。为了求得整个贷款组合损失分布，Credit Risk+ 模型先将贷款组合中每笔贷款的损失严重性按大小分组，每一组贷款的损失严重性（经"四舍五入"）近似等于某个数。这样，每一组的损失分布将服从泊松分布。

模块3：将各组的损失汇总，得到整个贷款组合的损失概率分布。这样，就可以直接利用在险价值方法求出债务的经济资本。

图 6-4 给出了 Credit Risk+ 模型的计算框架。

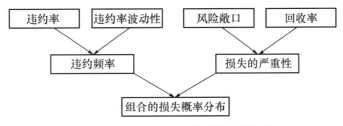

图 6-4 Credit Risk+ 模型的计算框架

3. 模型的评价

模型的优点：①该模型处理能力很强，可以处理数万个不同地区、不同部门、不同时限等不同类型的风险暴露；②该模型集中于违约分析，所需要估计的变量很少，只需要估计违约率、违约波动率和损失的严重性；③根据组合价值的损失分布函数可以直接计算组合的预期损失和非预期损失，比较简便。

模型的缺点：①该模型对于单个债务人的违约概率没有进行详细阐述，但它们却是模型的输入因子；②该模型只将违约风险纳入模型，没有考虑市场风险，而且认为违约风险与资本结构无关；③该模型忽略了信用等级变化，因而认为任意债权人的债务价值是固定不变的，它不依赖于债务人发放信用等级和远期利率的变化而波动，尽管违约概率受到一些随机因素的影响，但损失严重程度并不受这些因素的影响；④分组时，对每笔贷款敞口进行近似，从而将影响投资组合损失方差的准确性。

6.4.3 Credit Portfolio View 模型

Credit Portfolio View 模型是由麦肯锡公司于 1998 年应用计量经济学理论和蒙特卡罗模拟法，从宏观经济环境的角度来分析债务人的信用等级迁移，开发出的一个多因素信用风险度量模型。

1. 模型的假设

（1）信用等级在不同时期的迁移概率不是固定不变的，而是受到诸如国别、经济周期、失业率、GDP 增长速度、长期利率水平、政府支出等因素的影响。

（2）宏观经济变量服从二阶自回归过程。

2. 模型的构造与参数估计

设 P_t 为条件迁移概率，考虑宏观经济变量的影响，则有：

$$P_t = f(y_t) \qquad (6\text{-}9)$$

这里，$f<0$，即在宏观经济变量与违约率之间存在反向联系。y_t 受一组 t 时刻的宏观经济变量 X_{it} 和随机变量 V_t 的影响。因此 y_t 可以表达成：

$$y_t = g(X_{it}, V_t) \qquad (6\text{-}10)$$

式中，$i=1,\cdots,n$；$V_t \sim N(0, \sigma)$。

同时，考虑第 2 个假设，宏观经济变量 X_{it} 可以由其过去的历史数据 X_{it-2}、X_{it-3} 和随

机变量 ε_{it} 决定，因而：

$$X_{it} = h(X_{it-2}, X_{it-3}, \varepsilon_{it}) \quad (6-11)$$

将式（6-11）代入式（6-10），再将式（6-10）代入式（6-9），就可以采用式（6-12）来确定迁移概率：

$$P_t = f(g(h(X_{it-2}, X_{it-3}, \varepsilon_{it})), V_t) \quad (6-12)$$

式（6-12）中的 V_t 和 ε_{it}，可以通过结构性蒙特卡罗模拟法来产生。

以 P_t^* 表示模拟值，P_t 表示无条件概率，定义比率 $r_t = \dfrac{P_t^*}{P_t}$。$r_t = 1.2$，表明基于模拟的宏观模型，借款人在下一年的违约概率比历史上的平均迁移概率要高出20%。

对于下一个时期 $t+1$，迁移矩阵必须进行调整，将不考虑宏观因素的值 P_t 乘以 r_{t+1}；对于未来的每一年 $(t, t+1, \cdots, t+n)$，会有不同的迁移矩阵。

这样，就可以得到任何信用等级在任何时刻的向任何信用等级迁移的瞬间概率和累计迁移概率。

知识要点提醒

事实上，Credit Portfolio View 模型是对 Credit Metrics 模型的延伸和深化，因为在 Credit Metrics 模型中，信用等级迁移的概率和累计概率是通过历史数据统计出来的，存在一定的时滞，所以，该模型在利用 Credit Metrics 模型的有关处理方法和在险价值方法的基础上，就可以求出债务及其组合的违约概率、预期损失、非预期损失和经济成本。

3. 模型的评价

模型的优点：①该模型将各种影响违约概率以及相关联的信用等级转换概率的宏观因素纳入了自己的体系中，是主流模型——Credit Risk+ 模型的重要补充；②该模型克服了 Credit Risk+ 模型由于假定不同时期的信用等级转换概率是静态的和固定的而引起的很多偏差。

模型的缺点：①实施这一模型需要可靠的数据，而每一个国家、每一行业的违约信息往往较难获得；②该模型使用经调整后的信用等级迁移概率矩阵的特殊程序，而调整则基于银行信贷部门积累的经验和信贷周期的主观判断。

6.4.4 KMV 模型

【参考论文】

KMV 模型由美国 KMV 公司（现已经被世界著名的信用评级机构——穆迪投资者服务公司收购）创立并商品化。该公司位于美国旧金山，成立于 1989 年，公司取其 3 位创办者——考尔霍夫、麦克奎恩和瓦西塞克姓的首字母（KMV）为名。KMV 模型起源可溯及 1972 年布莱克、斯科尔斯和默顿有关期权定价模型的研究。1974 年，默顿论述了有关将期权定价理论运用于风险债务估值的思想，该研究提供了一种实用高效的分析方法，用以衡量公司违约风险。其后，默顿的思想沿着许多方向发展，许多学者尝试将期权定价理论应用于信用风险的度量领域，KMV 模型正是这样的一个成功的例子。该模型以期权定价理论为基础，通过计算期望违约概率（Expected Default Frequence，EDF），对所有股权公开交易的企业和银行的违约可能性做出了预测。

1. 模型的假设

（1）满足期权定价模型的基本假设，即企业股票价格是个随机过程、交易是无摩擦的等，且企业价值变化过程服从正态分布过程。

（2）借款人资产价值大于其债务价值时，借款人不会违约；反之，借款人资产价值小于其债务价值时，借款人就会违约。

（3）借款人资本结构只有所有者权益、短期债务、长期债务和可转化的优先股。

（4）违约距离是对企业进行评级的一个合适指标。

2. 模型的构造和参数估计

KMV 模型的构造可以分 3 个模块来进行。

模块 1：估计企业资产的价值及其波动性。

根据默顿风险债务定价原理，KMV 模型将银行的贷款问题换个角度来考虑，即从借款企业的股权所有者角度来看待企业借款偿还的激励问题。它把股东对企业的股权看作一种期权。为了解决企业的资产市值 V_A 以及资产市值的变动程度 σ_A 这两个变量不可观测的困难，KMV 模型运用了以下两个关系：①企业股权市值与它的资产市值之间的结构性关系；②企业资产市值波动程度和企业股权市值的波动程度之间的关系。

图 6-5 给出了从借款人（企业的股权所有者）角度考虑的贷款偿还问题。假设企业借款 OB，期末企业资产市值是 OA_2，这时企业会偿还贷款。在贷款期末，企业资产市值越大，股权所有者所持有的企业资产的剩余价值越大。然而，如果企业的资产市值减少到 OB 以下，如 OA_1，那么企业的股权所有者就会无力偿还贷款。他们就会在经济上失去清偿能力，同时将企业的资产转交给银行。同时可以看出，无论资产的价值与借款数量相比有多低，企业股权所有者的损失都有一个最低限额。具体地说是"有限责任制"保护了企业股权所有者，使其损失不会超过 OL（即企业股权所有者在企业的原始投入）。从信用分析的角度来看，可以将违约视为股权所有者不执行期权，而股权所有者可以"有选择地"拥有企业，但是如果企业营运状况较差，他们就选择不执行这个期权，而宁愿将企业的所有权转让给债权人而不偿债。

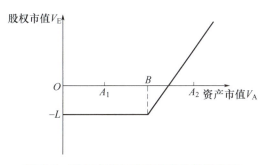

图 6-5　股权市值与资产市值的关系曲线

从图 6-5 可以看到，一家利用了财务杠杆的企业的股权所有者的报酬函数与购买了股票看涨期权的报酬函数之间是相互同构的。

同样股权的价值可以表示为一个看涨期权的价值。

股权的价值 $=f($ 违约边界，资产的市场价值，资产的波动性，时间范围，无风险利率$)$

利用默顿的期权定价公式代替函数 f，就可以得到如下表达式：

$$V_E = V_A N(d_1) - e^{-r(T-t)} X N(d_2) \tag{6-13}$$

其中：

$$d_1 = \frac{\ln(V_A/X) + (r + \sigma_A^2)(T-t)}{\sigma_A \sqrt{T-t}}$$

$$d_2 = d_1 - \sigma_A \sqrt{T-t}$$

$$N(d) = \int_{-\infty}^{d} \frac{1}{\sqrt{2\pi}} e^{-\frac{x^2}{2}} dx$$

式中，V_A、V_E 为企业的资产市值和股权市值；T 为到期日；σ_A 为企业资产市值的漂移率；X 为违约边界。

在式（6-13）中有两个未知数：资产市值 V_A 及资产市值的漂移率 σ_A。

对式（6-13）两边求微分，即可得到下面等式：

$$\Delta V_E = \left[N(d_1) + V_A \times \frac{1}{\sqrt{2\pi}} e^{-\frac{d_1^2}{2}} \times \frac{1}{\sigma_A \sqrt{T-t}} \times \frac{X}{V_A} \times \frac{1}{X} \right] \Delta V_A$$
$$- \left[e^{-r(T-t)} \times X \times \frac{1}{\sqrt{2\pi}} e^{-\frac{d_2^2}{2}} \times \frac{1}{\sigma_A \sqrt{T-t}} \times \frac{X}{V_A} \times \frac{1}{X} \right] \Delta V_A \tag{6-14}$$

经简化，得到：

$$\Delta V_E = N(d_1) \times \Delta V_A$$

进一步变化得到：

$$\frac{\Delta V_E}{V_E} = N(d_1) \times \frac{V_A}{V_E} \times \frac{\Delta V_A}{V_A}$$

即

$$\sigma_E = N(d_1) \frac{V_A}{V_E} \times \sigma_A \tag{6-15}$$

这样就得到了一个关于 σ_E 和 σ_A 的函数关系式。方程（6-13）和方程（6-14）包含两个未知数（V_A 和 σ_A），从而一定能求出它们的解。

模块 2：违约距离（Distance to Default，DD）的计算。

计算出企业的资产市值及其漂移率之后,为了计算违约距离,还需要先确定企业的违约实施点(Default Point, DP)。在现实中,多数企业在其资产市值相当于所有债务的账面价值时并没有违约(当然也有许多企业会在此时发生违约),这是因为一些长期债务为这些企业提供了喘息的机会。

在确定违约实施点时,应该考虑企业债务的结构,即要从债务求偿权等级和到期期限两个角度来分析。一般来说,企业的负债包括当期债务(如应付账款、应交税金、到期本息和应派红利等)、短期债务(一般指一年期以内的银行贷款、债券等)及长期债务等。对不同的债权人,企业首先需要弄清各种债务求偿权的等级以及其债权在所有求偿权中的等级。随着具有较低求偿权等级的债务的增加或具有较高求偿权等级的债务的到期,企业的信用状况将得到改善。但是随着求偿权等级较低的债务总量的减少和求偿权等级较高的债务总量的增加,企业的信用状况将恶化。其次,还需要根据期限将债务进行分类。这是因为如果具有不同求偿权等级的债务在不同的时间到期,早到期的债务就有可能导致公司违约或破产,尽管它的求偿权等级是比较低的。

如果企业的债务结构采取一般的形式,则求偿权等级和到期期限划分债务的类型将导致企业违约概率的度盘变得非常复杂。因此,KMV公司没有在债务结构方面就资历、抵押品或契约条件做出区别,可转换债券和优先股也被视为长期债务。KMV公司通过对大量违约企业的数据进行分析后得出结论,企业的违约触发点通常位于流动负债与总债务金额之间。在实证研究中,违约实施点一般等于流动负债加50%的长期负债。

确定了企业的资产市值及其漂移率和违约实施点后,将这三者结合起来就可以形成违约风险的一个单一测度——违约距离。违约距离等于市场净值(企业的资产市值减去违约实施点)除以资产市值波动的一个标准差,即

$$违约距离(DD) = \frac{资产市值 - 违约实施点}{资产市值 \times 资产市值的漂移率} = \frac{V_A - X}{V_A \sigma_A}$$

模块3:期望违约概率,即确定违约距离与违约率的映射关系。

根据KMV模型的假设,违约距离是评价企业违约风险的一个度量指标,可用其作为不同企业之间的比较,如表6-3所示。但该值是个序数指标,而非基数或者概率指标,也即人们无法直接从违约距离中得知企业违约概率到底是多少。违约距离和期望违约概率的关系曲线如图6-6所示。

表6-3 将违约距离对应到期望违约概率

	DD=1	DD=2	DD=3	DD=4	DD=5	DD=6
企业总数	9000	15000	20000	35000	40000	42000
违约企业数	720	450	200	150	28	17
期望违约概率	8%	3%	1%	0.43%	0.07%	0.04%

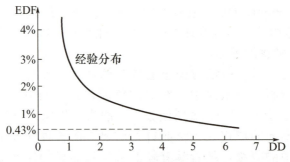

图 6-6 违约距离和期望违约概率的关系曲线

资料来源：巴塞尔银行监管委员会，2004. 外部信用评级与内部信用评级体系 巴塞尔新资本协议研究文献 [M]. 北京：中国金融出版社.

如果已知资产市值的概率分布，那么就可以通过违约距离来直接计算违约概率。通常假设资产市值服从正态分布或对数正态分布，这样就能计算理论上的违约概率，但是做出该假设可能是不现实的。为了计算经验上的违约概率，KMV 公司运用了大量违约企业样本的历史数据库，通过比较违约距离和破产频率的历史，拟合出代表企业违约距离的期望违约概率函数。

经过测试基于不同行业、规模、时间和其他因素的违约距离与违约概率之间的关系，KMV 公司发现这种函数关系相对稳定。

计算出了违约概率，对历史数据统计可得到债务违约下的平均损失率 $E(\text{LGD})$ 及其方差 σ^2_{LGD}，由于在该模型的高级版中假设 LGD 服从 β 分布，根据损失率的均值和方差可以计算出 β 分布的参数，这样在一定置信水平 α 下就可以计算债务损失。

$$EL = EAD \cdot EDF \cdot E(\text{LGD})$$
$$UL = EC = EAD \cdot EDF \cdot \beta^{-1}(\alpha) - EL$$

以上介绍是对于上市公司的情形，对于非上市公司，KMV 公司使用了本质上相同的方法。

3. 模型的绩效评价

检验一种违约模型的绩效就是要考查其对不同程度违约风险的区分能力，确定模型区分能力的一种方法是使用能力曲线测试（Power Curves Test）。该测试检验了模型提前一定时间（如 12 个月）识别出那些将会发生违约的企业的能力。对区分能力的度量使用的是"正确错误比率"（Hit-miss-ratio）。能力曲线测试不需要用模型来确定企业的违约概率，但是需要对企业进行排序。在测试中，将所有企业期望违约概率按照递增的顺序进行排列后，各种分位数（每 10%）计算一次。在已知期望违约概率情况下，对每个分位数计算出"正确错误比率"。

表 6-4 给出了 KMV 公司用欧洲的不同国家对非上市公司模型进行能力曲线测试的结果，提前时间选择为 12 个月。

表 6-4　能力曲线测试结果

向下排除企业总体的百分数	可以减少违约企业的百分数				
	英国	法国	西班牙	挪威	瑞典
10%	38%	30%	41%	49%	38%
20%	58%	56%	57%	65%	55%
30%	75%	68%	64%	74%	68%
40%	85%	76%	74%	79%	77%

资料来源：巴塞尔银行监管委员会，2004. 外部信用评级与内部信用评级体系 巴塞尔新资本协议研究文献 [M]. 北京：中国金融出版社.

从以上测试结果来看，KMV 模型的预测能力较好，例如在英国，如果银行不放贷给那些期望违约概率处于底部 10% 的企业，那么就可以避开所有发生违约企业中的 38%。

4. 模型的评价

(1) 模型的优点。

① KMV 模型是一种动态模型，可以及时反映信用风险水平的变化。上市公司股价每天有交易数据，且定期公布财务报表，这使得该模型可以经常更新输入数据，得出及时反映市场预期和企业信用状况变化的新的期望违约概率。

② KMV 模型是一种具有前瞻性（Forward-looking）的方法，在一定程度上克服了依赖历史数据向后看（Back-looking）的数理统计模型的"历史可以在未来复制其自身"的缺陷。KMV 模型提供的期望违约概率指标来自对股票市场价格实时行情的分析，而股票市场价格的实时行情不仅反映了该企业历史的和当前的发展状况，而且反映了市场中的投资者对该企业信用状况未来发展趋势的判断。

③ KMV 模型所提供的期望违约概率指标在本质上是一种对风险的基数衡量法。与序数衡量法不同，基数衡量法最大的特点在于不仅可以反映不同企业风险水平的高低顺序，而且可以反映风险水平差异的程度，因而更加准确。这也更加有利于对贷款进行定价。而序数衡量法只能反映企业间信用风险的高低顺序，如 BBB 级高于 BB 级，却不能明确说明高到什么程度。

(2) 模型的缺点。

① 该模型的适用范围受到了限制。KMV 模型一般适用于对上市公司的信用风险进行评估，而对非上市公司进行评估则存在较多困难。

② 该模型不能够对长期债务的不同类型进行分辨。实际上，可以根据长期债务的优先偿还顺序、是否担保、是否有契约、能否转换等来区别不同的长期债务，因而可能会造成对违约点的确定不够准确，使模型的产出变量不准。

③ 该模型基本上属于一种静态模型。因为作为 KMV 模型基础的期权定价模型有个基本假设——借款企业一旦将企业的债务结构确定下来，该企业的这一结构就不会发生变化，但实际情况并不是这样。

④ 对短期信用利差估计是不现实的。资产价值连续时间扩散中，企业资产价值降

低到债务边界以下的概率会随着违约时限趋向于 0 而急剧下降，短期信用利差随风险债务到期日而趋向于 0。但在实际中由于受流动性和交易成本的影响，可观察的短期债务价差并不为 0，因此低估了短时限中的违约概率。

现代风险度量模型比较如表 6-5 所示。

表 6-5　现代风险度量模型比较

比较的维度	Credit Metrics 模型	Credit Risk+ 模型	Credit Portfolio View 模型	KMV 模型
风险驱动因素	资产价格	期望违约概率	宏观因素	资产价值
信用事件的波动性	不变	可变	可变	可变
收复率	随机	在频段内不变	随机	不变或随机
信用事件的相关性	多变量正态资产收益	独立假定或期望违约概率相关	因素负载	多变量正态资产收益
数学方法	模拟或分析	分析	分析	分析

应用实例与分析

【参考视频】

互联网金融行业信用风险几何

各类互联网金融公司的大量涌现，在拓宽居民和企业投融资渠道、推进普惠金融、提高金融体系效率等方面起到了积极作用。但是，互联网金融业在信息不对称、信用等方面，也是风险事件高发。

1. 信用风险问题之现状

当前我国互联网金融信用风险问题主要表现在两个方面。一是互联网金融问题平台占比较高。网贷之家《2015 年中国网络借贷行业年报》显示，2015 年全国问题 P2P 平台数量达 896 家，是 2014 年的 3.26 倍，占全部平台数量的 34.5%，即 3 家平台中就有 1 家有问题。零壹财经《2015 年中国互联网众筹年度报告》也显示，2015 年全国问题众筹平台数量达 84 家，占全部平台数量的 23%，在众多的互联网问题平台中，以"泛亚日金宝"和"钰诚 e 租宝"最为突出，引起了广泛的社会关注，其中"泛亚日金宝"事件导致 22 万名投资者的 450 亿元资金无法兑付，"钰诚 e 租宝"事件导致 90 万名投资者的 500 多亿元资金受损，给投资者造成了巨大损失。二是互联网金融坏账率较高。零壹财经在《2016 中国互联网+不良资产处置调查报告》发布会上发布的数据显示，2015 年年底，全国 P2P 平台的坏账规模在 425 亿~638 亿元，而同期全国网贷行业贷款余额为 4395 亿元，按此计算，2015 年年底全国网贷行业的坏账率为 9.6%~14.5%。

2. 信用风险高之不利影响

第一，背离互联网金融行业的初衷。互联网金融本身是希望通过建立投资者与融资者直接联通的平台，拓宽企业和居民的投融资渠道，缩短融资链条，提高金融市场效率，实现普惠金融，进而解决小微企业融资难、融资贵等问题，但现实的情况是，很多互联网金融平台背离了初衷，借着行业缺乏监管之机野蛮生长，发布虚假标的、自融、构造资金池，最后沦为庞氏骗局，不仅没有实现投资者和融资者之间的双赢，而且还使投资者蒙受较大损失，对于解决小微企业融资难、融资贵问题更是作用有限，与初衷渐行渐远。

第二，影响大众对互联网金融行业的认知。互联网金融风险事件高发使得公众对该行业的认知出现了偏差，将互联网金融公司认为是"非法集资、金融诈骗"的代名词，不能再科学、客观地看待全行业。在这种认知下，部分规范经营的互联网金融平台也受到波及，因为在信息不对称的情况下，即使某些平台规范经营，也会由于公众的偏见和恐慌而出现挤兑，出现兑付困难的流动性危机，导致停业或退出，进而影响全行业的健康发展。

第三，制约行业融资成本的降低。由于互联网金融信用风险较高，存在着较高的风险溢价，通过互联网金融平台融资的企业和个人，必须提高利率才能覆盖投资者面临的信用风险，从根本上使得通过互联网金融业态降低企业融资成本的初衷难以实现。

第四，影响地区金融稳定。由于信用风险高发，互联网金融平台无法有效降低信用风险，互联网金融平台如果要承担信用中介职能，则意味着该平台存在不可持续性，因此，在缺乏监管的情况下，该类平台很难避免走向"拆东墙补西墙"的庞氏骗局境地，从而亏空越来越大，最后资金链断裂导致停止兑付，造成大量客户资金难以赎回，给地区金融稳定造成不利影响。

3. 信用风险高之原因

第一，互联网金融不能有效降低信息不对称。金融业两个很重要的特征是降低交易成本、降低信息不对称，这是任何金融业生存和发展不可或缺的两个因素，当前互联网金融行业虽然能够降低交易成本，但是在降低信息不对称上没有明显优势。互联网虽然能让大众更容易交流和获得信息，但是在信息泛滥、大量虚假信息充斥网络时，大众很难去伪存真，容易被虚假信息所欺骗并做出错误选择。

第二，互联网金融没有降低信用风险的有效手段。我国大部分互联网金融平台成立于2013—2015年，且运营规模较小，导致绝大多数互联网金融平台没有大数据资源，无法对客户信用状况进行准确判断。如果要准确甄别客户信用状况，就必须依托央行征信系统和民间征信公司数据，而国内互联网金融平台目前尚未接入征信系统，央行支付清算协会和上海资信等多家机构针对互联网金融平台搭建了网络征信系统，但是都尚未形成规模，并且加入该类系统平台都需要支出相应费用，许多互联网金融平台由于没有长远和系统规划，且投入资金有限，所以在这样的背景下，大部分互联网金融企业没有办法降低信用风险。

第三，互联网金融行业面临着更严重的道德风险和逆向选择。由于互联网金融行业没有办法降低信用风险，同时互联网金融企业的交易数据没有加入征信系统，所以客户的违约成本极低，这产生了严重的道德风险。在道德风险和违约率较高的情况下，互联网融资面临着更高的风险溢价，融资者必须支付更高的利息，导致优质的融资者不愿意在互联网金融平台进行交易，剩下的只能是资质较差和信用记录不好的融资者,产生了逆向选择问题,互联网金融市场的有效性难以实现。

4. 风险防范之路径

第一,发展蚂蚁金服类型的全生态互联网金融模式。目前国内具备大数据资源的互联网金融平台最具代表性的是蚂蚁金服。蚂蚁金服最大的优势是掌控着阿里巴巴、淘宝网和其他各类平台上企业和个人的各类交易数据,并且大部分数据都是可以判别客户信用状况的商业数据。通过对该类数据进行有效分析和挖掘,可以准确判定客户风险,进而为交易服务。以蚂蚁金服旗下网商银行为例,2015年年底,网商银行不良率低于1%,比同期全国银行业贷款不良率至少低0.67个百分点,大数据优势凸显。除此之外,蚂蚁金服的另一优势是阿里巴巴旗下的各类交易平台可提供各种服务,阿里集团通过完善产业链、构造全生态系统,已经可以为客户提供购销、消费、支付、信贷、理财、便民查询、缴费等各种服务。通俗地说,企业和个人的日常大部分交易都可以通过阿里巴巴打造的平台方便快捷地完成,使客户对阿里平台形成一定依赖,客户基础具备一定黏性。如果客户违约,那么将付出脱离阿里生态系统的高额成本,所以这在一定程度上也提高了客户的违约成本。这种模式更适合于有大数据资源以及有电商背景的互联网金融企业,通过该模式,企业可以充分利用自身原有的平台和资源实现价值再造,服务于实体经济。

第二,完善信用体系整合,发展附带惩戒机制的特色互联网金融企业。目前国内信用体系正在加速构建,央行背景的征信机构和民间征信机构正加紧构建互联网金融征信平台,与央行现有征信系统构成互补,其中上海资信公司于2013年8月建立了全国首个网络金融征信系统,央行支付清算协会也在2015年年初上线了互联网金融风险信息共享系统,91金融和算话等民间征信机构也都在推广自身网络征信平台,为互联网金融公司降低信用风险服务。

但目前尚需推进各类征信平台之间的整合,央行征信系统、各个网络征信系统以及法院、工商、电信等部门的征信系统尚未连通,企业和个人完整的征信信息尚不能完整显现,这在未来还有待进一步整合。提高征信体系服务互联网金融行业的能力,促进国内互联网金融行业提高风控水平,在完善整合现有征信系统的同时,加强对于违约行为、失信行为的惩戒机制,在各类公共服务上降低对失信企业和个人的服务水平,为互联网金融行业健康可持续发展创造良好的信用环境。该类模式更适合于不具备大数据资源的特色互联网金融企业,通过依托于整合后的征信系统,创新数据挖掘技术,深耕单一领域,构造自身优势,实现自身价值。

资料来源:丁延青,赵玉娟,任全民,2016.互联网金融行业,信用风险有几何[J].金融博览(财富)(12):70-71.

本章小结

信用风险是金融市场上最古老也是最重要的风险形式之一。本章首先分析商业银行信用风险的定义、特点和形成原因,然后阐述《巴塞尔协议Ⅲ》下的商业银行内部评级法,最后从传统到现代列举了几种经典的信用风险测量模型,层层递进。

关键术语

信用风险（Credit Risk）、违约概率（Probability of Default）、损失率（Loss Given Default）、风险敞口（Exposure at Default）、有效期限（Effective Maturity）、Credit Metrics 模型（Credit Metrics Model）、KMV 模型（KMV Model）

知识链接

[1] 任学敏，魏嵬，姜礼尚，等，2014. 信用风险估值的数学模型与案例分析 [M]. 北京：高等教育出版社.

[2] 赫尔，2018. 期权、期货及其他衍生产品（原书第10版）[M]. 王勇，索吾林，译. 北京：机械工业出版社.

习　题

1. 判断下列说法正确与否并说明理由：

（1）信用风险呈现出厚尾特征，这种厚尾特征是左右对称的；

（2）现代意义上的商业银行信用风险，是指借款人到期不能或不愿履行借款协议，未能如期偿还其债务，致使银行遭受损失的可能性；

（3）Credit Metrics 模型认为市场风险与信用风险高度相关，因此可以仅估计信用风险；

（4）Credit Metrics 模型是应用保险经济学中的保险精算法来计算债务组合的损失分布；

（5）Credit Risk+ 模型集中于违约分析，所需要估计变量很少，只需要违约率、违约波动率和损失的严重性；

（6）Credit Risk+ 是由麦肯锡公司于1998年应用计量经济学理论和蒙特卡罗模拟法，从宏观经济环境的角度来分析债务人的信用等级迁移，开发出的一个多因素信用风险度量模型。

2. 以下说法错误的是（　　）。

A. 专家评定方法的缺点就是主观性太强

B. Z 评分模型算出的分值越大，违约概率就越大

C. Z 评分模型和 ZETA 评分模型都无法计量企业表外的信用风险

D. Z 评分模型和 ZETA 评分模型都忽视了各项资本市场指标

3. 以下因素中构成真正的还款来源的是（　　）。

A. 抵押物　　　　　　　　　　B. 还款意愿

C. 融资活动中产生的现金流　　D. 经营活动中产生的现金流

4. 什么是信用风险？什么是信贷风险？两者有什么区别？

5. 什么是5C分析法？它适用于什么样的贷款申请人？其主要分析内容有哪些？其局限性是什么？

6. 某大型企业财务资料如下：总资产350000元，流动资产80000元，流动负债75000元，息税前利润30000元，留存收益20000元，股票总市值100000元，长期负

债 200000 元，销售收入 600000 元，则该企业的 Z 值为多少？

7. 假设某金融机构的某笔贷款业务中，每贷出 1 元就能够获得 0.012 元的收益，若未预料到的违约率为 8%，违约发生时的预期损失率为 85%。请计算该贷款的风险调整资本收益率。若银行要求的股东回报率为 20%，银行会考虑该项贷款吗？请说明理由。

8. 现有某银行的一个两笔贷款的贷款组合。贷款 A 的占比为 30%，预期收益率为 10%，贷款收益的标准差为 15%；贷款 B 的占比为 70%，预期收益率为 15%，贷款收益标准差为 20%；两笔贷款的收益协方差为 0.02。

根据给出的资料，回答下列问题。

（1）计算贷款组合的预期收益和标准差。

（2）已知相关系数为 –0.02，计算组合的预期收益和标准差。

（3）相关系数与协方差对贷款组合的风险有什么影响？

9. 常见的信用风险转移手段有哪些？并说明它们的适用情况？

10. 什么是社会信用体系，它的作用是什么？

第 7 章 流动性风险管理

本章教学要点

知识要点	掌握程度	相关知识
流动性风险成因	了解	商业银行业务
流动性风险度量	掌握	商业银行资产负债表
流动性风险管理方法	重点掌握	不同金融资产的流动性特征

导入案例

英国北岩银行深陷流动性危机的泥潭

【参考视频】

因受美国次贷危机波及而倒闭的金融机构中，远离风暴中心的英国第五大抵押贷款机构北岩银行（Northern Rock Bank）尤为引人注目，其直接持有与美国次级债相关的金融产品尚不到总资产的1%，但当美国次贷危机波及欧洲短期资金市场时，北岩银行流动性管理出现问题，融资出现困难，只能向英格兰银行求助，该举导致北岩银行的投资者与储户丧失信心，股价在短短几个交易日内下跌近80%，引发了英国近140年来首次"挤兑现象"。在陷入流动性危机泥潭长达6个月之久后，英国议会2008年2月21日通过了将其国有化的议案，这也成为了20世纪70年代以来英国的首起企业国有化案例。

导致北岩银行陷入流动性危机的根本原因，并不在于发源于美国的次级抵押房贷问题，而是北岩银行自身发展战略过于激进，资产负债出现期限错配，流动性管理不善，最终引发流动性危机。加强流动性风险管理既是商业银行适应金融监管要求，健全全面风险管理体制的需要，也是商业银行树立市场良好形象，巩固营销基础，保持业务持续、稳定发展的需要。

资料来源：张亮，2009.北岩银行的倒闭与商业银行流动性管理[J].中国金融出版社（06），35-36.

【参考课件】

案例启示： 北岩银行的悲剧再一次向人们证明，流动性风险这一"商业银行最致命的风险"不确定性强、冲击破坏力大。流动性风险在进入21世纪后，发生的频率和成因都出现了新的特点，北岩银行的经历值得金融业反思和借鉴。我们在日常的投资过程也要注意不要把"鸡蛋放在同一个篮子里"。资产端和负债端都需注意风险分散，做好风险防控。

7.1 流动性风险概述

7.1.1 流动性

所谓商业银行的流动性，是指银行能够随时应付客户提存，满足必要贷款需求的能力，包括资产的流动性和负债的流动性。在理解银行的流动性的时候，应当明确以下几点。

（1）银行的流动性是获取可用资金的能力，它不仅包括现实的可用资金，也包括替代的可用资金；不仅涉及资产的流动性，也涉及负债的流动性。

（2）银行保有流动性，不单单是为了满足客户的提存需求，同时也是为了满足客户正当的贷款需求。拒绝客户尤其是基本客户的正当贷款要求，不仅会影响到银行的利息收入及为客户提供多方位服务而带来的费用收入，而且还会失去了客户对该银行的忠诚，进而影响银行未来的存贷款业务的增长。

（3）银行保有流动性要充分考虑到由此形成的各类成本费用，银行要根据各种条件和经营状况，对各种流动性来源渠道做最经济的安排。

资产流动性是指银行持有的资产在不发生损失的情况下迅速变现的能力。商业银行传统的资产流动性资源主要包括现金和准备金、同业拆出、政府短期债券、商业票据、银行承兑汇票、资金回购及其他流动性资产等，具体见表7-1。

表7-1 商业银行传统的资产流动性资源

项 目	说 明
现金和准备金	反映银行的现金状况，主要包括： ①多余收入；②多余代理行存款；③应收未达票款；④因存款下降减少的准备金需求，其值等于存款下降额 × （1–法定准备率）
同业拆出	银行将超额准备金出售给其他银行，以增加收益，同业拆出，以一天为期，但容易续借
政府短期债券	具有如下特点：①期限短；②偿还风险小；③买卖活跃
商业票据、银行承兑汇票等	这是通过货币市场经纪人买卖的借款单位债务凭证，信用等级较高，在二级市场通常以折扣交易
资金回购	临时性买入政府债券和其他有价证券，同时以约定价格在约定时间卖出，买卖差价构成资金回购收益。资金回购实际上是银行向交易对方借出短期资金
其他流动性资产	符合以下条件的资产：①到期期限和银行流动性需求一致；②如有必要，银行可以很容易地减少资产规模

负债流动性是指银行能以较低的成本在市场上随时获得所需要的追加资金。商业银行传统的负债流动性资源包括再贷款（含再贴现和中央银行垫款）、同业拆入、大额可转让定期存单、欧洲货币和外国货币资源、证券回购及其他负债等，具体见表7-2。

表7-2　商业银行传统的负债流动性资源

项　　目	说　　明
再贷款（含再贴现和中央银行垫款）	中央银行向各类金融机构发放的短期贷款，其利率采用再贴现率，对经常使用再贷款或使用太多再贷款的银行进行惩罚。申请再贴现或中央银行垫款需提供合格票据
同业拆入	买入其他银行的短期资金
大额可转让定期存单	银行可以向拥有多余现金的公司发行大额可转让定期存单，在这种债务形式上银行通常提供高于市场利率的利率
欧洲货币和外国货币资源	许多银行可以在欧洲货币市场上以及外国资金市场上筹集资金。欧洲货币指存放在境外银行的货币。银行开展此项业务必须将有关风险控制在自己能够承受的范围内
证券回购	临时性卖出政府债券或其他有价证券，同时以约定时间和约定价格买回。证券回购实际上是银行向交易对方借入短期资金
其他负债	包括资本票据、不规范的银行承兑票据等。银行能否采取这种方式获取资金取决于：①银行支付较高利率的能力；②债权人对银行的信心

7.1.2　流动性风险

若商业银行没有足够的现金来弥补客户取款需要和未能满足客户合理的贷款需求或其他即时的现金需求，就可能引发流动性风险。

商业银行的流动性风险有狭义和广义之分。前者是指商业银行没有足够的现金资产来弥补客户存款的提取而产生的支付风险；而后者除狭义内容之外，还包括因商业银行的资金来源不足而未能满足客户合理的信贷需求或其他即时的现金需求而引起的风险。如果一家商业银行面临着流动性风险，则它可能会失去许多潜在的盈利机会；如果流动性风险进一步加剧，则将引起对该商业银行的挤兑，最终导致该银行的破产。

7.1.3　流动性风险的成因

引起商业银行流动性风险的原因是多方面的，如"存短贷长"的资产负债结构引发的内在不稳定因素、商业银行客户投资行为的变化、突发性的存款大量流失等。

1. "存短贷长"的资产负债结构引发的内在不稳定因素

商业银行的资金来源由各种存款和各种借入款组成，其中大部分存款和借入款是短期的，但商业银行的资金运用中，有相当一部分是中长期的贷款。也就是说，大量的短期负债被期限较长的贷款和其他投资所占用，这种"存短贷长"所引起的资产与负债期限的不匹配，使商业银行资产负债结构具有内在的不稳定性。

由于这种不合理的"存短贷长"的资产负债结构,商业银行资产产生的现金流入很少能够正好弥补因支付负债而导致的现金流出,从而容易引发商业银行的流动性风险。一个与期限不匹配相关的问题是:商业银行持有极高比例的即将到期的负债,比如活期存款的提取、定期存款或其他借入款的到期,因此商业银行面临巨额现金支付的问题,另外在一些重要的节假日或特殊的时间,如西方国家的银行在圣诞节前、我国的银行在春节前、农村地区的银行在农忙季节,其客户提现的压力比较大。除了这些特殊时间,在每年的正常时间内,其他条件不变的情况下,客户存款基本上保持稳定,不少活期存款可以充当核心存款。

所谓核心存款,是指银行的忠诚客户所提供的相对稳定的存款。通常情况下,各银行营业部的经理们可以预测到每个营业日的存款净流失额的分布概率。在美国的情况是:拥有核心存款和少部分购入资金的大多数美国银行,其存款相对比较稳定,特别是当其存款有联邦保险时,存款意外流失的可能性不是很大。

2. 商业银行客户投资行为的变化

如今,完善发达的金融市场为投资者提供了众多的可选择的投资途径和方式。商业银行客户的投资行为会随着许多因素的变化而改变。例如:市场利率降低时,存款利率相应降低,存款人就会将存款取出,投资于其他收益较高的项目,最典型的是存款人将存款取出来投资股票和债券,资金从商业银行流向证券市场;另外,市场利率降低,贷款利率也会降低,企业筹资成本下降,贷款需求上升,这两方面因素的作用,使得商业银行可能面临流动性风险。利率的调整由中央银行所控制,且有突然性,商业银行无法把握,因此对商业银行的正常经营影响较大。

3. 突发性的存款大量流失

突发性的存款大量流失是指由于某种突然因素导致商业银行客户大量提取存款(即挤兑),从而引发银行流动性风险。

存款人的挤兑行为主要是由存款人对银行偿付能力的怀疑和对存款发生损失或被冻结的恐惧而引起的。这种怀疑和恐惧常常在以下两种情况下发生:第一种情况是当存款人了解到自己存款的银行因大量资产成为呆账或投资担保等业务出现严重亏损时,存款人对该银行的流动性风险的严重性及能否渡过难关的具体情况无法确切了解,担心和恐惧就会产生;第二种情况是当其他银行发生支付危机时,存款人很难判断这种支付危机是否会传染波及自己存款的银行。因为一家银行倒闭后,其他银行在该行拥有的债权(如拆借给该行的资金)就会发生损失。在存款人无法确定自己存款的银行所受的影响是否会影响到自己存款的安全偿还时,他们也会产生担心和恐惧。这种担心和恐惧是在存款人对开户银行偿付能力的信息不完全了解的情况下产生的。

客户挤兑导致银行危机只是表象,深层次的问题还在于银行本身。银行的流动性风险往往是由于种种原因导致银行资产质量恶化,银行出现巨额亏损,资本充足率急剧下降,又无法以适当的成本筹措到所需要的资金满足付现要求。在这样的情况下,即使未出现挤兑,银行也难逃破产清算或被强制兼并的厄运。

4. 信用风险的影响

信用风险对流动性的影响在于银行向客户贷款是有风险的。这些风险或来自客户经营不善，或来自银行决策有误。不管风险来自何方，信用风险一旦发生，其直接后果就是贷款本息无法按期收回，银行将遭受损失。同时，贷款本身的流动性很差，缺乏活跃的二级市场，因此，贷款一旦投放出去，即使银行预见到风险的存在，也无法在到期前出售或转让，而只有寄希望于客户境况的好转，但这时商业银行已失去回避风险的主动权。

5. 中央银行政策的影响

中央银行的政策与商业银行的流动性之间有着密切的联系。当中央银行采取扩张的货币政策时，商业银行比较容易取得资金，存款急剧上升，客户的贷款要求也很容易被满足，流动性风险基本不会发生。当中央银行采取紧缩的货币政策时，商业银行向中央银行的借款数额得到控制，整个社会货币数量和信用总量减少，资金呈紧张趋势，存款数量减少，贷款的需求量很高，挤兑的可能性增加。

【参考资料】

6. 金融市场发育程度的影响

金融市场发育的程度直接关系着商业银行的资产变现和主动负债的能力，从而影响流动性。从资产方面看，短期证券和票据资产是商业银行保证流动性需要的工具。当第一准备金不充足时，商业银行就要抛售它们中的一部分来获得流动性。这种抛售行为必须以存在发育成熟、机制完备的金融市场为前提。金融市场不完备，证券和票据不能以合理的市场价格买卖，就会加大交易的成本和损失。从负债方面看，伴随着负债业务的多样化，负债工具的二级市场的发展也日趋完善，这不仅促进了一级市场的发展，而且为商业银行随时获得流动性开辟了途径。

7. 利率变动的影响

利率的变动对商业银行的流动性影响很大，因利率敏感性资产和负债的结构差异，会产生两种情况。当敏感缺口为正值，在资产与负债到期或重新定价时，资产的收益会多于负债的成本，导致现金的流入量大于流出量，这就会提供相当多的流动性。当敏感缺口为负值，在资产或负债到期或重新定价时，资产的收益会少于负债的成本，现金流入量小于流出量，这时对流动性的影响也不大。若预期利率下降，存款额就会因社会投资和消费过度膨胀而急剧下滑。这就迫使银行必须调动一切可利用的流动性，包括动用第二准备金和出售资产。更糟的是，此时商业银行获得主动性负债的能力已经很小，资金来源相当紧张。社会对贷款的需求会因投资过旺而成倍扩大，商业银行会因不能提供贷款而失掉盈利的机会。短期证券因存款利率下降而提供了较高的收益率，但此时商业银行已很难再筹措到投资资金。这样，流动性在需求方面产生了巨大缺口，流动性风险会达到相当高的水平。

7.2 流动性风险的度量

商业银行若要有效控制流动性风险，就必须科学地识别和测算已知的和潜在的资金需求，测算资金的需求规模和时间，通过分析、测算，使银行对自己的流动性状况有充分的了解，以便随时解决可能出现的流动性风险。

7.2.1 度量流动性风险的财务指标

度量商业银行流动性风险的财务指标很多，如现金比率、流动比率、存贷款比率、不良贷款率、核心存款与总资产比率、贷款总额与总资产比率、贷款总额与核心存款比率、流动资产与总资产比率、流动资产与易变负债比率、易变负债与总资产比率、存款增减变动额与存款平均余额比率、流动资产和可用头寸与未履约贷款承诺比率、证券市场价格与票面价格比率等。

1. 现金比率

现金比率是指现金资产与银行存款的比率，鉴于现金资产具有最高的流动性，因此，这一比率越高，表明银行资产整体的流动性越强，但并非所有的现金资产都是可用的，只有超出法定存款准备金的那部分现金资产才是可用的。现金资产具体包括3个方面：一是库存现金（包括纸币和硬币）；二是存放在央行的存款（包括法定存款准备金和清算资金）；三是存放在其他商业银行和金融机构的款项（存放同业款项）。库存现金、存放在央行的清算资金、存放同业款项这三部分资产统称为商业银行的超额准备金，通常被称为商业银行的基础头寸。现金比率的计算式为

$$现金比率 = 现金资产 / 银行存款$$

尽管各国央行对商业银行现金比率保持在什么样的水平没有明确的规定，但可以做个粗略的推算。因为商业银行保持现金的目的有两个：一是作为法定存款准备金；二是用于支付的超额储备。法定存款准备金与法定存款准备率有关，而超额储备与备付率有关。因此，现金比率可视为法定存款准备率加备付率，即

$$现金比率 = 法定存款准备率 + 备付率$$

2023年我国金融机构加权平均存款准备率约为7.4%，备付率没有严格的规定，由各商业银行决定，如中国建设银行规定其分支行的备付率保持在2%～4%。一般情况下，大银行的备付率比小银行的要低，如有些中小商业银行就将其备付率定在5%以上。

2. 流动比率

流动比率是指流动资产与流动负债之比，计算式为

$$流动比率 = 流动资产 / 流动负债$$

流动资产是指企业拥有的可以在一年或超过一年的一个营业周期内变现或者耗用的资产，商业银行的流动资产包括库存现金、存放在中央银行的款项、短期投资、存放同业款项、拆出资金等。

流动负债是指在一年或超过一年的一个营业周期内偿还的债务，包括吸收的各项短期存款、向中央银行借款、同业存放款项、拆入资金、应解汇款、应付利息、应付工资、应付福利费、其他应付款、应交税金等。

流动比率越高，表明该银行的流动性越好。很多国家对商业银行的流动比率做了规定，如《中华人民共和国商业银行法》第三十九条规定："流动性资产余额与流动性负债余额的比例不得低于百分之二十五"。

3. 存贷款比率

存贷款比率是指商业银行的贷款余额与存款余额的比率。计算公式为

$$存贷款比率 = 贷款余额 / 存款余额$$

这个指标是评判流动性的总指标，也是长期以来被银行运用较多的传统指标。贷款是商业银行最主要的资金运用，也是流动性较差的资产；存款是商业银行的负债，是其最主要的资金来源。贷款余额对存款余额的比率越高，就意味着商业银行的流动性就越差，风险程度越大，因为不具流动性的资产占用了更多的资金。反之，贷款余额对存款余额的比率较低，说明银行还有多余的头寸，既可以用稳定的存款来源发放新的贷款或进行投资，也可以应付客户提现的需求。一般来讲，商业银行在初级阶段该比例较低，随着经营管理水平的不断提高和规模的扩大，该比例也不断上升。此外，各商业银行不同的经营方针在一定程度上也决定了该比例的大小，如强调进取的商业银行与非进取的商业银行相比，该比例较高，因为前者侧重于盈利性而后者更强调安全性。然而，存贷款比率并不能反映贷款与存款的结构差别，如贷款的质量和期限，所以用这个指标来衡量流动性也存在明显的不足。

4. 不良贷款率

不良贷款率是衡量贷款质量的指标，同时也是衡量流动性的指标，因为银行的资产中贷款所占比重最大，贷款质量的好坏不仅直接影响着银行资产的安全，还影响银行的收益和声誉，因为谁也不愿意将钱存在没有保障的地方。事实表明，不少银行的流动性危机正是由于银行存在大量的不良贷款而引起的，不良率越高，流动性越差，反之流动性越好。国际上将10%视为不良贷款率的警戒线。

5. 核心存款与总资产比率

商业银行的存款按其稳定性可分为核心存款和非核心存款。核心存款是指那些相对来说较稳定、对利率的变化不敏感的存款，季度和经济环境的变化对其影响也较小，因此核心存款是商业银行稳定的资金来源。不过，商业银行一旦失去了信誉，其核心存款也会流失。

非核心存款也称易变存款，受利率等外部因素的影响较大，一旦经济环境变化产生对银行不利的影响，非核心存款往往会大量流失，然而此时也正是商业银行的流动性需求增加的时候，所以在测算商业银行流动性时，不能考虑这类存款。

核心存款与总资产比率在一定程度上反映了商业银行流动性能力。一般而言，地区性的中小银行该比率较高，而大银行特别是国际性的大银行这一比率较低，但这并不意味着大银行的流动性风险比小银行的要高，因此这个指标也存在局限性，不过对同类银行而言，该比率高的银行流动性也相应较高。

6. 贷款总额与总资产比率

贷款是商业银行最主要的资产，如果贷款不能在二级市场上转让，那么这类贷款就是银行所有资产中最不具备流动性的资产。通常，该比率较高，表明银行流动性较差；该比率较低，则反映了银行具有很大的贷款潜力，满足新贷款需求的能力也较强。一般情况下，该比率随银行规模的增加而增加，大银行的比率高于中小银

行的比率。由于贷款总额与总资产比率忽略了其他资产（特别是流动性资产）的性质，因此该项指标往往不能准确地衡量银行的流动性风险，而且该指标没有考虑贷款本身所具备的流动性。贷款能从以下两方面提供流动性：①按协议定期偿付的利息和本金本身就提供了流动性；②某些贷款经过处理之后也可以在二级市场上转让，从而提供流动性。由于呆账风险和二级市场转让的不确定性，贷款所能提供的流动性较难估算。

7. 贷款总额与核心存款比率

贷款总额与存款总额的比率是一种传统的衡量银行流动性的指标。后来人们发现易变存款不能作为银行稳定的资金来源，所以就用核心存款来代替存款总额。

贷款总额与核心存款比率越小，商业银行储备的流动性就越高，相对来说，流动性风险也就越小。

一般来说，贷款总额与核心存款的比率随银行规模扩大而增加，某些大银行的此比率甚至大于1。这是因为对于大银行来说，核心存款与总资产的比率较低，而单位资产的贷款额又比中小银行高。但这并不意味着大银行的流动性风险一定比中小银行的大，因为大银行更容易在金融市场上以合理的成本筹措到资金，满足其流动性的需求。

8. 流动资产与总资产比率

流动资产是指那些投资期在1年以内，信誉好、易变现的资产。这种资产一遇需要，马上就能以合理的价格转换成现金，流动资产占总资产的比率越高，银行储备的流动性就越高，应付潜在的流动性需求的能力也就越强，但是对于大银行来说，因为它能容易地以合理的价格筹措资金，因此不必要存储太多的流动性，所以银行的规模越大，该比率越小。

9. 流动资产与易变负债比率

易变负债是指那些不稳定的，易受利率、汇率、股价指数等经济因素影响而变动的资金来源，如大额可转让定期存单，国外存款，以及我国的定活两便存款、证券账户上的存款等。当市场利率或其他投资工具的价格发生对银行不利的变动时，这一部分资金来源容易流失。

流动资产与易变负债的比率反映了当市场利率或其他投资工具的价格发生对银行不利的变动时，银行所能承受的流动性风险的能力，该比率大，说明银行应对潜在流动性需求的能力强；该比率小，说明银行应对潜在流动性需求的能力弱。

10. 易变负债与总资产比率

易变负债与总资产比率衡量的是一个银行在多大程度上依赖于易变负债获得所需资金。通常情况下，在其他条件相同时，该比率越大，银行面临的流动性风险也越大。

11. 存款增减变动额与存款平均余额比率

该比率在不同的经济周期是不同的，但对于每一家银行来说，存款的增减变动额在一定的经济条件下，具有一定的稳定性和规律性。如果出现异常变化，那么就要引起重视。例如，某周或某月该比率急剧下降，说明存款大量流出，如果该比率的下降幅度与历史同期的下降幅度相比差异较大，则表明流动性风险增大。在经济环境变动较大或投资偏好出现较大变化时，该比率不能正确反映和衡量银行的流动性风险。

12. 流动资产和可用头寸与未履约贷款承诺比率

此比率可衡量银行是否能满足未履约贷款承诺所需的流动性需求。如果流动资产与可用头寸之和大于未履约贷款承诺，说明可满足已承诺的潜在的贷款需求；如果流动资产与可用头寸之和小于未履约贷款承诺，表明银行现有的流动性不能满足已承诺的贷款需求，银行的流动性风险较大。该比率越大，说明银行应对潜在贷款需求的能力越大；该比率越小，说明银行应对潜在贷款需求的能力越小。

因为没有考虑银行可以从其他途径获取流动性的便利程度和成本，所以该比率在衡量银行的流动性风险时，也有局限性。

13. 证券市场价格与票面价格比率

银行通常持有一定比例的证券，以维持其流动性，证券的市场价格影响着其流动性，证券市场价格与票面价格的比率也是反映银行的流动性的指标。

上面讨论了 13 个关于流动性的指标，这些指标都是根据资产负债表中的有关项目来衡量流动性的。它们的共同缺陷在于：它们都是存量指标而不是流量指标，都没有考虑银行在金融市场上获得流动性的能力。

7.2.2 度量流动性风险的市场信息指标

仅仅计算银行资产负债表中的有关财务比率不能全面、准确地衡量银行的流动性风险。银行是否具有控制流动性风险的能力，这种能力的强与弱，由银行在市场上的形象、地位和实力所决定，在经过市场考验之前，银行不可能确定自己是否有足够的流动性。因此，在衡量银行流动性风险时，除了分析测算有关的比率，还应分析观察一些市场信息指标。

1. 公众对银行的信心

银行是不是由于公众或机构认为银行现金不足，难以保证债务支付，而导致存款流失？银行股票的价格是否由于投资者认为该行面临或将面临流动性危机而下降？如果存款持续减少、本银行的股票价格下跌，可能意味着公众对该银行的信心在下降。

2. 资产出售时的损失

银行最近是否为了满足流动性需求，而在发生重大亏损的情况之下出售资产？这种情况是经常发生还是偶尔为之？若经常发生，表明该银行已经面临着严重的流动性危机。

3. 银行满足优质客户资金需求的能力

银行是否能够及时满足能给银行带来合理利润的优质客户的贷款需求，或由于流动性压力迫使银行放弃某些可接受的贷款申请？如果银行不能满足优质客户合理的贷款需求,表明银行已经出现流动性不足的情况,如果不及时解决,不仅会降低盈利,而且还会失去优质客户。

4. 向中央银行借款情况

银行最近是否经常向当地中央银行申请贷款?央行官员是否对银行借贷提出问题?如果是这样,则表明银行存在流动性风险,银行应该认真检查流动性管理的政策,做出相应调整。

5. 票据贴现或转贴现

对于本银行的票据,其他金融机构是否愿意贴现或者转贴现?如果答案是否定的,则可能预示着本银行的市场形象和资金实力受到怀疑。

6. 资信评级

要密切关注市场评级机构是否调整对本银行的资信评级,若评级提高了,则说明银行的市场地位提高;若评级降低,则说明银行的市场地位降低。评级降低会直接导致筹资成本的增加,流动性风险也随之增加。

7. 中间业务情况

银行在信用证等中间业务中,作为开证行,是否经常会遇到出口商或出口方银行提出的要求增加保兑行的情况?如果是,则说明该银行的市场形象和资金实力受到市场怀疑。

受信息不对称的影响,上述市场信息指标并不能完全真实反映一家银行的流动性风险,但通过对这些指标的分析,能使银行对自己在市场上的形象和地位做出较为正确的衡量和判断,促使银行制定合理的流动性管理策略。

7.3 流动性风险管理方法

7.3.1 衡量流动性缺口

【参考论文】

衡量流动性缺口是进行流动性风险管理的前提条件,流动性缺口的实质是银行流动性净需求,这种净需求通常使用的测定方法是资金来源与运用法。该方法的思路是:银行流动性随存款增加和贷款减少而提高,随存款减少和贷款增加而降低。当资金来源与运用不匹配时,银行便存在流动性缺口。当流动资产来源超过了其运用,称为正缺口或流动性盈余;反之,称为负缺口或流动性赤字。当发生流动性缺口时,银行通过将流动资产变现或从金融市场上购买流动性来弥补。因此,流动性需求预测是估计流动性需求的重要方法,同时也是减少流动性风险的重要手段。测算流动性净需求的方法之一——资金来源与运用法,该法将计划期内存贷款的数量增减变化作为分析、测算的重点,分析银行经营过程中所面临的季节性、周期性和趋势性3个方面。其基本操作程序是:首先,预测计划期(如1年)存贷款数额,通常按月或按周计算存贷款的预测值;其次,根据同一时期存贷款增减额变动的估计,测算出流动性需求净额(流动性缺口)。其实,银行的资金来源不只限于存款，还有到期可收回的贷款或投资，银行的资金运用也不只是贷款，还包括到期应支付的存款和债务，因此流动性缺口的预测还应考虑全部资金来源与全部资金运用。

7.3.2 提供流动性供给

流动性供给通常从流动性储备和流动性购买入手。前者要求银行必须保留一定的与预期流动性需要相匹配的现金资产或其他容易变现的资产；后者表明银行可以出售各种形式的债权来主动获得流动性，两者分别体现了流动性供给管理的资产和负债方式。

1. 流动性储备

进行流动性储备通常的方法是资金池法。商业银行将从各种渠道筹集来的资金汇集起来，然后按流动性的优先顺序分配资金运用，形成适当的资产组合。首先，按照资金池法，商业银行常常优先满足一级储备，主要包括库存现金、同业存款、托收现金以及在中央银行的储备存款等。一级储备构成了存款被提取的第一道防线，当客户提出非预期的贷款需求，而商业银行又觉得非贷不可的时候，一级储备是银行考虑的首要流动性来源。其次，商业银行要安排好二级储备，主要包括其持有的短期政府债券和货币市场证券，二级储备成了满足商业银行流动性需求的第二道防线。在满足一级储备和二级储备后，商业银行将剩余资金中一部分用来发放符合质量要求的贷款，一部分用来购买长期有价证券。最后，作为固定资产投资，银行单独考虑，一般仅限于其资本量。除此以外，银行也可以根据不同资金来源的流动性、资金周转速度和法定存款准备金要求来决定银行资产分配。如果银行的资金来源是短期的，并且是相对易变的，那么银行应将大部分资金投向一级储备、将小部分资金投向二级储备或短期贷款。相反，如果大部分资金来源期限较长，其流动性较低，法定存款准备金要求也低，则小部分资金用于一、二级储备，大部分资金用于贷款和证券投资。

2. 流动性购买的主要渠道

一般而言，流动性购买包括以下几个方面。

1）窗口贴现

窗口贴现是商业银行获取短期资金的一种方法，通过向中央银行短期借款来调节银行的短期流动头寸，如临时性或季节性的流动性需求，但商业银行不能将该方法看成是连续不断的资金来源。从市场方面来看，过度从中央银行借款会导致公众信心下降从而引致提现加速，所以银行应该适度运用该方法。

2）同业拆借

同业拆借主要用于弥补商业银行经营过程中某种突发因素或特殊因素所造成的临时流动性不足。它是一种允许储备不足的商业银行从存在临时闲置资金的其他银行买入短期资金，用以满足法定存款准备金以及合格贷款需求的机制。

3）回购协议

回购协议使得商业银行可以用低风险的资产作为抵押来获取短期借款，以满足即时流动性需求。其步骤是临时出售高质量、易流动的资产（如短期政府债券），同时根据协议，按预定价格或收益，在特定的未来日期购回原先出售的资产。

4）发行大额可转让存单

大额可转让存单是一种表明承兑银行在特定的时间（通常是1个月至1年）按特定的利率支付存款资金的计息收据，面额较大，利率可固定也可浮动，具有高度流动性，在到期日前可以在二级市场上流通。

5）欧洲货币市场与国外资金市场

欧洲货币市场20世纪50年代起源于西欧，它的目的在于为主要跨国银行之间进行套期互换提供短期的流动性需要或给最大的客户发放贷款。这种国际信贷期限从隔夜到一年不等，与海外分行间有活跃的二级市场，利率由国际市场决定。

国外资金市场筹资是银行在开放经济下通过本国以外的货币市场来筹集短期可用的流动性资金。一般大银行能较方便地通过国外来源筹集到流动性资金，因为它们的声誉好，抵抗风险的能力强。

以新加坡大华银行2007年第一季度的财务数据（表7-3）为例，来具体分析如何预测流动性。

表7-3 大华银行2007年第一季度的财务数据　　　　单位：亿元

项目	金额
一、资金使用	
1. 到期各类定期存款	0.5
2. 新贷款需求	
商业贷款	6
个人贷款	2
3. 净活期存款增加额	1
小计	9.5
二、资金来源	
1. 到期各类投资	
货币市场工具	4
短期政府债券	2
2. 贷款本息	2
小计	8
三、流动性缺口	1.5

由表7-3可知，该银行2007年第一季度存在流动性缺口（如果发生流动性盈余，则应该进行合适的短期投资），为此，银行需要事先通过将部分流动资产变现或从金融市场上购买流动性等方式来弥补流动性缺口。

大华银行拥有较多潜在的资金来源，见表7-4。因此，大华银行具有较多的选择。

表 7-4　大华银行潜在的资金来源　　　　　　　　　　　　　单位：亿元

项　目	金　额
一、变现能力强的流动资产	
1. 回购协议	1
2. 可转让定期存单	1
二、其他可变现流动资产	
1. 未到期贷款	2
2. 未到期货币市场债券	1.5
潜在资金来源	5.5

由表 7-4 可知，大华银行可以通过多种方式来防范流动性风险。比如：①通过将回购协议和可转让定期存单变现，获得 2 亿元（假设这两种流动资产具有极高的变现能力）；②出售未到期贷款和未到期货币市场债券。值得注意的是，筹集弥补流动性缺口的资金会发生融资成本，因此，融资成本的高低将是大华银行选择弥补流动性缺口的资金的重要依据。

应用实例与分析

美国大陆伊利诺银行流动性危机始末

1984 年春夏之际，作为美国十大银行之一的大陆伊利诺银行经历了一次严重的流动性危机。在联邦有关金融监管当局的多方帮助下，该银行才得以度过危机，避免了倒闭的命运。

早在 20 世纪 80 年代初，大陆伊利诺银行最高管理层就制订了一系列雄心勃勃的信贷扩张计划。在该计划下，信贷员有权发放大额贷款，而为了赢得顾客，贷款利率往往又低于其他竞争对手。这样，该银行的贷款总额迅速膨胀。从 1977 年到 1981 年的 5 年间，大陆伊利诺银行的贷款总额以平均每年 19.8% 的速度增长，而同期美国其他 16 家最大银行的贷款总额增长率仅为 14.7%。与此同时，大陆伊利诺银行的利润率也高于其他竞争银行的平均数。但是，急剧的资产扩张隐含了潜在的危机。

与其他大银行不同，大陆伊利诺银行并没有稳定的核心存款来源，其贷款主要由出售短期可转让大额定期存单、吸收欧洲美元和工商企业及金融机构的隔夜存款来支持。在 20 世纪 70 年代，该银行的资金来源很不稳定，同时在资金使用时却很不慎重。由于向一些有问题企业发放大量贷款，大陆伊利诺银行的问题贷款份额越来越大。1982 年，该银行没有按时付息的贷款额（超过期限 90 天还未付息的贷款）占总资产的 4.6%，比其他大银行高一倍以上。到 1983 年，该银行的流动性状况进一步恶化，易变负债超过流动资产的数额约占总资产的 53%。在 1984 年的头 3 个月里，大陆伊利诺银行问题贷款的总额已达到 23 亿美元，而净利息收入比上年同期少了 8000 万美元。1984 年第一季度的银行财务报表出现了亏损。

1984 年 5 月 8 日，当市场上开始流传大陆伊利诺银行将要倒闭的消息时，其他银行拒绝购买该银行发行的定期存单，原有的存款人也拒绝延展到期的定期存单和欧洲美元。公众对这家银行的未来已失去信心。同年 5 月 11 日，该银行从美联储借入 36 亿美元来填补流失的存款，以维持必要的流动性。同年 5 月 17 日，联邦存款保险公司向公众保证该银行的所有存款户和债权人的利益将能得到完全的保护，并宣布将和其他几家大银行一起向该银行注入资金，而且美联储也将会继续借款给该银行。但这类措施并没有根本解决问题，大陆伊利诺银行的存款还在继续流失，在短短的两个月内，该银行共损失了 150 亿美元的存款。

1984 年 7 月，联邦存款保险公司接管该银行（拥有该银行 80% 的股份），并采取了一系列其他措施，才帮助大陆伊利诺银行度过了此次危机。

由于大陆伊利诺银行是有数的大银行（该公司当时拥有 340 亿美元的资产），其倒闭对整个金融体系都可能产生巨大的影响，金融监管才会全力挽救。但是，大量的面临流动性危机的中小银行就没有这么幸运了。

案例分析

（1）信用风险的累积。

为了信贷扩张，大陆伊利诺银行赋予信贷员发放大额贷款的权利，但忽略了对客户信用级别的考核，造成了信用隐患，以至于随着时间的推移问题贷款的份额越来越大。

（2）资金来源不稳定。

大陆伊利诺银行并没有稳定的资金来源，这种情况造成的直接后果是没有形成稳定的核心存款。而同时该银行盲目扩大资产规模，造成了很大的流动性隐患。

（3）恶性竞争，利息收入大幅减少。

大陆伊利诺银行的贷款利率低于同期的其他商业银行的贷款利率，用高息揽存、低息放贷的办法争取客户，净利息收入减少。

（4）公众信心的丧失。

在大陆伊利诺银行出现流动性问题不久，市场上开始流传大陆伊利诺银行将要倒闭，其他银行拒绝购买该银行发行的定期存单，原有的存款人也拒绝延展到期的定期存单和欧洲美元。这样就使大陆伊利诺银行失去了流动性来源。

资料来源：郑向居，2006. 银行风险管理师必读 [M]. 长春：吉林人民出版社．

本章小结

流动性是银行生存和发展的先决条件，保持流动性对商业银行至关重要。尽管流动性风险是商业银行破产、倒闭、兼并和接管的直接原因，但它实际上是其他各类风险如利率风险、信用风险、汇率风险长期积累的结果。流动性风险管理理论经历了资产管理理论、负债管理理论、资产负债管理理论、资产负债表内表外统一管理理论。最后，本章探讨了度量流动性的财务比率和市场信息指标，以及流动性风险管理办法。

关键术语

流动性风险（Liquidity Risk）、流动性缺口（Liquidity Gap）、同业拆借（Inter-bank Lending/Borrowing）、回购协议（Repurchase Agreement）、可转让存单（Negotiable Certificate of Deposits）

知识链接

[1] 朱新蓉，宋清华，2009. 商业银行经营管理 [M]. 北京：中国金融出版社.
[2] 贝西，2019. 银行风险管理 [M]. 4 版. 北京：中国人民大学出版社.

习　题

1. 判断下列说法正确与否并说明理由：
（1）银行保有流动性主要是为了满足客户的提存需求；
（2）负债管理理论产生于资产管理理论，它克服了资产管理理论的缺陷。
2. 什么是商业银行流动性风险？该风险是什么原因造成的？
3. 试述流动性风险管理理论的主要发展阶段。
4. 度量流动性的财务比率和市场信息指标有哪些？
5. 商业银行应如何进行流动性风险管理？
6. 当前商业银行流动性风险管理存在哪些问题？
7. 常见的资产负债期限错配的情况有哪些？

第8章 利率风险管理

本章教学要点

知识要点	掌握程度	相关知识
利率风险的种类	重点掌握	商业银行业务
利率风险的度量	重点掌握	债券价格的计算、导数计算
利率风险的管理工具	掌握	基础金融工具的概念
利率风险的管理策略	了解	利率风险度量

导入案例

【参考课件】

奎克国民银行利率风险管理经验

1983年，奎克国民银行的总资产为1.8亿美元。它在所服务的市场区域内有11家营业处，专职的管理人员和雇员有295名。1984年年初，基尔宁被聘任为该行的执行副总裁，开始着手编制给他的财务数据。

基尔宁设计了一种报表，供管理人员在制订资产负债管理决策时使用，是一种利率敏感性报表。基尔宁认为，这种报表有助于监控和理解奎克国民银行风险头寸的能力。报表形式如下。

在资产方，银行有2000万美元的浮动利率型资产，其利率变动频繁，每年至少要变动一次；有8000万美元的固定利率型资产，其利率长期（至少1年以上）保持不变。

在负债方，银行有5000万美元的浮动利率型负债和5000万美元的固定利率型负债。

基尔宁分析后认为：如果利率提高3个百分点，即利率水平从10%提高到13%，则该银行的资产收益将增加60万美元（3%×2000万美元浮动利率型资产=60万美元），而其对负债的支付则增加了150万美元（3%×5000万美元浮动利率型负债=150万美元）。这样奎克国民银行的利润减少了90万美元（60万美元－150万美元=－90万美元）。反之，如果利率水平降低3个百分点，即从10%降为7%，则奎克国民银行利润将增加90万美元。

基尔宁接下来分析了 1984 年当地和全国的经济前景，认为利率在未来 12 个月将会上升，且升幅将会超过 3%。为了消除利率风险，基尔宁向奎克国民银行资产负债管理委员会做报告，建议将其 3000 万美元的固定利率型资产转换为浮动利率型资产。奎克国民银行资产负债管理委员会同意了基尔宁的建议。

这时，有家社区银行拥有 3000 万美元固定利率型负债和 3000 万美元浮动利率型资产，愿意将其 3000 万美元的浮动利率型资产转换成 3000 万美元的固定利率型资产。于是两家银行经过磋商，很快达成协议，进行资产互换。

正如基尔宁预测的，1984 年美国利率持续上升，升幅达到 4%。基尔宁为奎克国民银行减少了 120 万美元的损失，也成为奎克国民银行的明星经理。

资料来源：http://finance.sina.com.cn/jygl/20040420/1138728112.shtml　[2024-03-27]

案例启示：奎克国民银行利率风险管理的成功在于有意识地运用了相关利率风险管理技术。与以往相比，当前利率风险管理技术已经有了显著的发展。金融从业人员必须不断充电，才能应对新的挑战。这个案例告诉我们，要保护公司的财产和个人的财富，需要具备专业的知识和风险意识，每个人都应该学习专业知识并不断进步，在迈向成功的道路上敢于面对风险和克服风险，惟其如此才能到达理想的彼岸。

8.1 利率风险概述

【参考视频】

8.1.1 利率风险的概念及成因

1. 利率风险的概念

巴塞尔委员会在 1997 年 9 月发布的《利率风险管理原则》，将利率风险界定为银行的财务状况暴露在利率变化之中。

所谓利率风险，是指在利率市场化的条件下，由于利率波动而引起金融机构资产、负债和表外头寸市场价值发生变化，从而使金融机构市场价值和所有者权益遭受损失的可能性。

在利率市场化的环境里，商业银行和银行的管理者都必须面对最严峻的潜在的最具破坏性的风险形式——利率风险。利率市场化是一国经济发展的一个必经阶段，具有历史必然性。但在利率市场化的过程中，一国利率水平和结构将发生巨大变化，利率波动加剧；即使在完成利率市场化以后，市场利率随着宏微观环境变化而不断波动的局面也不会改变，因而商业银行将同样面临利率风险。

2. 利率风险的成因

商业银行利率风险的产生是由多种因素造成的，主要有以下几方面的原因。

1）利率水平的预测和控制的不确定性

虽然商业银行对自己的金融产品都有定价能力，能确定本机构的筹资成本和贷款收益，但它的定价水平能否被市场接受，则要取决于其能否与市场利率保持一致。如果其筹资成本低于市场利率水平，或者贷款利率高于市场利率水平，那么是不可行的。因此，商业银行的定价能力受到限制，必须考虑市场利率水平并与市场利率保持一致。当然，金融机构可以通过预测利率变化来对自己的产品进行定价。但是在市场利率体系下，市场利率是不断变化的，其变化是由多种因素决定的，所以商业银行在预测和控制利率水平方面面临许多不确定的因素，要准确预测会有很大困难。

2）资产负债的期限结构不对称性

商业银行通常是以较低成本的中短期负债来支持收益较高的中长期资产，通过两种水平的差额来获取收益。如贷款发放后，利率水平上涨，金融机构不得不为以后的存款付出更高的成本，而原来发放的贷款利率水平却有可能太低，使银行入不敷出，经营难以维持。

3）为保持流动性而导致利率风险

通常商业银行为了保持一定的流动性，需要持有相当于其总资产20%到30%左右的有价证券，以满足随时出现的支付需要。为了保持证券价格的稳定，银行倾向于持有流动性较强的短期债券或易于被市场接受的政府债券。短期证券主要是国库券、短期公司债、短期商业票据等，其利率一般是固定的，因此它们的市场价格随着市场短期利率水平反向变化。

由于流动性风险表现在两个方面：一是当市场利率大幅度上升时，证券价格会随之下降，因此，短期证券的现值也就越小，流动性风险越大；二是在利率大幅波动时期，无论是固定利率的短期证券还是易于被市场接受的政府债券，其价格都会随市场剧烈震荡而受到影响。当金融机构持有的证券很难以令人满意的价格及时变现，但为了应对流动的需要，金融机构又不得不出售这些证券时，商业银行的收益将会下降或者面临亏损。

4）非利息收入业务对利率的变化越来越敏感

20世纪80年代以前，商业银行的收入主要来自传统的净利息收入，但随着商业银行新业务的不断拓展，如开展贷款管理服务和资产证券化、表外业务等业务种类，商业银行的手续费和其他费用不断增加。在一些大的银行，非利息收入甚至超过了传统的净利息收入。这些非利息收入类业务对市场利率的变动也十分敏感。例如银行为不动产抵押贷款组合提供收取本息和贷款管理服务，并按其管理的资产总额收费，当利率下降时，该银行同样会由于许多不动产抵押贷款提前还款而导致服务费收入的减少。

8.1.2 利率风险的种类

1. 巴塞尔委员会定义的利率风险类型

1997年9月巴塞尔委员会发布的《利率风险管理原则》，将利率风险按照产生的原因分为重新定价风险、收益曲线风险、基本点风险和隐含期权风险。

1）重新定价风险

重新定价风险（Reprising Risk）是指因银行资产、负债到期日不同（对固定利率而言）或重新定价时间不同（对浮动利率而言）而产生的风险，由于这些重新定价的不相匹配性，当利率发生变化时，它们可以使银行的收益和主要经济价值暴露于不可预测的利率变动中。

虽然此类重新定价的不对称性是银行业务的基础，但在利率变动之时，它们会使银行的利差收入和资本净值发生意外变动。银行通常把某一时间段内对利率敏感的资产和对利率敏感的负债之间的差额称为"重新定价缺口"。只要缺口不为零，在利率变动时，就会使银行面临利率风险。

2）收益曲线风险

收益曲线原指证券收益率随到期时间的长短而变化的轨迹，后逐渐引入对固定收益资产组合内在价值的分析中。收益曲线风险（Yield Curve Risk）是指由于收益曲线变化，给银行投资收益或投资组合的内在价值带来损失的风险。例如，银行采取短期债券空头与长期债券多头组合，若收益曲线平行移动，则对商业银行空头与多头资产的影响相互抵消，但若收益曲线变陡，即长期利率上涨较多，则长期债券价值下降较快，而短期债券价值下降慢，很有可能导致这一投资组合的内在价值急剧下降。

收益曲线风险是由于收益曲线斜率的变化，也就是不同成熟期之间收益率的变化幅度不同所导致的利率风险。这种风险主要起因于不同期限利率的结构变化，由于收益曲线的意外位移或者斜率的变化而对银行的净利差收入或资产内在价值造成的不利影响。

3）基本点风险

基本点风险（Basis Risk）是指由具有类似定价性质的不同工具在利息调整上的不完全相关性造成的风险。商业银行存贷利率变动方向和幅度的差异会引起净利息收入的变动，从而导致基本点风险。它主要有两种表现形式：存贷款利率波动不一致；短期存贷款利差波动与长期存贷款利差波动不一致。

当商业银行资产与负债期限结构匹配，重新定价形式也相同（例如都采用浮动利率），但所依据的参照利率不同时，参照利率不相关的变化就会引起商业银行收益和经济价值的变化。例如，我国自1996年来的降息政策使得存贷款利率不同幅度调整，存贷利差不断变动，给商业银行的收益带来一定程度的负面影响，这也是基本点风险的表现之一。

当各种程度不同的利率变化导致银行的净利差扩大，基本点的移动对银行来说就是有利的；反之，基本点的移动就不利于银行。由于银行各类资产负债利率的定价基础不同，当利率发生变化时，不同金融产品间的利率会发生程度不等的变化，这些差异就会导致具有相同到期日或重新定价频率的资产、负债及表外工具之间的现金流量和收益差额发生不可预测的变化，从而给银行带来风险。

4）隐含期权风险

隐含期权风险（Embedded Option Risk）又称选择性风险、期权性风险（Optional Risk）等。一般利率水平如果发生较大的变化，将会促使借款者提早偿还他们的银行贷款，或者促使存款者提前从银行取出他们的定期存款，这对于银行的盈利来说，显然构成了另一种风险来源。

随着利率的上升和下降，所有银行都会因客户行使包含在存贷款合同内的选择权而承受一定程度的风险。利率变动的速度越快，变动的幅度越大，这种隐含期权风险对银行净利差的影响也越为显著。大多数银行都会为了避免这类风险，而对提早偿还贷款和提前取出定期存款实行罚款。银行可以将这种处罚条件规定得十分苛刻，意图在事实上消除隐含期权风险。但是大多数的银行都发现它们的客户拒绝支付高额罚款，因而银行必须将罚款数额降低到比较适中的水平，以此作为业务竞争的一种策略。这种做法在利率变动的幅度不大且又不十分频繁的前提下确实可以为银行提供一定的保护。然而一旦利率在短期内发生大的波动，轻度的罚款并不能有效地阻止客户行使他们的选择权。

2. 其他利率风险类型

1）成熟期不相匹配的风险（Maturity-mismatch Risk）

1978年到1983年期间，美国许多负债敏感的金融机构的大量亏损经历使银行家们开始认识到了缺口头寸所具有的风险。联邦和各州的金融监管机构也因此规定各银行必须定期检查自身的利率风险头寸，要求各银行通过建立各自的利率风险管理政策来限制其承受的利率风险数额。但是只有当银行资产和负债的平均生命周期（即存续期）互相匹配时，才能避免利率敏感期不同所带来的缺口风险；而资产和负债之间在成熟期上的不相匹配只是利率风险的一种形式，不能仅仅以成熟期相匹配的程度来衡量一家银行所承受的利率风险。

2）净利息头寸风险（Net Interest Position Risk）

一家银行的净利息头寸也能使其承受额外的利率风险，净利息头寸风险可以被看成另一种形式的基本点风险。当一家银行的生息资产总额超过其有息负债总额时，该银行的净利息头寸为正；亦即，该银行的生息资产中有一部分是依靠无须支付利息成本的负债为资金来源的。正净利息头寸对商业银行而言也具有一定风险，这是因为，虽然银行的一部分筹资成本始终为零，但与这部分无息负债相对应的生息资产利率是可以自由变动的，如此一来，净利息头寸为正的利差收入在利率下降的情况下会减少，而在利率上升的情况下会有所增加。

8.2 利率风险的度量

对利率风险进行量化分析是商业银行进行有效利率风险管理的前提。目前，利率风险度量方法主要有利率敏感性缺口度量法、持续期缺口度量法、在险价值度量法、收益分析度量法以及动态模拟分析度量法等。

8.2.1 利率敏感性缺口度量法

1. 基本概念

利率敏感性缺口度量法又称资产-负债缺口度量法、资金缺口分析度量法或差异分析度量法，其用于衡量商业银行净利息收入对市场利率的敏感程度。这种方法的依据是利息收入和利息支出是否会随着一般利率水平的变化而变化。

利率敏感性缺口（Interest Rate Sensitivity Gap）由利率敏感性资产与利率敏感性负债之间的差额来表示。利率敏感性资产（Rate-Sensitive Asset）指在一定考察期内到期的或需要重新确定利率的资产，主要包括短期贷款、政府或个人发行的短期证券、可变利率（可调整或浮动利率）的贷款与证券等。利率敏感性负债（Rate-Sensitive Liability）的定义则类似于敏感性资产，是指在一定考察期内到期的或需要重新确定利率的负债；

主要包括短期存款、同业拆借、货币市场借款等。

此外，还需要知道利率敏感性比率（Rate-sensitive Ratio）的概念。这是由于商业银行的规模不同，利率敏感性缺口的大小也不同，比较不同商业银行之间的利率风险成为难题。利率敏感性比率是一个相对比率指标，即利率敏感性资产与利率敏感性负债之间的比率，用公式表示为

$$利率敏感性比率 = 利率敏感性资产 / 利率敏感性负债$$

利率敏感性缺口和利率敏感性比率有3种基本匹配关系：当利率敏感性缺口为零时，利率敏感性比率等于1；当利率敏感性缺口为正时，利率敏感性比率大于1；当利率敏感性缺口为负时，利率敏感性比率小于1。

2. 计算方法

1）基本缺口

基本缺口根据考察期将资产或者负债到期期限和考察期限进行对比，如果到期期限大于考察期限，那么就属于非利率敏感性资产或者负债；反之，若到期期限短于考察期，那么该资产或者负债就是利率敏感性资产或者利率敏感性负债。由此可见，基本缺口计算比较方便易行，其缺陷在于考察期限的选择比较主观，不同的利率敏感性资产或者负债到期期限不同时敏感性程度也不同，这些都是不能在基本缺口的计算中体现出来的。

2）期限级距计算法

期限级距计算法按照不同到期日来累计计算利率敏感性缺口。将不同期限的到期资产或者负债分别进行计算，最后将所有缺口值相加，得到累积缺口。计算公式为

$$CGAP = \sum_{t=1}^{n}(ISAs_t - ISLs_t) \times \Delta r \tag{8-1}$$

式中，CGAP 为累积缺口；ISAs 为利率敏感性资产；ISLs 为利率敏感性负债。下标 t 表示时期。

基本缺口和期限级距缺口的计算实际上包含了一个假设：资产和负债对利率变动的反应是相同的，但事实并非如此。

3）标准化缺口

标准化缺口在上述计算方法的基础上引入了基准利率的概念。首先计算利率敏感性资产和负债相对于基准利率的变动率，然后分别计算它们的差额。

例如，某银行90天到期的短期贷款为20000万美元，CDs 为10000万美元，均以90天国库券利率为基准利率。当国库券利率上升10%的时候，该行的短期贷款上升8%，相对变动率则为80%，而 CDs 的利率上升为11%，相对变动率为110%。那么该行标准化缺口值为

$$Gap = 20000 \times 80\% - 10000 \times 110\% = 5000（万美元）$$

3. 实际应用

编制缺口分析报告（GAP Reports）是为了直观反映商业银行利率敏感性资产配置状况和利率波动风险。其编制方法为：以某一时点商业银行的资产负债表为依据，将一定期间（一般为一年时间）的总跨度划分为若干个相对较短的期间段，把商业银行所有的

将随市场利率重新定价的资产和负债归入相应的期间段,对于那些按固定利率计价且期限在一年以上的资产和负债则单独归类考察;期间分段的频度根据商业银行的自身需要来确定,可按周、旬、月来划分,也可按天来划分。

缺口分析报告是利率敏感性缺口分析的基础。缺口分析报告描述了不同时间段的市场利率变动对银行净利差的潜在影响和影响程度,并显示出一家银行应将其缺口头寸维持在正数还是负数,从报告的缺口规模中探知当利率发生变动时能为银行带来的好处(或遭受的损失)大小,同时,可帮助资产负债管理人员了解利率风险的来源,进一步找到改变风险头寸的途径。

缺口分析报告测度了商业银行每一分段期间内的利率敏感性缺口的大小,期间分段的频度不同,测度的结果也会不同。一般地,分段期间越短,测度结果越准确;分段期间越长,测度结果越粗糙。通过对缺口分析报告进行分析,商业银行就可以判断出在不同期间市场利率的变动对其净利息收入的潜在影响和影响程度。

尽管缺口分析报告可以为人们提供有用的信息,但是它却存在着一些严重的缺陷。例如,其采取的账面价值核算法会忽略对后一种影响的衡量,无视每个时间段内资产和负债之间的分布差异,并且,它很难显示出银行从一些长期资产的分期付款中所获得的现金流量,等等。

8.2.2 持续期缺口度量法

1. 基本概念

持续期概念是 1938 年由美国经济学家弗麦考利提出的,最早用于债券投资组合管理中的利率风险度量。20 世纪 80 年代以后,持续期分析被广泛地用于商业银行资产负债管理,成为度量和管理利率风险的重要工具。

持续期从形式上看是一个时间概念,是(生息)债券在未来产生现金流的时间的加权平均数,其权数是当期现金流的现值在债券当前价格中所占的比重。如果将一个生息债券看成是一系列的零息债券的组合,则能更清楚地看到该生息债券的持续期是这些零息债券成熟期的加权平均期限。然而,尽管持续期从形式上看是一个时间概念,以时间(通常是年)为单位,但是将持续期仅仅理解为一个时间概念是肤浅的,甚至从某个角度说是不恰当的。实际上,从这一概念的功能和作用上理解更为准确和恰当。持续期反映了该债券对利率风险的敏感度,即反映了未来利率水平变动对债券价格的影响程度。

2. 计算方法及应用

简而言之,持续期就是固定收益金融工具现金流的加权平均时间。从经济含义上讲,是金融工具各期现金流抵补最初投入的平均时间。它通过下面的公式来进行计算:

$$D = \frac{\sum_{t=1}^{n} C_t \cdot t / (1+R)^t}{P} \tag{8-2}$$

$$P = \frac{C_t}{(1+R)^t} = \frac{C_1}{1+R} + \frac{C_2}{(1+R)^2} + \cdots + \frac{C_n}{(1+R)^n} \tag{8-3}$$

式中，D 表示债券持续期；C_t 表示 t 时期的现金流；P 表示债券的现值；R 表示该市场利率；n 表示债券到期时间；t 表示债券产生现金流的各个时期。

小思考

式（8-2）也可以从弹性角度看，即持续期也是资产价格对利率的弹性值的负数，你能够推导出来吗？

在资产负债的综合管理中，资产负债整体的利率风险是通过比较资产和负债的综合持续期来衡量的，可以利用持续期的可加性将资产负债表中的各个独立账户加总得到资产和负债的综合持续期。可加性是持续期的一个有用特性，对一个资产组合来说，它的持续期公式为

$$\text{资产组合的持续期} = \frac{[(P_1 \times D_1) + (P_2 \times D_2) + \cdots + (P_n \times D_n)]}{P_1 + P_2 + \cdots + P_n} \quad (8\text{-}4)$$

在资产负债风险度量中，当资产和负债的持续期不相匹配时，就存在利率风险敞口。利率风险敞口的大小可以用持续期缺口（DGAP）来反映，公式为

$$\text{DGAP} = D_A - D_L(L/A) \quad (8\text{-}5)$$

式中，D_A 为资产的综合持续期；D_L 为负债的综合持续期；L 为负债总额；A 为资产总额。

持续期缺口正是结合银行总资产与总负债之间的比例，比较了两者的综合持续期，进而考察利率变化时银行净资产价值的变化。当持续期缺口大于零时，利率与银行净资产价值的变动方向相反。即若利率下降，则银行资产与负债的价值都会上升，但资产价值上升的幅度将大于负债价值上升的幅度，所以银行市场价值（净资产价值）将上升。而当持续期缺口小于零时，利率与银行净资产价值的变动方向将相同。即若利率上升，则银行资产与负债的价值都会下降，但资产价值下降的幅度将小于负债价值下降的幅度，所以银行的市场价值将上升。

知识要点提醒

持续期不可能为负，但持续期缺口则可正可负。

3. 凸性

1）概念

利率和债券的价格可以通过存续期以一种线性关系联系起来，这种关系给出了一个债券价格变化的近似值，特别是在利率变化很小的条件下。然而，当利率变化较大时，这种关系会失去其准确性。因为，此时两者的实际关系是曲线性关系。由债券定价定理可知，债券价格随利率下降而上升的数额要大于债券价格随利率上升同样幅度向下降的数额，这种价格反映的不对称性就是凸性（Convexity），又称凸度。债券价格随着利率变化而变化的关系接近于一条凸函数而不是直线函数。

由于凸效应的存在，当利率下降幅度较大时，该模型低估债券价格的上涨幅度；而当利率上升幅度较大时，该模型高估债券价格的下跌幅度。如此一来，银行的资产负债管理人员能够利用资产负债组合的凸效应来规避利率风险。理想的资产负债组合应该是

资产组合的凸性大于负债组合的凸性。凸性 C 被定义为债券价格对利率的二阶导数与债券价格的比率，反映了债券价格的利率弹性也会随利率变化而变化的事实。它与持续期的结合使用能更准确地反映利率风险状况，其公式为

$$C = \frac{1}{P} \cdot \frac{\mathrm{d}^2 p}{\mathrm{d}R^2} = \frac{1}{P} \frac{1}{(1+R)^2} \sum_{t=1}^{n} \frac{(t+1)C_t}{(1+R)^t} \quad (8\text{-}6)$$

式中，C 表示债券的凸性；C_t 表示债券的到期期间内的现金流。

2) 凸性分析

当利率变化幅度很小时，运用持续期就可以较为准确地估计出债券价格的变动；当利率变化幅度较大时，债券价格和利率之间为非线性关系，运用持续期将产生较大误差，但运用凸性可以较为有效地缩小预测价格变动与实际价格变动之间的误差，得到债券价格相对于利率变化的更准确的估计。由公式得到的债券价格相对于利率变化的凸性调整为

$$\mathrm{d}P_c = \frac{1}{2} PC(\mathrm{d}R)^2 \quad (8\text{-}7)$$

知识要点提醒

凸性分析弥补了持续期分析方法中关于债券价格的变化与利率的变化成线性比例关系的不合理性假定，反映了持续期本身也会随利率变化而变化的事实，它与持续期的结合使用能更精确地度量在市场利率变化较大时债券价格对利率变化的敏感性，即债券的利率风险。然而，依附于持续期分析的凸性分析与持续期分析一样，忽略了对债券隐含期权以及部分活期项目的分析，而且对债券的所有现金流都采用一个折现率。

8.2.3 在险价值度量法

在险价值度量法是目前西方发达国家商业银行所广泛采用的利率风险计量模型。该方法以概率论为基础，运用现代统计方法衡量由于利率变动而给银行资产组合价值带来的损失，并可同时度量由于汇率、股票价格和商品价格波动而造成的投资组合损失，将银行全部资产组合风险概括为一个数值（在险价值），明了地表示出市场风险的大小。

在险价值度量法是在正常的市场环境下，在给定的持有期间和置信水平内，测度某一投资组合可能发生的最大损失的方法，是用一种日常应用于其他领域的标准统计技术来估计金融风险的方法。

在险价值度量法不仅适用于商业银行的利率风险的度量，更适用于其他金融工具（例如证券组合等）的度量。有关在险价值度量法的具体内容在本书的其他部分也有介绍，在此不作赘述。

8.2.4 收益分析度量法

收益分析度量法又称收入类比度量法。收益分析度量法重在分析利率变动对账面或

报告收益的影响，衡量资产负债表上的应记账目所产生的盈利敏感度，是很多商业银行计量利率风险的传统方法。该方法将有关当前资产负债表的详细资讯和对现存资产及负债的重新定价及期限所作的假设、新的商业假设以及与将来利率相关的假定结合起来，对净利息收入（Net Interest Income）进行预测。

收益变化是分析利率风险的关键所在，收益减少或者亏损都会削弱一个机构的资本充足率，动摇市场的信心，从而直接威胁该机构的财务稳健状况。人们往往最关注净利息收入（即总利息收入与总利息支出之差），这一指标反映了收益与利率变动之间的直接明显的联系。随着商业银行中间业务规模的扩大，另一种注重净收入（Net Income）总额（包括利息与非利息收支）的方法越来越常见。即便是交易服务费等传统的非利息收入来源，对利率也越来越敏感，银行管理层和监管当局都在从更广的角度来分析市场利率变化对银行收益的潜在影响，并在测算不同利率环境下的预期收益时考虑这些因素。

8.2.5 动态模拟分析度量法

1. 基本原理

20世纪90年代以来，许多商业银行纷纷采用一种比利率敏感性缺口度量法和持续期缺口度量法更为完善的利率风险度量技术——动态模拟分析度量法。它通常包括通过模拟利率的未来走势及其对现金流量的影响而对利率变化对收益和经济价值的潜在影响进行详细的评估。与传统的利率风险度量方法相比，动态模拟分析度量法具有动态、客观和全面的优点。

动态模拟分析是用计算机模拟未来的情景，在动态和预期的基础上，运用基本的度量技术进行风险衡量，以帮助银行分析利率风险，制定动态经营战略。模拟分析的工具是模拟模型，模型的系统变量不仅包括利率，还包括银行利率管理战略、客户行为和业务发展产生未来现金流。它可以提供现行和预期的周期性差距、有效持续期缺口、资产负债表、收益报表等，能对银行未来一定时期内的经营活动做出更详尽的预测。

2. 具体过程

动态模拟分析度量法的具体过程可为以下几个方面。

（1）设定变量。根据研究目的选取系统变量，包括资产负债和表外项目的数量、结构、到期时间、利率水平、未来现金流等。例如，研究银行净利息收入与市场利率关系，银行资产负债数额、结构、到期期限以及市场利率均为所涉及的变量。

（2）做出假设。依据实际情况，合理假设模型变量和模型环境，例如利率变动的概率、变动趋势、变动方式、幅度、客户行为、项目到期前可能遇到的情况、到期时可能发生的情况等。

（3）建立模型。用模型表现和实现各变量之间的关系，研究目标变量之间的数量和逻辑关系，形成模拟的概念模型。

（4）实现模型。编制计算机程序，建立目标模型。

（5）模型求解。输入变量，求解模型。

（6）形成报告。多次模拟，分析并比较模拟结果，提出模拟分析报告。

3. 评价动态模拟分析度量法

从某种意义上说，动态模拟分析度量法是对前面 3 种基本利率风险度量技术的进一步完善和发展，弥补了前 3 种方法只局限于静态分析的不足，并在它们的基础上动态地预测和评价了未来利率变动对商业银行现金流、净资产价值的影响。其优点是：可产生大量利率变化情景，通过对各种不同情形的不同行为进行模拟，风险度量更为精确可靠；是一种全值估计方法，能通过模拟过程得出利率波动性分布，并处理非线性、大幅波动等期权风险问题；可以分析利率对利差收入及市场价值的影响。

由于以模拟为基础的利率风险度量技术有赖于基本假设条件的有效性和基本方法的准确性，因此存在一些不足，如可靠性依赖于数据的准确、假设的简洁一致以及操作者对银行情况全面深入的了解；成本较高；过度依赖经济计量分析，一旦金融市场结构变化或发生极端事件，方程式所运用的估计参数很有可能失效，从而导致模型的彻底失败等。

8.3 利率风险管理工具及策略

8.3.1 利率风险管理工具

利率风险很难通过分散化策略加以管理和控制，因为利率风险是一种系统性风险。因而有人认为，管理和控制利率风险最好的策略就是利用金融衍生产品进行对冲。该说法正确与否不好做绝对的评价，但了解有关的利率风险管理工具是相当有必要的。

1. 远期利率协议

远期利率协议（Forward Rate Agreements）是指交易双方约定在一定期限后以一个固定的远期利率出借一定期限和规模的资金的协议，提供了防范未来利率变化风险的一种机制。远期利率协议是一种灵活的简单易行的利率风险管理工具，单独使用或连续使用远期利率协议可以使投资者和借款者锁定在未来某一特定时日发生的单一现金流量的单个利率。远期利率协议是在场外交易的衍生产品，可以按特定的金额和结算日设计，所以也称期货利率协议，本质上就是场外形式的利率期货。同时，值得注意的是，虽然远期利率协议是未来贷款和存款之间的一个名义合约，但并没有存款或贷款本金金额的承诺，只是以合约利率和实际参考利率的差额进行交割。

远期利率协议作为一种场外协议（Over-the-counter Agreement），是进行利率风险管理的一项基本工具，也是构成其他金融衍生工具的基础。它具有灵活、简便、不需要保证金等优点，具体特征如下：远期利率协议是在 OTC 市场上交易的衍生产品；远期利率协议交易双方的风险敞口仅限于利率的变动；远期利率协议是资产负债平衡表外的合约，因而不像远期放款协议或存款协议那样列入资产负债表；远期利率协议可以在交割日前的任何时间取消，可以通过取消原始合约的方式取消，也可以通过签订一个反向合约的方式取消。

远期利率协议于 1983 年在欧洲货币市场推出后得到了广泛的应用，成为人们避免利率风险的主要工具之一，特别是对于那些没有期货合约的货币来说，远期利率协议可以起到特别的作用。但由于是场外协议，其流动性要差一些。不过，在当前国际金融市场上提供大多数主要货币的 3 月、6 月、9 月、12 月期限（最终期限直到 2 年以上）的标准化远期利率协议，其市场流动性较好，但缺陷在于标准化的远期利率协议的期限可能与银行的风险敞口期限不完全一致，或使用的利率基础存在差异，因而不能将利率风险完全锁定。

2. 利率互换

利率互换（Interest Rate Swap）是交易双方同意在规定时期内，按照一个名义上的本金额，相互交付以两个不同基础计算利息的交易。

【参考资料】

虽然利率互换产生于降低筹资成本的需要，但是它也可用于管理利率风险。借款机构通过利率互换合同锁住利差来避免利率波动风险。然而，利率互换交易的达成需要具备两个前提条件：第一，存在品质差异，即交换双方因信用等级不一或其他原因存在筹资成本（即利息水平）差异；第二，存在相反的筹资意向，互换后交易双方能够各取所需。

利率互换同样具有较为显著的特征：形式相当灵活，可以根据客户现金流量的实际需要做到"量体裁衣"，既适用于已有债务，也适用于新借债务；债务和资产实际是一枚硬币的正反两面，因此债务保值工具同样也是资产保值工具。利率互换同样可以运用于资产的收益管理，在利率看跌时将浮动利率的资产转换为固定利率的资产；在利率看涨时将固定利率的资产转换为浮动利率的资产，同样可以达到控制利率风险、增加收益的目的。

利率互换的实际应用主要有两种。

（1）负债相关型互换。它产生于改变借款者现金流量性质的需求，可分为以下 4 种应用。

其一，浮动利率与固定利率互换。它常为借款者使用，可以把浮动利率的借款协议变为固定利率的借款协议，从而降低利率波动带来的风险。通过这种互换，交易中的一方将其固定利率资产或负债换成浮动利率资产或负债，另一方则相反。银行可以通过这种互换充分利用各自在金融市场上的优势降低筹资成本。

其二，固定利率与浮动利率互换。一种不常见的情况是将固定利率的融资变为浮动利率的融资，一项互换合约可以为这一转换提供便利。如果银行预期未来的利率会下降，则可以采用固定利率与浮动利率互换的方式，从而避免利率下降可能带来的风险。

其三，固定利率与浮动利率互换后再与固定利率互换或浮动利率与固定利率互换后再与浮动利率互换。一旦对一项负债进行了互换，还可以在以后的某个时间签订另外一项互换协议，其动因可能是借款者的要求发生了转变、环境发生了变化或者为了利用市场利率的有利变动。银行可以用这种方式根据市场变化来及时调整互换策略，对自己的资产或负债的利率风险进行动态的套期保值。

其四，交叉货币浮动利率与固定利率互换。金融机构、大公司，特别是跨国公司，有时需要同时进入几个国家的市场并借入几种货币，利率和交叉货币互换就可以解决这个问题，它意味着这些机构或公司可以从最便宜的市场筹资并将其转换为希望的币种和利率形式。其采用了货币互换与利率互换相结合的方式，交易中的一方把某种货币的固定利率融资转换成另一方的另一种浮动利率融资，另一方正好相反。通过利率互换与交叉货币互换,商业银行可选择利率低、条件优惠的市场进行融资。

(2)资产相关型互换,它是指一项与特定的资产紧密联系在一起以改变投资者收入的现金流量性质的互换,它的应用方式与负债相关型的互换类似。

此外,由于任何互换的特性都能够加以改进以满足互换对方的特定要求,因此可以量身定做各种非标准化的互换合约。

3. 利率期货

利率期货(Interest Rate Futures)是指买卖双方按照事先约定的价格在期货交易所买进或者卖出某种有息资产,并在未来的某一时间进行交割的一种金融期货业务。

作为套期保值工具之一,利率期货是应人们管理利率风险的需要而产生的。为了能对利率风险进行套期保值,银行必须在期货市场上持有与现货市场上相反的头寸。因而一家想在即期市场上购买债券(持有多头)的银行,就可能会通过在期货市场上卖出债券期货合约(持有空头)来实现债券保值。这样,现货市场上债券的价格下跌带来的损失,将会和期货市场的盈利相抵,因利率风险而带来的损失也会变得很小。一方面,银行可以在债券组合管理中大量运用利率期货合约;另一方面,银行也可以利用利率期货合约来保证收益的实现和控制借款、存款以及货币市场借款的成本。

利率期货主要应用在以下几个方面:一是对冲利率风险;二是制造合成工具,提高投资回报率;三是调整投资组合中的期限;四是改变投资组合中的资产分配;五是金融机构资产负债风险的宏观管理等。对于短期利率风险,可以采用短期利率期货合约进行规避,而对于有明确的较长期限的利率风险,则可以使用债券期货合约进行管理。

商业银行可以利用利率期货对持有的一项金融资产进行专门定期保值,规避因利率变动带来资产价值减少的风险。因此,当预期未来利率水平上升时,为抵消或减少存款成本或从货币市场借款成本上升的风险,商业银行就应在期货市场上卖空期货合约(即"空头"交易)。当未来利率真的上升时,期货合约的价格将会下降,这时银行就可以从市场上以低价买进同数量的同种期货合约以对冲空头部分,从而以期货交易的盈利来补偿利率上升引起的资金成本增加,进而减少或消除利率上升的风险;当预期未来利率下降时,为了保证贷款或证券投资收益,银行就应从期货市场上买进期货合约(即"多头"交易)。当未来利率真的下降时,则合约的价格上升,银行就可以在市场上以高价卖出同数量的同种期货合约,从而以期货交易的获利来补偿利率下降引起的收益损失,从而降低或消除利率下降的风险。

4. 利率期权

利率期权(Interest Rate Options)是指以各种利率相关商品(即各种债务证券)或利率期货合约作为标的物的期权交易形式。这种产生于20世纪七八十年代的套期保值工具为风险规避者提供了单方面防范利率风险的途径。利率期权是一项关于利率变化的权利。买方支付一定金额的期权费后就可以获得这项权利:在到期日按预先约定的利率,按一定的期限借入或贷出一定金额的货币。这样当市场利率向不利方向变化时,买方可固定其利率水平;当市场利率向有利方向变化时,买方可获得利率变化的好处。利率期权的卖方向买方收取期权费,同时承担相应的责任。利率期权是一项规避短期利率风险的有效工具。借款人通过买入一项利率期权,可以在利率水平向不利方向变化时得到保护,而在利率水平向有利方向变化时得益。

以下是几种常用的规避利率风险的期权工具。

1)上限期权或下限期权

使用上限期权或下限期权可以使得期权买方的最大成本与最小成本均被固定;当商业银行和其他客户进行存贷款业务时,可以防止因利率波动过大而造成银行的巨大损失。

利率上限期权是指买卖双方达成一项协议,双方确定一个利率上限,在此基础上,利率上限的卖方向买方承诺:在规定的期限内,如果市场参考利率高于协定的利率上限,则卖方向买方支付市场参考利率高于协定利率上限的差额部分;如果市场参考利率低于或等于协定的利率上限,卖方无任何支付义务,同时,买方由于获得了上述权利,必须向卖方支付一定数额的期权手续费。

利率下限期权是指买卖双方达成一个协议,双方规定一个利率下限,在此基础上,卖方向买方承诺在规定的有效期内,如果市场参考利率低于协定的利率下限,则卖方向买方支付市场参考利率低于协定的利率下限的差额部分,若市场参考利率大于或等于协定的利率下限,则卖方无须支付。当然,买方需要向卖方支付一定数额的期权手续费。

2)分享上限

分享上限的特点是买进上限期权和卖出下限期权所包含的标的资产的数量不相等,因此可以在相同的协议利率水平上实现零成本。当市场利率超过协议利率时,买方可以把借款利率控制在协议利率的水平上;而当市场利率低于协议利率时,买方可以享受到利率下降的好处。

3)走廊

将走廊用于管理利率风险就是以较低的协议利率买入一个上限期权,同时以比较高的协议利率卖出一个上限期权。使用走廊工具,可以使买方降低借款的成本。

4)上限期权和互换期权

上限期权与互换期权这两种工具常常都被银行用于利率风险管理,把它们两者结合起来,能够起到它们单独使用所起不到的功能作用,能够更好地满足在未来进行借款的需要。

一般地,当银行在未来的某一时间要借入资金,则可以购买看涨期权合约,如果到期市场利率水平高于合约中规定的协议利率,则银行就可以执行这份期权合约,按照协议利率借入资金,从而避免了由于利率上升带来的风险。如果到时候市场利率水平低于合约中规定的协议利率,则银行可以放弃这份合约,按市场利率借入资金。反之,当银行要在未来某一时间贷出资金,则可以买入看跌期权合约,其操作方法与上面所述相反。到时候如市场利率高于协议利率,则可不执行合约;如市场利率低于协议利率,则可以执行合约,从而保证其投资收益不低于协议利率。

5. 四种工具的比较分析

通过前面的讨论和分析可以发现,远期利率协议、利率期货和利率互换这三种利率衍生工具都是用一种确定性代替利率波动带来的不确定性。这种不确定性意味着未来利率可能上升,也可能下降,因此利率的波动有可能给银行带来损失也可能带来收益,即它们只是保证了一个特定的结果,而不管实际利率变动有利还是不利。因此,人们希望保值工具在利率朝不利方向变化时能够进行避险；当利率朝有利方向变化时，能够利用它从中获利。而利率期权这种金融衍生工具正好能够满足这种要求。

同时，利率期权合约还具有灵活多样的特点，这表现在：其一，自20世纪80年代以来期权得到了很大发展，成为构建许多金融工具的基础，只要将期权的某些特征稍加变化就可以成为一种新的金融工具，目前以期权为基础管理利率风险的金融工具有利率保证、利率上限、利率下限、菱形组合、参与式上限、互换期权、上限期权等，银行可以根据自己的需要灵活选择某种工具或某几种工具的组合；其二，期权类工具可以提供单期保护，也可以提供多期保护，从而使银行也可以灵活选择期限。

以上四种基本利率衍生工具中的每一种都可以通过一系列金融交易而用另一种的形式表现出来，正因为它们之间存在着错综复杂的关系，因此可以将其任意构造组合得到各种各样的新颖的衍生工具，从而用较低的成本获得较满意的套期保值效果。

表8-1是对这四种基本利率衍生工具的比较分析。

表8-1 基本利率衍生工具的比较

利率衍生工具	适用的利息期	最长期限	保值类型
远期利率协议	单一	两年	固定
利率期货	单一	两年	固定
利率互换	多个	十年	固定
利率期权	多个	十年	可选择

其中，"最长期限"指的是金融工具从成交至到期可能的最长时间；"保值类型"一栏中的"固定"则是指这种金融工具提供的保值结果是十分明确的，不论市场利率如何变化，使用该金融工具将得到一个固定的结果。

8.3.2 利率风险管理策略

利率风险管理的策略有多种，例如由度量方法延伸出来的利率敏感性缺口管理策略和持续期缺口管理策略；资产负债表内管理策略和资产负债表外管理策略；资产证券化策略等，管理者可根据实际需要适当选取其一或者对它们进行综合利用。

1. 由度量方法延伸出来的策略

1）利率敏感性缺口管理策略

利率敏感性缺口管理策略可以分为积极管理策略和被动管理策略两类。

（1）积极管理策略。利率敏感性缺口管理策略的积极管理策略是指商业银行通过采取恰当的行动，利用利率变动来获取更大的净利差收入。

为了增加盈利，某些银行采用根据对利率走势的预测而有意识地留下正或负缺口的策略。也就是说当预测利率上升时，保持缺口为正，这样一旦利率上升，增加的资产利息收入将超过增加的负债利息支出，从而使净利息收入增加。当预测利率下降时，保持负缺口，若预测正确，则可增加盈利。采用这样的策略就要求承担风险，因而必须首先确定企业可承受的纯利息收入变化的最大限度，然后确定计划缺口的限额。可用如下公式计算计划缺口值。

计划缺口值 =[可接受的净利息收入的变化（%）× 计划净利息收益率 × 盈利资产额]/ 预期的最大利率变化（%）

首先，银行管理人员要预测利率的变动方向；其次，在对利率走势做出判断后，银行就可以根据具体情况调整资产负债结构。某些国家的银行根据对自己利率预测的自信程度，将其利率敏感性缺口设置为资产敏感性或是负债敏感性。例如，如果管理层坚信利率将在目前的计划期内下降，它有可能让利率敏感性负债超过利率敏感性资产，如果利率如预测的一样，则负债成本下降会多于收入的下降，银行的净利息收入将会增加；同样，如对利率上升有信心，则会促使许多银行转成资产敏感型。当然银行一直准确地预测利率是不可能的，大多数银行管理者经常会依靠套期保值来应付利率的变动，而不是预测，因此缺口分析有其局限性，适用于简单的利率环境中的收益变动情况。

商业银行施行积极管理策略时，可参考表 8-2 的措施。

表 8-2　商业银行积极管理策略

利率预期变化	最有利的敏感性缺口状态	积极管理策略最适宜措施
市场利率上升	正缺口	增加利率敏感性资产 减少利率敏感性负债
市场利率下降	负缺口	减少利率敏感性资产 增加利率敏感性负债

通常情况下，商业银行改变缺口的选择主要有下面几种：①改变资产结构，即增加短期资产，减少长期资产；②改变负债结构，即减少短期负债，增加长期负债；③以长期负债增加短期资产；④减少长期资产，偿还短期负债；⑤以固定利率交换浮动利率的掉期合同或其他表外活动。

（2）被动管理策略。采取积极管理策略的关键问题在于利率预测的准确性。如果利率走势与预期相反或利率变动不如预测的来得那么快，则银行将蒙受损失。此外，即使利率走势预测准确，但如果利率实际变动幅度较小，则采用主动策略就可能得不偿失，调节资产组合是要付出代价的。一些小规模银行由于缺乏利率预测能力或缺乏调整资产组合的手段，往往采用被动管理策略。被动管理策略也称免疫策略（Immunization Strategy），其核心在于保持利率敏感性资产与利率敏感性负债之间的平衡，使缺口值为 0（即使利率敏感性资产等于利率敏感性负债，从而 ISG=0）或很小。被动管理策略并不表明银行在管理中处于无为状态，实际上，资产负债每天都会发生意外的变动（例如定期存款的提前支取、贷款的提前偿还等），要保持零缺口值需要大量的补偿性操作。

为了使缺口管理具体化和可操作化，西方的商业银行在实践中引入了临界点的概念。第一临界点——利率临界点。它是由银行根据实际情况对固定利率资产的每一大类规定一个利率标准，当市场利率高于某一类资产的利率标准时，就购入这一类资产，然后等市场利率下降时，将其出售以获得资本收益；当市场利率低于这一利率标准时，就出售这一类资产，在今后市场利率回升时再重新购入。由此可见，利率临界点是对固定利率资产进行管理的一种决策性利率。第二临界点——质量临界点。它不表示某一类资产的利率，而是指一个加权的平均利率水平，商业银行在进行缺口管理时，往往事先规定一个平均利率水平的最低限度标准,若市场利率低于这一最低限度,则商业银行便不增加固定利率资产;反之,则增加固定利率资产。由此可见,质量临界点是对固定资产整体而言的。第三临界点——期限临界点。它要求银行对资产构成的平均期限规定一个幅度,其中将最高期限和最低期限作为追加资产的期限标准。采用这一幅度控制的方式,一方面可在一定程度上防止盲目投资中短期利率波动所带来的机会损失;另一方面,也有利于防止通胀对商业银行收益实际下降的直接影响。

2) 持续期缺口管理策略

持续期缺口是结合银行总资产与总负债之间的比例,比较了两者的综合持续期,进而考察利率变化时,银行净资产价值的变化。当持续期缺口大于零时,利率与银行净资产价值的变动方向相反。即若利率下降,则银行资产与负债的价值都会上升,但资产价值上升的幅度将大于负债价值上升的幅度,所以银行市场价值(净资产价值)将上升。而当持续期缺口小于零时,利率与银行净资产价值的变动方向将相同。即若利率上升,则银行资产与负债的价值都会下降,但资产价值下降的幅度将小于负债价值下降的幅度,所以银行的市场价值将上升。

利用持续期缺口来管理利率风险,就是要通过消除缺口来降低利率风险,保证银行市场价值的稳定;或通过正确使用缺口,获取利率变动带来的收益,并使银行的市场价值得以增加。

(1) 积极管理策略。持续期缺口管理方法中的积极管理策略是银行根据对利率未来变化的预测做出的,保持适当的持续期缺口,以获得利率变动带来的收益。如果预测市场利率将上升,应减少持续期正缺口或扩大其负缺口,将缺口调整为负值,使未来资产价值的下降幅度小于负债价值的下降幅度,从而使银行净资产收入得以增值。如果预测市场利率将会下降,则可采取增加正缺口或减少负缺口的方法。

这种积极管理策略同样会产生一定的负面影响。第一,对商业银行利率预测水平要求较高,利率预测的偏离,可能带来完全相反的结果。第二,商业银行对资产负债的调整受制因素很多,往往难以按商业银行的意图完成调整目标。第三,资产负债调整的成本较高,有时必须衡量调整成本与调整后的收益后再决定取舍。

【参考论文】

(2) 被动管理策略。持续期缺口管理中的被动管理策略旨在保持银行净值的相对稳定。该策略采用零缺口(完全免疫)或微缺口(部分免疫)的方式避免利率风险。具体说就是使一家银行的资产结构持续期正好等于其经杠杆调整后的负债结构的持续期,此时无论利率如何变动,资产的收益与负债的成本等幅度同向变化,从而有效规避利率风险。

商业银行也可以采取微缺口的策略。其做法是:从资产负债表中调出一部分资产和负债,进行持续期搭配,使资产和负债的持续期平衡,从而保持这部分资产负债价值不受利率变动的影响。

在实际中,由于技术、经济等原因,持续期缺口值无法达到零,只能是接近于零。其原因在于以下几点。①缺口的调整有一定的时滞性,资产与负债利率的变动往往无法同步进行。例如,货币市场上的短期融资利率变动较快,但贷款利率的调整相对比较慢,调整后缺口无法迅速弥合。②当产生新的资产或负债时,为了保持零缺口,需要对每笔资产和负债业务进行相应调整,成本很高。③可能产生避免了利率风险,却忽略了其他诸如信贷风险、汇率风险、流动性风险等现象。④商业银行是社会资金的中介，不可能单纯为了规避利率风险而保持一定的资产负债结构不变。因此，被动管理策略在现实中无法达到完全的理想状态，只能根据各种条件和限制因素，考虑成本收益状况，确定一个可接受利率风险下的缺口范围，适当调整资产负债的结构，使持续期缺口保持在这一范围之内。

3）利率敏感性缺口管理策略与持续期缺口管理策略的比较

相比较而言，持续期缺口管理策略的最大优点是它对整个资产负债结构的利率风险提供了一个全面的衡量，也没有利率敏感性缺口法引起的档次划分问题，而且持续期从长期角度观察问题，有利于制定更为连续、更有远见的管理战略。可谓是一种较为科学的利率风险管理策略。

但在资产负债综合管理中，持续期缺口管理策略却并没有利率敏感性缺口管理策略应用得广泛，其主要原因在于：一方面，一般的金融企业很难计算持续期，持续期的衡量需要一系列主观假设，对数据的要求也较高，每一个账户的有关信息如利率的再调整时间、本金提前支付的可能、各种选择权、违约的可能等等，在计算持续期时都需要清楚地了解；另一方面，运用持续期缺口管理策略要求管理者必须预测利率运动的趋势、时间、结构变化等，因为从理论上说，正确的持续期分析要求每一批未来的资金流分别都以预测的利率作为贴现率进行当前市场价值的计算，而一般的金融企业很难准确做出这些预测。利率风险的管理者需要连续不断地监视和调整资产负债结构的持续期。随着利率的变化，持续期本身也在变化。因此，每当利率有较大变化时，管理者必须随之重新计算，调整其持续期，不仅如此，即使利率十分稳定，随着时间的推移，持续期也会逐渐改变（即持续期的漂移问题），为了避免由于漂移而引起的误差，银行必须经常重新计算持续期，可能要每天或每周调整一次。在实际操作中，随时调整可能因成本太高而不可能进行。

因此，在选择利率风险衡量方法时，商业银行要比较这一方法的收益和成本，必须在准确性的保证和衡量方法的简化中权衡。

2. 资产负债表内管理策略与资产负债表外管理策略

根据是否利用商业银行资产负债表来进行管理来分，利率风险管理策略主要有两大类：一是资产负债表内管理策略，即通过改变资产负债表的构成达到控制利率风险的目的；二是资产负债表外管理策略，即利用金融衍生工具对银行利率风险进行控制。

1）资产负债表内管理策略

资产负债表内管理策略是通过改变资产负债表的各种成分和结构，影响利率风险敞口的大小，进而改变资产负债表的利率敏感性。

资产负债表内管理策略的基本工具是买卖不同期限的证券。商业银行根据所承受的风险状况，买进或者卖出不同期限的证券，达到调整利率敏感度的目的。例如，资产负债表是资产敏感性，我们可以调整资产负债表中的投资组合，卖出短期证券，买进长期固定利率债券，降低利率敏感度。通过买卖不同期限证券可以在短时间内大幅度地改变资产负债结构的利率风险头寸。

具体地说，如果资产负债表呈现出资产敏感性，可以采用以下几种策略来降低利率敏感度：延长投资组合的期限；增加短期存款；增加固定利率贷款；增加短期借款，例如同业拆借、证券回购协议等。如果资产负债表呈现出负债敏感性，可以采用以下几种策略来减少利率敏感度：缩短投资组合的期限；增加长期存款；减少固定利率债券；增加固定利率长期债务；增加浮动利率贷款。

实际上，可以同时考虑使用几种策略来管理利率风险。在确定使用哪些策略最为合适时，需要周全地考虑到下面的一些问题：对资产负债的差额头寸影响多大；对净利息收入的影响程度有多大；给商业银行带来的盈利或亏损有多大；对商业银行的流动性头寸有何影响；需要交易的最大或最小货币量；需要多长时间；是否会扩大资产负债总额；交易成本是多少。

2）资产负债表外管理策略

利用前面已介绍过的各种金融衍生工具（最主要的利率衍生工具——远期利率协议、利率期货、利率互换和利率期权）对利率风险进行管理。实际上，这些衍生工具既可以单纯地作为利率风险管理的工具，也可以直接作为管理策略来发挥作用。

但仍需要强调的是，上述的远期利率协议、利率互换以及各种利率期权合同等，它们都具有各自的特征。远期利率协议由于在场外进行，因此比利率期货更灵活，而且成本较低，可适用于一切可兑换的货币，其期限一般较短，适合于管理短期的利率风险；利率期货合同反映的是固定收入证券的价格如何随利率的变动而发生变化，因此它比较适合于对某一特定资产价值或银行的资产净值进行风险保值，而不大适合于对净利息收入的变动进行保值；利率互换的特点是以锁定现有的净利息收入为目标，比较适合于对利率变动所引起的净利息收入的变化进行保值，但是，如果市场利率发生了有利于银行缺口头寸的变动，银行因此而增加的净利息收入将被利率互换产生的亏损所抵消，其期限一般较长，适合于管理那些长期存在的利率风险。商业银行应在对可供选择的管理策略做出比较分析的基础上，再根据所面临利率风险的性质和特点选择最合适的管理策略，从而有效地控制利率风险。

3. 资产证券化策略

由于通过资产证券化，商业银行可以将部分利率风险转嫁给他人，因而，资产证券化策略也成为了利率风险管理中广泛考虑的对象。资产证券化是指将非流动性的金融流量转变成可交易的资产支撑证券（Asset-Backed Securities）的一种技术。在证券化过程中，典型的情形是一家公司或一家金融机构将它产生的良好资产（如住房抵押贷款、信用卡、应收账款等）出售给一个专门的公司，由这家专门的公司发行基于这些资产的证券。这些证券的利率和本金取决于标的资产的未来现金流。这样偿付的负担不再落在发起人（商业银行）身上，而落在了产生未来现金流的资产上，如果出现亏损，其责任由支持实体来负担。

固定利率的住房抵押贷款是个人购买房屋的主要途径。大多数房产所有者花费超过10年甚至30年的时间，每月支出固定的款项，包括贷款余额的利息和部分本金，才能付清抵押贷款。几乎每一笔抵押贷款都同时给予房产所有者预先支付抵押贷款的权利，如果利率降低到足够弥补再融资的交易成本时，这种做法就更为普遍了。预先付款的特定数额按照人口统计学的因子计算得出，比如房屋迁移到另一城市的比率等等。抵押贷款的贷款方一般是银行、存贷协会或者抵押贷款公司。此类发起抵押贷款的金融机构必然承担利率变动的风险。如果利率上升，抵押贷款的价值将下降；如果利率下跌，抵押贷款的价值将上升，但是上升幅度受低利率鼓励房产所有者再融资这一事实所限。一旦这种情况发生，抵押贷款的所有人将提前收入本金，被迫重投资于较低的利率。这种风险对商业银行来说十分常见。

因而资产证券化被作为一种有效策略来规避这类风险。不少抵押贷款都被结合形成投资组合，并且投资组合的请求权以抵押贷款证券化（Mortgage-backed Securities）的形式出售给投资者。将贷款合并成投资组合，然后出售投资组合请求权的过程称为证券化（Securitization）。然而，并不是所有的证券化投资组合都是抵押贷款。信用卡收入以及其他类型的贷款同样也属于证券化贷款，但是抵押贷款证券化市场是最大也是最为复杂的市场之一。证券化过程为市场开拓出深度，因为贷款人知道他们何时出售所持有的贷款，并能够当即收到现金。这无疑提升了愿意参与交易的贷款人的数量，为个人以及机构投资者提供了发掘市场投资机会的通行证，而本来这些机会只属于那些金融机构。证券化的抵押贷款通过买进信用保险，几乎可以永久性避免违约风险，信用保险一般是从国家抵押贷款委员会这样的机构那里买入的。

应用实例与分析

硅谷银行：利率风险管理失败的典型案例

2023年3月7日，硅谷银行获得了福布斯2023年美国最佳银行奖项。

戏剧性地，硅谷银行于3月10日因流动性不足以及资不抵债破产倒闭。而直到3月8日，硅谷银行仍然是一家"财务状况良好"的银行，但在48小时之后，硅谷银行便创造了一家规模银行光速倒闭的纪录。

很多人不理解，觉得这是"黑天鹅"事件，认为传统的风险管理体系失效了。一些自媒体甚至认为，都是这届的储户有问题：听风就是雨，生生把一家好银行挤兑了。这当然与事实不符。

硅谷银行曾经是一家好银行；但硅谷银行倒闭，核心的问题当然是它犯了错。但一开始，硅谷银行显然不认为自己犯的错有多么严重。

2020年新冠肺炎疫情后，美国政府通过货币大放水和财政"大撒币"，一时银行业流动性泛滥。硅谷银行的存款增长亦令人羡慕，从2020年6月末至2021年12月末，硅谷银行在一年半里存款从760亿美元增至逾1900亿美元，增幅超过200%。存款增长这么多、这么快，放贷款自然就跟不上。然后硅谷银行大量购买了债券，包括国债和贷款抵押证券。

2022年年底，硅谷银行2000多亿美元的总资产里，持有证券投资高达1200亿美元。这些证券的久期长达十年以上，也就是平均要花十年多才到期还本。显然，这么大的一个头寸，从利率风险管理的角度，就是一颗巨大无比的炸弹。在占比近60%的长久期证券资产的影响下，硅谷银行无论是在险价值、压力在险价值、DV01还是利率敏感性缺口等市场风险指标，必然是极为难看的。

即使再无风险管理经验的业内人士，都可以预见，一旦市场利率进入上涨通道，这些长久期的债券资产就会成为巨额亏损的源头。那么，对美联储加息的风险，硅谷银行真的毫无预料吗？事实当然不是如此。

硅谷银行首席执行官 Greg Becker 在接受采访时曾表示："我们预计利率会上升，但没想到会像现在这么多。"然而，在占比如此之大的证券头寸影响下，即使美联储的加息没有现在这么猛，硅谷银行也一样要面临巨额的损失。而近期爆出来的猛料显示，硅谷银行事发前在长达 9 个月的时间里，竟然没有风险评估主管。硅谷银行对风险管理的重视程度由此可见一斑。也就是说，不是《巴塞尔协议》等传统风险管理机制出的问题，出了问题的就是硅谷银行本身。

资料来源：http://www.360doc.com/content/23/0611/08/1084287298_1084287298.shtml [2024-03-20]

本章小结

本章详细介绍了商业银行利率风险的成因、种类、度量工具、度量方法、管理利率风险的策略及其选择问题，全景式展现现代商业银行利率风险管理的各知识要点。

关键术语

利率风险（Interest Rate Risk）、重新定价风险（Reprising Risk）、收益曲线风险（Yield Curve Risk）、基本点风险（Basis Risk）、内含选择权风险（Embedded Option Risk）、成熟期不相匹配的风险（Maturity-mismatch Risk）、净利息头寸风险（Net Interest Position Risk）、利率敏感性缺口（Interest Rate Sensitivity Gap）、持续期（Duration）、凸性（Convexity）、远期利率协议（Forward Rate Agreement）、利率互换（Interest Rate Swap）、利率期货（Interest Rate Futures）、利率期权（Interest Rate Options）、免疫策略（Immunization Strategy）

知识链接

[1] 刘湘云, 2008. 商业银行利率风险动态综合计量与管理 [M]. 北京：中国社会科学出版社.

[2] 刘玉操, 曹华, 2017. 国际金融实务 [M]. 大连：东北财经大学出版社.

[3] 戴国强, 2005. 我国商业银行利率风险管理研究 [M]. 上海：上海财经大学出版社.

习 题

1. 判断下列说法是否正确并说明理由：
（1）管理银行流动性风险可能会导致新的利率风险；
（2）非利息收入业务与利率风险无关。

2. 判断并分析下列说法：
在很多情况下，凸性分析法是对持续期分析法的一个有益且必要的补充。

3. 关于利率敏感性分析方法，正确的是（　　　）。

A. 当利率敏感性缺口为 0 时，利率敏感性比率等于 1；利率敏感性缺口为正时，利率敏感性比率小于 1；利率敏感性缺口为负时，利率敏感性比率大于 1。

B. 利率敏感性缺口管理办法的积极性策略是指，保持利率敏感性资产与利率敏感性负债之间的平衡，使缺口值为0或很小。

C. 采取积极策略的关键问题在于利率预测的准确性。

D. 利率敏感性缺口管理策略与持续期缺口管理策略相比，前者更为科学合理。

4. 假设某金融机构的1年期利率敏感性资产为20万元，利率敏感性负债为15万元，则利用重定价模型，该金融机构在利率上升1个百分点后（假设资产与负债利率变化相同），其利息收入的变化为（　　）。

A. 利息收入减少0.05万元　　　　B. 利息收入增加0.05万元
C. 利息收入减少0.01万元　　　　D. 利息收入增加0.01万元

5. 假设某金融机构由于市场利率的变化，其资产的市场价值增加了3.25万元，负债的市场价值增加了5.25万元，则该金融机构的股东权益变化为（　　）。

A. 增加了2万元　　　　　　　　B. 维持不变
C. 减少了2万元　　　　　　　　D. 无法判断

6. 计算下列各种情况下的重定价缺口，并计算当利率上升1个百分点时，其对净利息收入的影响。

（1）利率敏感性资产=200万元，利率敏感性负债=100万元。

（2）利率敏感性资产=100万元，利率敏感性负债=150万元。

（3）利率敏感性资产=150万元，利率敏感性负债=140万元。

7. 假设某金融机构的资产负债表如表8-3所示。

表8-3　资产负债表

资　产		负债与所有者权益	
浮动利率抵押贷款（当前年利率10%）	50	活期存款（当前年利率为6%）	70
30年期固定利率款（固定利率为7%）	50	定期存款（当前年利率为6%）	20
总资产	100	所有者权益	10
		负债与所有者权益合计	100

试计算：

（1）该金融机构预期年末的净利息收入。

（2）假设利率增加了2%，该金融机构年末的净利息收入是多少？

8. 什么是持续期缺口？如何利用持续期来免除金融机构资产、负债组合的利率风险？要满足哪些关键要求，期限匹配才能免除金融机构资产负债表的利率风险？

9. 如果一家金融机构的管理人员确信，在未来6个月内利率将上升，为了从利率上升中获利，他将如何调整金融机构的期限缺口？如果他认为利率将下降，他又应如何调整？你认为期限缺口的调整容易实现吗？

第 9 章　汇率风险管理

本章教学要点

知识要点	掌握程度	相关知识
汇率风险的概念	掌握	外汇的概念
汇率风险的度量	熟悉	微积分及概率论基础知识
汇率风险的控制	了解	金融衍生工具基本概念

导入案例

【参考课件】

阿根廷比索贬值的影响几何？

2018 年前 8 个月，阿根廷比索以超过 98% 的贬值幅度，成为全球主要弱势货币之一。

2018 年，虽然阿根廷从外部获得了相对充裕的流动性支持，暂时阻止了货币危机的进一步恶化，但是其能否真正摆脱货币危机仍有赖于内部结构性改革的进展，经济发展仍面临不确定性。同时，大量依赖短期外部资本导致的跨境资本不稳定性较高使得比索汇率下行风险依然存在。

阿根廷进口商遭遇困境。在 2013 年至 2018 年的经济危机背景下，阿根廷许多企业收到的货款是以比索计算的远期支票，通常承兑期为 90 天。由于这些阿根廷企业以外币购买进口产品，用比索 90 天延期付款意味着这些企业完全承担了比索贬值的损失，甚至他们最终将被迫亏本出售货物。根据每家企业对进口业务的依赖程度不同，一些企业在遇到类似的危机时，很难幸免于难。

中国出口企业面临的风险恐将上升。阿根廷的经济危机及比索的贬值增加了获得美元现汇的难度。由于比索与美元相比，已经损失了 98% 的价值，这意味着跨国支付将会变慢。此外，可能施行的进口限制将对向阿根廷出口的中国企业造成负面影响。

由于近期的经济危机及比索的大幅贬值，许多本地生产商都在抱怨总统的决定，称其影响了他们的生意。最近，纺织品、鞋类和玩具类的当地行业协会纷纷提出意见，要求总统再次制定限制这些产品进口的法规。这可能会导致限制某些类型的进口的政策重新出台。由于阿根廷可能会重新限制进口贸易，加之比索贬值和经济危机的影响,最终可能会给中国出口商带来更多麻烦。建议出口企业密切关注阿根廷宏观政治经济动态,做好风险跟踪以便及时应对。

资料来源:http://www.ciodpa.org.cn/index.php?m=content&c=index&a=show&catid=18&id=13379 [2024-07-25]

案例启示:阿根廷比索的大规模贬值事件表明:不完善的汇率风险管理制度,除了能影响民众平时的购物、出游等日常生活,还可能对一国众多企业的经营,甚至更多国家的出口企业和货币等多方面造成严重影响。所以为了保障经济的稳定发展,为了秉持"人类命运共同体"的理念,加强对汇率风险的认知、度量及防范就显得尤为重要。

9.1 汇率风险概述

9.1.1 汇率风险的概念

汇率风险,又称汇率暴露(Exchange Rate Exposure),与外汇风险这个概念并不完全相同。外汇风险有狭义和广义之分,前者是指汇率风险,而后者除了包括汇率风险,还包括国家政策风险、外汇信用风险以及外汇交易风险等。通常所说的是狭义的外汇风险即汇率风险,是指商业银行因汇率变动而蒙受损失以及预期收益难以实现的可能性。具体而言,当商业银行以现汇及远期形式或两者兼而有之的形式持有某种外汇的敞口头寸时,它可能因持有期内汇率的不利变动而蒙受损失。

9.1.2 汇率风险的成因

对于汇率风险的成因,不同学者有不同的理解。例如,Shelagh Heffernan(1996)认为货币和期限不匹配是银行业务的基本特征,当汇率变动与预期趋势相反时,银行就会面临汇率风险。在本书第5章商业银行风险管理概述中提到在外汇市场上,外币利率、本币利率、即期汇率等变动会引起外币价值变化。这暗含了汇率风险与本外币利率差之间存在关系,也说明汇率风险的直接原因是汇率变动。

黄华莉(2002)认为汇率风险的成因是:商业银行汇率风险产生的直接原因是汇率的波动导致银行持有外汇头寸的价值发生变化,而汇率的变动又取决于外汇市场的供求状况。各国国内的政治、经济因素是引起外汇市场供求变化从而造成汇率变动的最根本原因。具体而言,影响汇率变动的因素主要包括国际收支、通货膨胀率、利率、汇率政策、市场预期以及冲击等。持有外币资产负债和进行外汇交易是银行汇率风险产生的两个来源。向进出口业务提供融资服务使得银行持有外币资产和负债,这是汇率风险产生的基础。首先,随着各经济体之间的国际经济交往和贸易往来的迅速发展,主要从事外币融资业务的银行及其他金融机构持有越来越多的外币资产负债。其次,随着金融市场的发展,外汇交易日益成为一个主要的交易品种。银行出于获利的目的,也积极参与外汇交易业务,成为外汇市场的

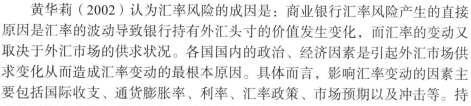

【参考资料】

【参考论文(1)】

【参考论文(2)】

主要参与者。无论是出于外币媒介还是外汇交易的目的，银行的资产负债表中均产生了一个外汇头寸，当汇率变化时，该外汇头寸的价值发生相应的变化，造成银行收益的不确定性，包括潜在的损失和潜在的收益两个方面，均表现为汇率风险。

综合看来，汇率风险产生的原因是汇率的波动导致银行持有外汇头寸的价值发生变化，当汇率变动与预期趋势相反时，很可能导致银行持有外汇头寸的价值减少。

9.1.3 汇率风险的类型

根据汇率风险对经济主体、会计报表产生的不同影响，可以将其分为不同的种类。

1. 交易风险

交易风险是指以外币计价的未来应收款、应付款在以本币结算时由于汇率波动而使价值发生变化导致损失的可能性。交易风险是一种流量风险，是涉外计价活动中经常面临的风险，其本质是由于交易合同中的计价货币与本币不一致所带来的风险。当经济主体的外汇债券、债务已产生，而在汇率发生变动后才实际收付，交易风险就产生了。交易风险又可以进一步分为外汇买卖风险和交易结算风险。

外汇买卖风险又称金融性风险，是指由于进行外汇买卖产生的汇率风险。银行在外汇买卖过程中未出现外汇空头头寸或多头头寸，空头的外汇头寸及汇率在外汇头寸轧平日内上涨，使银行在轧平空头时蒙受多付本币的经济损失；多头的外汇头寸及其汇率在外汇头寸轧平日内下跌，使银行在轧平多头时蒙受少收本币的经济损失。

【例9-1】一家日本银行在买进1000万美元后卖出800万美元，还剩下200万美元，通常将这200万美元称为多头，这种多头将来在卖出时会因汇率水平变化而发生盈亏。如果当日收盘价为1美元合140日元，该银行卖出2000万美元应收回2.8亿日元。如果第二天外汇市场美元兑日元比价跌至1美元合110日元，那么该行只能收回2.2亿日元，损失6000万日元。

交易结算风险又称商业性汇率风险，是指以外币计价进行贸易及非贸易业务的一般企业所承担的汇率风险，是伴随商业及劳务买卖的外汇交易而发生的，主要由进出口商承担。基于将来进行外汇交易而将本国货币与外国货币进行兑换时，由于将来进行交易时所使用的汇率没有确定，因而存在风险。进出口商从签订合同到债权债务的清偿，通常要经历一段时间，而这段时间内汇率可能会发生变动，于是未结算的金额就成为承担风险的受险部分。

【例9-2】德国出口商输出价值10万美元的商品，在签订出口合同时，美元与欧元的汇率为1美元兑0.9524欧元，出口10万美元的商品，可换为9.524万欧元，但当货物装船时，美元汇率下跌，欧元汇价上升，汇率变为1美元兑0.9500欧元。这样，德国出口商结汇时的10万美元只能兑换9.5万欧元，于是汇率波动使出口商损失了240欧元，结果他不能获得预期利润或只能获得较少的利润。在这里，签订合同时的10万美元金额便是该德国出口商的受险部分。

2. 会计风险

会计风险也称换算风险，是指跨国企业为了编制统一的财务报表，将以外币表示的财务报表用母公司的货币进行折算或合并时，由于汇率变动而产生的账面上的损益差异。虽然会计风险与交易风险不同，它仅仅是一种账面上的损益，但它却会影响到企业向股东和公众公布财务报表的数值，可能会招致股价和利润率的下跌，从而给企业带来融资能力等方面的障碍。外汇的会计风险来源于会计制度的规定，并受不同国家会计制度的制约。汇率的变化会引起公司的资产负债表中某些外币项目金额上的变动。公司在计算报表时，为了把原来用外币计价的资产、负债、收入和费用，合并到本国货币账户内，必须把这些用外币计量项目发生额用本国货币重新表述。这种称作折算的重新表述，要按照公司所在国政府、会计协会和公司确定的有关规定进行。

【例 9-3】 美国某公司在英国的子公司的往来账户余额为 100 万英镑，年初时，GBP1=USD1.6100，即账户余额是 161 万美元。年末时，美元升值、英镑贬值，GBP1=USD1.5100，那么年末时，英国子公司账户余额折算为美元只有 151 万美元，英镑余额价值降低了 10 万美元。根据美国的会计制度规定，这笔损失可计在母公司收益的损失上，或通过一个备抵账户直接冲销股东受益。

3. 经济风险

经济风险又称经营风险，是指由于外汇汇率变动使企业在将来特定时期的收益发生变化的可能性，即企业未来现金流量现值的损失程度。收益变动幅度的大小，主要取决于汇率变动对企业产品数量及价格成本可能产生影响的程度。例如，当一国货币贬值时，出口商一方面因出口货物的外币价格下降有可能刺激出口，使其出口额增加而获益；另一方面如果出口商在生产中所使用的主要原材料为进口品，因本国货币贬值会提高本币表示的进口品的价格，出口品的生产成本就会增加。结果该出口商在将来的纯收入可能增加，也可能减少，该出口商的市场竞争能力以及市场份额也将相应地发生变化，进而影响到该出口商的生存与发展潜力，此种风险就属于经济风险。

9.2 汇率风险的度量

汇率风险的度量方法有很多，主要方法有在险价值法、极端测试法、情景分析法及预期损失分析法。

9.2.1 在险价值法

在险价值（Value at Risk，VaR）代表在一定置信水平和一定持有期间内银行资产组合头寸所面临的最大潜在损失额。该方法曾于 1993 年由 G-30 成员国推荐，现在被银行界广泛接受。在险价值法实际上是在一定时间内，在一定概率分布情况下，给出风险的损失最多可能为多少。它充分考虑了金融资产对某种风险来源（如利率、汇率和股票价格指数等基础性金融变量）的敞口和市场逆向变化的可能性，以最简单的形式将不同市场因子、不同市场风险集成为一个值，较为准确地度量了由不同风险来源及其相互作用而产生的潜在损失，较好地适应了金融市场发展的动态性、复杂性和全球整合性的趋势。

利用在险价值法确定银行汇率风险，必须首先选择两个定量因素：持有期长度与置信水平。持有期是计算在险价值的时间范围，选择持有期时，往往需要考虑 4 种因素：

流动性、正态性、头寸调整和数据约束。

巴塞尔委员会规定的持有期标准是 10 天，置信水平为 99%，银行内部模型在此基础上计算的结果再乘以安全因子 3 就可得到监管意义上的最低资本需求。这样的决定是基于寻求监管成本与及早发现潜在问题所获收益之间的平衡做出的。根据不同的目的，不同银行机构选择不同的置信水平与持有期长度，J. P. 摩根银行与美洲银行选择 95% 置信区间，花旗银行选择 95.4% 置信区间，大通曼哈顿银行选择 97.5% 置信区间，Bankers Trust 选择 99% 置信区间。

为计算资产组合的在险价值，我们定义 W_0 为初始投资额，R 为持有期间内资产组合收益率，W 为资产组合期末价值，Δt 为单位时间长度，u_0 为初始的期望收益率，W^* 为给定置信水平 C 下资产组合的最低期末价值，R^* 为资产组合在给定置信水平下的最低收益率，则

$$VaR = E(W) - W^*$$

因为

$$E(W) = W_0(1 + u_0 \Delta t)$$
$$W^* = W(1 + R^*)$$

所以

$$VaR = W_0 * (u_0 \Delta t - R^*)$$

可以看出，计算在险价值的关键在于 R^* 或 W^*。

假定某一资产组合风险回报的分布函数为 $f(w)$，则 W^* 可由以下公式表示

$$1 - C = \int_{-\infty}^{w^*} f(w) \mathrm{d}w \tag{9-1}$$

式中，C 为给定置信水平，国际上的选择范围通常为 95%～100%；W^* 为分布的样本容量。

9.2.2 极端测试法

由于在险价值法对商业银行汇率风险衡量的有效性是建立在市场正常运行的前提条件下的，如果市场出现异常变化或极端情况，比如股票市场价格暴跌，金融危机造成外汇汇率暴跌等，那么极端测试法将是有效地弥补在险价值法缺陷的重要工具。所谓极端测试法，是指将商业银行置于某一特定的极端市场情况下，如利率骤升 150 个点，汇率贬值 10% 等异常的市场变化，然后测试该银行在这些关键市场变量极端变化情况下的表现状况。

相对于其他市场风险衡量方法而言，极端测试法具有它自己的优点。由于极端测试的对象建立在主观基础之上，测试者自行决定市场变量及其测试幅度，因此可以模拟市场因素任何幅度的变动。同时，极端测试不需要明确得出发生某一类事件的可能性大小，因而没有必要对每一种变化确定一个概率，相对较少涉及复杂的数学知识，非常适合交流。另外，作为商业银行高级风险管理工具，极端测试可以为高层明确地指出导致资产组合价值发生变化的本质原因和风险因素。当困扰风险管理人的问题来自一个或几个关键市场因素的波动时，极限测试法往往是最佳选择。

9.2.3 情景分析法

在险价值法反映了商业银行发生一定数量损失的可能性大小，极端测试法则从不同风险要素角度提供商业银行可能发生的损失数额，但这两种方法都有可能忽略一个经济组织所面临的最大风险，即具有潜在灾难性后果事件的发生。情景分析法恰恰弥补了这一缺陷，不仅着眼于特定市场因素的波动所造成的直接影响，而且还从战略角度分析在特定背景下、特定时间内发生一系列偶然事件对商业银行的直接和间接影响，从而帮助银行对其长期的关键性薄弱层面做出评估。

具体而言，极端测试法是通过对一个或一组市场变量在短期内的特定波动进行假设分析，研究和衡量这组市场变量的异常变化给商业银行资产组合带来的风险，是一个由下而上的过程，而且是一维的战术性风险管理方法；而情景分析法假设的是更为广泛的情况，包括政治、经济、军事和自然灾害在内的投资环境，一旦环境变化，首先分析市场主要变量的可能变化，进而分析对商业银行资产组合的影响。可以看出，这是一个由上而下的过程，比较注重全面和长远的环境变化，属于多维战略性风险管理方法。

知识要点提醒

通常，将在险价值法、极端测试法和情景分析法结合起来，所形成的市场风险衡量体系是较为完善的。在险价值法给出了一定置信水平下的风险敞口值，极端测试法考虑了一个或几个关键市场因素的剧烈波动的信号，而情景分析法以更广泛的视野、更长远的时间范围来考察商业银行的风险问题，三者之间存在一个功能互补的机制。

9.2.4 预期损失分析法

为了更好地理解运用预期损失分析法，下面介绍一下阿尔茨纳于1999年提出的一致性风险度量公理化体系。如果用风险和效用函数对投资组合偏好关系进行衡量的结果相同，则该风险度量方式与期望效用最大化方式是一致的，凡满足以下条件性质的风险度量称为一致性风险度量：

（1）次可加性：$\exists \forall X, Y$，满足 $\rho(X+Y) \leqslant \rho(X) + \rho(Y)$；

（2）正齐次性：$\exists \forall X, h>0$，满足 $\rho(hX) = h\rho(X)$；

（3）变换不变性：$\exists \forall X, \alpha \in R$，满足 $\rho(X+\alpha) = \rho(X) + \alpha$；

（4）单调性：$\exists \forall X, Y, X \leqslant Y$，满足 $\rho(X) \leqslant \rho(Y)$。

次可加性意味着投资组合的在险价值不超过其各个组成部分的在险价值之和。当各个部分的风险完全相关时，整体风险等于各个风险之和。由于分散化效应，整体风险将小于部分风险之和。次可加性对于银行的监管来说是至关重要的。若每个部门资金充足的话，则整个银行的资金也是充足的。但如果违反了次可加性，则无法保证银行作为一个整体具有充足的风险资本准备金。次可加性也是资产组合决策问题的一个基本条件，只有当资产组合的风险度量平面是凸平面时才存在唯一的最优组合决策。因此满足次可加性对一致性风险度量来说是非常重要的。

预期损失（Expected Shortfall，ES），有时也称条件风险价值，它度量的是损失在在险价值水平之上的平均损失值。其精确表述为：X 表示资产组合的损益，给定一定时间和置信水平 $(1-\alpha)$ 下的 $VaR(X)$，则 $ES(X)=E[X|X \geqslant VaR(X)]$。ES 具有以下主要性质：满足一致性风险度量的所有性质以及凸性；$ES(X) \geqslant VaR(X)$；$ES(X) = \alpha^{-1}\int_0^\alpha X(u)\mathrm{d}u$，可知：$X$ 关于 ES 连续，且 α 越小，风险越大；ES 与二阶随机占优是一致的，即 $X_1 \geqslant X_2 \Rightarrow ES(X_1) \leqslant ES(X_2)$；虽然 ES 是损失在 VaR 水平之上的平均损失值，但其计算可以不依赖于 VaR。

9.3 汇率风险的管理

【参考视频】

商业银行汇率风险管理，即对商业银行汇率风险的特征及成因进行识别与测定，并设计和选择防止或减少损失发生的处理方案，以最小成本达到风险处理的最佳效能。商业银行在进行汇率风险管理时必须遵循一定的原则，而且有着一般的风险管理程序。

9.3.1 汇率风险管理的原则

在现代金融市场的竞争中，商业银行为了充分利用有效信息，力争减少汇率波动带来的不利影响，在汇率风险管理中应该遵循以下原则。

1. 全面重视原则

全面重视原则要求商业银行树立风险管理的意识，从管理战略上给予汇率风险管理高度的重视。因为汇率风险有着不同的种类，有的企业只有交易风险，有的还有经济风险和会计风险。不同的汇率风险对企业的影响有差异，有的是有利的影响，有的是不利的影响，所以商业银行需要对外汇买卖、国际结算、会计折算、企业未来资金运营、国际筹资成本及跨国投资收益等项目下的汇率风险保持清醒的头脑，做到胸有成竹，避免顾此失彼，造成重大的损失。

2. 管理多样化原则

由于经营特点、经营范围、管理风险各不相同，涉及的外币的波动性、外币净头寸、外币之间的相关性、汇率风险的大小也都不一样，商业银行应该具体情况具体分析，寻找最适合于自身风险状况和管理需要的汇率风险战术及具体的管理方法。

3. 收益最大化原则

这条原则是商业银行进行汇率风险管理的基石和出发点，也是商业银行确定具体的风险管理战术、选择汇率风险管理方法的准绳。汇率风险管理的本质是一种风险的转移或分摊，例如采用远期交易、期权、互换、期货等金融工具进行套期保值，都可能支付一定的成本，以此为代价来固定未来的收益或支出。

9.3.2 汇率风险管理的程序

汇率风险管理的基本程序包括4个步骤：一是进行风险预测；二是进行风险识别、衡量；三是设计、比较、选择风险防范措施；四是实施风险防范措施。

为风险管理而进行的风险预测中最重要的就是汇率预测，它是风险测定的基础，也为设计、比较、选择风险防范提供了必要的条件。汇率预测主要是预测不利的汇率波动发生的可能性。其预测标的决定于风险标的及风险延续的时间，其预测额度、预测形式及其精度，则依风险管理目标而定。汇率预测方法可以分为基础因素分析法、非基础因素分析法。基础因素分析法突出分析影响汇率的各种因素：经济增长率、失业率、通货膨胀率、利率、货币供应量、国际收支状况、按购买力计算的基础汇率、各国货币政策和财政政策的变化、政治、心理等，并依据各种因素发生作用的方向和强度估计汇率的走势。非基础因素分析法强调、突出过去汇率资料的作用，它不靠其他任何信息，只凭借汇率过去的变动趋势判断以后的汇率走向。非基础因素分析法包括图表分析法和鲍克斯詹金斯方法。

风险识别、衡量即风险测定，即识别风险的种类、度量风险大小。它是风险管理的基础和前提条件。原则上，在直接标价法下，以本币表示的风险量等于汇率变动幅度与受险金额之积。汇率变动幅度实为风险终止日汇率（即结算日汇率）与受险起始日汇率（即签订合同日汇率或合同所定汇率）之差。然而，风险测定的先期性使人们或以同期的远期汇率或以预测的同期汇率代替风险终止日汇率。为此，风险测定和汇率预测有着相似的命运。

银行的风险防范措施主要是对汇率风险敞口进行管理，运用金融衍生工具对汇率波动进行套期保值。

9.3.3 商业银行汇率风险的管理方法

由前面的分析可知，汇率风险的损益仅是一种可能性，并非必然发生。只要商业银行在可能性转化为现实之前采取相应的防范措施，就可以使相应的经济损失尽可能地控制在自身所能承受的范围之内。从根本上讲，商业银行对汇率风险的规避可从两个方面展开。第一个方面是对汇率风险敞口进行表内管理。通过外汇资产负债或外汇交易相互配置，使净受险头寸接近或等于零，从而规避汇率风险。第二个方面是运用金融衍生工具进行套期保值。通过在表外建立外汇衍生交易头寸，使其方向与表内风险因素相反、规模相等，从而在汇价变动时，利用表外项目的盈利抵补表内项目的损失。

1. 商业银行汇率风险管理的表内策略

商业银行汇率的表内管理是指在汇率风险形成之前采取相应的措施对汇率风险敞口或外汇头寸进行控制。其主要的控制方法包括交易货币选择和外汇风险头寸管理。

1）交易货币选择

从理论上讲，交易货币有软硬之分。前者是指该货币汇率不稳定，且有下浮的趋势；后者是指该货币汇率较稳定，且有上浮的趋势。一般来讲，商业银行在国际业务中的交易货币可以选择本国货币、交易对方国家货币和第三国货币，但为了结算的方便，交易货币一般要求是可自由兑换币种。对于交易货币的选择，双方大多采取折中的方法，如选择一揽子货币、软硬货币搭配或双方都能接受的交易最频繁的货币。到目前为止，我国的人民币还不能完全自由兑换。因此，我国的商业银行只能选择交易对方国家货币或第三国可自由兑换货币。

商业银行在选择交易货币时，应尽可能地选择与原有债权债务相同的货币，这样可使自身资产负债在货币上相互匹配。即便货币不能完全相匹配，也应尽可能地选择交易最频繁的货币，最终减少资产负债货币不匹配的汇率风险。除了考虑资产负债表，商业银行在选择交易货币时，也应尽可能地选择优势货币即商业银行最擅长的交易货币。如果商业银行不能选择优势货币作为交易货币，并且对对方选择交易货币的汇率走势缺乏信心和经验，那么应尽可能地要求在合同中加列货币保值条款。作为货币保值条款的参照物，可以自行选择软硬货币搭配成一揽子货币的平均汇率或者特别提款权的汇率以及黄金价格等。

2）外汇风险头寸管理

对于银行持有的某一外币的资产和负债而言，先按即期汇率将其价值折算为本币价值，然后计算出其外汇净资产：

$$外汇净资产 = 外汇资产 - 外汇负债$$

对于外币交易头寸而言，假定即期汇率与远期汇率的价格易变性相等，将即期多头与远期多头加总，得到外币买入头寸；将即期空头和远期空头加总，得到外汇卖出头寸。将买入卖出头寸按交易成本折算为本币值，相减得出净外汇买入头寸。

$$净外汇买入头寸 = 买入头寸 - 卖出头寸$$

$$外汇受险头寸 = 外币净资产 + 净外汇买入头寸$$
$$= 外币资产 - 外币负债 + 外汇买入 - 外汇卖出$$

$$外汇风险损益 = 外汇受险头寸 \times 汇价易变性$$

可见，如果银行使其外币资产和外币负债相匹配，并能使交易账户上买入和卖出数量相匹配，就可以使净外汇受险头寸为零，从而规避汇率风险，所以可以调整外币资产、外币负债、外汇买入、外汇卖出中的任何一项和任何几项来使净外汇受险头寸等于零或接近于零。这种调整涉及两个问题。一是成本问题。一般而言，调整资产负债结构的成本较为高昂，耗时较长，调整外汇买卖数量的成本较为低廉。二是外币资产负债与银行总资产负债的关系，包括两个方面：数量比和结构比。显然，若外币资产负债在总资产负债中所占的比重越大，其结构与总资产负债结构差异越大，则外汇资产负债的调整对银行的影响越大。换言之，外币资产负债结构调整可能规避了汇率风险，但同时使总资产负债的风险因素增大，例如使持续期缺口变大。所以，表内管理不仅要比较各种调节手段的交易成本，还应考虑对整个机构运作的影响。此外，若即期交易与远期交易的汇价易变性不同，则依据观察可得出一个经验数字，对远期交易进行偏差调节，并纳入即期交易进行估算。

2. 商业银行汇率风险管理的表外策略

商业银行汇率风险表外管理是在表外建立外汇衍生交易头寸，使其方向与表内风险因素相反、规模相等，从而在汇率变动时，利用表外项目的盈利抵补表内项目的损失。

具体操作是商业银行通过外汇市场上的金融衍生工具来对外汇风险敞口进行套期保值。

1）远期外汇合约

远期外汇合约是合约双方约定将来某一天或某一期限内，以事先约定的汇率买入或卖出一定数量外汇的协议。一般而言，银行进行远期外汇交易是为了对即期外汇风险敞口进行保值，通过签订远期外汇合约，将外汇风险转移出去。商业银行在进行期汇与现汇交易时，常常存在期汇与现汇的持有额在银行总的外汇持有额中出现风险敞口的现象，为避免汇率风险，商业银行应进行远期外汇交易。如果商业银行即期外汇头寸为多头，则可在市场上卖出与多头金额相等的远期外汇；若为空头，则可买进与空头金额相等的远期外汇。通过远期外汇交易，商业银行在受险时间开始时就将远期汇率作为不同货币进行相互兑换的依据，使未来实际收益或实际成本由不确定因素转化为可通过远期汇率把握的确定因素，最终达到控制汇率风险的目的。银行进行远期外汇交易必须付出相应的成本，主要包括向外汇经纪商支付的佣金以及在交易过程中形成的外币的升（贴）水。在买进（卖出）远期外汇时，如果所买进（卖出）的外币在远期汇率中对本币或其他外币升（贴）水，则升（贴）水即为交易的主要成本。

2）货币期货合约

货币期货合约是买卖双方达成的一项合约，依据此合约，在将来的某一天或之前，由卖方向买方按预定价格提供一定数量的货币。货币期货合约与远期外汇合约最大的区别在于货币期货合约是在交易所内交易的标准化合约。利用货币期货合约规避汇率风险的原理与远期外汇合约基本类似，银行通过运用同时存在的现汇市场和外币期货市场，在外币期货市场上随时方便地进行"对冲"交易，即在期货市场上持有一个与将来在现汇市场上准备交易现汇相同数量和交易位置的期货合约，以避免汇率波动可能带来的损失。具体而言，有多头套期保值（Long Hedges）和空头套期保值（Short Hedges）两种策略。同样，商业银行在借助外币期货交易控制汇率风险时必须支出一定的成本。

3）货币期权

货币期权是指合同的买方具有在合约到期日或到期前某日，按约定汇率买入或卖出一定数量的某种外汇，但也可不履行合同的权利。货币期权分为两种：看涨货币期权（Call Currency Option）和看跌货币期权（Put Currency Option）。看涨货币期权是指期权的买方有权在合约到期日或之前，按约定汇率买入一定数量的货币；看跌货币期权是指期权的买方有权在合约到期日或之前，按约定汇率卖出一定数量的货币。相对于远期外汇合约和货币期货合约而言，货币期权具有更大的灵活性，它为期权的买方提供了双保险。期权的买方可以在实际汇率变动对其有利时才履行合约，而当实际汇率变动对其不利时，则可不履行合约，只损失期权费。这样，期权的买方就将汇率风险控制在一定范围内，同时又能无限地获取收益。商业银行采取外币期权交易控制汇率风险时，须付出一定的成本。成本的构成随商业银行作为期权买方或卖方而有所不同。作为买方付出的成本主要包括向卖方支付的保险费、经纪商佣金、交易缴纳的保证金等，在受险时间内闲置的机会成本，选择不履行合约时，还必须考虑交易过程中外币的升（贴）水等。作为卖方付出的成本主要包括支付的经纪商佣金及保证金等，在受险时间内闲置的机会成本，买方履约时还必须考虑交易过程中外币的升（贴）水等。

4）货币互换

货币互换是指一定时期内，互换双方按某一不变汇率，直接或间接地交换不同币别货币的债务或债权。实际上，这是一种在期初双方按固定汇率交换不同货币资产的本金，然后分别为对方分期偿付利息的交易。货币互换包括4种组合：一种货币的固定利息互换另一种货币的固定利息；一种货币的固定利息互换另一种货币的浮动利息；一种货币的浮动利息互换另一种货币的固定利息；一种货币的浮动利息互换另一种货币的浮动利息。利用货币互换冲销汇率风险的基本原理在于：货币互换合约使银行的外币资产或负债全部或部分转化为本币资产或负债，从而减少了外汇头寸的规模。商业银行借助货币互换，可将对自己不利的货币互换出去，再按照事先约定的汇率将不利的货币互换回来，使自身的实际收益或实际成本通过约定的汇率固定下来，从而控制汇率风险。货币互换业务的主要成本包括向中间商支付的启动费、外币的升（贴）水，以及用本币或其他外币的利息去投资与用所借外币的利息去投资之间的利息差等。

5）掉期外汇交易

掉期外汇交易是指商业银行在买入或卖出即期外汇或远期外汇的同时，卖出或买入币别相同、金额相等而交割日不同的即期外汇或远期外汇的交易。掉期外汇交易的主要特点是：买进和卖出的货币数量相同，同时进行，但交易的期限结构不同。掉期外汇交易有3种形式：即期对远期交易、即期对即期交易、远期对远期交易。商业银行业务中常涉及外币收支，并且收支的日期大多不相匹配，在这种情况下可运用掉期外汇交易对汇率风险进行控制，通过运用远期汇率预先固定实际收益或实际成本。掉期外汇交易可以改变银行的外汇交易头寸的期限结构，因而可规避因时间不同造成的汇率变动的风险。当汇率波动较为频繁，波幅变化较小时，运用掉期外汇交易避险的灵敏性和可调性都相当突出。但是，运用掉期外汇交易并不能从根本上减小净受险头寸，也不能产生与净受险头寸方向相反、价值相等的风险损益，所以运用掉期外汇交易难以完全冲销汇率风险。同时，商业银行必须根据不同的组合来考察其成本，主要包括其交易成本、向外汇经纪商支付的佣金、外币的升（贴）水，以及受险时间内本币投资与外币投资的利息差等。

应用实例与分析

企业汇率风险管理案例

A企业是国内阴极铜加工企业，部分原料从国外进口。进口粗铜采用预付100%货款，定价月后，根据定价月LME现货铜的月均价作为双方的结算基价，进行多退少补；同时，企业通过订单或期货进行销售，销售售价可参照定价月LME现货铜的月均价 × 美元兑人民币汇率 + 加工费。

企业购买一批粗铜，装船月为2月，根据船期，企业选择6月作为定价月。企业购买粗铜时，以2月的即期汇率购汇预付货款，到货后进行下游销售时，以6月的即期汇率进行销售定价，6月定价月铜均价与预付货款之间的差额，以多退少补的形式结算。

如果人民币处在升值周期，即使商品价格未变，企业采购原材料时以较高的美元/人民币汇率购汇支付预付货款，到货后以较低的汇率折算对下游销售，汇率波动将对企业利润造成影响。

假设A企业2月从海外采购1吨粗铜，装船日为2月8日，定价月为6月均价。企业于2月18日按照当天LME铜价对外支付100%美元预付款，预付款计算方法如下。

铜价：8000美元/吨；美元/人民币汇率：6.50；预付款：8000美元/吨×1吨×6.50=52000元。

人民币6月确定最终价格，从商品价格波动和汇率波动两个维度，可能面临四种不同场景。

汇率变化	财务项目	铜价上涨到9000美元/吨	铜价上涨到7000美元/吨
人民币汇率升值到6.40	补交/退回金额	1000USD	-1000USD
	总采购成本	52000+6.4×1000=58400CNH	52000-6.4×1000=45600CNH
	销售价格	9000×6.4+加工费=57600CNH+加工费	7000*6.4+加工费=44800CNH+加工费
	利润	加工费-800CNH	加工费-800CNH
人民币汇率贬值到6.60	补交/退回金额	1000USD	-1000USD
	总采购成本	52000+6.6×1000=58600CNH	52000-6.6×1000=45400CNH
	销售价格	9000×6.6+加工费=59400CNH+加工费	7000×6.6+加工费=46200CNH+加工费
	利润	加工费+800CNH	加工费+800CNH

企业的盈利模式是赚取加工费，在上表的4种情景中，在不进行汇率保值的情景下，企业最终的毛利和加工费有差异，通过推导可以得出结论：毛利的差异和铜价变化无关，而是由于人民币汇率变化导致的。

由于A企业支付预付款的时间T_1与定价销售的时间T_2不一致，市场汇率变化导致利润面临不确定性，为了规避汇率风险，B企业现在决定对此交易进行套期保值，具体有以下两种方式。

方法1：通过掉期外汇交易进行汇率风险对冲

本方案涉及一笔购汇交易和两笔汇率保值交易：

1. 预付款支付时，企业开展即期购汇+远期结汇的人民币外汇掉期业务；

即在T_1时刻，以即期汇率购汇8000美元，需付出人民币

$$8000 \times 6.50 = 52000 \text{CNH}（交易1）$$

同时在T_1时刻，以4个月远期汇率结汇8000美元，假设升水点数为500pips，到期日可获得

8000×6.54=52320CNH（交易2）

2. 在定价日对掉期远端进行反向平盘。（即期购汇）

即在 T_2 时刻，以即期汇率购汇8000美元（交易3）

如果当时人民币汇率升值至6.40，则需付出人民币 8000×6.40=51200CNH。

如果当时人民币汇率贬值至6.60，则需付出人民币 8000×6.60=52800CNH。

我们仍然采取之前的情景和模拟价格进行演示，通过计算结果，发现此前因汇率变化产生的影响在此时被交易2与交易3之间的差值所抵消，因此本方案可以使企业利润不受汇率波动影响，达到了汇率风险保值的目的。各种情景和模拟价格，其中远期升水点数为500pips，可见经过套期保值，企业可以锁定未来利润空间。

汇率变化	财务项目	铜价上涨到 9000 美元/吨	铜价上涨到 9000 美元/吨
人民币升值到 6.40	交易1即期购汇	卖出52000CNH 买入8000USD 支付预付款	卖出52000CNH 买入8000USD 支付预付款
	交易2远期结汇	未来卖出8000USD 买入52400CNH	未来卖出8000USD 买入52400CNH
	补交金额	1000USD，需付出6400CNH	−1000USD，将收到6400CNH
	交易3即期购汇	卖出51200CNH 买入8000USD 支付预付款	卖出51200CNH 买入8000USD 支付预付款
	总采购成本	52000+6400−52400+51200=57200CNH	52000−6400−52400+51200=44400CNH
	销售价格	9000×6.4+加工费=57600CNH+加工费	7000×6.4+加工费=44800CNH+加工费
	利润	加工费+400CNH	加工费+400CNH
人民币贬值到 6.60	交易1即期购汇	卖出52000CNH 买入8000USD 支付预付款	卖出52000CNH 买入8000USD 支付预付款
	交易2远期结汇	未来卖出8000USD 买入52400CNH	未来卖出8000USD 买入52400CNH
	补交金额	1000USD，需付出6600CNH	−1000USD，将收到6600CNH
	交易3即期购汇	卖出52800CNH 买入8000USD 支付预付款	卖出52800CNH 买入8000USD 支付预付款
	总采购成本	52000+6600−52400+52800=59000CNH	52000−6600−52400+52800=45800CNH
	销售价格	9000×6.6+加工费=59400CNH+加工费	7000×6.6+加工费=46200CNH+加工费
	利润	加工费+400CNH	加工费+400CNH

本章小结

本章着重介绍了汇率风险的概念、形成原因、主要度量方法、风险管理的原则、程序以及管理策略等内容。

关键术语

外汇风险（Exchange Rate Risk）、在险价值（Value at Risk）、情景分析法（Scenario Analysis）、极端压力测试法（Extreme Stress Test Method）、预期损失（Expected Shortfall）、条件在险价值（Conditional Value at Risk）、远期外汇合约（Forward Exchange Agreement）、货币期货合约（Currency Futures Contracts）、货币期权（Currency Option）、货币互换（Currency Swap）、外汇掉期交易（Foreign Exchange Swap Transactions）

知识链接

[1] 陈平，范小云，2011. 国际金融 [M]. 北京：高等教育出版社．

[2] 刘园，2012. 国际金融风险管理 [M]. 北京：对外经济贸易大学出版社．

[3] Heffernan S，1996. Modern Banking in Theory and Practice [M]. New York：John Wiley&Sons Ltd．

[4] 黄华莉，2002. 商业银行利率风险和汇率风险管理 [D]. 西南财经大学硕士论文．

习　题

1. 判断下列说法是否正确并说明理由。

极端测试法是一个由下而上的过程，而且是一维的战术性风险管理方法；而情景分析法是一个由上而下的过程，属于多维战略性风险管理方法。

2. 当金融机构在将来有一笔外汇收入，而且预期外汇汇率会下跌时，应该（　　）。

A. 在远期市场上买入外币　　　　B. 在远期市场上卖出外币

C. 在即期市场上买入外币　　　　D. 在即期市场上卖出外币

3. 如果银行持有存在美国美元的多头，那么当人民币对美元升值时，银行会（　　）。

A. 损失　　　　　　　　　　　　B. 获利

C. 既不损失也不获利　　　　　　D. 不能确定损失还是获利

4. 外汇风险的不确定性是指（　　）。

A. 外汇风险可能发生，也可能不发生

B. 外汇风险给持汇者或用汇者带来的可能是损失也可能是盈利

C. 给一方带来的是损失，给另一方带来的必然是盈利

D. 外汇汇率可能上升，也可能下降

5. 简述汇率风险的成因和危害。

6. 利用在险价值法确定银行风险，必须首先选择哪些因素？

7. 按汇率风险产生的特点，可以将汇率风险划分为哪几类？

8. 试比较 3 种汇率风险的度量方法及优缺点。

9. 举例解释一种商业银行汇率风险管理的表内策略。

10. 结合所学知识和自身认识，谈谈防范外汇风险的重要性。

11. 银行有 1000 万元的美元资产和 700 万元的美元负债，它又在外币交易中购买了 800 万元美元，银行以美元表示的净外币敞口为多少？

12. 某金融机构在国内以 6.5% 的利率发行价值 2 亿元人民币的 1 年期存单。它把这笔资金的 50% 投资于某公司发行的 1 年期年利率为 7% 的债券，另外 50% 投资于 1 年期利率为 8% 的美国政府债券。当前汇率是 6.275 ¥/$。

（1）如果人民币与美元间汇率不变，投资于债券的 2 亿元人民币的净收益率是多少？

（2）如果汇率降为 6.255 ¥/$，投资于债券的 2 亿元人民币的净收益率是多少？

（3）如果汇率升为 6.285 ¥/$，投资于债券的 2 亿元人民币的净收益率是多少？

第10章 操作风险管理

本章教学要点

知识要点	掌握程度	相关知识
操作风险的概念与种类	了解	金融风险种类
操作风险的定性评估方法	重点掌握	操作风险概念及种类
操作风险的量化模型	重点掌握	《巴塞尔协议Ⅱ》内容
操作风险的管理过程	掌握	金融风险管理程序

导入案例

光大乌龙事件始末

【参考课件】

2013年8月16日,在中国证券市场上发生了堪称可载入史册的重大乌龙事件,光大证券策略投资部开展ETF套利交易出现严重失误,先后下单234亿元,成交72.7亿元,涉及150多只股票。上述交易的当日盯市损失约为1.94亿元(以当日收盘价计算)。致使当日上午整个A股市场瞬间增加了3400亿元的市值,仅两分钟后,指数又直线坠落,收盘时以下跌终场。

中国证监会2013年8月18日发布通报,认定8月16日全天股市交易成交有效,能够顺利交收,整个结算体系运行正常。因光大证券该项业务内部控制存在明显缺陷,信息系统管理问题较多,上海证监局已决定先行采取行政监管措施,暂停相关业务,责成公司进行整改和内部责任追究。同时,中国证监会决定对光大证券正式立案调查。

此次事件虽然是一起极端个别事件,但暴露出的风险足以震动整个金融行业。

从事件过程可以看出,光大证券在高频套利业务的运营方面出现了严重的风险漏洞:信息系统安全风险是造成乌龙事件发生的最直接原因。从公开的信息披露看,高频套利系统的风险漏洞主要是以下四个方面。一是可用资金额度控制存在缺陷。预设的8000万元当日现货交易额度没有起到控制作用,导致26082笔预期外的市价委托订单生成。二是订单生成系统存在缺陷,完全依据预设模型的设定生成订单,在11时5分8秒之后的2秒内,瞬间生成巨量市价委托订单。三是订单执行系统存在缺陷，上述预期外的巨量市价委托订单被直接发送至交易所。四是监控系统存在缺陷。交易员不能通过系统监控模块查看交易情况，在发生预期外的市价委托订单2分钟后才发现成交金额异常，监控系统缺乏必要的预警。

人员操作方面存有严重失误是事件发生的根本原因。光大证券采用的套利信息系统是一种高频交易软件，需要内部团队在每天盘后进行数据实时量化分析，并对系统的预设核心技术模型进行修正，以期更加准确、迅速地捕捉盘中随时出现的获利机会。有理由推断，应当是前一天内部团队对订单生成系统进行了核心参数修改，恰恰是在参数修改时发生了原本不该出现的错误。而8月19日光大证券的债券交易再现乌龙，导致其以超低价卖出10年期国债。尽管经协商，该误操作债券并不进行交割，但光大证券的内部控制机制缺陷已暴露无遗。

交易所对券商自营账户监管及股票交割结算的制度漏洞，也在客观上成了光大乌龙风波放大的推手。交易当日，光大证券自营账户上只有8000万元保证金，但是因为交易所对券商自营账户并不需要验证保证金的具体数额，只在清算时券商把钱凑齐即可，然而最终成交金额7.72亿元，为保证金的90多倍。

光大证券的危机公关管理也略有缺陷。光大证券交易员通过系统监控模块发现成交金额异常的同时，接到上海证券交易所的问询电话，迅速批量撤单，并终止套利策略订单生成系统的运行，同时启动核查流程并报告部门领导，为光大证券减少了不必要的损失。光大证券于当日下午暂停交易，并于14时25分发布公告。但在午盘时，光大证券董事会秘书未及时披露有关事实，矢口否认乌龙情况，对广大投资者造成了误导。

依据中国证监会的通报看，尽管"8·16光大乌龙事件"被定性为极端个别事件，但光大证券由于自营业务风险控制方面存在严重问题，不但自营业务遭受到巨大的损失，且必将遭受监管机构的严厉处罚。各金融企业当引以为鉴，加强对信息系统安全、内部控制制度完善、监管政策执行方面的风险控制就显得尤为重要。

资料来源：https://epaper.gmw.cn/gmrb/html/2013-08/30/nw.D110000gmrb_20130830_2-11.htm　[2024-03-27]

案例启示：操作风险是"8·16光大乌龙事件"发生的主要原因。如何做好操作风险管理？一个很重要的方面是作为职业投资人，一定要注意培养职业素质和道德修养。只有不断加强专业知识的学习和工作经验的积累，不断提高专业分析能力，才能更好地实现投资目标。此外，职业投资人还要具有积极的人生态度和强烈的抗压能力。总之，一个优秀的职业投资人必须同时具备家国情怀、职业道德、专业素养以及竞争精神。

10.1　操作风险概述

10.1.1　操作风险的概念

与信用风险、市场风险相比，操作风险（Operational Risk）的概念还处于不断的发展之中。关于操作风险,理论界尚缺乏统一的、规范的定义,在实务中,金融机构对操作风险的理解也不尽相同。

国际上对操作风险的界定,概括起来可分为狭义和广义两种。狭义的操作风险是指仅存在于商业银行"运营"部门的操作风险,并将其界定为由于控制、系统及运营过程中的错误或疏忽而可能引致的潜在损失的风险。这些风险是商业银行可以控制的风险,但不包括外部事件。广义的操作风险是指除市场风险与信用风险之外的一切金融风险。这个定义很广泛,它的优势在于涵盖了所有市场风险和信用风险之外的剩余风险,但该定义使商业银行对操作风险的管理和计量非常困难。

还有一种观点介于狭义和广义之间。这种观点首先将事件分为可控制事件和由于外部实体如监督机构、竞争对手的影响而难以控制的事件,进而将可控制事件的风险定义为操作风险,对应另一类事件的风险也就是一些研究机构所称的"战略性风险"或"营销风险"。以下是两个具有代表性的定义。

一是英国银行家协会(British Banker Association,BBA)从操作风险产生的来源角度对其所作的界定。

英国银行家协会把操作风险定义为"由于内部程序、人员、系统的不完善或失误,或外部事件造成直接或间接损失的风险",它按照人的因素、流程和外部事件等操作风险产生的4个主要来源对操作风险进行了界定。英国银行家协会从操作风险发生的来源:人、流程、系统和外部事件来进行定义,而且详细分了三级目录,非常方便操作风险的识别和计量,并能很清楚地从源头上进行控制。英国银行家协会关于操作风险的界定见表10-1。

表 10-1 英国银行家协会关于操作风险的界定

第一级:因素	第二级:定义	第三级:详细
人	雇员欺诈,犯罪	共谋犯罪;挪用客户资产;蓄意破坏银行声誉;洗钱;盗窃,事物资产、知识产权;有预谋的欺骗;滥用授权;夸大交易量;市场操纵;影响价格不当行为
	越权行为,欺诈交易,操作失误	与未授权的对手进行交易;使用未授权的产品;超过限额;错误使用内部模型;超越交易规则;违法销售;忽视、缩减操作流程
	违反用工法	非法终止合同;歧视政策或差别对待;虐待员工;违反其他用工法;违反健康与安全规定
	劳动力中断	罢工等劳工行动
	关键人员流失或缺乏	关键人员流失;合适人员流失
流程	支付清算,传输风险,文件、合同风险	失败的、不适当的内部支付清算流程;和解失败的损失;证券交付的错误;超越权限;人员、系统处理资料能力不足;文件残缺;合同条款残缺;不合适合同条款;交易记录不全;模型风险;输入错误

续表

第一级：因素	第二级：定义	第三级：详细
流程	估价、定价风险，内部、外部报告风险	不适当的异常报告；会计记录错误，数据缺乏；风险管理报告不充分；不适当调整报告；财务报表不充分；税款报告不充分；股票交易、证券报告不充分；违反数据保护法、隐私保护法及相关法规
	执行策略风险	违反内部规章、流程；违反外部流程
	管理变动出售风险	不适当的策略，计划建议；不合适的新产品流程；超出计划；产品选择不当；产品设计过于复杂；低水平的建议
系统	科技投资风险	不适当的体系
	系统开发和执行	战略风险（平台设计、供应商选择）；业务需求的不当解释；与现有系统不兼容；硬件老化；软件老化；项目管理不当；超过时间、成本预算；程序设计错误；整合、移入、移出现有系统失败；系统与业务需求不符
	系统功能	功能规划缺乏；软件功能不全
	系统失败	网络失败；系统依赖风险；接口失败；硬件失败；软件失败；内部通信失败系统
	系统安全	外部系统安全；内部系统安全；计算机病毒；第三方程序欺诈
外部事件	法律、公共责任	违反环境管理；违背信托、代理责任；法律解释；流言
	犯罪	外部欺诈、支票诈骗、伪造；客户开立账户诈骗；冒充银行分支机构；勒索；抢劫；洗钱；恐怖、爆炸；外部因素引起的业务中断；有形财产损失；纵火
	外部采购、供应商风险	供应商破产；违背职责；合同不当；违背服务协议；供应商、交货风险；供应商、服务提供者的不当管理
	外部开发风险	为第三方提供外部开发风险
	灾难、基础设施	火灾；洪水；其他自然灾害；全国性灾难；交通事故；能源不足；外部通信中断；供水中断；建筑物
	政策调整	行业、国家政策的改变
	政治、政府风险	战争；财产征用；业务封锁；税制改革；法律上的其他变化

资料来源：张吉光，2005. 商业银行操作风险识别与管理[M]. 北京：中国人民大学出版社.

二是巴塞尔委员会在《新资本协议》征询意见稿中提出的：操作风险是指由于不完善或失灵的内部程序、人员、系统和外部事件所导致的直接或间接损失的风险。

这个定义从操作风险损失事件出发，把操作风险损失事件分为：内部诈骗，外部诈骗，就业政策和场所安全，客户、产品及业务操作，实体资产损坏，业务中断和系统失败，执行、交割及流程管理。这个定义的进步在于，既明确了操作风险的来源，又便于对操作风险建立统一的损失数据库标准进行量化管理，为操作风险分配资本金创造了条件。也就是说，这个定义既符合银行自身进行风险管理的需要，也满足了监管当局对操作风险进行监管的要求。正是基于此，这个定义已经被国际银行界普遍接受。巴塞尔委员会关于操作风险的详细界定见表10-2。

表10-2 巴塞尔委员会关于操作风险的详细界定

事件类型（一级目录）	定义	二级目录
内部诈骗	故意骗取、盗用财产或违反监管规章、法律或公司政策导致的损失，此类事件至少涉及内部一方，但不包括性别、种族歧视事件	未经授权的活动 盗窃和欺诈
外部诈骗	第三方故意骗取，盗用财产或逃避法律导致的损失	盗窃和欺诈 系统安全性
就业政策和场所安全	违反就业、健康或安全方面的法律或协议、个人工伤赔付或者因性别、种族歧视事件	劳资关系 安全性环境 性别及种族歧视事件
客户、产品及业务操作	因疏忽未对特定客户履行分内义务（如信托责任和适当性要求）或产品性质或设计缺陷导致的损失	适当性、披露和信任责任 不良的业务或市场行为产品瑕疵
实体资产损坏	实体资产因自然灾害或其他事件丢失或毁坏导致的损失	灾害和其他事件
业务中断和系统失败	业务中断或系统失败导致的损失	系统
执行、交割及流程管理	交易处理或流程管理失败和因交易对手方及外部销售商关系导致的损失	交易认定，执行和维持监控和报告招揽客户和文件记录个人、企业客户账户管理交易对手方外部销售商和供应商

资料来源：亚历山大，2005.商业银行操作风险[M].陈林龙，等译.北京：中国金融出版社.

可以看出，关于操作风险的定义从一开始模糊到现在基本达成一致意见，主要的推动因素还是银行业自身的发展需求，也就是说这个定义是建立在实用基础上的，商业银行要减少操作风险损失，监管机构要进行有效监管。上面已经讨论过，巴塞尔委员会的定义是基于实用的，各个国家的银行可以在这个定义的框架上，结合自身的实际情况和发展阶段，本着便于对操作风险进行管理为基础进行定义。

10.1.2 操作风险的种类

根据《巴塞尔协议Ⅱ》的内容，操作风险可分为七大类。

1. 内部欺诈风险

内部欺诈风险主要指内部员工有主观愿望存心欺诈，包括由于进行未被授权的交易，从事未报告的交易，超过限额的交易，内部交易，以及偷盗、贪污、接受贿赂、做假账、违反税法等原因而引发的损失。例如，巴林银行外汇交易员里森违规进行未经

【参考资料】

授权的外汇交易,并隐匿期权和期货交易,隐藏亏损,并最终导致巴林银行 8.6 亿英镑的亏损。为长期掩盖他们所从事的超授权交易及所造成的损失,这些交易员们常常做假账,伪造交易记录。

2. 外部欺诈风险

外部欺诈风险主要指由于第三方的故意欺诈、非法侵占财产以及规避法律而引发的损失。我国商业银行操作风险管理研究包括利用伪造的票据、偷盗、抢劫、敲诈、贿赂等手段造成银行损失;黑客破坏、盗用客户信息、数据操纵等计算机犯罪而引发的损失;税制、政治等方面的变动,监管和法律环境的调整等导致银行收益减少。据统计,美国银行业每年由于支票欺诈而造成的损失大约为 100 亿美元。

3. 客户、产品与商业行为风险

客户、产品与商业行为风险是指由于产品特性或设计不合理、员工服务粗心大意、对特定客户不能提供专业服务等原因而造成的损失,包括产品功能不完善引发的损失,以及由于强行销售产品、未对敏感问题进行披露、对客户建议不当、职业疏忽大意、不恰当的广告、不适当的交易、销售歧视等导致与客户信托关系破裂、合同关系破裂、客户关系破裂而引发的损失。这类风险在整个操作风险中占有相当大的比重。

4. 执行交割和流程管理风险

执行交割和流程管理风险主要指交易处理、流程管理失误以及与交易对手关系破裂而引发的损失,包括业务记账错误、错误的信息交流、叙述错误、未被批准的账户录入、未经客户允许的交易、交割失误、抵押品管理失误等原因造成的损失。

5. 经营中断和系统错误风险

经营中断和系统错误风险主要指由于计算机硬件、软件、通信或电力中断而引发的损失,包括硬件瘫痪、软件漏洞、设备故障、程序错误、计算机病毒、互联网失灵等原因造成的损失。

6. 雇员行为与工作场所管理风险

雇员行为与工作场所管理风险主要指在员工雇用、管理中,违反相关法律、制度,而引发的索赔、补偿损失,以及缺乏对员工的恰当评估和考核等导致的风险。

7. 物理资产破坏风险

物理资产破坏风险主要指自然灾害或其他外部事件(恐怖主义)引起的损失,包括由于暴风、洪水、地震、恐怖活动等原因造成的物质资产损失。

10.1.3 操作风险的成因

操作风险形成和产生的原因较为复杂,从根本上来说,操作风险的产生无非来源于两个方面,即"人"与"物"。这里的"人"主要是指金融机构工作人员,包括董事会、管理层和基层业务人员;而"物"则是指有形资产、计算机系统等软硬件设施以及技术等。下面将从金融腐败、道德风险、业务水平、技术水平这几个方面来对操作风险的成因加以讨论。

1. 金融腐败产生的操作风险

按照制度经济学的定义，"腐败"是指"为获得某项利益而向公共机关人员支付租金的行为"（Rose-Ackerman，1978），这是从行贿的角度定义的。如果从受贿的角度定义，腐败就是掌握某种资源的权力者向市场设租、寻租的行为。这里的金融腐败，主要是指银行内部人员利用银行业在地位、业务、资金配置等方面本身所具有的优势，利用其提供的相对稀缺的金融服务向服务需求者设租和寻租的行为。可以把金融腐败看成是一种行为，比如业务员违规放贷、管理层失职、渎职，而这些行为无疑会增加商业银行产生操作风险的可能性甚至是必然性。

【参考视频】

2. 道德风险产生的操作风险

如果说金融腐败所产生的操作风险是在法律风险层次上进行讨论的，那么道德风险（Moral Hazard）所引起的操作风险，主要是就银行人员在道德风险层次上加以分析。根据《新帕尔格雷夫经济学大辞典》的定义，所谓道德风险，是指"从事经济活动的人在最大限度地增进自身效用时做出不利于他人的行动。"而道德风险的最为普遍的定义则常见于信息经济学从委托—代理双方信息不对称的角度给其所下的定义：道德风险是指契约的甲方（通常是代理人）利用其拥有的信息优势采取契约的乙方（通常是委托人）所无法观测和监督的隐藏性行动或不行动，从而导致的（委托人）损失或（代理人）获利的可能性。对任何一个企业来说，在企业内部，道德风险的客观存在及其不易甄别导致了相应激励机制的设计，银行作为一种特殊的企业，道德风险的作用机制是相同的。事实上，在银行的操作风险中，道德风险分布于几乎所有的领域。因为只要有人的因素在内，就有道德风险的客观存在。众多的损失事件表明，道德风险的累积在很大程度上会导致银行内部控制的失效，从而增大了操作风险损失事件发生的概率。

3. 业务水平所产生的操作风险

顾名思义，业务水平不足所产生的操作风险就是指银行人员在业务操作过程中由于培训不足、业务不熟练、操作失误等给银行带来的损失。除了经常性的小额损失之外，业务水平不足还有可能导致银行较大的风险敞口。这个成因是比较显而易见的。

4. 技术水平所产生的操作风险

科学技术改变了世界，也极大地影响到了银行业的生存和竞争方式。以计算机和通信技术为代表的第三次科技革命极大地改变了人们的生活方式，也深刻影响了世界银行业的格局，改变了商业银行的管理理念和运作方式。无论是数据储存、数据处理还是业务办理，现阶段的银行都大量使用和依赖科学技术特别是计算机技术。一家商业银行是否具有足够强大的技术水平支持，对其各种业务有着重要的意义。这里的技术水平，泛指技术人员、技术设备、计算机硬件设施、系统和软件等一系列技术运用和支持水平。当银行的数据储存和备份、业务自动处理系统或者硬件设施出现故障时，技术水平所产生的操作风险也就产生了。

10.2 操作风险的度量

目前，操作风险的管理还处于不成熟的阶段，正在从传统的定性分析为主向定量分析和定性分析相结合的现代风险管理模式过渡。操作风险的量化度量模型主要是新巴塞尔协议提供的5种方法：基本指标法、标准法、内部衡量法、损失分布法和极值法。而定性评估方法主要是各大银行根据自身对操作风险的认识而提出的方法。

10.2.1 操作风险的定性评估方法

在某些时候，特别是在对于发生概率低、损失严重性高的损失事件进行评估时，由于内部损失数据有限，且行业损失数据和外部数据只是反映新业务或者业务量变化引起的资本额的变化时，就需要使用定性评估的方法。目前，一些跨国银行正在使用的定性评估方法主要包括以下4种。

1. 自我评估法

自我评估（Self-assessment）法是指通过调查问卷、系统性的检查或公开讨论的方式，向企业内相关责任部门提问，主观地评估组织中的运作、市场、财务、行政、技术和人力资源部门及其特征，以识别重要的风险、控制的效果、可能发生的后果等信息的方法。自我评估的内容包括：检查现在的组织结构是否有利于业务发展，以及可能造成的内部矛盾；管理层是否有足够的风险敏感度；公司内部的员工行为准则是否明确；员工违反行为准则时，管理层是否采取了纠正措施；检查人员招聘、培训、留用等人力资源政策是否与风险管理政策相一致；检查操作流程是否注重权责分离；检查信息系统的防护措施、紧急处理程序、援助措施是否完善；同时，也不能忘记评估外部因素，如环境变化、产业结构调整以及科技发展对经营活动产生的影响。

自我评估不仅可以稽核内部业务状况，还可以监督改正的进度。一旦发现评估结果中有违背机构政策或准则的项目，应立即上报给高级主管人员。同时，为确保风险评估过程不会沦为自我表扬的沾沾自喜的行动，人们应该控制自我评估的质量，而这在很大程度上依赖于所设计的调查问卷公平、客观和具体以及参与者在回应过程中始终保持诚实。如果没有使用完全匿名的方式，那么也可以通过保证评估的机密性来维护参与者的诚实。自我评估法的缺点是缺乏客观性和管理反馈所需的时效性。

2. 情景分析法

情景分析（Scenario Analysis）法主要研究一个特定的事件对企业造成的影响，如过去或将来可能发生的恐怖袭击、黑客对系统的影响等。情景分析法主要通过创造和模拟未来情景来度量可能发生的影响，也可以重建真实的历史事件，或者只是度量不利的趋势，并研究它对现在的企业会产生怎样的影响。进行情景分析的关键在于情景的合理设定。为能够合理设定情景，首先，风险管理者应从以下两方面入手：第一，充分认识自己所面临风险的性质和特点，了解可能会影响该风险的因素；第二，了解市场和整个社会环境中可能发生的相关事件，包括政治选举、战争冲突以及前面所说的恐怖袭击和黑客袭击等，并充分理解这些事件可能对市场进而对自己所在的机构产生的重大影响。其次，风险管理者应深入细致地分析和预测在给定时间内该情景对事态可能造成的严重影响以及自己所在的机构因此可能遭受的损失。这一分析和预测过程是整个情景分析的中心环节，不仅需要对自己所在的机构可能面临风险的各个方面进行综合分析，而且还需要把分析过程中得到的反馈信息重新纳入情景分析的前提条件中去，使得情景分析更加合理。最后，风险管理者应对情景分析报告进行陈述。由于情景分析是一个主观性很强的过程，在报告中对分析结果进行评估和做出最终结论并不是一件很容易的事情，对分析的假设前提条件进行明确说明是非常必要的。

3. 流程分析法

流程分析（Flow Analysis）是从任务层面对企业的操作流程进行分析，将一个流程分解为几个连续的步骤，以明确在流程、执行和相关过程控制方面的误差和脆弱领域可能导致的操作风险。该方法通常为审计部门所使用，用详细的工作流程及控制图来编制出一份清单，列出关键的控制点和流程中相关的风险，作为控制绩效的指南。因此，流程分析在确定关键性突破点和实施控制方面可以提供常用的、良好的信息。当重新建立流程或修正流程控制图时，流程分析是非常有用的，它可以为编写相关流程提供一个整体的概念和设计。由于流程分析是对复杂流程非常详细的记录和描述，因此对于大型企业就会产生大量的文件（每个文件包括几十个任务和控制的上百份图表）。流程分析可以对流程相关的风险进行分析识别、分类，并确定来源，但是这种流程分析中产生的大量的详细的文件很难保存，也很难有效地用在风险管理上。同时，流程分析没有一个好的对大量反馈信息进行量化的方法。

4. 风险指标法

风险指标（Key Risk Indicators）法主要是由业务主管或风险主管制定代表各个业务种类操作风险的指标，如交易失败的次数、人员周转率、损失频率或严重性、资产额、业务交易量、防火墙的破坏等，来监督日常操作的表现。一旦发现问题，按照严重程度及时上报高级管理层。这种方法比较简单，但是在指标的选取和标准化的过程中存在"一致性"的问题，同时该方法还存在不能区分各个业务种类的操作风险差异的问题。

知识要点提醒

目前的操作风险定性评估方法中，自我评估法和情景分析法比较简单；流程分析法虽然可以很客观、直观地识别流程中的操作风险，但是缺乏必要的量化指标；风险指标法尽管可以简单量化操作风险的特征，但是往往主观色彩太浓，没有一种方法能够提供一个客观的、一致的操作风险分析。基于此，需要把流程分析法和风险指标法结合起来对操作风险进行定性评估，这是一种更加客观、一致的定性评估方法。

10.2.2　操作风险的量化度量模型

对风险进行量化管理是银行风险管理的趋势，关于市场风险和信用风险，都有与之对应的成熟的度量模型。与市场风险与信用风险相比，操作风险的发生范围更广，损失资料更难以收集，但操作风险的度量模型还远没有达成共识。目前存在的关于操作风险的度量方法是在《巴塞尔协议Ⅱ》框架下的一套由简到繁、由低级到高级的方法,其中包括基本指标法、标准法和高级衡量法。这三大类方法在复杂性和风险敏感度方面逐次加强,分别适用于具有不同风险管理水平的银行。高级衡量法包括内部衡量法、损失分布法和极值法等。

1. 基本指标法

基本指标法(Basic Indicator Approach)也称单一指标法,是巴塞尔委员会确定的于初始阶段度量操作风险的方法。它不区分金融机构的经营范围和业务类型,只将单一的风险敞口指标与一个固定的百分比相乘得出监管资本要求。

该方法将银行视为一个整体来衡量操作风险,只分析银行整体的操作风险水平,而不对其构成进行分析。《巴塞尔协议Ⅱ》提出,以银行过去三年的平均总收入为标准,乘以15%来确定操作风险所需要的资本准备。国内银行常用的是其中的基本指标法,其计算公式可以表示为

$$K_{BIA} = \frac{\sum_{i=1}^{n}(GI_i \times \alpha)}{n} \quad (10-1)$$

式中,$\alpha=15\%$;n 的最大值为 3;总收入 GI=(利息收入-利息支出)+手续费和佣金收入+净交易损益+证券投资净损益+其他营业收入+净非利息收入。

基本指标法的优势在于方法简单、易于操作,几乎所有的银行都可以采用这种方法计算操作风险。但是,简单易行的代价是资本要求对操作风险的敏感性下降,不能充分反映各金融机构的具体特点和资本要求。使用该方法计算出的资本要求一般较高,特别是由于各银行使用统一的 β 值,这样的话,对于具有不同风险特征和风险管理状况的银行来讲,他们每单位的总收入被要求配置相同的监管资本,无法实现监管与激励的相容。因此,巴塞尔委员会建议那些业务简单、规模较小的银行使用基本指标法;而对于业务复杂、规模庞大的国际活跃银行,巴塞尔委员会建议选用更高级的计量方法。

2. 标准法

标准法(Standardized Approach)是基本指标法的一种改进方法,它与基本指标法的不同之处在于标准法将金融机构的业务划分为 8 个业务类别。标准法将银行业务分为以下 8 个业务类别:公司金融、交易和销售、零售银行业务、商业银行业务、支付与清算、代理服务、资产管理和零售经纪。在各业务类别中,总收入是个广义的指标,代表业务经营规模,因此也大致代表各业务类别的操作风险敞口。

$$KSA = \sum(GI_{1-8} \times \beta_{1-8}) \quad (10-2)$$

式中,KSA 为用标准法计算的资本配置要求;GI_{1-8} 为按标准法的定义,8 个业务类别过去 3 年的年均总收入;β_{1-8} 为由巴塞尔委员会设定的百分数,建立 8 个业务类别总收入与资本要求之间的联系,β 值在巴塞尔委员会的文件附件中有具体列表。

标准法是对基本指标法的一种改进方法。与基本指标法相比,标准法对业务类别进行了区分,反映了不同业务类别风险特征的差异(β_i 不同)。但是,标准法却没有对不同的风险类型加以区分。此外,与基本指标法一样,标准法下监管资本的计算并不直接与损失数据相连,而且也不能反映各个银行自身的操作风险损失特征,有较大的局限性。

标准法适用于《巴塞尔协议Ⅱ》正式实施以前，那些还没有建立内部损失资料和不符合内部衡量法的银行。有些机构可能不愿收集所有业务类别的损失资料，特别是受当前操作风险影响不大的业务种类，也可以采用比较简单的标准法。但是标准法对风险不敏感，而且受评级机构的可信程度、信息的透明度、公司的治理状况的影响，不能促进银行操作风险管理的进一步发展。

3. 高级衡量法

高级衡量法（Advanced Measurement Approaches）是变化比较大的一种方法。1999年6月颁布的《巴塞尔协议Ⅱ》中提出的是内部衡量法，在2001年9月的工作报告中为了鼓励金融机构自行开发其他先进的计算方法，引入了更为广义的高级衡量法，取代原有的内部衡量法，而内部衡量法只视为高级衡量法的一种。现在的高级衡量法指的是银行用定量和定性标准，通过内部操作风险计量系统来计算监管资本要求。在对高级衡量法定量标准的规定中，巴塞尔委员会不规定用于操作风险计量和计算监管资本所需的具体方法和统计分布假设。但无论采用哪种方法，银行必须表明，操作风险计量方式符合与信用风险内部评级法相当的稳健标准。

随着衡量方法的发展，高级衡量法可包括多种处理模式，比如内部衡量法、损失分布法、极值法、记分卡法等。

1）内部衡量法

内部衡量法（Internal Measurement Approach）是计量资本要求方法中对风险较为敏感的一种方法。在内部衡量法中，银行可以在服从于巴塞尔委员会规定的一系列定性和定量标准的条件下，建立起自己的内部风险计量体系。此方法主要通过导致损失发生的原因、事件和效果来分析操作风险，而且更为细致地考虑了各个业务类别的操作风险类型差异。

$$风险资本 = \sum_i \sum_j [Y(i,j) \times \text{EI}(i,j) \times \text{PE}(i,j) \times \text{LGE}(i,j)] \quad (10\text{-}3)$$

式中，Y 为将 i 类业务在 j 类风险事件下的预期损失转换成资本配置要求的转换因子；i 为业务种类；j 为风险类型；EI 为不同领域与不同风险类型组合的风险敞口指标；PE 为利用银行自己的内部数据计算的损失概率；LGE 为损失程度。

这一方法鼓励银行根据本身的内部损失数据，通过建立适当的风险管理模型来计算应提取的操作风险资本金配置要求。具体来讲，《巴塞尔协议Ⅱ》草案中建议的计算资本配置要求的主要步骤如下。

（1）将银行业务划分为不同业务种类，并设定操作损失分类。

（2）对每一业务种类与操作损失的组合设定风险指标 EI。

（3）对每一业务种类与操作损失的组合，基于以往内部损失数据，设定参数 PE 及 LGE，EI×PE×LGE 即为该组合的可预见损失 EL。

（4）对每一业务种类 i 与操作损失 j 的组合，监管机构设定一系数 Y，用以将所计算得出的可预见损失转换为操作风险的资本配置要求。

将所有业务种类与操作损失的组合所计算的资本配置要求相加，即为银行的总操作风险资本要求。

2）损失分布法

损失分布法（Loss Distribution Approach）的基本思路是以在险价值为基础，给定一定的置信水平和持有期（通常是一年），银行根据自身情况，对业务类型和风险类型进行分类并收集内部数据，并为每个业务类型和风险类型估计出两个可能性分布函数：其一，单一事件的影响（损失额度）；其二，次年事件发生的频率。然后银行在这两项估计数据的基础上，计算出累计操作风险损失分布的概率。银行最终需要配置的操作风险资本配置要求就是所有业务种类和风险类型组合风险值的简单加总，在险价值直接度量了最大可能损失。

损失分布法是目前银行度量和管理操作风险的方法中相对复杂的一种，其运用主要涉及业务类型、风险敞口、风险观察期和在险价值的综合运用。在险价值的核心是尽可能准确地描述金融时间序列的波动性，其计算主要关注三个方面的情况，即置信区间大小、持有期间长短以及未来资产组合价值的分布特征。

3）极值法

极值法（Extreme Value Theory）是一种崭新的方法，它不必假设一个回报的初始分布，并且与传统的在险价值计算方法考虑的是资产回报分布的全部有所不同，极值法只考虑分布的尾部，这正是风险管理者所注重的，因为分布的尾部反映的是潜在的灾难性不可控事件导致的金融机构的重大损失。因此，把极值法应用于银行操作风险量化分析不失为一种比较理想的方法。

极值法在《巴塞尔协议Ⅱ》中未提及，但由于其较好的实用性在理论界得到认可。

小思考

从操作风险损失特征来看，极值法非常适合度量操作风险。你是怎么看待这一结论的？

4）记分卡法

记分卡法（Scorecard Approach）是一种非常前沿的计算方法，包括多项前瞻性的关于操作风险的数量指标。通过对这些指标进行监测、度量和分析，金融机构能用这种方法来配置其他方法计算出的所需要的资本金。这种方法的优点在于能够对一线的工作人员形成良好的正向激励，促使其积极管理操作风险。

知识要点提醒

记分卡法的有效性和可靠性完全取决于设计这种方法的专家，因为该方法所选取的指标和每项指标的权重都靠专家的经验来决定，有比较强的主观性和随意性，如果更换另外一批专家的话，就会有可能使整个方法的体系和结果都发生比较大的变化。

10.3 操作风险的控制

10.3.1 操作风险的管理原则

鉴于全球银行业操作风险的频发和造成的损失巨大，为引导商业银行更好地管理操作风险，巴塞尔委员会在2003年颁布了《操作风险管理和监管稳健原则》，该"原则"

从营造适宜的风险管理环境,风险管理的识别、评估、监测缓释、控制,监管者的作用以及信息披露的作用四个方面确立了与建立操作风险管理框架有关的十条原则。

(1)董事会应了解本行的主要操作风险所在,把它作为一种必须管理的主要风险类别,核准并定期审核本行的操作风险管理系统。该系统应对存在于本行各类业务中的操作风险进行界定,并制定识别、评估、监测缓释、控制操作风险所应依据的原则。

(2)董事会要确保本行的操作风险管理系统受到内审部门全面、有效的监督。内审部门必须拥有一支独立运作、训练有素、业务精良的内审队伍。内审部门不应直接负责操作风险的管理。

(3)高级管理层应负责执行经董事会批准的操作风险管理系统。该系统应在银行内各部门得以持续地贯彻执行,并且各级员工也应了解自己在操作风险管理中的责任。高级管理层还应负责制定相关政策、程序和步骤,以管理存在于银行重要产品、活动、程序和系统中的操作风险。

(4)银行应该识别和评估所有重要产品、活动、程序和系统中固有的操作风险。银行还应该确保在引进或采取新产品、活动、程序和系统之前,已经对其中固有的操作风险进行了足够的评估步骤。

(5)银行应该制定一套程序来定期监测操作风险状况和重大损失风险;应该定期向积极支持操作风险管理的高级管理层和董事会报告有关信息。

(6)银行应该制定控制和缓释重大操作风险的政策、程序和步骤。银行应该定期检查其风险限度和控制战略,并且根据其全面的风险喜好和状况,通过使用合适的战略,相应地调整其操作风险状况。

(7)银行应该制定应急和连续营业方案,以确保在严重的业务中断事件中连续经营并控制住损失。

(8)银行监管者应该要求所有的银行(不论大小),制定有效的制度来识别、评估、监测缓释、控制重大操作风险,并且作为全面风险管理方法的一部分。

(9)监管者应该直接或间接地对银行有关操作风险的政策、程序和做法定期地进行独立评估。监管者应该确保有适当的机制保证知悉银行的进展情况。

(10)银行应该进行足够的信息披露,允许市场参与者评估银行的操作风险管理方法。

从内容来看,这十条原则可以说是分别从战略、流程、基础设施和环境四个层次设立了操作风险的管理原则。战略设定了操作风险管理的总基调和基本方法,包括业务目标、风险容忍度、管理模式以及与操作风险管理相关的政策;流程是在既定战略框架下风险管理的日常活动和过程;基础设施是指用于风险管理中的系统和工具;环境包括文化和相关因素。巴塞尔委员会特别指出,对于操作风险防范,一套较为完整的管理目录,有助于商业银行对业务流程进行组织,并在银行内部形成共同的操作风险价值观和语言。

10.3.2 操作风险的管理过程

操作风险管理过程是包含风险识别、风险评估和量化、风险控制、风险监控和风险报告五个部分的循环的过程。

1. 风险识别

风险识别在整个流程中处于基础地位，风险识别主要包括建立操作风险目录、识别风险来源和风险发生的频率与严重程度。风险识别过程就是描述每项业务、流程或者部门的风险状况和风险程度。

现代银行风险管理理论把损失分为预期损失、非预期损失。关于预期损失，最重要的特点包括三个，即预期损失是可以量化的；预期损失是一个常量；预期损失要直接列支成本，直接从收益当中减除。非预期损失不是一个固定的正常值，而是一个波动值。非预期损失就是超过预期损失的那部分潜在损失，具有波动性，是一个变动的量。由于不知道它会不会发生，因此无法列作当期成本，而必须以资本来做准备，也可以称之为资本覆盖。

风险频率（Frequency）是在特定时期内发生的损失事件数，损失强度（Severity）是事件导致的财务损失。巴塞尔委员会给出的各种类型的操作风险的频率和损失强度表见表 10-3。

表 10-3　巴塞尔委员会给出的各种类型的操作风险的频率和损失强度表

风险类型	频率	损失强度
内部欺诈	低	高
外部欺诈	高 / 中	低 / 中
就业政策和工作场所安全	低	低
客户、产品和业务操作	低 / 中	高 / 中
实物资产损坏	低	低
业务中断和系统失败	低	低
执行、交付和管理流程	高 / 中	低

资料来源：亚历山大，2005.商业银行操作风险 [M]. 陈林龙，等译. 北京：中国金融出版社.

2. 风险评估和量化

识别出操作风险后，就应该对其加以评估，决定哪些风险具有不可接受的性质，应该作为风险缓解的目标。风险评估和量化的作用在于，它使管理层将操作风险与风险管理战略和政策进行比较，识别银行不能接受或超出机构风险偏好的那些风险敞口，选择合适的缓解机制并对需要缓解的风险进行优先排序。巴塞尔委员会在《操作风险管理和监管稳健原则》中推荐了银行用于识别、评估操作风险的工具：自我风险评估、风险对应关系和风险指标。自我风险评估前面已经有过讨论。风险对应关系是在这一过程中，各业务单位、机构职能部门或程序流程都与风险类别之间建立起对应关系。这一行动可以暴露弱点所在，并且有助于突出后续管理行动的重点。风险指标是指用来考察银行的风险状况的统计数据或指标（通常是财务方面的）。对这些指标要进行定期审查，以提醒银行有关风险可能的变化。这些指标可能包括失败交易的次数、员工流动比率、错误和遗漏的频率与严重程度。前面的关键风险指标是首要的风险指标因素。

对于风险的量化，一些银行已经开始使用许多方法来量化其操作风险程度。前面已经讨论过操作风险管理的定量工具、风险评估要注意的问题。风险评估必须独立进行，其结果依赖于特定的报告人，避免评估疲劳。如果经常进行评估，则参与者可能会倾向于对上一个回合的评估结果不加细想就表示同意,特别是经历了第三次或者第四次评估后,这种情况最有可能发生。评估疲劳意味着评估过程进行得越频繁,评估获得信息的准确率就越低。避免评估疲劳的有效方法是在保持一致性的前提下,把不同的人员加入评估流程中。避免评估疲劳的关键是要保持一致性,而这需要一套标准化的评估工具和评估交流语言。

3. 风险控制

风险控制针对的是银行已经识别出的操作风险。对于所有已经被识别出的重大操作风险,银行应该决定是采用合适的步骤来控制或者缓释风险,还是忍受风险。对于那些不能控制的风险,银行应该决定是否接受这些风险,降低相关业务活动程度,或完全停做此类业务。具体可采取的措施包括:风险规避、风险缓释、风险转移和风险承担。

1) 风险规避

风险规避(Risk Avoidance)是指回避某些具有风险的经营活动甚至完全退出行业。风险规避的方法有两种。一种是终止或暂停某项或某类业务经营活动与计划,挑选更合适的、更有利可图的其他类别业务与经营计划。另一种是改变业务经营活动的性质、方式和经营组织形式。具体到银行的某个业务,从风险-收益角度分析,避免风险的成本非常高,银行往往把这类业务分离出去。

2) 风险缓释

风险缓释(Risk Mitigation)是指银行采取如抵押、担保、风险净值、信用衍生物等风险缓释工具,或者采取保险等手段所实施的风险分散技术。一些重大操作风险发生的概率虽低,但潜在的财务影响却非常大,而且并非所有的风险事件都能够被控制(如自然灾害)。风险缓释工具或方案可以用来减少此类事件的风险、降低事件发生的频率或严重性。例如,对那些具有迅速并且明确的支出特点的业务,保险单可以用来转嫁频率低、损失严重的风险,而这种损失风险可能是由于错误和遗漏、证券的有形损失、雇员或第三方欺诈以及自然灾害而引起的第三方索赔。风险值不值得采取风险缓释的判断标准是,为降低一项损失所花费的成本是否超过了所能降低的损失。

3) 风险转移

风险转移(Risk Transfer)主要指的是业务外包(Outsourcing)。业务外包可以减少机构的风险状况,因为它可以把相关业务转给具有较高技能和规模的其他人来管理。然而,银行借助第三方的力量并不能减少董事会和管理层确保第三方的行为安全稳健并且遵守相关法律的责任。业务外包应该有严谨的合同或服务协议做基石,以确保外部服务提供者和银行之间责任划分明确,而且银行需要管理与外包安排有关的后续风险,包括服务中断。根据业务活动的规模和性质,银行应该了解任何潜在缺陷对其经营和客户的潜在影响,这种潜在缺陷是指外部供应方,即供应商和其他第三方或集团内部服务供应者提供服务的缺陷,包括营业中断和潜在的业务失败或外部合同方违约。董事会和管理层应该确保各方的期望和义务规定明确、理解无误并且具有可操作性。外部供应方的责任限度以及因其错误、疏忽和其他操作失败而对银行进行财务补偿的能力应该被明确地列入风险评估的一部分。银行应该进行初始尽职测试并且监测供应方的业务,银行还应该定期审查这一过程。对于关键业务,银行可能需要考虑应急方案,包括外部替代方的可行性以及可能在短期内转换外部供应方所需要的资源和成本。

4) 风险承担

风险承担 (Risk Taking) 也是风险控制的一种，如果上述控制方法都不能有效控制风险，那么银行就应该在短时间内承担这个风险，降低这个风险带来的一系列的不良影响。

4. 风险监控

一旦风险和控制得到确认，就可以对风险敞口情况进行监测和控制。风险监控的内容主要包括控制如何发生作用、风险敞口是否变动和是否需要采取相应的行动。高级管理层应该建立一套操作风险监控程序，以实现以下目标：对银行面临的所有类型操作风险的定性和定量评估进行监控；评估缓释活动是否有效和适当，包括可识别的风险能在多大程度上被转移至银行外部；确保控制充分、风险管理系统正常运行。高级管理层应该为操作风险建立风险衡量标准或关键风险指标，以确保重大风险事件的相关信息被传递至适当的管理层级。在风险评估阶段建立关键风险指标是最容易的。内部审计部门或其他有资格的部门应该定期实施检查，分析控制环境、监测已实施的控制的有效性，从而确保业务运作在有效的控制下展开。具体来说，主要包括风险诱因、风险指标、损失历史、因果模型、资本模型和绩效评测 6 个方面的工作。

5. 风险报告

经过风险识别、风险评估和量化、风险控制和风险监控后，最后的一个环节就是风险报告。风险报告内容上涵盖了损失事件、风险诱因、风险指标和资本金水平。可以看出业务部门的主要任务是收集绝大部分的数据以及向上报告，操作风险管理部门的职责是评估分析和计算资本金。

报告对各个层次的部门来说都是必需的，但内容和频率要和每个业务领域相对应。报告应当满足各个业务经理人的需要和对高级管理层提供汇总意见。其中一个重要的目标是对所有的业务领域和所有风险种类的操作风险组合进行整体研究。报告要能揭示银行整体风险和主要发展趋势以及预期值得关注的地方。

操作风险管理报告流程如图 10-1 所示。

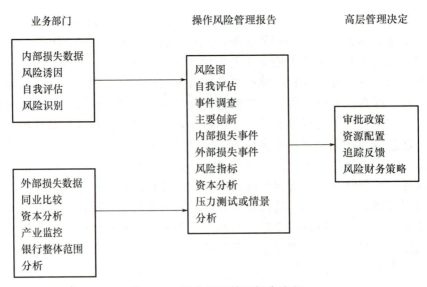

图 10-1　操作风险管理报告流程

10.3.3 西方银行操作风险管理的经验

尽管有巴塞尔委员会的十条指导原则，但操作风险比信用风险和市场风险更加变幻莫测，很难利用单一的一套制度来管理，各银行还必须针对自身经营特点和内部控制体系开发自己的操作风险计量系统，不断改进、完善操作风险管理方法。

目前，西方一些发达国家的商业银行，尽管成立时间不同、历史背景不同、监管环境不同，但在《巴塞尔协议Ⅱ》的统一要求下，都从各自的管理实际出发，逐步形成了各具特色、各有侧重的操作风险管理流程和框架。但它们的成功实践表明：尽管操作风险分布的领域点多面广，事件发生的不确定性、偶然性、突然性很大，但操作风险管理并非没有规律可循。关键是要能透过现象看本质，发现并遵循操作风险管理的基本规律。

1. 强烈的风险意识

操作风险的控制并不是业务流程中可有可无的附属产品，而是为实现经营目标所必须承担的。第一，必须赋予操作风险控制以明确的价值取向。明确操作风险与银行成本、收益以及股东价值之间的关系，使所有员工意识到其实施的风险控制行为，能直接使他们自身受益。第二，有高层管理者的支持。高层管理者应坚信，操作风险的控制过程能给银行带来价值，增进运行质量，降低波动性。同时，高层管理者应在机构内部创造一种文化，向各层次工作人员强调并说明内部控制的重要性，使所有员工都意识到自己在内部控制中的作用，并充分参与这一过程。第三，激励内置于系统之中。绩效的设定禁止员工逆风险管理价值行事。同时，通过风险控制水平的提高，改进操作风险计量方法，减少其所占用的资本金也是重要的激励手段。

2. 细分的管理流程

操作风险管理的目的就在于加强操作环境中的有害识别与控制，这就需要有一个非常详尽细化的管理框架来设计流程，包括风险识别、评估、分析、控制、监督和报告等环节。在每个环节，有必要制定具体的实施程序和步骤，以增强流程的可操作性。例如关于风险监督，必须建立一套操作风险的监控程序，尤其要为操作风险建立衡量标准或关键的风险指标，以确保重大风险事件的相关信息被传递至适当的管理层。同时，细分的管理流程强调管理流程是体现在具体的业务活动上的一个动态持续的和协调的过程。

3. 协作的内部关系

操作风险的管理散布于各业务岗位，这种分散性特点决定了具体业务部门在操作风险管理方面必须承担第一位的责任。同时，有效的操作风险管理取决于业务部门、内部审计部门、风险管理部门以及其他部门之间的协作关系。这种协作关系有三个含义：一是操作风险管理部门要从运营环境中提取必要的风险信息，及时提交风险报告，制定控制政策；二是银行各个业务部门各司其职，负责执行政策，管理风险；三是内部审计部门定期审核，以建立有效的横向制约机制，确保操作风险、管理过程的统一性，并且确保按照适当的控制程序加以进行。

4. 良好的职业操守

首先，银行必须向全体员工强调操作风险的危害性，阐明其控制的立场与态度，传达行为取向信息。其次,要在银行内部培养员工共同的价值观,增强操作风险控制意识和自觉性。最后,要通过知识和技能的培训,使每个管理和业务环节上的员工,都清晰地明白该业务可能存在的风险点、银行内部的风险控制政策、对风险的容忍度以及违规操作可能遭受的惩戒,增加操作风险控制行为的针对性。

以上诸多方面可以从制度、文化、人三个角度进一步概括。因为任何操作风险都是人的行为造成的,而人的行为要受制度的约束和文化的熏陶。因此,要从根本上控制和减少操作风险,形成操作风险防范的长效管理机制,必须着力抓好制度、文化和人三个关键要素。

应用实例与分析

魔鬼交易员背后是企业贪婪逐利风险

一、案情概要

2008年1月,法兴银行(Societe Generale)员工凯维埃尔未经授权、违规操作500亿欧元的欧洲股指期货投资,这笔巨资已超过该行当时359亿欧元的市值。最后造成49亿欧元损失,为有史以来银行业损失金额最高的内部舞弊案。此案不仅使历史悠久、声誉卓著的法兴银行蒙受了巨额财务损失,而且严重损害了市场对该行的信心,以致其股价大幅下滑,多家机构下调投资评级。如果不是政府驰援,紧急向其他金融机构融资55亿欧元用于补充资本充足率至8%,该行恐怕也同巴林银行一样,难逃被竞争对手收购的命运。

二、银行披露信息

法兴银行内部调查报告显示:2008年1月18日(周五),该行发现一笔上百亿欧元的股指期货交易,该交易的对手为德国的一家中型期货公司,该公司早前已因次贷危机被限制交易往来。风控部门立即要求交易员凯维埃尔予以解释,经数小时盘问,凯维埃尔最终承认伪造了该笔虚假贸易。

法兴银行迅速成立调查小组,核查该交易员操作的全部交易,截至2008年1月20日,调查小组查明该伪造交易所掩盖的风险敞口高达500亿欧元。法兴银行管理层决定平仓,从1月21日(周一)欧洲股市开盘起整整抛售3天才完成清仓。由于头寸规模巨大,市场环境不利,此次交易带来的最终损失达49亿欧元,约合71.4亿美元。

1月24日,法兴银行对外公布这一丑闻。1月27日,法兴银行提供了一份详细的调查报告,检讨了内部风险管理漏洞,同时介绍了凯维埃尔作案始末。

凯维埃尔,时年31岁,2000年毕业于法国里昂第二大学,获金融市场运营管理硕士学位。随后在法兴银行后台管理部门工作,熟悉内部风险管理程序和监控系统。由于工作认真、勤奋好学,2005年被提拔为交易员,主要从事欧洲股指期货的套利交易,年薪10万欧元。

凯维埃尔自2005年6月预测德国安联保险公司股价下跌、建立没有风险对冲的空头头寸、快速盈利 50 万欧元后，一发不可收拾，继续进行这种未经授权的违规交易。2007 年，他大量做空欧元股指，至年末账面盈余达 14 亿欧元，同期法兴银行的总利润也不过 55 亿欧元。凯维埃尔向公司报告了 5500 万欧元盈利，其余通过虚拟账户继续隐藏，成为公司红极一时的明星交易员。

2008 年起，为平抑先前的大额盈利，掩盖越权痕迹，他相继建立约 500 亿欧元的股指期货多头头寸，然而欧洲股市持续下跌，凯维埃尔的巨额盈利转眼间变成巨大损失。

作为一名普通交易员，能够在 2 年时间里持续作案而不被发现，实在让人匪夷所思。报告披露他频繁违规操作的方法主要有以下三种。

（1）伪造虚假对冲交易掩盖单边投机行为。根据套利交易规则，交易员在持有一种股指期货产品的同时，应反向操作相似市场特征的金融产品以对冲风险，因此这种交易风险较低，收益主要取决于交易规模。然而凯维埃尔在大举买入股指期货时并没有做对冲，而是虚构交易头寸、伪造交易确认函来隐瞒风险敞口，这些无任何实质交易的伪造数据都记录在法兴银行系统中。

（2）利用延时缴纳保证金的市场监管漏洞。欧洲市场对场外交易的外部监管主要依靠自律，金融机构之间往往采取信用交易，并不要求每单都提供保证金，直至交割日再进行净额交割。交易所对部分大型金融机构的场内交易的保证金也较为松散，非逐笔核算，而是定期结算。凯维埃尔操作时，刻意选择那些没有保证金补充警示的产品，这使得银行风控人员很难发现他的账户流水存在交易异常。

（3）入侵银行计算机系统修改交易信息。凯维埃尔盗用他人系统账号后，通过大量修改文件、伪造账户等方法，获得巨额资金使用权限，并删除自己的交易记录。风控和结算部门看不见他真实的交易头寸，因而长期未发现他的种种越权、违规行为。

三、迷雾背后的真相

银行报告声称此举是凯维埃尔独自一人的违规交易，没有其他同伙，且银行此前并不知情。经警方调查，凯维埃尔对自己的违规行为供认不讳，并确认其未在越权交易中牟利。但是，凯维埃尔坚称上级一直知其所为，银行一方面从中牟利，另一方面对违规行为听之任之，事发后就把交易员抛出来作替罪羊。因此，从 2008 年起，他不断提出申诉，让这起惊天大案更加扑朔迷离。

银行调查报告介绍得很详细，在检讨自身风险管理疏漏的同时一股脑儿地将问题"甩锅"给凯维埃尔。但是，作为金融从业人员，稍微推演一下案情发生经过，凯维埃尔两年之间要在银行及上司均不知情的情况下，绕过六重安全控制系统和 2000 多人组成的庞大风控队伍，虚构交易进行股指期货豪赌，基本不可能。法兴银行管理层企图以不知情逃避企业责任，实难服众。

（1）风控系统累计发出 75 次警报，管理层置若罔闻。据警方调查，从 2006 年 6 月到 2008 年 1 月，法兴银行的经纪、交易、授权、收益分析、市场风险等几乎所有后台监控系统，都对凯维埃尔的交易发出过警报，其中 2006 年 5 次，2007 年

67次。诚如法兴银行声称，该行设计有全面的金融工具和系统，聘用着最专业的风控专家团队，然而，这些警报最后或被束之高阁，或让凯维埃尔以操作"失误"为由蒙混过去。对每次警报，风控及内审部门处理的时间节点、汇报对象、解决方法等细节，均未对外公布。

（2）虚构数百亿元对冲交易，风控人员从未关注。按照银行说法，该行风控人员仅关注衍生品交易的净持仓，而没有仔细研判双向持仓；只关注总头寸，而没有关注每个交易员的边际头寸。因此，他们认为凯维埃尔买入的金融产品风险已通过卖出完成对冲。关于金融资产的多空头对冲、借贷双向记录、交易明细分析等，就如同看硬币要正反面观察、看问题要利弊两分析一样，是基本的金融分析手段。交易策略、产品、对手、规模、盈亏等，更是银行管理层、业务、风控等部门定期重点关注研讨的对象。如果说两年间银行对凯维埃尔虚构的数万笔交易、数百亿规模毫不知情，那只能说明该行的运营及风控体系十分孱弱，怎么可能在《银行家》及《风险》杂志上榜上有名？

（3）盗用他人系统账号修改文件及账户信息，相关人员懵然不知。凯维埃尔违规操作的时间集中于2006—2007年，即使是金融发展相对落后的中国银行业，当时的系统也能自动列示历史操作明细，并要求操作人员定期修改密码。就算系统或邮件密码被盗，被盗人也会在本人台账看到盗码人的操作指令、交易明细及汇总情况；就算被盗人疏忽，一两次未察觉非本人操作的交易指令属情有可原，但两年内账号频繁被盗、被操作，却毫不知情，这等粗枝大叶是如何在一家素以风控能力闻名的金融机构担任关键岗位并生存下来的？

（4）法兴银行以巨亏为由，获得22亿欧元税务减免和财政补贴。根据法国相关法规，企业亏损可以申请税务优惠，条件是企业对外力造成的损失没有任何责任。因法兴银行辩解对凯维埃尔的行为不知情，故2009年、2010年两年间该行共获得税务优惠及财政补贴累计22亿欧元。

资料来源：根据网络资料整理

本章小结

本章从操作风险的概念出发，讨论了操作风险的种类、成因、定性评估方法及定量模型，分析了操作风险管理的原则和过程，最后，介绍了西方银行的操作风险管理经验。

关键术语

操作风险（Operational Risk）、自我评估（Self-assessment）、情景分析（Scenario Analysis）、流程分析（Flow Analysis）、关键风险指标（Key Risk Indicators）、基本指标法（Basic Indicator Approach）、标准法（Standardized Approach）、高级计量法（Advanced Measurement Approach）、内部衡量法（Internal Measurement Approach）、损失分布法（Loss Distribution Approach）、极值法（Extreme Value Theory）、记分卡方法（Scorecard

Approach)、风险规避（Risk Avoidance）、缓释（Mitigation）、风险转移（Risk Transfer）

知识链接

[1] 张培，胡燕，叶建刚等，2014. 中国商业银行操作风险管理研究、设计与实施[M]. 武汉：武汉大学出版社.

[2]《银行保险机构操作风险管理办法（征求意见稿）》https://www.cbirc.gov.cn/cn/view/pages/ItemDetail.html?docId=1120280&itemId=917&generaltype=0　[2024-03-27]

习　题

1. 判断下列说法是否正确并说明理由。
（1）操作风险的度量较为适用于定性评估的方法。
（2）将流程分析和风险指标法结合起来对操作风险进行定性评估，从而提供了一种更加客观、一致的定性评估方法。

2. 关于操作风险管理的方法，表述正确的是（　　）。
A. 基本指标法也称单一指标法，它不区分金融机构的经营范围和业务类型。它将单一的风险敞口指标与一个固定的百分比相乘得出监管资本要求
B. 标准法是基本指标法的一种改进方法，它与基本指标法的不同之处在于标准法将金融机构的业务划分为7个业务类别
C. 标准法对风险较为敏感，能够促进银行操作风险管理的进一步发展
D. 高级计量法在1988年的《巴塞尔协议Ⅰ》中就提出来了

3.（　　）业务是容易引起操作风险的业务环节。
A. 柜台　　　　B. 个人信贷　　　C. 法人信贷　　　D. 代理

4. 在操作风险资本计量的方法中，（　　）是商业银行在满足巴塞尔委员会提出的资格要求以及定性和定量标准的前提下，通过内部操作风险计量系统计量监管资本要求。
A. 内部评级法　　B. 基本评级法　　C. 标准法　　　D. 高级计量法

5. 操作风险有哪些特殊性？

6. 简述操作风险的种类。

7. 简述操作风险基本指标法度量模型的主要内容。

8. 操作风险管理应遵循哪些原则？

第三篇

主要金融市场

第 11 章　股票市场风险管理

本章教学要点

知识要点	掌握程度	相关知识
股票市场风险内涵及种类	掌握	金融风险概念
证券投资组合分析	掌握	统计学基础
资本资产定价模型	重点掌握	风险的计算
套利定价模型	掌握	回归模型基础知识

导入案例

2020 美国股市熔断原因不只是新冠肺炎疫情

【参考课件】

2020 年 3 月 18 日，美国股市再度暴跌，触发当月第 4 次、史上第 5 次熔断，道指近 3 年来首次失守 20000 点，特朗普任内道指涨幅盘中一度全部清零。投资者对全球经济前景的担忧进一步加剧。受新冠肺炎疫情影响，纽约证券交易所宣布从 3 月 23 日起关闭交易大厅，完全转向电子交易。

中国社会科学院世界经济与政治研究所国际投资室主任、研究员张明 3 月 18 日发文表示，这次美股下跌与 2000 年以及 2008 年的下跌不太一样，主要体现在主导机构、主要产品和集中购买的东西不同。美股从 2009 年到现在大概涨了 11 年，在 2017 年前，美股上涨很大程度上靠头部企业回购自己的股票得以不断维系，但 2017 年后主导模式发生了转变。2017 年以来美股上涨的新机制，是过去风险偏好比较低的机构投资者通过 ETF 和机器交易大量投资科技蓝筹股。

张明认为，这次危机的爆发有两个驱动因素。一是新冠肺炎疫情的国际扩散，美国政府应对不力，投资者风险偏好下降，导致集体出售风险资产。第二，油价下跌导致美国页岩油气企业发行的垃圾债出现问题，导致投资者受损，投资者被迫降低风险资产比重，从而触发了新一轮集体抛售。在大家都抛售、没有交易对手的情况下，这个危机会不断加剧。

知名经济学家任泽平多次发文表示，美欧金融市场雪崩，新冠肺炎疫情只是导火索，根源是货币长期超发的经济、金融和社会的脆弱性。任泽平认为，2008 年国际金融危机至今 12 年过去了，美国和欧洲主要靠量化宽松和超低利率，导致资产价格泡沫、债务杠杆上升、居民财富差距拉大、社会撕裂、政治观点激化、贸易保护主义盛行。美国面临股市泡沫、企业高债务杠杆、金融机构风险、社会撕裂四大危机。欧洲、亚洲等也面临同样的问题。从金融周期的角度，这是一次总清算。

任泽平还就美联储推出"直接购买商业票据"的措施评论称，"对美国这完全是饮鸩止渴，对中国乃至全世界这是赤裸裸的剪羊毛、甩锅"。任泽平建议，要防止美国通过货币放水和美元贬值剪羊毛，中国未来应适当抛售美债，减持美元资产，在全球大规模买入黄金、石油、天然气、铁矿石、土地租赁权、农产品、海外高科技公司股票等。"中国外债规模很低，没必要储备高达 3 万亿美元的外储，降到 1.5 万亿美元基本够用了，没必要为美国过度消费和举债融资，过度持有只有零点几利息的美国债券。"

资料来源：http://www.mupp.cn/plus/view.php?aid=605194　[2024-03-27]

案例启示：股市有风险，涉市需谨慎。金融从业人员应不断地学习、认识，不断培养对市场的敏感度，以增强对股票市场风险的管理能力。人生旅程莫不如此。在人生旅途中，可能有很多复杂的内外部因素影响到事业成败，通过在这个不确定的内外部环境中不断地学习进步、不断地认识并识别和发现可能对未来造成较大影响的风险，再为之制定相应的风险应对方案，以尽可能地避免频繁的人生大起大落所带来的"大幅颠簸"。

11.1　股票市场风险的内涵及种类

股票投资的风险是指实际获得的收益有低于预期收益的可能性。股票价格是市场对资本未来预期收益的货币贴现，其预期收益受利率、汇率、通货膨胀率、所属行业前景、经营者能力、个人及社会心理等多种因素影响，表现在价格上具有较强的不确定性，因此决定了以它为交易对象的市场具有高风险性。

股票市场运作的复杂性导致了股票价格的波动性。投机行为加剧了股票市场的不稳定性。在股票市场的运作过程中，投资与投机行为是相伴而生的。当投机行为超过正常界限，变成过度投机，市场风险就会突现。股票市场风险控制难度较大。客观上，股票市场涉及面广、敏感度高，社会、文化生活中的许多变化都会对市场风险的积聚产生影响。

【参考资料】

11.1.1　股票市场风险的内涵

风险是指在一定时间内，以相应的风险因素为必要条件，以相应的风险事故为充分条件，有关经济主体承受相应的风险结果的可能性。

股票市场风险因素是股票市场风险事故（股票市场价格非理性巨幅波动）赖以发生的客观条件。就股票市场而言，它涉及投资者、筹资者、中介机构等不同利益主体，任一主体行为的不规范，都会引发风险事故。同时，股票市场系统还受系统外部环境如国家政治、政策、经济形势等因素的影响。因此，股票市场风险是系统内部和外部诸多因素共同影响的结果。

股票市场风险事故指股票价格波动偏离其正常、合理范围而导致的损失。股票市场的风险事故由变异风险因素引起，是导致风险结果的直接原因。

股票市场风险结果指由股票市场风险事故给股票市场主体带来的直接影响，包括证券资产迅速贬值、各经济主体遭受损失、企业融资面临困难、经济发展遭受重创等。股票市场风险结果一旦造成，对经济的破坏性和对投资者的打击很大。

11.1.2 股票市场风险的种类

一般地，与股票相关的风险可分为系统风险和非系统风险两大类。

1. 系统风险

系统风险主要有以下几种不同的形式。

（1）购买力风险。购买力风险又称通货膨胀风险，是指由于通货膨胀、货币贬值引起的投资者实际收益率下降的风险。

（2）利率风险。利率经常发生变动会给股票市场带来明显的影响。一般来说，银行利率上升，股票价格下跌，反之亦然。

（3）汇率风险。汇率风险是指由于本国货币汇率变动引起的投资者实际收益率的不确定。

（4）宏观经济风险。宏观经济风险主要是指由于宏观经济因素和经济政策变化、经济的周期性波动以及国际经济因素的变化给股票投资者可能带来的损失。

（5）社会、政治风险。社会、政治风险是指由于社会环境和政治环境的变化给股票投资者可能带来的损失。

（6）价格风险。价格风险即股票实际收益低于预期收益的可能性。

2. 非系统风险

非系统风险主要形式有以下几种。

（1）财务风险。财务风险指公司财务结构不合理、融资不当而导致投资者预期收益下降的风险。

（2）经营风险。经营风险指公司的决策人员与管理人员在经营管理过程中出现失误而导致公司盈利水平变化从而产生预期收益下降的可能性。

（3）流动性风险。流动性风险指由于将资产变成现金方面的潜在困难而造成投资者收益的不确定性。

（4）操作风险。操作风险指由于心理素质和心理状态、不同的操作技巧原因造成的投资者投资收益的差异。操作风险中最重要的是心理状态的影响。

11.2 股票市场的风险度量

11.2.1 证券投资组合分析

任何投资者都希望投资获得最大的回报，但是较大的回报伴随着较大的风险。为了分散风险或减少风险，投资者必须构建投资证券组合。

1. 单一股票的收益和风险

对于单一股票，其收益和风险通常用期望和方差描述。

预期收益是指如果没有意外事件

$$E(R) = \sum_{i=1}^{n} P_i R_i$$

其风险用标准差表示为

$$\sigma = \sqrt{\sum_{i=1}^{n} P_i [R_i - E(R)^2]}$$

2. 证券组合的收益和风险

证券组合是使用不同的证券构成的资产，目的是在适当的风险水平下通过多样化获得最大的预期回报，或者获得一定的预期回报，使风险最小。马科维茨资产组合选择理论可用于度量证券组合的预期回报和风险。

投资者在一个时期内的回报率是投资者的市场价值在这一时期的变化率，公式为

$$R_P = \frac{W_t - W_{t-1}}{W_{t-1}} \qquad (11\text{-}1)$$

式中，R_P 是从 $t-1$ 到 t 时期的回报率；W_t 是这一证券组合在 t 时期的总的市场价值；W_{t-1} 是投资者在 $t-1$ 时期的投资总额。

式（11-1）也可写为

$$W_t = (1 + R_P) W_{t-1} \qquad (11\text{-}2)$$

为了能估计未来的市场价值，就需要估计回报的均值（预期回报）和标准差（风险）。因此，投资者投资证券组合时，首先要估计它们的预期回报和风险，然后根据预期回报和风险的相对大小，选取这些证券组合中最好的一个。即在风险相同时，选取预期回报最大的证券组合，或者在预期回报相同时，选取风险最小的证券组合。

假设证券组合由 n 个证券组成，证券组合在 t 时期的市场价值为 $W_t = \sum_{i=1}^{n} X_{it}$，$X_{it}$ 是在 t 时期包含在证券组合中的第 i 个基本证券的市场价值。现在计算从 $t-1$ 到 t 时期的预期回报 $E(R_P)$，由式（11-1）可得

$$E(R_P) = \frac{E(W_t) - W_{t-1}}{W_{t-1}} = \sum_{i=1}^{n} \frac{X_{i,t-1}}{\sum_{i=1}^{n} X_{i,t-1}} \frac{[E(X_{i,t}) - X_{i,t-1}]}{X_{i,t-1}} \qquad (11\text{-}3)$$

令 ω 表示市场价值的权重，则

$$\omega_i = \frac{X_{i,t-1}}{\sum_{i=1}^{n} X_{i,t-1}}$$

$$E(R_i) = \frac{E(X_{i,t}) - X_{i,t-1}}{X_{i,t-1}}$$

式（11-3）可表示为

$$E(R_P) = \sum_{i=1}^{n} \omega_i E(R_i) \tag{11-4}$$

且

$$\sum_{i=1}^{n} \omega_i = 1$$

因此，有两种方法计算证券组合的预期回报。根据式（11-2），投资者在 $t-1$ 期投资总额为 W_{t-1}，并且在 t 时期，预期值为 $E(W_t)$，即可计算从 $t-1$ 到 t 时期的证券组合的预期回报 $E(R_P)$。根据式（11-4），$E(R_P)$ 是其基本证券的预期回报和在证券组合的市值中占的百分比的乘积之和。

如果证券 i 的回报为 R_i，占投资额的百分比（权重）为 ω_i，那么证券组合的总回报为

$$R_P = \sum_{i=1}^{n} \omega_i R_i$$

证券组合的方差

$$\sigma_P^2 = E(R_P - E(R_P))^2 = \sum_{i=1}^{n} \sum_{j=1}^{n} \omega_i \omega_j \sigma_{ij} \tag{11-5}$$

其中

$$\sigma_{ij} = E[(R_i - E(R_i))(R_j - E(R_j))] \tag{11-6}$$

式（11-6）是证券 i 和 j 的回报的协方差。当 $i=j$ 时，式（11-6）即为证券 i 的方差，即 $\sigma_{ij} = \sigma_i^2$。

协方差是两个证券的回报同时变化的测度。如果协方差是正数，证券 i 的回报大于预期回报，那么证券 j 的回报必大于它的预期回报，即证券 i 和证券 j 在同一方向变化，反之亦然。

与协方差紧密相关的概念是相关系数，通常的计算中使用证券 i 和 j 的相关系数 ρ_{ij}

$$\rho_{ij} = \frac{\sigma_{ij}}{\sigma_i \sigma_j} \tag{11-7}$$

式中，σ_i 和 σ_j 分别是证券 i 和证券 j 的标准差。

当 $\rho_{ij} = 1$ 时，证券 i 和证券 j 是完全正相关的；

当 $\rho_{ij} = -1$ 时，证券 i 和证券 j 是完全负相关的；

当 $\rho_{ij} = 0$ 时，证券 i 和证券 j 是不相关的。

例如，假定投资者选定包含两种证券的证券组合，那么这一证券组合的方差在 $\rho_{1,2} = -1$ 时最小，$\rho_{1,2} = 1$ 时最大。

可以看出，证券组合通过多样化减少了风险，即使在这两个证券完全正相关的情况下，证券组合的标准差也比证券组合中标准差较大的证券的标准差要小。从上述情况可知，两个证券的相关程度对证券组合的标准差有很大影响。随着相关程度从完全正相关到完全负相关，证券组合的标准差减小到最小。一般地，投资者可购买的证券组合有无穷多种，他们需要从中找出最优的证券组合。

3. 证券组合选择

假设有一个由 n 个基本证券构成的证券组合，由于权重不同而有无穷多个组合，所有这些证券组合构成一个可行集（Feasible set）。图 11-1 中由 A、B、C、D 四点围成的有限区域就是这些证券组合的可行集，横轴为标准差 σ_P，纵轴为预期回报 $E(R_P)$。

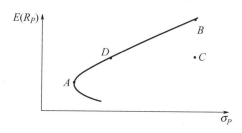

图 11-1 可行集和有效集

图 11-1 中，曲线 AB 为有效集。证券组合 A 有最小的风险，B 有最大的预期回报。可行集中的任何证券组合都可以用比它好的有效集上的证券组合代替。比如，证券组合 C 可以用证券组合 B 代替，因为在相同风险水平下，B 的预期回报比 C 大；或者可以用 D 替换，因为在相同预期回报水平下 D 的风险比 C 小。

确定证券组合的有效集以后，投资者就可从这个有效集中选出更适合自己的证券组合。为了满足投资者的个人偏好，可使用无差异曲线。在任意给定的无差异曲线上的任何点对投资者的效用都是相同的。

设效用函数 U 是市场价值 W 的函数，即 $U = U(W)$。由于

$$r_t = \frac{W_t - W_{t-1}}{W_{t-1}}$$

式中，W_{t-1} 是期初市场价值，是已知的常数；W_t 是期末市场价值；r_t 是这一时期的回报。通过这一线性变换，效用函数又是回报的函数。而预期效用是预期回报和标准差的函数。预期效用原理是使投资者的预期效用最大。

在效用分析中，通常假设投资者厌恶风险，从这个假设可以得到无差异曲线有正的斜率并且是凸的结论。

事实上，效用函数 $U = U(W)$ 的一阶导数是财富的边际效用，表示由财富的变化而得到的效用增量。不喜爱风险的投资者缩减财富或回报的边际效用，即效用函数的二阶导数小于 0。从数学上可知无差异曲线是凸的。虽然假设投资者一般是不喜爱风险的，但他们的风险偏好的程度又不同，如图 11-2 所示。

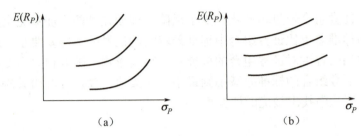

图 11-2　不同类型的无差异曲线

从图 11-2 中可以看出无差别曲线越靠上，效用越大。图 11-2（a）所示投资者比图 11-2（b）所示投资者更不喜爱风险。

现在考虑投资者如何选择最优证券组合（Optimal Portfolio）。最优证券组合是指一个有效的证券组合并且该证券组合具有最大效用。它在有效集和具有最大可能效用的无差异曲线的切点上。

在求马科维茨有效集时，需要计算证券组合的协方差矩阵。如果证券组合由 n 个证券组成，则需要估计 $n(n-1)/2$ 个协方差。因此，协方差的计算需要简化，夏普的市场模型可以被用来简化协方差的计算。

市场模型可表示为

$$R_{it} = \alpha_i + \beta_i R_{It} + e_{it} \tag{11-8}$$

式中：R_{it} 为证券 i 在期间 t 的回报；R_{It} 为时期内市场指数的收益率。α_i 是截距，它反映市场收益率为 0 时，证券 i 的收益率大小。与上市公司本身基本面有关，与市场整体波动无关。β_i 为为斜率，代表市场指数的波动对证券收益率的影响程度；e_{it} 为期间 t 的随机误差。

随机误差的均值为零，即它的数学期望 $E(e_{it}) = 0$。因此，证券 i 的预期回报 $E(R_i) = \alpha_i + \beta_i E(R_I)$，其中 α_i 是不计市场回报水平盈利的常数回报，β_i 是市场回报增加 1% 时证券 i 的回报的增量。R_i 为第 i 种证券的收益值；R_I 为整个市场的收益值。

假定市场指数和随机误差项不相关，根据式（11-8），有

$$\beta_i = \mathrm{Cov}(R_i, R_I)/\sigma_I^2 \tag{11-9}$$

可以使用最小二乘法估计 α_i 和 β_i 得到回归方程。

在式（11-8）中，除假设 e_{it} 的数学期望是零，R_{It} 与 e_{it} 不相关外，再假设证券 i 和 j 的误差项是不相关的，可得

$$\sigma_i^2 = \beta_i^2 \sigma_I^2 + \sigma_{ei}^2 \tag{11-10}$$

$$\text{Cov} = (R_i, R_j) = \beta_i \beta_j \sigma_I^2 \tag{11-11}$$

式中，σ_i^2 是证券 i 的方差；σ_I^2 是市场指数的方差；σ_{ei}^2 是证券 i 的误差项的方差。

由式（11-10）可知，证券 i 的总风险分成两部分：市场（系统）风险 $\beta_i^2\sigma_I^2$ 和独有（非系统）风险 σ_{ei}^2。我们可以估计证券组合的预期回报和风险。

因为一个证券组合的回报总是基本证券的回报的加权平均 $R_P = \sum_{i=1}^{n}\omega_i R_i$，并且根据式（11-8）可得

$$R_{Pt} = \sum_{i=1}^{n}\omega_i R_{it} = \sum_{i=1}^{n}\omega_i \alpha_i + \left(\sum_{i=1}^{n}\omega_i \beta_i\right) R_{It} + \sum_{i=1}^{n}\omega_i e_{it} \tag{11-12}$$

令

$$\alpha_P = \sum_{i=1}^{n}\omega_i \alpha_i \tag{11-13}$$

$$\beta_P = \sum_{i=1}^{n}\omega_i \beta_i \tag{11-14}$$

$$e_{Pt} = \sum_{i=1}^{n}\omega_i e_{it} \tag{11-15}$$

则

$$R_{Pt} = \alpha_P + \beta_P R_{It} + e_{Pt} \tag{11-16}$$

式中，参数 α_P 是基本证券 α_i 的加权平均；β_P 是基本证券 β_i 的加权平均；e_{Pt} 是市场模型的随机误差项 e_{it} 的加权平均。可得

$$E(R_P) = \alpha_P + \beta_P E(R_I) \tag{11-17}$$

和

$$\sigma_P^2 = \beta_P^2 \sigma_I^2 + \sigma_{e_P}^2 \tag{11-18}$$

其中

$$\sigma_{e_P}^2 = \sum_{i=1}^{n}\omega_i^2 \sigma_{e_i}^2 \tag{11-19}$$

式（11-18）表示任何的证券组合的总风险可以分成两部分：市场风险 $\beta_P^2\sigma_I^2$ 和独有风险 $\sigma_{e_P}^2$。

多样化程度增加可以降低证券组合的总风险，实际上是减少独有风险 $\sigma_{e_P}^2$ 而市场风险

$\beta_P^2 \sigma_I^2$ 大致不变。

市场风险中的 $\beta_P = \sum_{i=1}^{n} \omega_i \beta_i$，随着多样化程度增加即 n 增大，权重 ω_i 会较小，但 β_P 是 β_i 的加权平均，除非特意选取较大的 β_i，一般地，β_P 没有更大的变化。因此，市场风险 $\beta_P^2 \sigma_I^2$ 在 n 增大时大致不变。也就是说，无论基本证券在市场中的价格如何变，不管多样化的程度，证券组合的回报都要受市场风险的影响。

但是独有风险与市场风险不同。虽然基本证券受经济形势、行业和公司经营状况的影响，可是这种影响对充分多样化的证券组合的作用较小，也就是说，多样化程度越高，独有风险越小，以致总风险越小。

由式（11-19），设证券组合 P 由 n 个风险证券组成，则

$$\sigma_{e_P}^2 = \sum_{i=1}^{n} \frac{1}{n^2} \sigma_{e_i}^2$$

随着 n 增大，$\sigma_{e_i}^2$ 趋于 0，最后总风险仅比市场风险略大，这种证券组合是充分多样化的证券。

若投资者购买的证券组合 P 由 n 个风险证券和 1 个无风险证券组成，或者说，P 包含由 n 个风险证券组成的证券组合 P_0 和 1 个无风险证券 F，而且还允许投资者付一定的利率借款购买证券。

无风险证券是指有确定的预期回报和方差为零的证券。每一个时期的无风险利率等于它的预期回报。因此，无风险证券和任何风险证券 i 的协方差是零，因为

$$\text{Cov}(R_F, R_i) = E[R_F - E(R_F)][R_i - E(R_i)] = 0$$

而 $R_F = E(R_F)$，故无风险证券与风险证券不相关。

可以使用无风险证券改进马科维茨的有效集。图 11-3 中曲线 AB 是证券组合 P_0 的有效集，无风险证券 F 对应的点在纵轴上，因为它的风险是零。从点 $(0, R_F)$ 做曲线 AB 的切线，切点为市场组合 M。此时直线 $R_F M$ 上的任何点都是证券组合 P_0 与无风险资产 F 组成的证券组合，而有效集 AB 上除 M 点外不再是有效的，比如证券组合 C 对应的点在 AB 上，可以在 $R_F M$ 上找到 D 比 C 更有效。

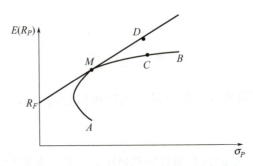

图 11-3 无风险证券和有效集上的风险证券组成的证券组合

如果直线 $R_F M$ 上任何一点投资在无风险证券上的权重为 ω_F，那么投资在证券组合 P_0 上的权重为 $1-\omega_F$。市场组合 P 的预期回报为

$$E(R_P) = \omega_F R_F + (1-\omega_F) E(R_{P_0}) \tag{11-20}$$

标准差为

$$\sigma_P = (1-\omega_F)\sigma_{P_0} \tag{11-21}$$

因为 $\sigma_F = 0$ 且 $\mathrm{Cov}(R_F, R_i) = 0$，因此，无风险证券与风险证券组合的标准差就是风险证券组合的加权标准差。

如果投资者把资金完全投资在无风险证券上，则预期回报为 R_F，风险为零；完全投资在风险证券组成的证券组合上，则预期回报为 $E(R_{P_0})$，风险为 σ_{P_0}；投资在这两种资产组合上，则预期回报和风险分别由式（11-20）和式（11-21）得到，大小取决于投资在无风险证券的权重 ω_F。

投资者可以根据自己的偏好在 $R_F M$ 线上选择最优证券组合。图 11-4 中投资者的无差别曲线和直线 $R_F M$ 的切点 C 和 D 是不同投资者的最优证券组合。

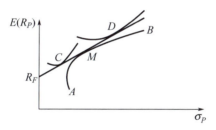

图 11-4　贷款和借款的有效集

如果一个投资者投资在点 C，他的资金的 ω_F 投资在无风险证券上，而 $1-\omega_F$ 投资在风险证券组合上。因为 ω_F 为正，部分资金投资在无风险证券上。有部分资金投资在无风险证券上的任何证券组合称为放款证券组合 ω_F 为正表示这个投资者以无风险利率贷出资金，比如购买短期联邦证券，实际上是贷款给联邦政府或假设他存入银行收取无风险的利息。点 C 越靠近 R_F，风险越小。当 $\omega_F = 1$ 时，投资者把所有资金都投资在无风险证券上；当 $\omega_F = 0$ 时，投资者把所有资金投资在风险证券组合上。

如果一个投资者投资在点 D，ω_F 是负值。ω_F 是负值的证券组合称为借款证券组合或杠杆证券组合或保证金证券组合。ω_F 为负表示投资者用出售（或发行）证券或以无风险利率从银行借款或卖空筹集资金用于购买风险证券组合。

11.2.2　资本资产定价模型

股票的风险度量与其定价有关，以下的模型将定价与风险结合讨论。

【参考论文】

1. 市场证券组合

资本资产定价模型建立在证券组合理论的基础上，这就需要把前面个别投资者的假设扩展到所有的投资者。这些假设仅是为了研究方便，有些假设还可以放宽，它们对模型的研究并无实质的影响。假设如下。

（1）所有投资者有相同的投资期限（如1个月、6个月、1年等）。

（2）所有投资者有齐性预期（Homogeneous Expectations），也就是他们对证券的未来的预期回报、标准差和协方差有相同的预测。

（3）资本市场中不存在摩擦，是一个完全市场。假设没有交易成本和所得税，任何投资者的个人资产是无限可分的，就是一个投资者可以购买他想要的任何部分份额，投资者都有相同的无风险利率并且以此利率可以借入和贷放任何款额。而且，在市场中信息自由地流向任何投资者，并且不限制卖空。

如果每个投资者都以相同方式投资，根据这个市场中的所有投资者的集体行为，每个证券的风险和回报最终可以达到均衡。

根据上述三个假设，所有投资者将选择在均衡状态的相同的切点证券组合，这是因为所有投资者都有齐性预期，并且以相同的无风险利率借入或贷放款额。图11-5中的直线是一个有效集，称为资本市场线（Capital Marpet Line，CML），切点 M 是由市场中所有资产组成的证券组合，其中的一种资产的权重为

$$\omega_i = 第 i 个资产的总值 / 市场内所有资产的总值$$

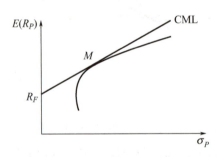

图 11-5 资本市场线与最优组合

因为市场证券组合是无法观测的，所以，通常用所有的普通股的证券组合代替市场证券组合，如标准普尔500指数、纽约证券交易所的综合指数（Composite Index）等。市场证券组合中的一个股票的市价和它的预期回报有下列关系。

$$E(R) = \frac{E(P_{t+1} - P_t + d_t)}{P_t} \quad (11\text{-}22)$$

式中，P_t 是 t 期的购买价格；P_{t+1} 和 d_t 分别是 $t+1$ 期预期的价格和 t 期的股息。

在式（11-22）中，如果购买价格下降，那么这种股票的预期回报上升，会吸引投资者购买这种股票，因而这种股票在市场证券组合中的比重增加，直到市场需求股份数和上市数相等，即达到均衡。如果购买价格上升，那么这种股票的预期回报下降，由于它对投资者缺少吸引力，结果在市场证券组合中的比重下降，直至达到均衡。

在资本资产定价模型中,市场证券组合起着非常重要的作用,因为有效集由市场证券组合中的投资和以无风险利率借款额组成。M点完全由风险证券组成,除了M点外,资本市场线上每一点对应的证券组合都优于风险证券组合。

2. 分离定理

每个投资者根据自己的偏好在资本市场线上选择需要的证券组合。资本市场线由市场证券组合M和以R_F为利率的无风险证券组成(图11-5)。投资者可以以利率R_F自由地借入或贷放款项,但他们都选择相同的市场证券组合M。也就是说,个人投资者的效用偏好与风险资产组成的证券组合无关。

分离定理表示风险资产组成的最优证券组合的确定与个别投资者的风险偏好无关。分离定理使得投资者做决策时不必考虑个别的其他投资者对风险的看法。更确切地说,证券价格的信息可以决定应得的回报,投资者将据此做出决策。

3. 资本市场线和证券市场线

图11-6中的资本市场线是资本资产定价模型(CAPM)的线性有效集。它是由无风险回报为利率R_F的证券和市场证券组合M构成的。市场证券组合M是由均衡状态的风险证券构成的有效的证券组合。同时投资者可以以回报率R_F任意地借或放款。

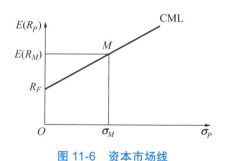

图 11-6 资本市场线

由于资本市场线是一条直线,因此在这个有效集上的任何证券组合的预期回报和标准差的关系很容易表示。

如果投资者准备投资风险证券,他们需要一个风险报酬(Premium)来补偿增加的风险。风险报酬是一个证券组合的回报与无风险回报之差。图11-6中证券组合M的风险报酬是$E(R_M)-R_F$。通常资本市场线是向上倾斜的,因为风险报酬总是正的。并且根据我们的假定,投资者都不喜爱风险,除非未来的风险能得到补偿才会投资。因此,风险越大,预期回报越大。

由图11-6可得

$$资本市场线的斜率 = \frac{E(R_M)-R_F}{\sigma_M}$$

资本市场线的斜率是有效证券组合的风险市场价格,表示一个证券组合的风险每增加1%,需要增加的回报数。已知资本市场线的斜率和截距R_F,那么在资本市场线上的任意有效证券组合中的预期回报都可以用它的风险表示:

$$E(R_P)=R_F+\frac{E(R_M)-R_F}{\sigma_M}\sigma_P \qquad (11\text{-}23)$$

式中，$E(R_P)$ 是资本市场线上任何有效证券组合 P 的预期回报；σ_P 是资本市场线上任何有效证券组合 P 的标准差；即，资本市场线上的任何有效的证券组合 P 的预期回报 = 预先决定的无风险资产回报 + 风险的市场价格 × 证券组合 P 的标准差。资本市场线根据证券组合 P 的不同的风险水平决定它的预期回报。换句话说，资本市场线给出了每一种证券组合的风险水平的应得回报。

资本市场线只适用于预测有效证券组合的预期回报和标准差的均衡状态的关系。但个别的风险证券本身可能是非有效的证券组合，这时它的预期回报和风险之间的关系首先要考虑怎样测量个别证券的风险。在前一节中，市场模型的式（11-8）中 R_{It} 是市场指数回报，通常用市场证券组合回报 R_{Mt} 来代替。现在模型可表示为

$$R_{it}=\alpha_i+\beta_i R_{Mt}+e_{it} \qquad (11\text{-}24)$$

式中，R_{it} 为时期 t 资产 i 的回报；R_{Mt} 为在时期 t 市场证券组合 M 的回报；α_i 为资产 i 回报与市场无关的常数部分；β_i 为市场证券组合 M 的回报每增加 1%，资产 i 回报预期增长的数量；e_{it} 为在时期 t 的随机误差项。

继续假设 R_M 和 e_i 不相关，$E(e_i)=0$，由式（11-24）可得市场协方差

$$\mathrm{Cov}(R_i,R_M)=E[R_i-E(R_i)][R_M-E(R_M)]=\beta_i\mathrm{Var}(R_M)$$

因此

$$\beta_i=\frac{\mathrm{Cov}(R_i,R_M)}{\mathrm{Var}(R_M)}$$

并且

$$\mathrm{Var}(R_i)=\beta_i^2\mathrm{Var}(R_M)+\mathrm{Var}(e_i)$$

即

$$\beta_i=\frac{\mathrm{Cov}(R_i,R_M)}{\sigma_M^2} \qquad (11\text{-}25)$$

和

$$\sigma_i^2=\beta_i^2\sigma_M^2+\sigma_{e_i}^2 \qquad (11\text{-}26)$$

资产 i 的总风险可以分成

$$\text{市场风险}=\beta_i^2\sigma_M^2 \qquad (11\text{-}27)$$

和

$$\text{独有风险}=\sigma_{e_i}^2 \qquad (11\text{-}28)$$

非系统风险可以通过多样化方法降低,但市场风险是不能用多样化方法消除的,因为它是由市场偏差产生的。如果一个证券组合是完全多样化证券组合,则其风险只有市场风险。因此,任何一个资产 i 贡献给一个证券组合的风险即它的市场风险。在式(11-27)中,因为在一定时期内 σ_M^2 是一常数,使用 β_i 更方便。从式(11-25)可知,R_i 和 R_M 的协方差表示对证券组合 M 的风险有贡献的资产 i 与市场证券组合 M 有关。

由式(11-25)可知,β_i 是资产 i 回报对市场证券组合回报的回归直线的斜率。如果 $\beta_i=1$,则市场证券组合每变化 1%,资产 i 平均变化 1%。如果 $\beta_i>1$,如 $\beta_i=1.5$,则市场证券组合每变化 1%,资产 i 平均变化 1.5%。如 β_i 较大,则资产 i 的回报平均地更反复无常。如果 $\beta_i<1$,则资产 i 的回报波动可能较小。因此,可以使用 β 比较不同资产的相对的市场风险。资产可用 β 值来排序。因为 σ_M^2 在一定时期内是常数,它和用市场风险式(11-27)排序相同。结果,β 值较大,风险较大;β 值较小,风险较小。

现在资产 i 的相对市场风险用 β_i 表示,它的预期回报为 $E(R_i)$,从图 11-7 可得

$$E(R_i) = R_F + \frac{E(R_M) - R_F}{\beta_M} \beta_i \qquad (11\text{-}29)$$

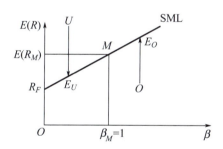

图 11-7 证券市场线

因为

$$\beta_M = \sum_{i=1}^{n} \omega_i \beta_i = \sum_{i=1}^{n} \omega_i \frac{\text{Cov}(R_i, R_M)}{\sigma_M^2} = \frac{\text{Cov}\left(\sum_{i=1}^{n} \omega_i R_i, R_M\right)}{\sigma_M^2} = 1$$

因此式(11-29)可写作

$$E(R_i) = R_F + [E(R_M) - R_F]\beta_i \qquad (11\text{-}30)$$

即资本资产定价模型(Capital Asset Pricing Model,CAPM),它表示的直线称为证券市场线(Securities Market Line,SML)。因此,

资产 i 的预期回报 = 无风险回报 + 市场证券组合的风险价格 × β_i

表明 β_i 值较大资产 i 就有较大的预期回报,因为 β_i 是一个风险测度,所以较大的风险伴随较大的预期回报。当 $\beta_i<1$ 时,较小的风险伴随较小的回报,这时,资产 i 的预期回报

必低于市场证券组合的预期回报。

在均衡状态下,每种资产的预期回报和相对市场风险β值表示的点都在证券市场线上。为了说明资本资产定价模型处于均衡状态,图11-7中点O和U分别表示不在均衡状态的两种资产。资产O有高的市场风险,价格过高,不能吸引投资者购买,因而价格下跌,由式(11-23)知预期回报上升,直到预期回报高得足以补偿投资者负担这种系统化风险。这个价格水平就是均衡价格,并且预期回报是均衡回报,就是证券市场线上的E_O。相反,资产U是低系统化风险、高预期回报的资产,其价格过低,因而能吸引投资者购买,结果价格上升直到均衡点E_U。

根据式(11-25)和式(11-30),有

$$E(R_i) = R_F + [E(R_M) - R_F] \frac{\mathrm{Cov}(R_i, R_M)}{\sigma_M^2} \qquad (11\text{-}31)$$

因为$\mathrm{Cov}(R_i, R_M) = \rho_{i,M} \sigma_i \sigma_M$,$\rho_{i,M}$是资产$i$和市场证券组合$M$的相关系数,所以

$$E(R_i) = R_F + \left[\frac{E(R_M) - R_F}{\sigma_M} \rho_{i,M} \right] \sigma_i \qquad (11\text{-}32)$$

表明资产i的预期回报与标准差有线性关系,其截距为R_F,斜率为有效证券组合M的风险的市场价格与资产i和M的相关系数的乘积。

现在考虑相关系数的不同情形。如果资产i与市场证券组合M完全正相关,$\rho_{i,M}=1$,那么式(11-32)变为式(11-23),即为资本市场线。换句话说,资产i是在资本市场线上的一个有效证券组合。如果$\rho_{i,M}=0.5$,则式(11-32)的斜率只是资本市场线的一半。

投资者之所以愿意投资与其他资产负相关的低预期回报的资产,是因为这样可以降低他们的证券组合的总风险水平。在资本资产定价模型中,更多考虑个别资产的预期回报和标准差之间的关系,同时要考虑不同资产的回报之间的相互关系。

知识要点提醒

证券市场线表明,资产的均衡预期收益率仅同其β值有关,而值是测试系统风险的指标,因此,只有系统风险才是决定资产预期收益的因素,投资者因为承受资产的系统风险才获得超额报酬,由于非系统风险可以通过组合投资被分散,所以没有理由认为投资者因承担非系统风险而获得超额回报。

11.2.3 套利定价模型

资本资产定价模型刻画了均衡状态下资产的预期回报和相对市场风险β值之间的关系。不同资产的β值决定了它们有不同的预期回报。然而资本资产定价模型需要很多假设,包括首先找出马科维茨有效集,然后通过它和无风险证券构造直线有效集,每个投

资者使用无差异曲线选择最优证券组合。

20 世纪 70 年代中期由罗斯发展的套利定价理论（Arbitrage Pricing Theory，APT）比资本资产定价模型要简单。其主要假设有：资本市场处于竞争均衡状态；投资者喜爱更多财富而不是更少；资产的回报可用因子模型表示。

【参考论文】

1. 因子模型

已知市场模型为

$$R_{it} = \alpha_i + \beta_i R_{It} + e_{it}$$

这实际上是一个统计模型，其中 R_{it} 是第 i 个证券的回报，R_{It} 是在时期 t 的市场指数的回报，e_{it} 是第 i 个证券的误差项，并且假定 R_{It} 与 e_{it} 不相关。α_i、β_i 是两个参数。这个模型表示 n 种证券中的每个证券的回报都与市场指数的回报有关。换句话说，证券的价格主要受市场指数的影响，只要能找出影响这些证券价格的因子，就可以构造因子模型来估计每个证券的预期回报。

单因子模型可记为

$$R_{it} = a_i + b_i F_t + e_{it} \qquad (11\text{-}33)$$

式中，R_{it} 为在时期 t 证券 i 的回报；a_i 为零因子；b_i 为证券 i 对公共因子 F 的灵敏度（Sensitivity），有时称为因子载荷（Factor Loading）；F_t 为在时期 t 公共因子的预测值；e_{it} 为在时期 t 证券 i 的独有回报。

影响证券的回报的公共因子可能有多个，使用两个以上因子构成的模型可能更精确。因此，多因子模型可记为

$$R_{it} = a_i + \sum_{j=1}^{k} b_{ij} F_{jt} + e_{it} \qquad (11\text{-}34)$$

式中，F_{jt} 为在时期 t 对证券 i 的回报 R_{it} 有普遍影响的 k 个共同因子；b_{ij} 为这 k 个公共因子的因子载荷；a_i 为每个因子为 0 时证券 i 的预期回报；e_{it} 是随机误差项。使用多重回归分析的统计技巧估计参数 a_i、b_{ij}。

2. 套利证券组合

套利定价理论假设证券回报可以用因子模型来解释。首先假设它是单因子模型

$$R_i = E(R_i) + b_i F + e_i \qquad (11\text{-}35)$$

式中，R_i 为证券 i 的回报；$E(R_i)$ 为证券 i 的预期回报；F 为证券 i 的公共因子，并且其期望值为 0；b_i 为证券 i 对公共因子 F 的载荷；e_i 为随机误差项，并且 $E(e_i) = 0$，方差为 $\sigma_{e_i}^2$，与 F 不相关。

假设每个证券的回报满足多因子模型

$$R_i = E(R_i) + \sum_{j=1}^{t} b_{ij} F_j + e_i \tag{11-36}$$

式中，R_i 为证券 i 的回报；$E(R_i)$ 为证券 i 的预期回报；F_j 为证券 i 的第 j 个公共因子，并且 $E(F_j)=0$；b_{ij} 为证券 i 的第 j 个公共因子的载荷；e_i 为随机误差项，$E(e_i)=0$，$\text{Var}(e_i)=\sigma_{e_i}^2$，并且和 F_j 不相关。

因为是无风险套利且不使用新的投资，设 ω_i 是套利证券组合中证券 i 的权重，则要求

$$\sum_{i=1}^{n} \omega_i = 0 \tag{11-37}$$

构成的证券组合

$$\sum_{i=1}^{n} \omega_i R_i = \sum_{i=1}^{n} \omega_i E(R_i) + \sum_{j=1}^{k}\sum_{i=1}^{n} \omega_i b_{ij} F_j + \sum_{i=1}^{n} \omega_i e_i$$

充分多样化后，可忽略非因子影响

$$\sum_{i=1}^{n} \omega_i R_i \approx \sum_{i=1}^{n} \omega_i E(R_i) + \sum_{j=1}^{k}\sum_{i=1}^{n} \omega_i b_{ij} F_j$$

由于套利证券组合无因子风险，故

$$\sum_{i=1}^{n} \omega_i b_{ij} = 0 \tag{11-38}$$

$$\sum_{i=1}^{n} \omega_i R_i \approx \sum_{i=1}^{n} \omega_i E(R_i)$$

当且仅当

$$\sum_{i=1}^{n} \omega_i E(R_i) = 0$$

时，套利证券组合处于均衡状态。此时

$$E(R_i) = \lambda_0 + \sum_{j=1}^{k} \lambda_j b_{ij} \tag{11-39}$$

式中，λ_0 是公共因子载荷 $b_{ij}=0$ 时的无风险利率，记作 R_F；λ_j 是第 j 个公共因子的风险报酬。

令

$$\lambda_j = \delta_j - R_F \tag{11-40}$$

式中，δ_j 是所有其他公共因子的载荷为 0，因子 j 的载荷为 1 的一个证券组合上的预期回报。

因此，式（11-39）可改写为

$$E(R_i) = R_F + \sum_{j=1}^{k}(\delta_j - R_F)b_{ij} \qquad (11\text{-}41)$$

式（11-41）即为套利定价模型。

知识要点提醒

与资本资产定价模型相比，套利定价模型使用了较为宽松的假定条件，但它依赖于一个重要假设：每一个投资者都不会错过在不增加风险的情况下能增加收益的机会，对于这种机会的利用称为套利。如前所述，套利定价模型的出发点是认为资产收益率与一定的因素相联系，又根据均衡规则，具有相同因素敏感性的资产或组合必然要求具有相同的预期收益率，否则会出现套利机会，投资者将设法利用这些机会并最终消灭之。这就是套利定价模型的基本逻辑。

应用实例与分析

【参考视频】

监管机构出手限制量化交易

股市作为一个重要的经济交易市场，对国家经济的稳定和发展具有重要意义。然而，近年来，随着科技的发展，量化交易在股市中的影响日益凸显。尽管量化交易带来了更高的效率和流动性，但也存在着一定的风险。为了维护股市的稳定，监管机构有必要考虑采取措施限制量化交易。本文将探讨为何要监管机构出手限制量化交易以维护股市稳定。

1. 量化交易的定义和影响

量化交易是指利用计算机技术和算法模型，通过对大量数据进行分析和计算，利用高频、高速度的交易进行股市交易。它通过自动化、标准化的交易策略来实现交易操作，能够快速响应市场变化，提高交易效率和流动性。

量化交易的发展确实带来了一些好处，如提高了市场的流动性，降低了交易成本等。但是，它带来好处的同时也伴随着一些风险。

2. 量化交易存在的风险

首先，量化交易可能加剧股市的波动性。由于量化交易采用高速交易策略，容易在市场出现小幅波动时引发大规模的交易行为。这种行为使得市场更加敏感，更加容易出现剧烈的波动，给市场稳定性带来风险。

其次，量化交易可能造成市场失灵。由于量化交易的自动化特性，一旦算法出现错误或者异常情况，可能会导致市场出现异常波动或者系统故障。这种情况下，市场无法正常运行，会给投资者带来损失，影响股市的稳定。

另外，量化交易追求短期利润最大化也可能导致企业脱离了基本面价值，盲目追求市场涨跌而忽略了对企业长期价值的评估，给市场的长期健康发展带来负面影响。

3. 监管机构出手限制量化交易的必要性

为了维护股市的稳定和健康发展，监管机构有必要限制和规范量化交易。

首先，限制量化交易可以减少市场的波动性。通过限制高速交易策略的使用，可以减少市场的异常波动，避免由于量化交易引发的市场恶性循环。

其次，监管机构出手限制量化交易可以降低市场失灵的风险。加强监管可以规范量化交易的运作，降低系统故障和算法失误的概率，保证股市正常运行。

此外，限制量化交易也能够促进企业增强长期投资思维。将重点放在企业的长期发展和基本面价值上，而非短期的利润最大化，有助于股市回归理性，建立稳定可持续的市场环境。

在股市运行中，量化交易作为一种高效率的交易模式，具有一定的优势。然而，为了维护股市的稳定和健康发展，监管机构有必要限制量化交易，以减少市场波动性，降低市场失灵的风险，并促进长期投资思维的培养。在限制量化交易的过程中，监管机构还应该采取全面多角度的监管手段，以确保限制措施的有效性和合理性，为股市的稳定和发展提供有力保障。

本章小结

本章在介绍股票风险内涵和种类的基础上，重点介绍股票风险的度量方法。股票投资的风险是指实际获得的收益低于预期收益的可能性。造成实际收益低于预期收益的原因是股息的减少和股票价格的非预期变动。与股票相关的风险可分为系统风险和非系统风险两大类。股票的风险度量的方法主要有：证券投资组合分析、资本资产定价模型和套利定价模型。

关键术语

资本市场线（Capital Market Line）、证券市场线（Securities Market Line）、资本资产定价模型（Capital Asset Pricing Model）、套利定价模型（Arbitrage Pricing Theory）

知识链接

[1] 吴晓求, 2014. 证券投资学 [M]. 4 版. 北京：中国人民大学出版社.
[2] 高青松, 2023. 证券投资学 [M]. 北京：清华大学出版社.

习 题

1. 下面（ ）不属于股票的系统性风险？
A. 通货膨胀风险 B. 利率风险
C. 操作风险 D. 宏观经济风险

2. 下面说法错误的是（ ）。

A. 在资本资产定价模型中，除了 M 点（市场组合）以外，资本市场线每一点对应的证券组合都优于风险证券组合

B. 分离定理表示风险资产组成的最优证券组合的确定与个别投资者的风险偏好无关

C. 资本资产定价模型说明，系统风险和非系统风险都能够产生回报

D. 与资本资产定价模型相比，套利定价模型使用了较为宽松的假定条件

3. 判断下列说法是否正确并给出理由。

（1）在证券组合可靠集中，任何证券组合都可以用比它好的有效集上的证券组合代替。

（2）任何一个资产 i 贡献给一个证券组合的风险是它的市场风险。

（3）一些敏锐的投资者通过套利策略可以几乎无风险的获得利润。

（4）套利定价模型认为，同一个风险因素所要求的风险收益率（超过纯粹利率的部分）对于不同的资产来说是不同的。

4. 已知一个风险组合相对于市场组合的 β 系数为 2，预测市场组合在未来 3 个月的回报率为 5%，无风险年利率为 4%，求该市场组合在未来 3 个月的预期回报。

5. 假定投资者选择的证券组合中包含 A、B 两种证券，则这一组合的方差在 A、B 两种证券的相关系数 $\rho=0$ 时达到最大。判断这种说法的正误并说明理由。

6. 什么是股票风险？股票风险可以分为哪几类？

7. 如何度量股票风险？中国股票风险度量应该注意什么问题？

8. 预期收益是指证券各种可能收益的简单平均值。判断这种说法的正误并说明理由。

第 12 章 债券市场风险管理

本章教学要点

知识要点	掌握程度	相关知识
债券交易中的一般风险识别	了解	债券交易中的风险种类
债券市场信用风险度量与管理	掌握	信用风险主要类型
债券市场利率风险的度量与管理	掌握	持续期和凸性的相关内容
债券投资组合管理	了解	三类投资组合
中国债券市场风险分析	了解	中国债券市场情况

导入案例

超日太阳公告引爆资本市场

2012年2月28日,超日太阳公布业绩快报,称2011年度实现净利润约8200万元,较2010年同期下降62.3%。公司称利润下滑是因为"受欧元汇率下跌及计提坏账准备的影响"。3月7日,超日太阳在深交所发行10亿元无担保公司债券,期限为5年,附第三年年末发行人上调票面利率选择权及投资者回售选择权。鹏元资信评定发行人主体信用等级为AA级,该期债券信用等级为AA。3月26日,公司董事会发布公告,将原定年报发布时间由3月28日调后至4月26日。4月16日,公司发布2011年度业绩快报修正公告。修正后的数据显示,2011年度的净利润由盈利8300余万元变为亏损5800余万元,净利润减少约1.42亿元,修正后的增减变动幅度为-126.55%。

修正公告显示,修正后利润的减少,主要考虑到意大利等国家太阳能补贴政策的不确定性,公司对部分应收账款单独追加计提坏账准备(计提坏账准备的比例由原先按5%计提追加到10%)。公司对已发出、因未全部收到货款而按合同未转移货物所有权的销售,未确认收入导致营业利润减少4825万元;公司拟订购设备而预付货款因技术更新等原因不再采购,由预付账款调整至其他应收款,增加汇兑损失和计提坏账准备,导致营业利润减少804.51万元。此外,公司在修正公告中表示行业不景气也是公司利润大幅下滑的一大因素,"2011年是光伏市场环境最为复杂的一年,欧债危机的进一步加剧,光伏行业的发展进入了寒冬,产能严重过剩,行业进入了整合期,再加上外汇汇率的下跌、经营成本上升等问题的困扰,光伏行业的经营环境十分严峻"。之后,由于公司经营状况持续恶化,违约风险不断上升,其信用评级也被下降为AA−,且存在继续下调的可能。与此同时,其发行的面值为100元的债券,市场价格也跌破70元,令投资者蒙受巨大损失,一些重仓基金的净值也受到较大冲击。该事件给投资者敲响警钟,投资债券不仅要关注其收益率的高低,还要关注债券交易中的风险。

资料来源:https://news.zynews.cn/2012-05/04/content_2373083.htm [2024-03-27]

案例启示:我国债券市场自2005年开始扩容,随后经历了2014年的光伏行业违约潮、2015—2016年的煤炭钢铁行业违约潮以及2018—2019年的民企违约潮。在这个过程中,企业发生违约的因素大多与公司治理、公司经营问题或财务造假以及外部政策与经济环境有关。由此联想,人们应该保持良好的道德意识、风险意识与法律意识,恪守诚信,在减少自己以及他人所可能面临的风险和损失同时,形成良好的社会经济生活秩序。

12.1 债券交易中的风险分类

按照风险来源的不同,债券市场的风险可分为:流动性风险、信用风险、利率风险、再投资风险、购买力风险、汇率风险等。

按照风险能否分散,债券的风险可分为:系统性风险,主要包括利率风险、汇率风险、购买力风险和政策风险等;非系统性风险,主要包括信用风险、资本风险、结算风险、流动性风险和经营风险等。

1. 流动性风险

流动性风险是指债券无法变现导致损失的可能性,它取决于以等于或接近债券价值的价格出售债券的难易程度。对流动性的测量通常用一些指标来进行,最常用的流动性指标包括:买卖价差、价格升降度、交易量和交易频数等。

(1)买卖价差。买卖价差是指买价与卖价之间的差额,是衡量流动性的一个比较直观的指标。买卖价差主要包括:买卖报价差(双边报价商所报的卖价减去买价的绝对值)、相对价差(用双边报价商所报的卖价减去买价的值除以买卖报价的平均值)和有效价差(买卖报价的平均值与执行价格之间的差额)。该指标只适用于有限的规模和时间范围内的交易,主要用于衡量执行规模较小的一笔交易的成本。

(2)价格升降度。可以用买卖双方发起的交易所引起的价格升降来表示市场流动性,采用这种方法时,一般用固定时间长度内的价格变化与对应期内的买卖双方发起的交易量差额之间的回归系数作为流动性的指标。

(3)交易量。这是一个广泛使用的指标,简单明了且数据容易得到,交易量大则流动性强。与其紧密联系在一起的一个指标是换手率(年换手率=年交易量/年末未清偿余额)。和交易量相比,换手率更直观地反映了整个债券的流动情况,不仅考虑了交易量,而且考虑了整个市场的规模。

(4)交易频数。交易频数是指某段时间内的交易次数,而不考虑每笔交易的成交量。

2. 信用风险

从狭义上讲,债券交易中的信用风险通常是指债券发行人在到期时无法履行支付利息和偿还所借款项的义务而使投资者遭受损失的风险,又称违约风险,主要受到债券发行人的经营能力、盈利水平、事业稳定程度以及债务规模大小等因素影响。广义的信用风险则涵盖了所有导致无法履约的可能性。一般来说,政府债券的信用风险最小,理论上认为中央政府债券是信用风险最低的债券,譬如中国的国债。当然,一些政局不稳的国家的政府债券信用风险也很高。

信用风险包括以下两个方面。

(1)交易双方的信用风险,包括契约风险与清算风险。契约风险是指当交易达成之后,交易对手在清算日之前,因故无法履行交割事宜而可能发生损失的风险。例如,A、B双方达成交易,由A向B出售债券,但在清算日前B无法履行合约,导致A无法及时按约定价格出售债券,从而面临重新出售该债券的价格风险,并因此遭受一定的损失。如果A违约,则B将面临风险,其可能遭受的损失包括:为购买债券所进行的准备工作带来的成本、费用(包括准备头寸所带来的损失)、再次购买债券的成本提高带来的损失。清算风险是指在债券交易的清算日违约,即未能按合同要求将资金或债券及时交付给对手,而使对手面临损失的风险。

(2)发行者的信用风险,是指债券发行者不能按时支付债券利息或偿还本金,而给债券投资者带来的损失。

3. 利率风险

债券的利率风险是指由于市场利率的变动引起债券价格的变动,从而使得持有者投资收益产生不确定性。该风险是投资者在债券交易时所面临的最大风险。债券的价格指的是所有现金流(直至到期日的息票利息的支付和本金的归还)的现值。债券价格的计算公式为

$$P = \frac{I_1}{(1+r)} + \frac{I_2}{(1+r)^2} + \cdots + \frac{I_n}{(1+r)^n} + \frac{B}{(1+r)^n} = \sum_{t=1}^{n} \frac{I_t}{(1+r)^t} + \frac{B}{(1+r)^n}$$

式中,I_t为各期利息收入;B为债券的面值;n为债券的到期期限;r为同类债券的市场利率。

从该式可知,债券的价格由它的面值、票面利率、到期期限和同类债券的市场利率(即到期收益率)4个因素决定。其中债券的面值和票面利率在债券发行时就已经确定,发行后无法更改。从式中不难发现债券价格和同类债券的市场利率之间的关系是:同类债券的市场利率越高,债券价格越低。在其他因素相同的情况下,票面利率越低,债券的利率风险越大;到期期限越长,债券的利率风险越大。

值得一提的是,在20世纪80年代之前,债券属于传统意义上的固定收益证券,也就是说,除非发行者违约,投资者总能确切地知道在什么时间收到多少利息和本金。体

现在上述的计算公式中即各期利息收入相同。20世纪80年代以来，固定收益证券市场出现了越来越多的创新与改变，例如债券嵌入了赎回权、回售权等期权特征，这使得收益不再是固定的。

4. 收益曲线风险

收益曲线是指证券收益率随到期时间的长短而变化的轨迹。对于给定风险的债券而言，收益曲线刻画了收益率与债券期限两者的关系。收益曲线风险就是指因收益曲线变化而导致的债券价值变动的可能性，主要体现在某一债券实际收益率随时间变化而变化，或不同期限的债券收益率变化幅度不同等方面。

收益曲线有4种主要的移动方式，如图12-1所示。第一种是平行移动。平行移动表示不同期限的债券的收益率变动的幅度和方向一致，即不同期限的债券的收益率总是有着相同的变化值。第二种是非平行接近，即债券的收益率从上方或者下方接近初始收益率。这种移动方式表明市场认为在短期内市场利率可能会有较大波动，在未来则趋于一致。第三种为正螺形移动，表明短期和长期债券的收益率存在较大差异，在中期较为接近，整体上债券收益率提高。第四种为负螺形移动，表明期限越长收益率下降幅度越大，整体上收益率下降。

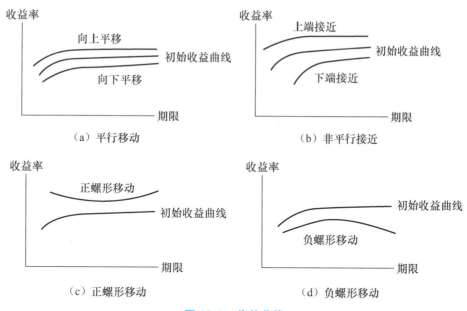

图 12-1　收益曲线

5. 购买力风险

购买力风险又称通货膨胀风险，是指由于物价普遍上涨导致回收资金的实际购买力下降的可能性。例如，投资者购入面值1000元、票面利率为4%、每年付息一次的5年期债券，投资者每年可获得40元现金，5年期满后得到1000元本金。但若未来通货膨胀率上升至5%，投资者每年的息票收入还不足以抵减因币值下降引致的损失。

因为预期通货膨胀率的变动会引起利率的变动，所以一般来说，固定利率债券通胀风险较大，浮动利率债券通胀风险较小。

6. 再投资风险

再投资风险是指因市场利率变化而引起给定投资策略下再投资率的不确定性。通常情况下，债券的本金是到期一次性偿还的，但利息一般是按年支付的。债券到期收益率的计算中是假定所收到的现金流要进行再投资，再投资获得的收益称为利息的利息，即利滚利。这一收益取决于再投资时的利率水平和再投资策略。债券的持有期越长，再投资风险越大；高息票利率债券，由于其现金流量大，再投资风险也较大。

7. 汇率风险

汇率风险是指投资者持有以外币发行或需要以外币偿还的债券时，因外汇汇率变动而遭受损失的可能性。例如，一位中国的投资者购买了10年期美国国债，10年后投资者的收益就会受到美元和人民币间汇率的影响。若人民币升值，则投资者实际收益可能降低，反之则实际收益会更高。这类风险有时也称货币风险。

8. 波动性风险

波动性风险是指债券价值由于其价格波动性的改变而改变的可能性。附有某些期权的债券价格主要由利率和影响期权价值的因素所决定，这些因素之一便是利率的可预期波动。具体讲，当预期利率波动增大时，期权价值将会上升。

对于可赎回债券或抵押支持证券而言，投资者已经赋予发行者一项期权，即投资者让出了更具价值的期权，债券的价格降低。波动性变动对债券价格会产生反向影响。在无期权债券中，债券价值受债券价格波动性的影响很小。

9. 赎回风险

债券契约中有时可能包含按允许发行人在到期日前提前偿还或"赎回"全部或部分债券的条款，这类债券通常拥有较低的价格或是较高的收益率。发行人保留这种权利是希望在未来市场利率跌至息票利率之下时可以采取灵活的债券再融资策略。但从投资者角度看，赎回条款有以下三项不利之处：①赎回条款使得投资者无法确知可赎回债券的现金流模式；②发行人在利率下降时将赎回债券，会使得投资者面临再投资风险（即投资者不得不将所得到的偿债收入以较低的利率作再投资）；③由于可赎回债券的价格可能不会升到发行人赎回债券的价格之上很多，因此债券资本增值的可能性会降低。因此，尽管投资者承担的赎回风险可以由较低的价格和较高的收益率来补偿，但很难确定这种补偿是否足够。

12.2 债券信用风险度量与管理

12.2.1 债券信用风险度量

信用风险的度量方法经历了从初级到高级、从定性到定量的不断发展和完善的过程。20世纪90年代之前的信用风险度量方法为传统方法，20世纪90年代之后的方法为现代方法。鉴于传统信用风险度量方法不能适应当今社会的新情况，新的现代信用风险的度量方法不断涌现。较有影响力的有 Credit Metrics 模型，Credit Risk+ 模型，

Credit Portfolio View 模型、KMV 模型等。这些度量方法已在第 6 章中做了详细介绍，这里不再赘述。

债券市场信用风险的类型主要包含违约风险、信用降级风险和利差风险。

违约风险一般就是传统的信用风险的含义，即债券发行人在到期时无法履行支付利息和偿还所借款项的义务而使投资者遭受损失，主要受到债券发行人的经营能力、盈利水平、事业稳定程度以及债务规模大小等因素影响。

案 例

15 华信债、16 申信 01 和 14 富贵鸟债大跌

2018 年 3 月 1 日，15 华信债、16 申信 01、14 富贵鸟三只债券暴跌为信用债市场蒙上了一层阴霾。15 华信债、16 申信 01 的发行人上海华信国际集团有限公司是一家主体评级为 AAA 的大型民营企业。2018 年 3 月 1 日，据财新网消息称，公司第一大股东中国华信能源有限公司的董事局主席叶简明近期已被有关部门调查。受该负面传闻影响，3 月 1 日当天 15 华信债跌去 32.65%，16 申信 01 跌去 34.21%，公司午间对全部交易所债券申请了停牌。

本次看似"黑天鹅"的事件背后，实则隐藏着多方面的风险点。第一，公司投资风格较为激进，且有较大规模的海外投资，存在一定的政治风险和政策风险。第二，公司对外投资待支付的投资款规模较大，后续资本支出压力和融资压力较大。第三，公司相关人士之前曾被美国司法机关起诉，侧面反映了公司可能在业务操作层面有一些不合规的行为。

14 富贵鸟的发行人富贵鸟股份有限公司是一家从事男女皮鞋、男士商务休闲装及皮具等相关配饰的研发、生产及销售的民营企业，在港交所上市。2016 年 9 月 13 日，公司公告称，需要额外时间编制符合香港联交所要求的 2016 年中报，公司股票自 2016 年 9 月 1 日停牌，14 富贵鸟的受托管理人根据法律规定对公司进行现场核查，由此也于 2016 年 9 月 13 日起停牌。自此以后，14 富贵鸟被连续停牌，直至 2018 年 3 月 1 日首次复牌。2018 年 3 月 1 日复牌当天，公司公告称本次债券回售资金偿付存在重大不确定性，正尝试通过一切可能的方式筹集兑付资金，债券价格大幅下跌至 17.5 元（净价）。

14 富贵鸟的信用风险已经在此前的评级调整中有所反映，此次大跌是停牌以来公司信用资质下滑、风险不断加大的一次性反应。2017 年 11 月以来，公司的主体和债项评级由 AA 不断下调至 CC。受电商冲击和行业竞争加剧的影响，2016 年富贵鸟门店数量大幅下降，主要产品销量、均价等较上年继续下滑，公司有息债务规模增长较快，偿债压力加大。2017 年 11 月，东方金城将公司的主体评级由 AA 下调至 A，展望负面。之后，由于 2017 年利润出现亏损且有大额未披露的违规担保事项，公司评级又被多次下调。

资料来源：http://finance.sina.com.cn/money/bond/research/2018-03-02/doc-ifyrzinh1288721.shtml [2024-03-27]

【参考论文】

【参考视频】

信用降级风险是指信用评级机构对发行者信用状况赋以更低的信用级别的情况。这里所说的信用评级机构主要指一些公认的机构，例如国际上有名的三大评级机构——标准普尔、穆迪和惠誉，或是我国国内较为公认的评级机构——中诚信、大公国际、联合资信等。信用评级机构根据债券发行者的信用状况的变化，不断调整对特定的金融工具或是特定发行者的信用级别的评价。例如，美国于 2013 年 7 月 31 日宣布提高国债债务上限，这导致了标准普尔下调美国持续了近百年的 AAA 主权信用评级，评级降为 AA+。又如，假定某笔 10 年期债券在发行初，穆迪将其评为 AA 级，但 5 年后，穆迪根据其信用状况的变化将其重新评级，等级降为 Baa1 级，这就必然影响到利差及企业债的市场价格。当然，如果存在有利因素，则企业的信用级别也会上升。

信用级别的评级主要有两大类系统，一种是标准普尔评级系统，在这一系统中，AAA 级是最高（最优）等级，之后为 AA、A、BBB、BB、B、CCC、CC、C 和 D。另一种是穆迪评级系统，该系统中，Aaa 级是最高（最优）等级，之后为 Aa、A、Baa、Ba、B 和 Caa。BBB（或 Baa）以上的等级称为"投资级"（含 BBB），BBB（或 Baa）以下的等级称为投机级债券（也称高收益债券、垃圾债券）。D 为违约债券。在标准普尔评级中有"+"或"-"符号。例如，一个债券有 BBB+ 级，表示这个债券为 BBB 级，但它前景看好，有可能很快升为 A 级。在穆迪评级中有"1，2，3"符号，1 代表乐观的看法，2 代表中性的看法，3 代表悲观的看法。例如，一个债券有 Baa1 级，表示这个债券为 Baa 级，但它前景看好，有可能很快升为 A 级。国际债券信用级别符号见表 12-1。

表 12-1 国际债券信用级别符号

类别	信用状况	标准普尔	穆迪
投资级债券	债务人偿债能力极强，几乎无信用风险	AAA	Aaa
	债务人偿债能力很强，信用风险较 AAA 级略高	AA+、AA、AA-	Aa1、Aa2、Aa3
	债务人偿债能力强，但经济环境的变化有可能对偿债产生负面影响	A+、A、A-	A1、A2、A3
	债务人有足够的偿债能力，但经济环境的变化对偿债的影响较 A 级高	BBB+、BBB、BBB-	Baa1、Baa2、Baa3
投机级债券	债务在短期内安全，但在长期面临一定的不确定性，可能影响到债务的足额偿还	BB+、BB、BB-	Ba1、Ba2、Ba3
	信用风险较 BB 级高，但债务在短期内依然是安全的	B+、B、B-	B1、B2、B3
	债务的偿还当前存在不确定性	CCC	Caa
	债务的偿还当前存在高度不确定性	CC	Ca
	债务的偿还当前存在高度不确定性，极有可能出现无法偿债的情况	C	-
	债务人已经出现违约	D	C

国内主要的评级机构有中诚信、大公国际、联合资信、上海新世纪和鹏元资信等。

目前，我国债券市场通常使用的公司信用评级标准由高到低分别为 AAA、AA、A、BBB、BB、B、CCC、CC 和 C，除 AAA 级及 CCC 级以下等级外，每一个信用等级可用"＋""－"符号进行微调，表示略高或略低于本等级。各公司的信用评级框架不尽相同，具体评级方法也有差异，但一般都从宏观经济情况、股东和政府支持、行业分析、公司经营和战略、公司财务状况等方面进行分析，最终对公司的偿债能力进行综合评价。由于评级体系和方法的差异，不同评级机构对同一公司的评价结论也不尽相同。因此，除了参考公开评级结果，一些实力较强的机构投资者会建立自己的团队对债券进行信用评级，作为投资决策的依据。例如易方达基金，就已经组建了分行业的信用分析团队，以及完整的信用评级体系，独立评判债券风险，为投资决策提供支持。

债券投资的利差风险是广义信用风险的主要组成部分。即使没有发生违约，投资者也担心债券的市场价值下跌，或债券的相对价格表现比投资者用来比较的其他债券差。债券的收益率主要由两部分组成：类似期限的国债的收益率以及用来补偿债券中存在而国债中不存在的风险的溢价。这部分溢价称为利差。例如，针对企业债券，债券投资的利差就是指通过购买企业债券所获得的总收益中超出无违约风险的国债收益的那一部分收益。利差的高低直接影响到该债券在市场中的价格。它与债券发行者的信用风险关系紧密，如果发行者的信用风险增大，必然使得投资者要求的利差也增大，这时债券的市场价格就会下降，这就是利差风险。这种风险存在于单个债券、特定行业或经济部门发行的债券，以及经济体中除国家以外的发行人所发行的所有债券。

12.2.2 债券信用风险管理

债券信用风险管理可以从信用风险的主要内容出发有针对地采取相应措施。

【参考论文】

1. 债务人管理水平及行为特征分析

债务人管理水平及行为特征分析在债务人信用评价中占据了很重要的位置，这是因为一旦出现债务危机，需要由债务人处理解决，例如公司债券出现债务危机，需要由公司的债务人如管理层处理。如果处理不当，则很可能出现恶化并最终给债权人造成损失。但是债务人的管理水平和行为特征是很难进行定量分析的。按照穆迪公司的标准，对债务人管理水平的评判主要是通过对企业的组织和管理特征及运营方式等进行分析，具体来说，包含企业的决策取向、理财观念、风险管理与控制能力、信息技术及其运用、运营流程及控制、企业内部与外部行为的制度控制与协调性和公司的客户服务水平等一系列指标。而对债务人行为特征的分析则侧重企业管理特点、管理水平、管理能力和风险控制等方面。

2. 经营环境分析

企业经营环境是指企业生存发展的场所，是企业实现产品价值、获得盈利的基础。企业经营环境通常包括内部环境和外部环境两层意义。一般采用 SWOT 分析来对企业内部环境优势和劣势以及外部环境的机遇和威胁进行综合分析。

内部环境的优势是指能使企业进行有效竞争和良好经营的某些因素或特征，通常表现为企业的一种相对优势。劣势是指给企业经营带来不利的因素或特征。外部的机遇一般分为行业机遇和企业机遇。威胁则是指环境中对企业不利的因素，也是指影响企业当前地位或其所希望的未来地位的主要障碍。

经营环境是对企业未来发展能力的一个重要评价因素，发展能力强的企业信用风险明显低于发展能力弱的企业。

3. 财务指标分析

财务指标分析主要是从企业的现金流、短期偿债能力、盈利能力、资本比率、保障倍数等方面进行评判。

1）现金流

现金流分析是公司财务分析中的一项非常重要的内容。企业财务报表中的现金流量表中通常从三个方面反映其在一定会计期间内的有关现金收支情况，包括经营活动现金流量、投资活动现金流量及筹资活动现金流量。这三项可以评估企业产生现金流量的能力、企业偿还债务及支付所有者投资报酬的能力。

经营活动的现金流入主要包括销售商品或劳务而获得的现金、收到的租金、税费返还等。经营活动的现金流出主要包括购买商品或劳务而支出的现金、经营租赁支付的现金、支付给职工的工资和支付的税费等。

投资活动的现金流入主要包括以出售或其他方式处置长期资产所得的现金、收回投资所得的现金、取得债券利息、股利所得的现金等。投资活动的现金流出主要包括购建固定资产支付的现金、购买股票等权益性投资支付的现金、购买现金等价物以外的债券支付的现金等。

筹资活动的现金流入主要包括以发行股票等方式筹集权益资本收到的现金，以发行债券、银行借款等方式筹措债务资本而收到的现金等。筹资活动的现金流出主要包括偿还债务（减少债务资本）支出的现金，支付利息及筹资费用所付出的现金，分配股利所付出的现金，以及减少权益资本所付出的现金等。

2）短期偿债能力

企业短期偿债能力对于应对突发性金融风险、市场变化等具有非常重要的作用。短期偿债能力也称企业的流动性，因此对短期偿债能力的分析也称流动性分析。用于反映企业短期偿债能力的两个主要指标为流动比率和速动比率。

$$流动比率 = \frac{流动资产}{流动负债}$$

流动比率反映了对每一单位一年内到期需要用现金偿还的债务，企业有多少在同样时间内可以转换为现金的资产与之相对应。这一比值一般要大于2。当然，对于不同的行业，这一指标也可能不同。较低的流动比率通常表明企业在偿还短期债务方面可能存在某些问题。

$$速动比率 = \frac{流动资产 - 存货}{流动负债}$$

在计算速动比率时，因为剔除了流动性比较差的存货资产，所以速动比率这一指标比流动比率更能体现企业的短期还款能力。但这一指标是建立在假定企业的应收账款能有效收回的基础之上的。

3）盈利能力

企业偿债的最终资金来源是其利润。即使债权人不能像企业所有者那样直接分配企业的剩余利润，但由于对债务的清偿先于股东的利润分配，因此，对企业盈利能力的分析仍然是非常重要的。体现企业盈利能力的指标主要有销售利润率、经营利润率、资产利润率、权益报酬率等。财务分析中最常用的分析方法是杜邦分析法，即

权益报酬率=销售利润率×总资产周转率×权益乘数

$$\frac{净利润}{股东权益} = \frac{净利润}{销售收入} \times \frac{销售收入}{总资产} \times \frac{总资产}{股东权益}$$

上式又称杜邦恒等式，它为研究分析企业的盈利能力指出了方向。假如一家企业的盈利水平下降，这一公式将引导其从企业的净利润率、销售与资产管理水平及资本结构等方面去寻找原因。

4）资本比率

资本比率是债务资本与资本总额的比率，是考察企业资本结构的指标。资本比率的高低，不能脱离企业所处的行业等实际经济环境孤立地进行分析和比较。例如，对公共事业型的企业，环境相对稳定，经济环境因素对其的影响相对较小。但对于高科技企业，由于竞争激烈且技术开发所需承担的风险较大，稳定性较公共事业型的企业就没那么好。因此，前一类企业对资本比率的要求也就显著低于后一类企业。

5）保障倍数

保障倍数是指企业产生的现金流相对于企业债务和租金的倍数。它表示的是企业偿债和支付固定开支的能力。常用的指标有以下几个

$$利息保障倍数 = \frac{息税前收益}{利息支出}$$

$$债务保障倍数 = \frac{经营现金流}{总债务}$$

$$债务现金保障倍数 = \frac{自由现金流}{总债务}$$

4. 合约条款分析

债务合约条款一般分为三类：一是共有性条款，二是肯定性条款，三是负面性条款。共有性条款是指在任何债务合约中都可能出现的带有共同特征的款项，常见的有时间限制、保护抵押品、按期还本付息等条款。肯定性条款是指债务人向债权人承诺必须完成的事项。例如，定期向债务人提交公司财务报告、维持债务比例低于某一水平、保证不对抵押品做超额重复抵押等。负面性条款是指债权人规定债务人不能做的事。例如，规定债务人不得先于利息支付红利，规定利息保障倍数不得低于某一特定值，规定总债务额不得超过某个数等。分析债务协议的条款，目的在于清楚特定环境下企业的债务压力，即一定时期内必须按期还本付息的数量。

做好债券市场信用风险管理应重点关注以下几点。

1）建立统一有效的信用风险监管体系

从英美等国债券市场的发展看，其发展规模与有效的监管体系是密不可分的。美国的监管体系是"证券交易委员会为全国统一管理证券经营的最高机构，同时全国性证券交易所和全国证券交易商协会分别对证券交易所内和场外的证券交易管理，形成了以集中统一管理为主、市场自律为辅的证券管理体系"。英国的监管体系为三个层次：第一层是欧盟委员会中的证券监管委员会；第二层是金融服务管理局，是英国债券市场的直接监管当局；第三层来自债券行业协会，对二级市场进行自律监管。

2）制定可操作的信用风险披露制度

在美国的债券市场中，发债企业除了披露财务、业务等信息，还要披露历史信用记录，包括银行贷款偿还情况、贷款集中度、历史信用违约记录和高管人员的信用记录等，以更充分地保障债权人的利益。

3）采取多种方法建立不同的信用风险管理模型

对于复杂的金融产品，使用不同的信用风险管理模型进行相互佐证、相互配合，可以有效防范系统风险。

12.3 债券市场利率风险度量与管理

12.3.1 债券市场利率风险度量

在金融市场中，债券的价格决定于预期现金流的现值，它是一系列预期现金流的现值总和。债券有别于股权投资，一般而言，债券具有固定的现金流和期限，现金流与期限均固定的债券价格完全由贴现率的高低决定，而影响贴现率的主要因素是市场利率的总体水平，因而利率风险是债券投资风险的重要组成部分，债券价格对利率敏感性的度量就显得尤为重要。

常见的衡量利率风险的方法有两大类：一种是全价法，另一种是敏感性分析。

全价法是最直观的利率风险的衡量方法，它根据利率的变化重新计算债券的价格，并分析债券在利率波动前后的价格变化。这种方法对于管理债券不多、投资组合不复杂且债券种类比较简单的投资者来说，是一种比较合适的选择。

通常情况下，债券市场利率风险的敏感性分析表述为：债券价值变动的百分比对到期收益率变动的敏感性。

本节主要介绍持续期法的衡量方式，同时为提高持续期法的准确性，引入凸性的分析。

1. 持续期

通常用持续期来表示给定时刻债券价格变动的百分比对到期收益率的一阶敏感性。"持续期"这一概念最早由麦考利于1938年提出，因而被称为麦考利持续期，也叫比例持续期。持续期是债券的各期支付（包括息票的支付和本金的偿还）所需时间长度的加权平均数。它其实是债券价值对到期收益率的一阶导数。

假设债券的价格为 p，到期收益率为 i，贴现因子为 $v = (1+i)^{-1}$，在未来的一系列现金

流为 $R_1, R_2, R_3, \cdots, R_n$，下标表示未来现金流的到期时间，则债券价格为

$$p = \frac{R_1}{1+i} + \frac{R_2}{(1+i)^2} + \cdots + \frac{R_n}{(1+i)^n} \tag{12-1}$$

为确定收益率小幅度变化时的价格变动近似值，对式（12-1）的到期收益率求一阶导数

$$\frac{\mathrm{d}p}{\mathrm{d}i} = \frac{(-1)R_1}{(1+i)^2} + \frac{(-2)R_2}{(1+i)^3} + \cdots + \frac{(-n)R_n}{(1+i)^{n+1}}$$

整理该式，得

$$\frac{\mathrm{d}p}{\mathrm{d}i} = \frac{(-1)}{1+i}\left[\frac{R_1}{1+i} + \frac{2R_2}{(1+i)^2} + \cdots + \frac{nR_n}{(1+i)^n}\right]$$

方括号中的项为债券现金流的加权平均到期值。将上式两侧除以价格 p 就得到价格变动百分比的近似值

$$\frac{\mathrm{d}p}{\mathrm{d}i} \cdot \frac{1}{p} = \frac{(-1)}{1+i}\left[\frac{R_1}{1+i} + \frac{2R_2}{(1+i)^2} + \cdots + \frac{nR_n}{(1+i)^n}\right]\frac{1}{p}$$

方括号中的项与价格的比值就是通常所称的麦考利持续期，麦考利持续期用 d 表示，即

$$d = \sum_{t=1}^{n}\left[\frac{\mathrm{PV}(R_t)}{p} \times t\right] \tag{12-2}$$

将麦考利持续期乘以债券的现在价格则得到美元持续期，即到期收益率变动引起的证券价值变动金额。美元持续期通常用 $\$d$ 表示

$$\$d = \sum_{t=1}^{n} \mathrm{PV}(R_t) \times t \tag{12-3}$$

从式（12-2）看出，麦考利持续期就是以未来付款的现值 $\mathrm{PV}(R_t)$ 为权数所计算的付款到期时间 t 的加权平均数，因此麦考利持续期就是时间单位。但持续期不是一个时间概念，其真正价值在于它反映了债券价格对利率变动的敏感性，即利率每变动一百分点所引起的债券价格变动的近似百分比，因而可以被用来衡量利率风险的大小。可以看出，持续期越大，单位利率变动所引起的债券价格变动就越大，利率风险也就越大。

持续期具有非常重要的可加性，即由 m 种债券所构成的债券组合的持续期等于 m 种债券的持续期的加权和，其权重是各种债券的价值占组合价值的比重。持续期的这种特性使组合管理人员更容易对由多种资产和负债构成的复杂的组合的利率风险进行管理。

$$d_p = \sum_t \frac{V_t}{V_p} \times d_t \tag{12-4}$$

式中，d_p 和 d_t 分别表示组合持续期和单个资产持续期；V_p 和 V_t 分别表示组合总市值和单

个资产市值。

因此,组合持续期其实等于单个资产持续期的加权平均,权重为市值比例。组合的美元持续期就直接等于单个资产美元持续期的加总。

1)修正持续期

由麦考利持续期的定义可知,麦考利持续期的概念存在一个严重的缺陷:用于所有未来现金流的贴现率是固定的。这一假设限制了其作为债券利率风险度量的有效性。虽然持续期较准确地表达了债券的到期时间,但无法说明当利率发生变动时,债券价格的变动程度,因此引入了修正持续期的概念。

修正持续期被定义为麦考利持续期与$1+i$的比率,i为到期收益率,若用b表示债券的修正持续期,则有

$$b = \frac{1}{1+i}d \quad (12-5)$$

也可以表示为

$$b = -\frac{p'(i)}{p(i)} \quad (12-6)$$

由于债券价格是收益率的减函数,所以前面加一负号,从而使修正持续期为正值。债券的修正持续期越大,说明债券价格的波动幅度越大,这表明市场利率的较小波动就有可能引起债券价格的大幅度波动,因此债券的利率风险就越大。反之,b越小,说明债券价格的波动幅度越小,市场利率的较大波动也只能引起债券价格的小幅度波动,因此债券的利率风险就越小。

那么修正持续期的真实含义是什么呢?将修正持续期的公式变形为

$$-\frac{\Delta p}{p} \approx b\Delta i \quad (12-7)$$

式(12-7)给出了到期收益率的变化Δi与债券价格的变化Δp之间的近似线性关系。譬如,当债券的修正持续期为3时,市场利率每上升0.1%,债券价格将下降大约0.3%。当然,这是一个近似结果,当利率变化的区间比较小时,近似结果还是相当好的。

2)持续期规则

规则1:零息票债券的持续期等于它的到期时间。

规则2:直接债券的持续期小于或等于其到期时间。

规则3:到期时间不变时,息票率越高,持续期越短,即息票率与持续期呈负相关。

规则4:当息票率不变时,债券的持续期通常随债券到期时间的增长而增长,即持续期与到期时间一般呈正相关。

规则5:在其他因素不变时,债券的到期收益率越低,附息债券的持续期越长(即持续期与到期收益率呈负相关)。

规则6：永久性债券的持续期等于 $\frac{1+i}{i}$。

规则7：固定年金的持续期等于

$$\frac{1+i}{i} - \frac{T}{(1+i)^T - 1}$$

式中，T为支付的次数；i为每个支付期的债券收益率。例如，收益率为8%的10年期年金的持续期为4.87年。

规则8：附息债券的持续期等于

$$\frac{1+i}{i} - \frac{(1+i) + T(c-i)}{a[(1+i)^T - 1] + i}$$

式中，a为每个支付期的息票率；T为支付次数；i为每个支付期的债券收益率。例如，息票率为10%的20年期债券，每半年付息1次，$T=40$，$c=5\%$，如果$i=4\%$，则该债券的持续期为9.87年。

2. 凸性

通过前面的介绍，我们知道持续期是度量利率风险的一阶敏感性指标。但从图12-2不难发现，仅考虑持续期的影响是不够的。凸向原点的曲线是价格曲线，直线就是该曲线某一点处的切线。当收益率增加，即i_0升至i_1的时候，债券的价格会变动到R_1，然而事实上由于价格曲线是凸向原点的，利率上升时，债券的真实价格只会升至R_+处。同样地，如果i_0下降至i_2，债券价格升至R_2，然而真实价格却在更高位置的R_-处。也就是说，忽略二阶以上的影响总会倾向于低估债券的价格。因此需要引入二阶敏感性，即凸性。

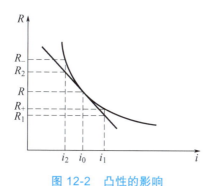

图12-2 凸性的影响

用c来表示凸性，c反映的是泰勒展开式中的二阶敏感性，即

$$c = \frac{1}{p}\frac{d^2 p}{di^2} = \frac{1}{p(1+i)^2} \sum_{t=1}^{n} \frac{t(t+1)R_t}{(1+t)^t} \qquad (12\text{-}8)$$

同持续期类似，凸性乘以债券的初始价值即为美元凸性

$$\$c = \frac{d^2 p}{d i^2} = \frac{1}{(1+i)^2} \sum_{t=1}^{n} \frac{t(t+1)R_t}{(1+i)^t} \quad (12\text{-}9)$$

凸性的作用在于提高了利率风险度量和管理的准确性。由于是二阶导，凸性引起的价格变化通常是正的。

为更清楚地解释凸性的作用，这里引入下例。

以一个 15 年期、息票率为 8%、每年付息一次的债券为例，假设初始到期收益率为 10%，表 12-2 体现了到期收益率上升或下降 0.5% 及 3% 后债券价格的真实变动百分比，以及持续期和凸性对债券价格变化率的度量结果。

表 12-2 到期收益率变化表

到期收益率	9.5%	10.5%	7%	13%
持续期	4.306%	−4.306%	25.836%	−25.836%
凸性	0.127%	0.127%	4.577%	4.577%
总和	4.433%	−4.179%	30.414%	−21.259%
实际	4.436%	−4.182%	31.090%	−21.808%

从表 12-2 可以看出，引入凸性后利率风险度量的精确性得到了很大的提升。到期收益率变动越大，凸性的作用也越大。并且，更高阶数的影响在引入凸性后基本可以忽略，因为凸性已经能够很好地反映到期收益率变动的影响。

12.3.2 债券市场利率风险管理

1. 基于持续期的利率风险管理

如果投资者在原有债券组合中加入新的债券，使得新组合的价值对利率的一阶敏感性为 0，那么组合的利率风险将降至很低的水平，此时组合的持续期和美元持续期均为 0。因此，为规避债券市场的利率风险，可以采用将组合持续期和美元持续期降为 0 的方式。这里引入一个套期保值比率 h，表示运用 h 单位的新债券资产对冲 1 单位原有组合的利率风险

$$dp = dp_1 + h dp_2$$

式中，p_1 和 p_2 分别表示原有组合和新的债券组合的单位价值。两边同时对利率求一阶导数，可以得到

$$h = \frac{\frac{dp_1}{di}}{\frac{dp_2}{di}} = \frac{\$d_1}{\$d_2} = \frac{d_1 p_1}{d_2 p_2} \quad (12\text{-}10)$$

此时套期保值比率 h 为最优比率，因为新债券组合和原有组合的一阶利率敏感性为 0。当然，除了可以通过利率敏感性债券将组合持续期降为 0，投资者同样可以通过利率敏感性债券将组合持续期调整到自己期望的水平。比如相信利率将会下降的债

券多头投资者显然希望提高组合持续期以便从利率下降中获得更多债券价格上升带来的收益。

在进行利率风险的套期保值时,实际的最优套期保值数量 N 还应在 h 的基础上考虑具体的头寸规模,整理可得

$$N = h \times \frac{Q_1}{Q_2} + \frac{\$d_1}{\$d_2} \times \frac{Q_1}{Q_2} = -\frac{d_1 \times p_1 \times Q_1}{d_2 \times p_2 \times Q_2} = -\frac{d_1 \times Tp_1}{d_2 \times Tp_2} \quad (12-11)$$

式中,Q_1 是需要进行套期保值的原有组合资产数量,$Tp_1 = p_1 \times Q_1$ 是原组合在 t 时刻的总价值,Q_2 是用于套期保值的新资产的数量。

【例 12-1】 假设一个基金经理管理着价值 1000 万美元、持续期为 6.8 的国债组合,他非常担心在接下来的一个月里利率发生剧烈波动,因此决定在 2013 年 1 月 3 日使用 12 月到期的长期国债期货 USZ7 进行利率风险管理。当他进入市场时,USZ7 报价为 111.27 美元。2013 年 1 月 3 日,对 USZ7 期货而言交割最划算的债券是息票率为 7.125%,将于 2028 年 10 月 15 日到期的长期国债,其转换因子为 1.1103,现货报价为 126.40 美元。根据债券持续期的计算公式,该债券的修正持续期为 10.18,故此 USZ7 的持续期近似等于 10.18-2/12=10.01。

根据公式,有

$$N = -\frac{d_1 \times Tp_1}{d_2 \times Tp_2} = \frac{6.8}{10.01} \times \frac{10000000}{111.27 \times 1000} = 61.05$$

因此,该基金经理应卖出 61 份 USZ7 进行利率风险管理,以实现持续期为 0。

2. 基于凸性的利率风险管理

由于持续期考虑的是资产对利率的一阶敏感性,因此在套期保值时采用了对冲持续期的方法,在利率变动较大时这种方法并不精确,而如果同时引入凸性目标则会使利率风险管理更有成效。这时一般需要同时引入两种新资产构建方程组

$$\begin{cases} \$d_1 + h_2 \$d_2 + h_3 \$d_3 = \$d_1^* \\ \$c_1 + h_2 \$c_2 + h_3 \$c_3 = \$c_1^* \end{cases} \quad (12-12)$$

当目标美元持续期 $\$d_1^*$ 和目标美元凸性 $\$c_1^*$ 均为 0 时,得到的套期保值比率即为最优。

【例 12-2】 假设原资产和两种新资产的基本情况见表 12-3。

表 12-3 原资产和两种新资产的基本情况

资产	价格 /$	息票率	剩余期限 / 年	YTM	修正持续期	凸性
原资产	108.038	7%	3	4.098%	2.705	10.168
新资产 1	118.786	8%	7	4.779%	5.486	38.962
新资产 2	97.962	5%	12	5.233%	8.813	99.081

如果设定目标美元持续期和美元凸性均为 0,运用公式 $\$d_1 + h_2 \$d_2 + h_3 \$d_3 = \$d_1^*$ 及

$c_1 + h_2 \$c_2 + h_3 \$c_3 = \$c_1^*$ 可以求得，新资产 1 和新资产 2 的最优套期保值比率分别为 -0.81 和 0.27。

12.4 债券投资组合管理

一般来说，债券投资组合管理过程可分为三步：①确定组合管理目标及约束条件；②根据组合管理目标和约束条件制定组合管理策略；③实施并实时调整组合管理策略。

债券投资组合管理的目标可以分为投资型与对冲型。投资型目标的管理者总是希望达到风险可控前提下的收益最大化。对冲型目标的管理者则更侧重在风险最小化前提下取得收益。组合管理目标和约束条件的不同决定了管理者使用不同的投资策略。一般来说，对冲型目标多为商业银行所用。根据对市场有效程度认识的不同，可以将投资型目标的管理者分为三类：保守型投资者；与保守型投资者相对的是积极型投资者；介于两者之间的是改进型保守投资者。

1. 保守的组合管理策略

保守型投资者认为市场是有效的，当前债券的市场价格已经能够充分而准确地反映各项信息，市场上并没有错误定价的债券存在。这种建立在有效市场假说理论基础上的组合管理策略的投资目标往往是达到市场的平均收益。

保守的组合管理策略最常使用的方法是指数复制，即按照投资者自身的风险收益要求选择相应的债券指数，并将该指数应用于市场上可交易的债券。

1）债券市场指数

债券市场指数是反映债券市场价格总体走势的指标体系。它是一个比值，其数值反映了当前市场的平均价格相对于基期市场平均价格的位置。报告期的债券市场指数通常按以下公式计算：

$$报告期的债券市场指数 = \frac{报告期的债券价格}{基期的债券价格} \times 基期的债券指数$$

债券市场指数一般指总收益指数，这是相对于净价指数和全价指数而言的。净价指数以债券的净价计算，利息及利息的再投资不计入。全价指数按债券的全价计算，加入了利息变化对债券价格的影响，但不考虑利息的再投资影响。总收益指数在全价指数的基础上计入了利息的再投资影响。

2）选择债券市场指数的标准

（1）综合性。一个可靠的基准指数应该兼顾市场整体，满足绝大部分投资者的偏好。

（2）透明性。基准指数的选择应该客观、清晰、规则明确。

（3）稳定性。基准指数应该是稳定的，即便发生变化也应该是容易被市场理解和预期的。

（4）可复制性。基准指数应该是可以被投资者参考复制的。

（5）无障碍性。在国际资产配置中，构成基准指数的证券不应有投资障碍。

3)复制技术

市场中复制指数的技术主要有四种:直接复制、单元复制、基于指数收益的复制以及基于因子的复制。

(1)直接复制是将指数构成权重作为选择标准,根据各债权在指数中的权重确定复制组合中各债权的比例。但是这一技术通常用于股票指数的复制,在债权组合投资时不易操作。

(2)单元复制是将指数按某种特征分成若干个单元,并从每个单元中选择有代表性的债券来复制整个指数。这种复制方法大大减少了需要投资的债券数量,制定了债券选择标准和权重设定规则,可操作性较强。

(3)基于指数收益的复制是用统计方法分析历史数据,找出最能复制债券指数历史收益的投资组合。最常用的一种统计方法是跟踪误差最小化。跟踪误差是债券的复制组合收益率和基准指数收益率之差的标准差。

$$TE = \sqrt{Var(R_P - R_B)}$$

式中,R_P为复制组合的收益率;R_B为基准指数的收益率;Var 为方差。

当两者变动趋向一致,即$R_P = R_B$或($R_P - R_B$)的值为常数时,跟踪误差趋于 0。

(4)基于因子的复制是指有时我们并不需要完全复制基准指数的所有损益,而只希望复制基准指数的主要风险。对于一些影响较小的风险,投资者可能不关心,甚至有可能希望通过承担一定风险获得超额收益。

2. 改进的保守组合管理策略

改进型保守投资者所采取的投资策略与保守型投资者所采取的投资策略很相似,一般采取跟踪市场指数的做法。但由于他们认为市场可能存在一定的非有效性,因此会有意错配留下一定的风险敞口,并希望以此来获得一部分超额收益。

3. 积极的组合管理策略

积极型投资者认为市场上存在着错误定价,导致市场利率期限结构出现异常,或是市场不能充分且准确地反映所有信息,使得市场并非完全有效。这和保守型投资者的认识几乎背道而驰。而积极型投资者也正是基于这样的认识,利用市场的错误定价或自己所拥有的信息进行投资交易,以期获得收益。这类投资者追求的是高于市场平均收益的超额收益。

积极的组合管理策略可以分为两类:一是择时策略,二是择券策略。择时策略的做法是结合当前的利率期限结构形态以及对未来收益曲线的变化形态的预测来调整债券的组合。择券策略是投资者通过对当前市场上各债券的相对价格的比较,找出被相对低估或是高估的债券进行投资。

为了对组合投资所获得的收益进行评价,在此引入异常收益的测度指标。市场收益是指由市场风险因素变化导致的债券价格的普遍性升降。异常收益是指超出(或低于)市场收益的那部分收益。典型的指标有夏普比率(Sharpe Ratio)、特雷诺比率(Treynor Ratio)和詹森指数(Jensen Index)。其中前两个指标主要衡量投资者承担单位风险所获得的超额收益,后一个指标衡量的是扣除市场风险后获得异常收益的能力。

$$夏普比率 = \frac{E(R_P) - R}{\sigma_P}$$

特雷诺比率是在夏普比率基础上的改进,它用β系数代替波动率。

$$特雷诺比率 = \frac{E(R_P) - R}{\beta_P}$$

【参考资料】

鉴于以上两个比率并未将超额收益部分$E(R_P)-R$进一步区分为市场收益和异常收益,因此这里还需要介绍詹森指数。

$$詹森指数 = E(R_P) - R - \beta_P[E(R_M) - R]$$

该指数经常被称为α指数。它实际上刻画的是资产组合战胜市场的能力。

应用实例与分析

"327"国债期货风波

"327"是"92(3)国债06月交收"国债期货合约的代号,对应1992年发行1995年6月到期兑付的3年期国库券,该券发行总量是240亿元人民币。在通货膨胀居高不下的背景下,政府将参照中央银行公布的保值贴补率给予一些国债品种保值补贴。国债收益率开始出现不确定性,为国债期货市场提供了炒作空间。

1995年时,国家宏观调控提出3年内大幅降低通货膨胀率的措施,根据当时的通胀数据,时任万国证券总经理管金生预测,"327"国债的保值贴息率不可能上调,即使不下降,也应维持在8%的水平。按照这一计算,"327"国债将以132元的价格兑付。因此,当市价在147~148元波动的时候,万国证券联合辽宁国发集团,成为了市场空头主力。而另外一边,1995年的中国经济开发有限公司(简称中经开,隶属于财政部)则认为,财政部将上调保值贴息率。因此,中经开成为了市场多头主力。

1995年2月23日,财政部发布公告称,"327"国债将按148.50元兑付,空头判断彻底错误。当日,中经开率领多方借利好大肆买入,将价格推到了151.98元。随后"327"国债在1分钟内涨了2元。这对于万国证券意味着一个沉重打击——60亿元人民币的巨额亏损。为了维护自身利益,在收盘前8分钟时,万国证券做出避免巨额亏损的疯狂举措:大举透支卖出国债期货,做空国债。下午4:22,在手头并没有足够保证金的前提下,空方突然发难,先以50万口把价位从151.30元轰到150元,然后把价位打到148元,最后一个730万口的巨大卖单把价位打到147.40元。而这笔730万口卖单面值1460亿元。当日开盘的多方全部爆仓,并且由于时间仓促,多方根本没有来得及有所反应,使得这次激烈的多空绞杀终于以万国证券盈利而告终。而另外,以中经开为代表的多头,则出现了约40亿元的巨额亏损。

1995年2月23日晚上10点,上交所在经过紧急会议后宣布:1995年2月23日16时22分13秒之后的所有交易是异常的无效的,经过此调整,当日国债成交额为5400亿元,当日"327"品种的收盘价为违规前最后签订的一笔交易价格

151.30元。这也就是说，当日收盘前8分钟内多头的所有卖单无效，"327"产品兑付价由会员协议确定。上交所的这一决定，使万国证券的尾盘操作收获瞬间化为泡影。万国证券亏损56亿元人民币，濒临破产。

在"327"国债期货风波中，保值贴补政策和国债贴息政策对债市气贯长虹的单边涨势起了决定作用。追根溯源，"327"国债期货风波的产生，从表面来看，是由在金融市场的判断失误、操作错误造成的。但是从根本上看，面对金融期货市场的高风险，除了从事交易的个人权力过大及市场利率机制僵化，我国现券市场的不成熟等，交易所对风险管理的忽略、信息披露制度不完善、监管机制不健全等一系列金融期货市场监管方面的缺失应该是导致"327"国债期货风波发生的主要原因。这主要体现在：保证金比例过低、未设涨跌停板、未控制持仓限额等。

（1）保证金方面：在期货交易中，任何一个交易者必须按照其所买卖期货合约价值的一定比例（通常为5%～10%）缴纳少量资金，作为其履行期货合约的财力担保，"327"国债期货风波发生之时，20000元合约面值的国债上证所仅收500元保证金，比例为2.5%，这一水平意味着把投资者潜在风险放大了40倍。万国证券在最后8分钟抛出730万口国债期货，这需要50多亿元的保证金，很显然万国证券没有能力缴纳如此巨额的保证金。

（2）行情监管方面：监管当局没有对市场行情变化做出迅速反应。在"327"国债期货风波发生之前，多空双方操纵市场，打压和哄抬价格的苗头已经初步显现，遗憾的是，监管当局并没有密切留意，提前预防。

（3）法律法规不健全：当时的发展思路是先发展、后规范，因此，在没有进行充分的调查与研究，没有全国统一的期货管理法规和期货主管部门的情况下，便匆匆地推出了国债期货交易。监管制度不完善和法律法规的缺乏是"327"国债期货风波发生的隐患。

通过对"327"国债期货风波的回顾与反思，虽然说不确定性为"327"国债价格提供了炒作的空间，但我国20世纪90年代初的金融市场监管真的存在缺失。"327"国债期货风波导致了国债期货试点的失败，该风波的经验教训对股指期货的推出有着重要的借鉴和启示作用：在推出股指期货前，必须要建立完善的现货市场基础，建立完善的法律法规体系，完善交易机制，加强风险的控制和完善监管体系。

资料来源：https://sd.ifeng.com/zt/guozhaiqihuo/327gzshijian/detail_2013_09/07/1198083_0.shtml　[2024-07-27]

本章小结

本章介绍了债券市场风险管理，主要分析了债券的信用风险和利率风险的度量与管理，介绍了3种投资组合管理类型，最后分析了目前我国债券市场风险的情况。

关键术语

收益曲线（Yield Curve）、违约风险（Default Risk）、利差风险（Spread Risk）、持续

期(Duration)、凸性(Convexity)

知识链接

[1] 陈文汉，2019.证券投资学[M].2版.北京：人民邮电出版社.
[2] 赫尔，2022.期权、期货及其他衍生产品[M].北京：机械工业出版社.
[3] 龚仰树，2012.固定收益证券[M].上海：上海财经大学出版社.
[4] 类承曜，2022.固定收益证券[M].北京：中国人民大学出版社.

习　题

1. 判断下列说法是否正确并给出理由。
（1）封闭式回购和买断式回购，后者更能够增加债券市场的流动性。
（2）凸性是债券价值变动的百分比对到期收益率变动的一阶敏感性。
（3）仅考虑持续期而忽略更高阶的影响总会倾向于高估债券价格。

2. 衡量债券的流动性，最常用的指标包括（　　）。
A. 买卖报价差　　B. 发行规模　　C. 做市商个数
D. 交易频数　　　E. 交易量

3. 债券的到期收益率是指（　　）。
A. 债券以折价方式卖出时，低于息票率；债券以溢价方式卖出时，高于息票率
B. 以任何所得的利息支付都是以息票率再投资这一假定为基础的
C. 使所支付款项的现值等于债券价格的折现率
D. 建立在所得的利息支付都以将来的市场利率再投资这一假设为基础

4. 什么是债券风险？

5. 债券风险可以分为哪几类？

6. 如何度量和管理债券风险？

7. 中国债券市场的风险管理现状如何？

8. 比较保守的组合管理与积极的组合管理之间的异同。

9. 某债券面值为1000元，到期收益率为8%。假定该债券持续期为10年。若到期收益率增加至9%，债券的价格将会有多大变化？

10. 一张面值1000元，票面利率为8%的5年期债券，每年付息一次，到期收益率为10%，计算持续期。

11. 某固定利率债券面值为2000元，剩余期限5年，票面利率6%，每年付息一次，到期收益率为5%的情况下，请分别计算：
（1）凸性和美元凸性；
（2）假设其他条件不变，当剩余期限变为1年和10年时，计算凸性；
（3）假设其他条件不变，当票面利率变为1%和10%时，计算凸性；
（4）假设其他条件不变，当到期收益率变为1%和10%时，计算凸性；
（5）结合上述结论，你认为影响债券凸性的因素有哪些？

第 13 章 基金市场风险管理

本章教学要点

知识要点	掌握程度	相关知识
基金市场风险的内涵与种类	掌握	各类风险概念
基金市场风险的度量	重点掌握	方差的计算
基金市场风险的种类	掌握	证券投资基金概念及基本种类

导入案例

【参考课件】

剑指私募乱象！中基协又开 25 张罚单

2023 年 9 月以来，中国证券投资基金业协会（以下简称中基协）对 6 家私募机构开出了罚单，涉及的违规行为包括从事资金池业务、未按照合同约定履行信息披露义务、兼营私募证券投资基金和股权类私募基金、从业人员及运营场地欠缺独立性等。

此外，这 6 家违规私募机构的 19 位相关负责人也受到了中基协的处分。截至 9 月 11 日，中基协在 9 月份共开出了 25 份纪律处分决定书。3 家私募机构被撤销管理人登记。

记者梳理，6 家被罚的私募机构中有 3 家私募机构被中基协取消会员资格，并撤销其管理人登记，包括深圳市老虎汇资产管理有限公司（以下简称深圳老虎汇）、深圳万鼎富通股权投资管理有限公司（以下简称万鼎富通）、深圳前海慧网股权投资基金管理有限公司（以下简称前海慧网）。

具体来看，深圳老虎汇存在的问题最多，具体如下。

一是管理人登记更新不及时、登记信息与实际情况不相符。深圳老虎汇未及时在报送平台更新相关股权变更信息；杨鹏在 2019 年 9 月离职后，仍登记为合规风控负责人，此外实际控制人冯彪预留在协会的联系方式非本人。

二是未尽勤勉谨慎、恪尽职守义务。深圳老虎汇未有效监督上海钜派钰茂基金销售有限公司按照代销合同约定履行投资者适当性审查工作。

三是未按照合同约定履行信息披露义务。深圳老虎汇未完全按照基金合同约定披露"神雾先进技术追踪私募投资基金"季度报告。

四是不配合协会自律检查。

资料来源：https://new.qq.com/rain/a/20230911A0B8Y700　[2024-03-27]

案例启示：随着基金行业的蓬勃发展，基金市场风险管理就显得更为重要了。基金从业人员需要有良好的专业能力、风险意识以及法律认知；职业道德与求真务实也是我们每一个个体都需要拥有的良好品质，不能因外界诱惑而违反道德准则、不能做有悖于法律、有害于他人的事情，应当警钟长鸣，做一个诚实守法的公民。

13.1 基金市场风险的内涵及种类

13.1.1 基金市场风险的内涵

根据不同标准，可以将证券投资基金划分为不同的种类。

（1）根据基金单位是否可增加或赎回，可将证券投资基金分为开放式基金和封闭式基金。开放式基金不上市交易（这要看情况），通过银行、券商、基金公司申购和赎回，基金规模不固定；封闭式基金有固定的存续期，一般在证券交易场所上市交易，投资者通过二级市场买卖基金单位。

（2）根据组织形态的不同，可将证券投资基金分为公司型基金和契约型基金。通过发行基金股份成立投资基金公司的形式设立的基金，通常称为公司型基金；由基金管理人、基金托管人和投资人三方通过基金契约设立的基金，通常称为契约型基金。我国的证券投资基金均为契约型基金。

（3）根据投资风险与收益的不同，可将证券投资基金分为成长型基金、收入型基金和平衡型基金。

（4）根据投资对象的不同，可将证券投资基金分为股票基金、债券基金、货币市场基金、期货基金等。

基金市场风险就是指在从事基金买卖过程中由于各种不确定性所导致的实际获得收益与预期收益不一致的可能性。以开放式基金为例，投资者在当日进行申购、赎回基金单位时，所参考的单位资产净值是上一个基金开放日的数据，而对于基金单位资产净值在自上一交易日至开放日当日所发生的变化，投资者无法预知，因此投资者在申购、赎回时无法知道会以什么价格成交，这种风险就是开放式基金的申购、赎回价格未知的风险。

13.1.2 基金市场风险的种类

基金市场风险通常有如下四类：市场风险、公司经营风险、管理人风险、基金价格风险。

1. 市场风险

市场风险是指基金证券市场价格下跌而可能造成的损失。证券市场价格受到许多因素的影响，比如经济因素、政治因素、投机心理和交易制度等。主要包括以下几个方面。

（1）经济政策。例如国家的财政政策、货币政策、行业政策和地区发展政策等发生变动，将会导致市场波动，影响投资基金的收益，从而产生风险。此外，国家证券交易制度的变化，如证券交易印花税率的调整，更是会直接影响证券交易的价格。至于其他一些与证券市场无直接关系的政策变化，如房改政策、私人购房贷款政策等的变动，也可能会影响证券市场上房地产行业股票的供求变化，对此行业股票价格产生影响。对于投资于股票比重较大的投资基金来说，所有这些因素发生变化，都会使其基金收益受到明显的影响。

（2）经济周期。投资基金所投资的股票和债券的收益水平会随着经济周期的波动而出现周期性的调整，从而导致整个投资基金收益存在不确定性。一般来说，如果整个国家、地区甚至世界的宏观经济整体处于增长期的话，市场需求旺盛，则各个行业公司的经营业绩可能普遍较好，投资基金的收益水平自然会水涨船高。相反，如果宏观经济总体上处于不景气或萧条状态的话，则大多数公司的经营都会比较困难，经营业绩也不理想，投资于这些公司证券的投资基金的收益自然会受到拖累，甚至出现资产净值的亏损。

（3）利率。投资基金投资于股票和债券的收益水平会受到市场利率变化的影响，从而产生风险。以债券和股票构成投资组合的投资基金，在利率水平升高时，其收益水平会面临着下降的风险。

（4）购买力。投资基金的投资收益部分来源于债券利息、股利，通货膨胀会使其从债券投资及上市公司利润分配所得实际现金贬值，产生实际购买力下降的危险。一旦投资基金的收益率低于通货膨胀率，那么基金投资实际上就发生了亏损。

2. 公司经营风险

基金投资的股票的价值取决于上市公司的业绩水平。因为公司经营业绩的不确定性而导致股票价值发生变化，这种风险被称为"公司经营风险"。如果投资基金所投资的上市公司管理不善，则其股票价值会下降，导致股价下跌，或可分配利润减少，从而使投资基金的收益水平下降。

3. 管理人风险

由于基金管理人本身的才能欠缺和道德缺陷所引起的投资基金收益的不确定性，就是所谓的"管理人风险"。在证券投资基金的管理运作中，基金管理人的专业知识、市场经验、判断能力、分析决策能力、技能水平以及诚信品质等都会影响其对信息的占有和运用，以及对经济形势、证券价格走势的判断，从而影响基金收益水平。

4. 基金价格风险

持有封闭型基金的投资者必须承担基金价格波动的风险，即基金价格风险。

13.2 基金市场风险的度量

13.2.1 基金市场风险度量的发展历史

基金市场风险的度量是其整个风险管理过程的极为重要的一个环节。相对于其他风险种类而言，基金的市场风险度量技术是比较丰富的，尽管这种度量所依靠的历史资料存在数据不全、变量波动频繁等问题，但市场交易本身为人们用数据统计对市场风险进行量化分析奠定了基础。

基金市场风险度量的发展大致经历了3个重要阶段。

第一阶段：在基金发展的初期，基金管理人借助银行等金融机构风险管理的经验，将标准差、方差、β系数等统计方法应用于基金市场风险的度量。这些方法取样容易、运算便捷，直观性很强，至今仍然是基金市场风险度量的最为普遍和实用的方法。

第二阶段：基金评价阶段。这个阶段的重要特征是在对基金业绩进行评价时，充分考虑了风险因素，也就是将对基金的评价建立在风险调整后所得收益的基础上。即在对基金风险进行评估和度量时，不能单纯以规避和控制风险的思路为出发点，而应坚持在可承受和控制风险的范围内，谋求基金收益的最大化。

1965年以前的基金业绩评价方法主要是考察基金的单位资产净值、投资回报率等指标。虽然也注意到了基金资产组合的风险，但没有对风险进行系统、合理的量化。特雷诺于1965年在美国《哈佛商业评论》上发表的《如何评价投资基金的管理》一文，在对基金业绩的评价方面具有里程碑式的意义。特雷诺在该文中，第一次对基金的投资风险进行了合理的量化处理，开创了现代基金业绩评价研究的新纪元。特雷诺指出，如果有效资产组合完全消除了单一资产的非系统风险，那么，系统就能够有效地刻画基金的风险，因此，单位系统风险的超额收益就可以作为评价基金业绩的指标。

1956年，夏普在《商业学刊》发表了《共同基金的业绩》，提出用单位总风险的超额收益率来评价基金业绩，即夏普指数，这也成为了人们进行基金业绩评价时经常使用的方法。1968年，詹森在《金融学刊》上发表《1945—1964年共同基金的业绩》，提出根据资本市场线来估计基金的超额收益，即詹森指数。在此之后，针对詹森指数只考虑系统性风险的局限性，又有人在此基础上提出了信息指数指标即用单位非系统风险的超额收益来对基金进行评价。

以上四个风险调整收益指标成为经典的基金业绩评价方法，事实上也是度量基金市场风险的方法，得到了广泛的应用。但是，在这些指数的应用过程中，人们也发现了这些方法的各种局限性，同时也不断提出一些改进方法。例如，1985年畅和乐维伦提出的套利定价模型框架下的基金业绩评价方法；1989年，Grinblatt和Titman提出的时期加权的组合业绩评价方法；1993年，Fama和French提出的市场、规模、市净率三因子的基准组合模型；1995年，Carhart提出的市场、规模、市净率、盈亏组合收益差四因子的基准组合模型。1997年，Franco Modigliani和Leah Modigliani祖孙二人，改进了夏普指数。2000年，Antonella Basso and Stefan1a Funari将方差、半方差和β系数等风险度量作为投入，将超额收益作为产出，用数据包络分析方法对基金的投入产出率及风险状况进行研究。2002年，Andrew. Lo对夏普指数的分布等统计特征进行研究，指出它的分布依赖于资产收益的分布，在特定情况下，夏普指数的估值误差会很大，等等。

第三阶段：随着金融市场上衍生金融工具和金融工程技术的出现和发展，各种形式的对冲使得基金市场风险管理发生了革命性的变化。同时，类似Delta、Gamma、Vega、Theta等衡量和管理衍生金融工具自身风险的指标也在不断发展。而在险价值法和压力测试法等全面度量风险的方法以及各种风险度量模型也成为基金市场风险管理领域的重要内容。

13.2.2 基金市场风险的度量方法

基金市场风险的度量方法主要有标准差和风险收益指数两类。

1. 标准差

$$STD_j = \sqrt{\frac{1}{n-1}\sum_{j=1}^{n}(R_j - \bar{R})^2}$$

式中，STD_j 为标准差；R_j 为在时期 i 的收益率；$\bar{R}$ 为平均收益率；n 为计算中的时期个数。

标准差指标在衡量基金管理人的风险控制水平、测量投资者面临的总风险水平方面，具有较好的测量效果，也是目前国内基金行业使用最为广泛的风险衡量指标。

2. 风险收益指数

在评价或度量某只基金的风险时，往往将风险与该基金所能提供给投资者的回报率相联系。即对收益率相同的两只基金进行比较，不能简单地认为它们的风险也相同，要充分考虑它们在取得这个收益率时承担的风险是否相同，也就是说，对基金的评价应针对风险调整后的收益率。经典的夏普指数、特雷诺指数、詹森指数和信息指数都采取了这种风险收益指数的调整方式。

夏普指数是经总风险调整后的绩效指标，它是以资本市场线作为基准的，公式为

$$S_P = (R_P - R_F)/\sigma_P$$

【参考论文】

式中，R_P 为基金在评估期内的平均收益率；R_F 为同期平均无风险收益率；σ_P 为基金同期收益率的标准差，表示基金投资组合的总风险。

夏普指数实际上是投资组合平均收益率超出无风险收益率部分与投资组合收益率的标准差之商，即基金承担单位风险所获得的超额收益，用来衡量按照净值波动的风险指标即标准差调整后的净值增长能力。夏普指数形式简洁、易于理解，在实践中得到了广泛运用。但是，夏普指数也存在一些问题：夏普指数本身难以找到合适的经济解释。

特雷诺指数是投资组合平均收益率超出无风险收益率部分与投资组合的 β 系数之商，即基金承担单位系统风险所获得的超额收益。特雷诺指数用来描述按照系统性风险度指标即 β 系数调整后的基金净值增值能力。其中，β 系数表明基金资产组合净值的变化相对于市场指数变化的敏感度，β 系数越大，表明基金净值对市场指数变化的敏感度越高，面临市场的系统性风险越大，相应地也应该获得较高的收益补偿，其公式为

$$T_P = (R_P - R_F)/\beta_P$$

式中，T_P 为特雷诺指数；R_P 为基金在评估期内平均收益率；R_F 为同期平均无风险收益率；β_P 为基金同期回报率 R_P 的系统风险，即投资组合的 β 系数。

詹森指数又称 α 指数，是所需评价的投资组合的收益率与证券市场线上的相同风险值的投资组合的收益率之差，即通过比较基金收益率与由资本资产定价模型得出的预期

收益率之差来衡量基金业绩，具体公式为

$$\alpha_P = \bar{R}_P - R_F - \beta_P(\bar{R}_M - R_F)$$

【参考论文】

式中，α_P 为詹森指数；R_P 为估期内基金投资组合的平均收益率；$\bar{R}_M$ 为评估期内市场投资组合的平均收益率。

对于积极管理的投资组合，如果其詹森指数显著为正，则说明该投资组合的投资收益优于市场投资组合平均水平；反之，如果其詹森指数显著为负，则说明该投资组合的投资收益低于市场投资组合平均水平。詹森指数可以反映出基金经理对时机选择和个股选择的能力。

信息指数又称估值比率，是指基金净值相对于同期调整后市场指数增长率的标准差。信息指数根据主动投资收益和主动投资所带来相应的风险来分析基金业绩水平，主要用于度量按照主动投资风险度调整后的基金净值增长能力，其公式为

$$\text{IR} = \alpha / \sigma_C$$

式中，IR 为信息指数；α 为超额收益率，即詹森指数；σ_C 为同期主动投资风险度。

信息指数考虑到了基金净值与市场指数的相关性，衡量了基金获得超额收益所需承担的超额风险。

夏普指数、特雷诺指数、詹森指数和信息指数是最常用的风险调整收益指数，这四个指数在实际应用中经常联合使用，评估结果也比较接近，但在本质上有很大区别。

夏普指数和特雷诺指数都是衡量基金组合在承担单位风险时所获得的超额收益。在风险收益图中都表示为斜率。两者的不同之处在于：在调节基金收益时，对于只投资某一基金的投资者来说，其投资时所承担的风险为该基金的全部风险，此时采用夏普指数作为投资基金的参数会比较合适；而对于投资于很多基金以及其他投资工具的投资者来说，其多样化的投资行为本身已经考虑了基金投资的非系统风险，此时采用特雷诺指数会更合适。

詹森指数和特雷诺指数都是通过回归分析得到的，但是由于在回归分析时截距比斜率更容易得到，可信度也较高，因此，在基金评价的实证研究中，詹森指数比特雷诺指数使用得更为广泛。但是，当 β 系数变化时，它们很难恰当地评价基金的风险及其表现。

信息指数实际上衡量了基金组合承担非系统风险所带来的额外收益的能力，因此，能够体现不同基金经理的风险管理能力和操作水平。但是，这种方法是建立在一系列假设基础上的，包括：收益率服从多元正态分布；所有基金经理的效用函数都是指数型的；所有基金经理的所有资产都是可交易的。因为这些前提条件比较严格，所以这一指数的实用性并不强。而且，由于基金经理在时机选择问题上会不断调整 β 值，因此信息指数也经常会出现失效的情况。

知识要点提醒

另外，这四种风险调整收益指数都存在潜在的问题。首先，这几种方法除夏普指数外，都建立在资本资产定价模型基础上，如果资本定价结构错误，那么就会得

出有偏差的风险收益结论，并且该有偏差的结论常常有利于低风险的投资组合。其次，这些指数在计算时需要以市场投资组合作为基准，但是在实际上，即使最广泛的市场指数组合也不可能完全模拟真实市场组合的状况，所以在有些情况下很难判断根据这些指数得出的直观结果是与基金的投资组合管理能力有关，还是与使用指数的精确性有关。在采用这类方法评价基金风险时，选取不同基准的投资组合，得到的评价结果也会有所不同。

13.3 基金市场风险管理的目标与策略

13.3.1 基金市场风险管理目标

基金市场风险管理目标是风险管理中各项活动开展的方向和中心。

一般来说，目标的确定要受到以下几个因素的影响。

首先，证券投资基金市场风险管理的具体目标受到该基金经营管理的总方针和总目标的制约。追求基金投资收益的利润最大化是基金管理投资的最终目的，而风险管理的最主要作用就是尽可能地减少损失，因此，从根本上说，证券投资基金市场风险管理的目标与其经营活动的总目标是一致的。但是，在某些情况下，两者又是矛盾的，因为盈利往往与风险成正比。为了取得较大的盈利，往往要承担较大的风险，而要降低风险，又经常需要以减少盈利为代价。因此，如果基金追求较高的盈利目标，那么就必须相应放宽风险控制，必须降低风险管理的目标；反之，如果该基金要提高风险管理的目标，就必须加强风险控制，同时要相应降低预期盈利目标。

其次，基金市场风险管理的目标还受决策者的个人偏好和主观判断的影响。决策者的风险效用函数是影响其制订风险管理目标的主要因素。决策者对风险的主观判断，包括对风险的大小、危害程度、产生原因等的判断也是确定风险管理目标的重要因素。

最后，基金市场风险管理的目标要受到其管理成本的制约。如果为了某一风险管理目标的实现而不计成本，那么就有可能得不偿失，那么证券投资基金就必须调整它的管理目标，或者放松风险管理。

综合而言，基金市场风险管理的目标可分为两类。

1. 风险控制目标

风险控制目标又称损失发生前的管理目标，即基金为了避免风险造成的各种后果，尽量避免风险的产生或将风险控制在某一可控的限度内。具体包括以下几个方面。

（1）管理成本最小目标。即证券投资基金用经济节约的方法，运用最合适的、最佳的技术手段来降低管理成本，谋求用最经济合理的方式，把控制损失的费用降到最低程度，取得风险管理的最佳效果。

（2）履行相关义务和承诺。基金在发行时一般就对该基金的投资理念、风险目标、预期收益等都做出相应的承诺和公告。因此，基金发行之后的风险管理也必须满足有关的责任义务，遵守法规，尽可能消除投资损失的隐患。

（3）减少忧虑和恐惧心理，提供安全保障。相比一般经济风险，基金的风险具有发生突然、波动剧烈、后果严重、影响深远等特点。因此，风险控制目标很重要的作用就是减少人们对未来不确定性因素的焦虑和恐惧，提供心理上的安全感。

2. 损失控制目标

尽管基金的管理者采取了大量控制风险发生和扩大的防范措施，但是，因为投资活动的复杂和动态特征，根本不可能完全避免风险的发生，所以风险控制和管理的另一重要目标就是，当风险不可避免时，通过诸如转移、保值、对冲等手段将损失控制在一定范围之内。具体包括以下几个方面。

（1）维持生存的目标。这是证券投资基金市场风险发生后，其风险管理的最基本和最重要的目标。当风险发生后，只有承受住打击并渡过难关，继续生存下去，才有可能在将来恢复生机，重新发展。

（2）保证投资活动的持续进行，尽快恢复正常的资金募集和投资活动的秩序。

（3）尽力全面履行对投资人和社会的义务和承诺，全面消除由于风险损失所造成的负面社会影响，重新树立该基金在社会上的良好形象和竞争地位。

13.3.2 基金市场风险管理策略

基金市场风险管理策略是指证券投资基金管理公司在识别和评估证券投资基金市场风险的基础上，借助现代手段和工具，对所面临的风险，寻求切实可行的措施和办法，从而对风险进行防范、规避、化解、处置的策略。具体有如下几种基本类型。

1. 防范风险策略

防范风险策略是指事先采取一定的预防性措施规避风险发生因素，或主动放弃和拒绝实施某项可能导致风险损失的方案，从而防止风险发生的策略。

2. 分散风险策略

分散风险策略是指基金在进行证券投资时投资于证券组合抵冲非系统风险的策略。

3. 规避风险策略

规避风险策略是指基金根据一定的原则，采取一定措施和技巧，主动避开各种风险，以避免和减少这些风险所造成的损失的策略。在开放式基金中，头寸和流动性管理就是典型的规避风险策略。这主要表现在：第一，通过资产结构的不断动态调整，使投资于股票的比重，始终保持在合理的控制水平，留有相对充裕的现金和国债资产以备赎回之需，从而规避流动性风险；第二，在准确预测股市未来走势的基础上，及时调整股票资产在总资产中的比例，来避免因股价下跌所导致的损失；第三，在股票资产中，不断调整某种股票持有的比例，保证规避基金在该只股票上的变现风险。

4. 转移风险策略

转移风险策略指通过某些合法的交易方式和业务手段，将证券投资基金自身所面临的风险转移给其他经济主体承担的一种策略。例如，预计国债利率将上升时，投资者就会买入短期国债品种，卖出长期品种；预计某只股票将下跌时，投资者将该股票卖出等。

5. 套期保值策略

套期保值策略指通过一定的交易方式对冲自身所面临的某种风险的策略。从证券投资基金风险管理的角度分析，主要包括以下两种类型的交易。其一是期货交易，因为金融期货价格与金融现货价格通常受相同因素的影响，因而其变动方向通常是一致的。所以，如果证券投资基金在股指期货市场上建立一种与其现货市场方向相反的仓位，并在期货合约到期前通过反向交易而将此仓位对冲，那么，无论价格怎样变动，其总可在一个市场获利，而在另一市场受损，盈亏相冲，即可达到保值的目的。其二是期权交易，它既能将潜在的损失控制在有限的、已知的范围内，又能在很大程度上保证收益。

应用实例与分析

交易型开放式指数基金风险管理新举措

深交所2010年9月2日晚间发布通知称，为促进市场健康发展，制定了《深圳证券交易所交易型开放式指数基金风险管理指引》，并自发布之日起施行。

通知称，基金公司应当制定ETF投资运作规范和建立ETF投资管理系统，并对投资运作规范内容定量化、参数化，在ETF投资管理系统中进行设定，严格限制基金交易行为，防范不合理或随意的主动交易可能带来的投资风险以及因成份股或现金头寸不足导致赎回失败的风险。

此外，基金公司应当建立具有自动报警功能的风险监控系统，实时监控ETF运作情况。

通知指出，监控内容应当至少包括：ETF交易状态是否正常；ETF的交易量是否异常放大；ETF买卖价格与IOPV（基金份额参考净值）的比值以及IOPV与标的指数点位的比值是否异常放大；基金账户成份股与现金余额是否存在发生因成份股或现金不足导致赎回失败的风险。

通知称，一旦发现交易异常情形，应当立即报风险管理小组启动应急预案，并视情况决定是否申请立即暂停申购、赎回和临时停牌，同时将相关情况通知深交所。

通知表示，基金公司应当设立ETF运作团队和ETF风险管理小组，ETF运作团队负责制定ETF业务流程、投资规范等运营制度、进行ETF日常运作和实时风险监控。ETF风险管理小组负责制定ETF风险管理制度、监督ETF运作团队的运作行为和处理风险事务。

随着ETF基金的扩容，ETF基金的管理问题也不断显现。2009年，ETF先后两次因为申购赎回清单出错而引发争议，一次发生在2009年4月13日华安上证180ETF身上，因4月13日上午出现罕见巨额交易量，在当天午后紧急停牌。华安基金的公告称是由于申购赎回清单中预估现金计算出现偏差。另一次是2009年12月30日发生的交银ETF乌龙事件，在当天开盘后交银180治理ETF迅速涨停，原因在于当日的申购赎回清单成份股中的中国平安数量从900股错误变成10100股，从而导致该基金的实时参考溢价整一倍之多，产生巨额套利空间。

分析：几次乌龙事件显示，基金公司对于ETF投资的流程监控尚存盲点，整个投资的风控流程中存在手动操作的部分，也表明基金公司有效审核尚不够得力。

资料来源：https://www.yicai.com/news/402788.html#:~:text [2024—03—27]

基金管理公司排名

基金公司的排名主要依据管理资产的总规模和盈利能力,但近年来由于基金公司频发的人事变动,基金公司的稳定性对公司业绩的影响越来越突出,这引起了投资者及基金研究机构的重视。稳定性也越来越成为基金公司排名的重要影响因素。

公募基金经历了 2022 年的波动后,整体规模重新恢复上涨!总量从 2022 年一季度的 24.78 万亿增长到 2023 年二季度的 27.69 万亿,增长了 11.72%,7 月增加了 1.11 万亿,其中货币基金占比较高。

思淼财经　2023 年中报公募基金规模及股东

排名	名称	2023 年中报	2023 年一季度	2022 年中报	主要股东
1	易方达基金	17304	16545	15355	广发证券持股 22.65%,并列第一大股东
2	广发基金	13210	12658	13159	广发证券持股 54.53%
3	华夏基金	12526	11228	11087	中信证券持股 62.2%
4	南方基金	11397	10636	10178	华泰证券持股 41.2%,兴业证券持股 9.15%
5	天弘基金	11030	10662	11030	阿里巴巴持股 51%,君正集团 15.6%
6	博时基金	9645	8909	10929	招商证券持股 49%
7	富国基金	9152	8792	9233	海通证券持股 27.8%,申万宏源持股 27.8%
8	鹏华基金	8898	8708	9162	国信证券持股 50%
9	嘉实基金	8804	8332	7918	中诚信托持股 40%
10	汇添富基金	8715	8630	8714	东方证券持股 35.4%
11	招商基金	8233	7987	8061	招商银行持股 55%,招商证券持股 45%
12	工银瑞信基金	7598	7527	8382	工商银行持股 80%
13	建信基金	7497	7610	7791	建设银行持股 65%
14	国泰基金	6439	5861	5690	建银投资持股 60%
15	华安基金	6022	5608	5607	国泰君安持股 51%
16	兴证全球基金	5845	5840	6002	兴业证券持股 51%
17	平安基金	5716	5291	5545	中国平安持股 68.19%
18	银华基金	5543	5327	5974	西南证券持股 44.1%,第一创业持股 26.1%,东北证券持股 18.9%
19	景顺长城基金	5369	5284	5590	长城证券持股 49%
20	交银施罗德基金	5028	5025	5861	交通银行持股 65%

思淼财经出品

前四名排名稳定，并且第1名易方达基金进一步扩大了领先优势！第4、第5名对换，天弘基金逐步掉队，从曾经的第1到现在的第5！南方基金最近表现稳健。后10名中，除了交银施罗德基金和建信基金规模下滑，其余整体上出现上涨！

资料来源：https://xueqiu.com/2685011624/259960698?_ugc_source=ugcbaiducard

本章小结

本章介绍了基金市场风险管理，在讲解基金市场风险内涵与种类的基础上，重点分析了基金风险度量和管理的各种方法。

关键术语

夏普指数（Sharpe Ratio）、特雷诺指数（Treynor Index）、詹森指数（Jensen Index）、信息指数（Information Index）

知识链接

[1] 中国证券投资基金业协会，2017. 证券投资基金 [M]. 2 版. 北京：高等教育出版社.

[2] 何季星，2018. 证券投资基金管理学 [M]. 4 版. 大连：东北财经大学出版社.

[3] 李奇泽，2015. 我国证券投资基金行为问题研究 [M]. 北京：知识产权出版社.

习 题

1. 下列说法是否正确并说明理由。

（1）夏普指数和特雷诺指数都是衡量基金组合在承担单位风险时所获得的超额收益。在调节基金收益时，对于只投资某一基金的投资者来说，采用特雷诺指数作为参数比较合适。而对于投资于很多基金以及其他投资工具的投资者来说，采用夏普指数更合适。

（2）开放式基金，一般在二级市场上进行买卖，基金规模不固定；封闭式基金有固定的存续期。

2. 下面（　　）不属于按投资对象分类的基金种类。

A. 股票基金　　　　　　　　B. 债券基金
C. 平衡型基金　　　　　　　D. 货币市场基金

3. 关于基金评价，正确的说法有（　　）。

A. 夏普指数、特雷诺指数、詹森指数和信息指数都建立在资本资产定价模型基础上。

B. 夏普指数、特雷诺指数、詹森指数和信息指数是最常用的风险调整收益指数，而且这四个指数在实际应用中经常联合使用，评估结果和本质都也比较接近。

C. 当前，在基金评价的实证研究中，特雷诺指数比詹森指数使用得更为广泛。

D. 信息指数实际上衡量了基金组合承担非系统风险所带来的额外收益的能力，因此，能够体现不同基金经理的风险管理能力和操作水平。但是，基金经理在时机选择问题上会不断调整β值，信息指数也经常会出现失效的情况。

4.（   ）以标准差作为基金风险的度量。
　　A. 特雷诺指数　　　　　　　　B. 夏普指数
　　C. 詹森指数　　　　　　　　　D. 道氏指数

5. 特雷诺指数、夏普指数、詹森指数这三种风险调整收益指数的区别与联系包括（   ）。（多选）
　　A. 夏普指数与特雷诺指数尽管衡量的都是单位风险的收益率，但两者对风险的计量不同。
　　B. 夏普指数与特雷诺指数在对基金绩效的排序结论上有可能不一致。
　　C. 特雷诺指数与詹森指数只对绩效的深度加以了考虑，而夏普指数则同时考虑了绩效的深度与广度。
　　D. 詹森指数要求用样本期内所有变量的样本数据进行回归计算。

6. 基金风险投资组合的平均报酬率为16%，报酬率的标准差为24%，β值为1.1，若无风险利率为6%，请计算特雷诺指数和夏普指数。

7. 如何度量和管理基金风险？

8. 中国基金的风险管理应该注意哪些方面？

第 14 章 保险市场风险管理

本章教学要点

知识要点	掌握程度	相关知识
保险市场风险识别	掌握	金融风险类别
保险市场风险管理	掌握	保险业行业特征

导入案例

【参考课件】

日本地震和海啸对保险商的影响究竟几何?

路透伦敦/纽约 2011 年 3 月 14 日电 投资者周一抛售保险类股票,因不确定日本地震和海啸造成的总体损失最终将会有多大,尽管需数周时间才能确认最终损失的数字,至少有一组专家认为,不考虑海啸造成的损失,仅地震和火灾有投保的损失金额就高达 350 亿美元,而再加上海啸带来的损失的话,数字肯定会更大。部分金融分析师表示,海啸造成的损失应该会低一些,但仍将很可观。

美国保险类指数和欧洲保险类指数的表现均不及大盘,对日本市场有一定曝险部位的保险商如美国大都会人寿和 Aflac 均走跌,世界级大型再保险业者如瑞士再保险、慕尼黑再保险和汉诺威再保险的股价也都下挫。

风险模型公司 AIR Worldwide 表示,这里提法不妥,参照原始资料,袭击日本东北部地震有投保的损失可能介于 145 亿~346 亿美元。如果损失与区间高端相符,上周五的地震就会令保险商的损失成为过去 40 年来第二大的损失,仅次于 2005 年飓风卡特里娜造成的损失。

瑞士再保险称:"考虑到这场天灾的本质、持续进行的复原行动和撤离地区等方面的情况,将需要一段时间才能估算出损失的数额。"

周一,对日本多重灾害造成的总体损失的预估超过了 1700 亿美元,但现在福岛核泄漏最终会对损失产生怎样的影响还不得而知。

部分分析师认为,此次灾难再加上今年澳大利亚洪水和上月新西兰地震造成的巨大损失,可能会推高全球保险价格且提振保险类股票。

Panmure Gordon 的分析师 Barrie Cornes 称:"在我们看来,灾难导致的损失将是非常巨大的,以至于或将引发对非寿险行业的重新评级。"

评级机构惠誉预计,地震不会使保险商的信贷评级遭到大幅下调,但该评级机构还警示称,部分再保险商可能会达不到目前的获利预期。

资料来源:www.xjbxw.org.cn/Article_Show.asp?ArticleID=5032　[2024-07-29]

案例启示: 近年来保险市场的风险管理问题引起了学界和业界的广泛关注,风险和保险同为风险管理的对象,风险的存在使得保险业得以发展,保险业自身运行过程中也会产生风险,保险业风险管理自然也显得更为重要。人们在日常的社会经济生活中都离不开保险,不管是车险还是医疗保险等,都与我们息息相关。因此,必须不断强化自己的风险管理,并科学合理地运用保险来提高生活质量,享受美好人生。

14.1　保险市场风险及其形成机理

14.1.1　保险的概念与职能

【参考资料】

保险的概念和职能的特殊性决定了其经营风险不同于一般的金融风险,因此,对保险风险进行有效的管理,首先必须全面了解保险的基础知识及其特征。

1. 保险的概念

从经济学意义上来说,保险是指保险经营者在进行精确合理计算的基础上,以合同的方式,将多数经济主体的资金进行集中并建立保险基金,同时签订保险合同规定双方当事人的权利和义务,如果遭受到合约规定的灾害事故而导致发生财产损失或人身伤亡,则给予经济补偿或者给付,从而分散社会经济与经营风险,保障社会经济生活稳定的一种经济行为与经济补偿制度。

要想正确地把握保险的含义,应该从以下几点加以理解。第一,保险是一种集合包括单位或个人在内的多数经济主体的力量共同抵御风险的行为,它是通过集中众多投保人所交纳的保险费来补偿某一投保人风险损失的社会保障机制。从本质上来说,保险反映的是社会经济主体之间的互助合作关系和利益分配关系,是社会再生产过程中社会分配的一种重要形式。第二,保险的目的是分散和防范风险,保障经济的稳定和人民生活的安定。第三,保险种类的设计及费率的确定等不能根据主观经验,必须经过科学合理的计算得出。第四,保险人是经济补偿和保险金给付的承担者,以保费为主体建立的专用基金是保险理赔的保证条件。

2. 保险的职能

保险的职能体现了保险本质,保险公司应当重视与利用保险的职能,使其在社会经济中充分发挥作用,这是保险业不断发展的基本条件,也是现代社会经济可持续发展的客观要求。保险自身的特殊性决定了其具有独特的金融活动的职能。具体来说,保险的职能主要包括以下几个方面。

一是分散与转移风险的职能。在人们的经济生活中，可以说时时处处存在着各种各样的不确定性因素，而这些不确定因素常常会危及个人的人身安全和造成社会经济财产损失。在客观上，人们需要建立起一种能够共同防御危险的社会机制，用于有效地控制和防范这些损失风险，保障人们生活的安定和经济社会的稳定。因此，保险是必不可少的。通过保险，保险经营者在运用概率论及大数定律等科学方法进行精确计算的基础上，集中承担了众多经济单位或个人所面临的风险，而承保人只需投保一定的险种并交纳一定的保费，就可把自身有可能遭受的危险损失转移给保险经营者。保险的结果一方面很大程度降低了社会经济活动中的不确定性，形成一种社会化的对付危险的经济补偿机制，即把社会各经济主体有可能遭受且只靠自身能力难以消除和承担的危险损失转化为全体被保险人共同面临的可以测定的危险损失；另一方面，通过保险而形成的危险转移实际上包含着危险的分散，使得危险具有可控性。

二是在建立基金的基础上形成分摊损失的职能。人类为了更好地生存与发展，总希望危险能够被完全消除，但事实上这是无法达到的。因为任何灾害事故的发生都具有其客观性，并不以人的意志为转移。人们可以通过一定的方法与手段按照主观愿望来分散或避免危险，但无法完全消除危险及避免危险对人们的生活和经济发展所造成的严重危害。危险发生之后，人们往往希望灾害所造成的损失能降到最低程度，并想着如何尽快得到补偿，但仅凭借受害者自身的能力往往是难以解决问题的。如果着眼于全社会的整体，遭受灾害事故的个体与众多的投保人相比较，总是少数的，那么只要投保人达到一定数量，交纳一定的保费，就可以形成数额巨大的保险基金，用于补偿少数人所遭受的损失。从某种程度上来说，保险保障了全社会的安定，这正是保险的重要职能之一，即由全体投保人共同分摊在某一时点上少数人可能遭受的危险及其损失。

三是借助损失补偿，有效保障投保人的生存与发展的职能。从保险经营的原理上来说，投保人一旦遭受特定的危险伤害与损失，投保人自身、其指定的受益人或其依法应给付的第三方就可以从保险公司获得相应的经济赔偿或给付，在一定程度上弥补或补偿其伤害或损失，从而减轻受害人遭受的损失，使其能够重新振作，更好地生存与发展。从这个意义上说，保险经营的根本目的是补偿损失、保障经济稳定，而其中的转移危险、分散危险、建立基金、分摊损失等都仅仅是采用的手段。因此，这是保险最基本的职能，即通过损失补偿保障投保人的生存与发展。无论在何种社会条件下，保险经营都不能偏离这一职能，因为这是保险业存在的意义，也是保险业发展的基础与动力。

14.1.2 风险、风险管理与保险的关系

（1）保险是处理风险的一种方法，是社会风险管理体系的重要组成部分。

社会风险管理体系是一个庞大复杂的体系，在这个体系中，每种风险都可采取多种处理方式，保险只是其中一种可供选择的方法。特别在商业社会中，每种方法各有优势或者适用性，因此应根据风险的性质、特点及自身的条件，在一个相对有限的范围内选

取最为有效或性价比较优的方法，并注意各方法之间的协调配合。风险管理与保险虽然都是研究和应对风险的，但保险本身着眼于风险的转移和分散，而风险管理则从全局出发，对某一主体面临的全部风险进行综合考虑和处理。应科学认识并摆正保险在风险管理中的地位与作用，既不能夸大保险的作用而忽视其他方法的作用，也不能低估保险的作用而不重视保险业的发展。

（2）风险管理意识在一定程度上是在保险意识的基础上增强起来的，风险管理源于保险，但其范围大于保险。

从历史角度看，现代保险业已有几百年的发展史，而现代风险管理只有五六十年的发展史。风险管理的意识、处理原则及方法多少都借鉴了相对领先和成熟的保险业的经验。现代风险管理在20世纪40年代的产生和发展，原因之一就是保险业在处理风险时尚有诸多限制。比如，为了控制心理及道德风险，规定免赔偿或比例赔偿；为避免巨额赔偿而限制保险金额等，使得一部分灾害单纯通过保险是得不到补偿的。保险品种和合同条款是针对过去和现在的风险状况而设计和订立的，但新的风险不断产生，人们从认识到可用保险方法处理新的风险会有一个滞后过程。加之风险存在的范围及种类总是多于保险的可保范围及种类，因此，单靠保险这一种办法难以完全解决问题。当保险市场竞争日趋激烈、承保力量相对过剩，而企业的风险管理人员又掌握着主动权时，风险管理人员便可寻求在不缩小承保范围的情况下，通过反复权衡综合考虑，设计出费用低、保障强的风险管理总体方案。所有这些都表明，保险业的发展促进了风险管理的产生和发展。

（3）保险业的发展极大地丰富与完善了风险管理体系。

研究风险离不开保险学、经营管理等相关知识，保险理论研究的发展及其在风险管理上的运用，极大地丰富了风险管理科学的内容。作为一种损失补偿手段，保险业务的开展健全与完善了风险管理体系。出于职业需要，保险机构对风险管理有着丰富的知识和经验，参保者与保险机构合作，能更好地了解和分析自身所面临的风险，并在保险机构的指导下采取合适的方法处理风险，由此大大提高自身的风险管理水平。

在西方发达国家，企业风险管理部门和人员与保险机构之间的联系十分密切，这些风险管理人员非常熟悉各种保险业务，他们的许多风险管理经验就是直接从专业性保险机构那里获取的。甚至有些"保险机构"本身就兼营或设立公司专门经营企业风险管理咨询业务。著名的美国风险管理和保险管理协会，在学术和实务上都突出了风险管理的保险性。美国的风险管理，初期的对象只限于纯粹风险，称为"保险管理型风险管理"；而德国则把管理的对象扩大到企业面临的所有风险，称为"经营管理型风险管理"或"全面风险管理"。由于社会经济发展中动态风险相对增加更多，到后来美国、英国和法国等国也效仿德国转向全面风险管理。从企业规模和特点方面观察，大企业多采取静态风险管理，即"保险管理型风险管理"方式，而中小企业由于受投机风险或经济波动影响较大，因此多采取"经营管理型风险管理"方式。

14.1.3 保险公司风险的形成机理

保险是按照法令或合同规定，用投保人交纳的保险费建立保险基金，对被保险人遭受的各类风险损失进行经济补偿或给付的一种经济补偿制度。

保险的经营活动可以归结为筹集使用保险基金的过程。保险基金是由保险机构经过科学测算而确定出各种不同保险费率，根据这些费率再按照法令或合同规定向投保人收取保险费，从而建立一笔应付自然灾害和意外事故的保险基金，这笔基金主要用于补偿或给付被保险人的财产损失或人身伤亡。从实质上讲，保险基金反映的是一个连续的经济过程，表现为保险费的不断收入和保险赔款或给付的不断支出；保险是一种根据大数法则运用多数人的保险费收入来弥补少数人的经济损失的互助共济的经济补偿制度。保险费的收取在一定意义上可以说是固定的，保险事件的发生却具有随机性，因此保险赔付也具有随机性。所以，保险基金的筹集和建立需要运用科学的原理和统计方法，对保险风险进行分析研究，得出其规律，并据此制定出相应的保险费率，所收取的保险费，理论上能够承担对风险损失的补偿。然而，自然灾害和意外事故的发生具有不均质性，在严重的情况下，这种特性很有可能导致保险合同无法正常履行，甚至导致保险公司的破产。

可保风险是构成保险的第一要素。可保风险具有偶然性。具体地说，就是某个保险事故的发生，包括发生原因、发生时间、发生地点、损失程度等方面，被保险人或保险人是无法事先预知的，但是人的主观因素对可保风险的发生频率具有很大影响。因此，在利用科学的原理及统计方法进行风险损失估计时，应该考虑到人的主观因素对风险发生概率的影响，防止由于被保险人主观上的疏忽，导致保险人处于不利地位。

保险公司是从事与金融交易密切相关的业务的金融机构，为了降低保险经营的风险，保险公司必须使保险基金不断增值。由于保险费收入与保险赔偿给付支出存在着时间差和规模差，因此，在这段时间内，对这些保险资金进行合理的运用，这是货币资金或资本的内在要求。特别是人寿保险的保险费收入，退还期限较长，在一定程度上具有储蓄的性质，所以可以长期运用。目前，我国的保险经营基本上是一种收付经营，即收取保险费，支付赔款，剩余资金存入银行。这种运作方式使保险基金很难应付赔偿和给付，难以适应国际性竞争，长远来说可能会使保险业趋于不安全，难以充分发挥保险公司金融中介的作用。所以，中国保险业应该和国际惯例接轨。保险公司应该充分利用自身优势和有利条件进行金融性投资，即广泛的信贷、有价证券买卖、投资业务等，使保险业务金融化，让保险基金在金融市场的投资活动中不断增值，从而使保险机构的投资利润成为保险业资金积累的主要渠道，不断增强保险机构补偿给付的能力，提高保险机构承担风险损失的能力。

信息经济学认为，有关交易的信息在交易双方的分布总是不对称的。在签订合约前后，掌握信息相对较少的市场参与者称为委托人，掌握信息相对较多的市场参与者称为代理人。根据此定义，在保险公司的经营活动中可以概括出三种委托 – 代理关系：一是业务人员与客户；二是经理与业务人员；三是股东与经理。概括而言，保险公司风险的形成机理有三个层次：一是由于行为人的有限理性和外部的不确定性造成的决策风险；二是由于信息不对称造成的逆向选择和道德风险；三是我国保险公司特有的委托人虚置致使第一、二类风险加大，如图 14-1 所示。

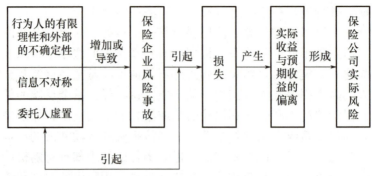

图 14-1　保险公司风险的形成机理

资料来源：宋清华，李志辉，2003. 金融风险管理 [M]. 北京：中国金融出版社.

14.1.4　保险行业风险及其形成机制

保险行业风险属于广义企业风险，该风险往往是全行业的所有保险公司共同面临的。保险行业风险也是一种宏观风险，其风险因素来自个体或组织经营运行的外围环境，风险影响却深入每个企业内部。

1. 自然环境因素及其作用机制

自然环境因素是保险行业风险形成的重要因素，给保险行业所带来的通常是巨灾风险，不仅包括诸如地震、风暴和洪水等自然灾害，而且还包括人类的有意或无意行为造成的对人类自身的伤害以及对自然环境的损害及环境风险，如核风险、全球变暖、污染等。自然环境因素所造成的巨灾风险一直是保险行业稳定经营的最大威胁。从需求方面看，人们对巨灾风险的恐惧增加了对相应保险的需求，而从供给方面看，自然环境中的这类巨灾风险不仅会增加保险行业的巨额赔付，加重保险公司的风险成本，动摇保险公司的财务基础，而且由于它破坏了众多风险单位的独立性而间接影响到"大数法则"的有效运用，动摇保险行业经营的数理基础，从而使保险行业稳健经营的科学性和规范性受到冲击。

2. 经济环境因素及其作用机制

经济环境因素与保险行业风险也有着密切的关系。经济环境因素主要包括利率、汇率等经济传导因素，通货膨胀、通货紧缩等经济现象因素，全球经济一体化和金融一体化、自由化等经济体制因素。经济环境因素增大了保险行业经营的不确定性，影响保险产品的市场竞争力及保险资金运用的收益性。

首先，利率变动和汇率变动，改变了各类资产的相对收益率，使保险产品与其他金融产品的收益发生改变，不确定性增强；其次，通货膨胀和通货紧缩会直接造成作为风险载体的社会财富总量发生变化，还会间接引致不同经济主体间收入分配结构的变化，进而影响可支配收入中用于购买保险的份额，造成保险需求的波动；最后，全球一体化和金融一体化、自由化会带来保险市场的一体化和自由化，这种扩展了的市场环境不仅包括保险市场在地理意义上的延伸，而且还包括保险业与金融市场的相互渗透和融合，使保险行业面临更多的风险因素。

3. 社会文化环境因素及其作用机制

社会文化环境因素与保险行业风险也有特殊的联系。从一定意义上说，社会文化环境因素对保险行业可能造成的风险实质上是人的存在及人的发展对保险行业可能产生的影响。其中，社会环境是人类生存方式的客观表现，文化环境则可被视为人类思想意识的集中映射。与此相对应，社会环境中所潜伏的保险行业风险主要涉及人类生存方式的变化，如人口老龄化、城市化等对保险产品带来的影响，一方面是保险需求的极大扩张，另一方面却是保险供给成本的上升；文化环境对保险行业可能造成的冲击，则主要涉及风俗习惯、价值观、生存观、宗教信仰等对人们的风险态度的影响，它会直接影响保险需求的总量及结构。应当指出的是，保险行业源自社会文化环境的风险因素还可能来自不同地区、不同社会、不同文化之间的差异，更重要的是这种差异性所带来的不确定性可能会成为保险行业国际化经营所要面临的最大的社会文化问题。

4. 法律制度因素及其作用机制

受制于一定法律制度的保险行业，无论其行为方式还是组织方式，都是特定法律制度的产物。首先，国家对保险公司和保险产品所实行的税收政策是保险产品市场竞争力的决定因素，影响到保险供给需求的变动趋势。贸易自由与保护政策则直接关系到国际保险交易的发展，决定着能否实现保险资金的跨国流动及保险风险的国际分担。其次，法律责任的界定本身直接决定着保险公司的责任范围，扩大责任风险会使保险赔付体系超负荷运转。另外，法律制度可以通过惩处、判罚产生"示警效应"，在一定程度上抑制人为因素造成风险。例如环境保护法律的颁布，一方面增强了组织及个人的环境责任意识，并激发了他们希望通过保险来转移这种责任风险的要求；另一方面，它对于控制和降低人为因素可能引发的巨灾风险可以发挥一定的功效，从而缩小了保险行业缺乏有效控制力的风险区域。法律制度带给保险行业风险的影响还在于政府的"修改游戏规则"可能引发保险公司被兼并、收购，甚至破产的风险。

一定社会经济体制约束了保险行业经营运作的制度环境，新旧经济体制的变更首先带来的是人们生活模式的转变，收入、支出、需求、供给等一系列经济要素会发生适应性变化，此外还会带来人们思想意识的变化，包括风险意识的转变和心理需求的变化。对保险行业而言，保险需求是收入（尤其是剩余收入）的函数，在一定意义上，经济体制变更所引起的保险需求突变是保险行业风险受经济体制影响的直接表现，有时甚至会危及保险行业的生存。这种风险因素一方面来自保险行业自身经营管理体制顺应经济运行机制的转变而发生变革的风险；另一方面则来自保险行业进入新的体制环境后可能面临的新的市场风险。

14.2 保险市场风险识别

保险市场的风险识别，不仅要确定保险公司经营中存在的风险、了解保险公司风险的一般特征，而且还要找出引发风险的主要原因。只有识别风险，才能采取相应的措施管理风险。

保险风险一般可分为三大类，即经营性风险、人为性风险和环境性风险，见表 14-1。

表 14-1　保险风险分类表

保险风险		
经营性风险	人为性风险	环境性风险
决策风险	道德风险	经济周期风险
保险产品开发风险	心理风险	市场竞争风险
定价风险	逆向选择风险	政策性风险
业务管理风险	从业人员素质风险	巨灾风险
承保风险		监管风险
准备金风险		法律风险
应收保费风险		
投资风险		
破产风险		

14.2.1　经营性风险

1. 经营性风险的定义及类别

经营性风险是保险公司面临的最为重要的风险，它贯穿于保险公司内部经营活动的整个过程。具体地说，经营性风险是指在整个保险公司业务经营过程中，包括在市场预测、产品设计、产品营销、承保、理赔、资金运用等方面因管理水平不高或者决策不当而引起的风险。

1）决策风险

决策风险是指保险公司高级管理人员由于自身素质或能力的局限，在制定保险公司未来发展的重大决策时出现偏差或失误所导致的风险。例如，在确定有关保险公司的发展方向、市场定位、保险投资组合等重大决策时，保险公司高级管理人员由于个人的管理能力、管理经验、洞察力等存在局限性导致无法全面准确地分析和科学预测宏观经济环境、国内经济政策的现状及变动趋势、市场供求、国际化趋势等，或者在制定企业发展战略等重大决策时没有综合考虑保险公司自身的实际情况而产生的威胁保险公司经营稳定的风险。

2）保险产品开发风险

保险产品开发风险主要是指在新险种开发的整个过程中发生失误导致保险公司发生损失的可能性。新险种开发是一项复杂的系统工程，主要包括信息反馈、资料收集的构思过程，方案筛选、营业分析的操作过程和最后推向市场进行的检验过程，当中任何一个过程发生问题，都将导致风险的发生。导致这种风险发生的原因主要是保险公司对保险市场的信息掌握不够充分，对市场需求预测不够准确，开发出的新险种不能真正符合客户的需要。这一风险的发生导致的后果比较严重，它会使保险公司丧失市场机遇，造成经营策略失误，从而使保险公司在激烈的市场竞争中无法立足。

3）定价风险

定价风险主要是保险公司在开发新险种时因厘定费率不准确导致保险公司发生损失的可能性。一般来说，保险公司能通过费率来调节保险供求，同时费率又会对保险公司财务的稳定性产生影响。如果保险公司险种定价过低，保费收入不足以赔付，那么将给保险公司带来先天性的偿付能力风险；如果险种定价过高，那么不仅会增加投保人的经济负担，而且会使险种在保险市场上丧失竞争能力，从而使承保标的数量减少，间接影响到保险公司的偿付能力和企业财务的稳定性。

4）业务管理风险

业务管理风险是保险公司在营销、承保、理赔和分保等过程中，由于缺乏风险意识、管理不严、实务操作不规范等而导致的风险。具体来说，业务管理风险包括营销风险、承保风险、理赔风险、退保风险和分保风险。营销风险主要是指保险公司在发展业务的过程中由于对标的风险的评估和选择的失误或是错误而导致的风险。理赔风险是指在保险的理赔环节中出现多赔或者广赔的风险。退保风险是指被保险人在保单保险期满之前提出退保而给保险公司带来的风险。分保风险是指保险公司在进行再保险过程中，由于分保不当而导致保险公司遭受损失的可能性。

5）承保风险

承保风险主要是指保险公司按照保险条款规定的内容履行责任的风险。造成保险公司面临承保风险的原因主要有以下几方面。一是保险费率不合理。风险衡量的偏差是保险费率不合理的一个重要原因。一般来说，保险费率是根据风险衡量的结果确定的，对于风险可能造成的损失程度估计不足，会造成保险产品定价过低。未来发生风险事故时，会使保险公司面临入不敷出的局面，造成保险公司经营的亏损。二是市场竞争促使保险公司降低保险费率。保险市场与其他市场一样，是一个竞争的市场，各保险公司为了在市场上处于有利地位，获得较大的市场份额，很可能利用价格来进行竞争，降低保险产品的价格是一些保险公司参与市场竞争的策略，但是这同时也会使保险公司面临巨大的承保风险。三是利差损失带来的承保风险。利差损失对传统固定利率的保险产品影响比较大，严重影响到保险公司的偿付能力。保险公司缺乏严密的核保制度和完善的核保管理系统，对保险标的没有严格的风险选择和承保控制，是保险公司面临承保风险的主要原因。

6）准备金风险

准备金风险是指保险公司由于没有准确计提和提足各项准备金而导致无法保障保险公司对未来赔付责任顺利履行的风险。保险经营具有其特殊性，一方面表现在保费收取和保险金赔付之间存在着一定程度上的时间差；另一方面表现在保险年度和会计核算年度划分的不相同，因而保险公司为了保证将来的保险金的赔付，必须在年终会计决算时准确计提各项准备金。《中华人民共和国保险法》（以下简称保险法）明确规定，保险公司必须提存未到期责任准备金、赔款准备金、法定公积金和保险保障基金4种法定准备金。但是由于我国保险公司准备金制度不健全，导致提取方法难以真正体现保险公司的盈亏。此外准备金的计提中未涉及已发生但尚未报告的赔款准备金、实际偿付能力边际以及各种费用准备金等，因此准备金的计提难以保证保险公司的偿付能力和经营的稳健性。

7）应收保费风险

应收保费风险主要是指由于应收保费引起保险公司损失的可能性。应收保费是保险公司在订立保险合同时应该向投保人收取而事实上并没有收取的保费。保险会计中专门设立了应收保费项目，用于管理应收保费。近几年我国保险市场竞争十分激烈，市场缺乏有效的监管，出现了破坏性的竞争，导致了应收保费风险的出现。应收保费风险表现在：从保险公司内部来看，有些保险公司为了争夺业务、抢占市场，不顾保险经营的原则和相关的法规，实行有害于自身的优惠政策迁让保户，例如赊销保单于一些经营状况不佳的企业。从保险公司外部来看，一些保户以经济效益不佳为由不能一次性或按约定时间支付保险费；有些保户则是故意以各种借口拖欠保险费，若在保险期内发生保险事故，以赔款抵交保险费，若不出险，则一拖再拖，不了了之。显而易见，应收保费风险的危害性极大。保险公司针对应收保费风险应加强法律和风险意识的教育，依法经营，严格执行会计记账"权责发生制"的财务规定，健全应收保费管理制度，同时业务部门和财务部门要在企业经营的各个环节相互配合，相互监督，形成一套严密科学的管理办法，有效降低应收保费比例，保障财务稳定，从而实现保险公司的稳健经营。

8）投资风险

投资风险主要是指保险公司在运用和管理保险资金的过程中所产生的风险。保险公司拥有巨额的保险资金，这些资金是保险公司对保户的负债。如何运用和管理好保险资金，是保险公司一项重大任务。在英、美、日等保险业发达的国家，保险资金在政府限制的比例内可以投资于一些高风险、高收益的领域，如股票、抵押贷款、不动产等领域，但是如果投资管理出现问题，将会出现诸如变现力风险、坏账风险、倒闭风险等投资风险。我国保费收入巨大，保险公司急需寻找有效的投资渠道使保费不断增值，以此满足未来赔付的需要。但是目前我国保险投资中仍存在不少问题，例如资金运用渠道狭窄、限制过严，投资结构不合理，投资专业人员缺乏，投资收益普遍较差等。

9）破产风险

保险公司破产的例子在国际保险市场上屡见不鲜。例如，2001年澳大利亚HIH保险公司破产，2000年日本大正生命保险股份公司破产等。目前，我国保险公司破产案例已经出现，但总体比较稳定。其主要表现在以下几个方面。第一，保险公司作为专门从事风险集中和分散的企业，一直处于风险集中的中心，经营上稍有不慎就会招致损失。第二，随着我国保险行业的发展，尤其是在我国加入WTO后，保险市场经营主体的数量不断增加，保险公司之间的竞争日趋激烈。同时，我国保险行业受经济发展水平、民众收入水平、保险意识等因素的限制，问题也日益凸显，目前可供开发的保险需求是有限的。如果任其发展，一些中小企业因形成不了销售规模，造成企业高成本无效益的运作，企业破产在所难免。第三，由于经营管理水平不高以及政府对保险业的监管不力，我国保险公司存在不少潜在风险，例如因市场竞争的不规范导致手续费提高、保险费率降低，致使保险成本上升，有的保险公司正濒临亏损，如果不及时防范和控制风险，必将导致保险公司的破产。

2. 经营性风险的特征

保险公司的经营性风险具备一般风险的特征，即客观性、不确定性和损失性。但是，由于保险公司经营的特殊性，其经营性风险还有以下几方面的特征。

1）潜伏期长、反应滞后

保险业务尤其是寿险业务大多数是长期性的业务，其保险期限少则10年、20年，多则30年、50年，甚至承保被保险人终身。对于保险业务的风险，保险公司在承保时有时可以通过核保发现，但是有些风险直到保险责任产生时才能发现，由此决定了经营性风险的潜伏期比较长，风险敞口被重视的时间点也比较滞后。

2）隐蔽性强

保险费率的厘定、责任准备金的提存、红利的分配都是建立在保险精算的基础上的，由于保险产品设计的专业性比较强，其潜伏的风险很难被发现。例如，在确定保费时，保险的成本是无法预知的，这样不受调控的保险公司有可能将保费定得过高或过低。保险费率定得过低必然会导致保险人购买保险所获得的保障丧失，而定得过高则会让保险公司获得不正当的利益。可见，保险费率的厘定是非常复杂的，其隐蔽性风险很难被发现。这时，如果政府部门监管不到位，就会使保险公司面临的风险隐蔽起来，不能被及时发现、处理。

3）危害严重

保险公司是集中和分散风险的专业机构，通过聚集大量的风险，根据风险在大数中分散的原则，向被保人提供风险保障。如果保险公司经营不善、承担的风险密度过大，就会造成保险公司的偿付危机，会影响到被保险人的生产和生活，也会影响到整个社会的稳定与安全。

14.2.2 人为性风险

人为性风险主要是指由于投保人、被保险人、受益人以及保险公司从业人员的人为因素而导致的风险。一般人为性风险主要包括道德风险、心理风险、逆向选择风险和从业人员素质风险四类。

1. 道德风险

道德风险主要是指由于投保人、被保险人或者受益人为了谋取保险金故意制造保险事故而导致的风险，它是一种与人的道德品质相关的无形的风险。道德风险会影响保险公司的稳健经营，是保险公司在承保和赔付时都要注意防范和控制的风险。在保险公司的风险管理中，如果不注意风险的审核和选择，就会造成严重的人为风险。一般来说，滥用保险保障的情况主要有以下几种。

（1）获得不正当的赔款。例如，被保险人没有受到损失却获得汽车责任的赔偿；故意纵火获得财产保险的赔偿等。

（2）滥用保险服务。例如，被保险人滥用保险服务，通过保险机制扩散本应由自己承担的损失，造成保险公司的利润损失。

（3）索要超额费用。一些单位向被保险人提供服务时，向保险人索要超额费用。例如，医院或者汽车修理厂向保险人索要的费用超过这些单位实际上向被保险人提供服务的费用，这会造成保险公司经营费用的扩大，影响保险公司的稳健经营。

（4）承担过重的给付责任。在责任诉讼中，因被告参加保险而给予原告较多的补偿。目前在责任诉讼中，法官的判决往往因被告参加保险而给予原告较多的补偿，保险公司承担过重的给付责任，影响保险公司的稳健经营。

道德风险是保险公司在承保时必须严格控制和防范的风险。通常保险公司通过控制保险金额和限制赔偿程度，防范被保险人从保险中获取额外利益，从而达到避免或者减少道德风险的目的。

2. 心理风险

心理风险主要是指投保人或被保险人在参加保险以后产生了松懈的心理，不再小心防范可能面临的自然风险和社会风险，或者在保险事故发生时，不积极采取施救措施，任凭损失扩大。这是一种与人的心理素质有关的无形的风险。

3. 逆向选择风险

逆向选择风险是指保险标的的损失概率高于保险公司平均损失概率的风险。逆向选择是个经济学概念，在保险中，它是指投保人考虑自身利益，做出对自身有利的选择。一般来说，保险标的的损失概率高的投保人更愿意购买保险，而当投保人认为自己的投保标的损失的概率低于保险公司愿意承保的概率时，这类投保人就不愿意购买足额保险。例如，在人寿保险中，一些身体状况差或职业危险程度高的被保险人会积极投保高额的死亡保险和人身意外伤害险，而一些身体状况好或职业危险程度低的被保险人则不太愿意参加保险或只投保生存保险、养老保险，这种情况就构成了人寿保险的逆向选择。

逆向选择风险的出现会给保险公司带来严重后果。一方面，它会影响保险公司贯彻收支相等、公平合理原则，无法保证被保险人权利与义务的对等以及保险公司业务经营的稳定。因为对于保险公司来说，保险费是根据收支相等的原则，依据正常条件下统计出来的预定事故发生率来计算的，但是逆向选择的出现使保险公司承担的风险超过了预定水平，导致保险公司无法实现收支相等，从而影响了业务经营的稳定。另一方面，逆向选择风险也违反了保险互助互济原则。因为逆向选择的存在，有可能使一部分人对得到保险金的数学期望值大于他们缴付的保险费，这一部分人就需要其他投保人为其作出贡献，从而损害大部分被保险人的正当利益。因此，保险公司为了防范逆向选择风险，在承保时往往要通过核保进行严格认真的风险选择。

4. 从业人员素质风险

随着保险业的快速发展，保险从业人员的数量也随之迅速增加，不可避免地会出现人员综合素质高低不齐的现象。一些从业人员为了私利，有可能违反职业道德，甚至与投保人、被保险人相互勾结，共谋共骗。尤其是有些寿险代理人，受个人经济利益和短期行为的驱使，在进行宣传时擅自修改、变更、删除或扩大保险条款内容而误导客户投保，不使用公司统一收据，或者为片面追求业务数量，不注意风险选择，对保险公司的声誉及利益带来极大的损害，从而造成了严重的人为性风险。为了防范从业人员素质风险，保险公司必须加强从业人员的业务培训和职业道德教育，增强他们的风险意识。目前防范从业人员素质风险已成为保险公司内部管理的重要一环。

14.2.3 环境性风险

环境性风险主要是指由于宏观经济环境、市场环境、经济政策的调整，以及经济体制的变革和监管等外部环境因素的变化，引起保险公司损失而导致的风险。

1. 经济周期风险

经济周期风险是指保险公司的经营受到其所在国家或地区经济周期的不同阶段的重大影响的风险。具体来说，如果一个国家处于经济繁荣期，社会生产力和人民的收入水平大幅度提高，那么保险需求也随之迅速扩大，从而使得保险公司保费收入增加，积聚更多的保险基金以增强自身的风险抵御能力；如果一个国家处于经济萧条期，社会生产力发展缓慢甚至停滞或倒退，人民的收入水平也会深受影响，那么保险需求也随之萎缩，从而使得保险公司的财务能力遭到削弱，如果再加上经济周期变动中伴随通货膨胀和利率变动，那么就会加重经济周期对于保险业尤其是寿险业的影响。

2. 市场竞争风险

市场竞争风险是指由于保险业务经营主体的增加而导致保险公司原有客户流失以及各家保险公司在激烈的市场竞争中为占据有利的地位而采取不正当的竞争手段而导致的风险。目前，我国保险业务经营主体不断增多，打破了原来一家或几家垄断保险市场的局面，保险市场的竞争日趋激烈。目前，保险市场的竞争已从价格竞争推进到专业人才、险种开发、企业信誉、服务质量等各个方面的竞争，对我国保险事业的发展起到了很大的促进作用。但是，我国的保险市场机制还不健全，法律还不完善，监管力度不够，保险从业人员的法治观念薄弱等原因，使得保险市场的竞争一定程度上处于混乱和无序状态。保险公司必须认识到恶性的市场竞争不仅会损害被保险人的利益，还会直接影响保险公司的财务稳定和偿付能力。

3. 政策性风险

政策性风险是指一个国家政策变化（包括经济发展策略和相关法律调整），特别是保险公司政策的变化对保险公司的业务经营造成影响所带来的风险。保险公司必须在国家既定的宏观政策和法令法规下进行运作，政策环境的宽松与否会直接影响到保险公司的经营。保险公司与投保人签订的保险合同一般不能随意更改，当政策改变超过保险公司的预期而其又无法调整原有业务合同时，就会影响到保险公司的正常经营，导致损失的发生。政策性风险主要包括以下四种风险。

一是税收风险。税收风险主要是指国家税收政策调整对保险公司造成损失的可能性。税收政策是国家为了保证财政收入，调整与企业之间的分配关系而实施的政策。国家税收政策的调整，一方面会对保险公司的年纳税额和结构产生影响，另一方面会对投保人对保险的重新选择产生影响。

二是利率风险。利率风险是指利率政策的变化引起保险公司损失的可能性。利率政策是国家调整宏观经济的杠杆，国家频繁地运用利率杠杆来调节资金供求，以此达到国家制订的宏观调控的目标。寿险业务具有长期性、返还性的特点，预定利率一般以当期银行利率为基础而且长期保持不变，因此银行利率发生变动，就会影响保险公司的经营状况和经营风险。

三是汇率风险。汇率风险主要是指国家汇率政策的调整引起保险公司损失的可能性。国家可能通过调整汇率政策来稳定货币，改善国际收支，保障本国经济的持续发展。随着世界经济的一体化，各个国家汇率政策的调整对保险业产生的影响也越来越大。国家采用汇率政策调整进出口规模、调节经济增长的同时，不仅会影响到保险公司的需求状况，还会直接影响到保险公司再保险分出业务的价格和赔款摊回的金额。

四是保险资金的投资政策风险。各国的保险法都明确规定了保险基金投资的范围和比例，以确保保险资金运用的安全。保险基金的投资政策的宽松与否直接影响保险公司的利润和财务稳定。我国的保险法对保险公司的资金运用设定了严格的界限和范围，规定保险公司的资金运用必须稳健，遵循安全性原则。保险公司的资金运用限于下列形式：①银行存款；②买卖债券、股票、证券投资基金份额等有价证券；③投资不动产；④国务院规定的其他资金运用形式。1999年10月，原保监会允许保险公司资金间接入市，投资于证券投资基金，但投资比例较低。尽快放宽保险投资渠道、采取多样化的投资策略、寻求有效的投资组合，是提高我国保险公司经济效益的重要途径。

4. 巨灾风险

巨灾风险主要是指巨大的灾害，如洪水、地震、飓风等自然灾害造成一定地域范围内大量保险标的同时受损，从而引发巨额保险索赔，严重危害保险公司业务经营的稳定所造成的风险。造成巨灾损失的主要原因包括对巨灾责任的概念模糊，国家缺乏对巨灾的法定内涵的明确界定，以及对巨灾风险费率精算缺乏科学的依据，以致无法积累巨灾风险基金等。目前，随着现代科技和经济的发展，人口急剧增加、建筑日益密集、财产加速增值，这些因素使得风险的积累日趋巨大并复杂化。巨灾造成的后果越来越呈现出严重的危害性。无论是现在还是将来，巨灾风险都是保险公司面临的灾难性风险。

【参考论文】

5. 监管风险

监管风险是指由于保险监管政策及其他因素的变化对保险公司带来的风险。毋庸置疑，政府监管是保证保险市场有效运转的有力措施。但是，保险监管的政策及监管水平会在很大程度上影响保险公司的经营风险。一方面，保险监管政策的调整会直接影响到保险公司的经营行为。例如，保费规定的变化、准备金提取方法的更改等都会影响保险公司以往的经营状况，从而给保险公司带来风险。另一方面，一般情况下，在保险监管严格的国家，保险公司经营风险程度较低，如西欧国家、日本。而在保险监管较为宽松的国家，保险公司的经营风险程度较高，如美国、英国。但是事实上，如果监管过于严格，就有可能使得保险公司失去对自身风险监控的主动性，从而导致保险公司不愿再为自身风险防范倾注更多的精力和成本。

6. 法律风险

法律风险主要是指由于政府对法律法规的调整导致保险公司产生损失的可能性。目前，尤其是加入世界贸易组织以后，我国保险领域变化加大加快，与之相关的法律调整幅度较大，这将给保险公司带来较大的冲击，包括来自保险法律调整所带来的冲击和来自法律调整对于投保人利益的影响。

【参考资料】

14.3　保险市场风险管理

前文分析了保险公司所面临的各种风险，更为重要的是如何防范和控制风险。这些风险的控制和管理不仅需要保险公司内部的自我控制机制，更需要来自外部的市场约束和政府的宏观监管。保险业的监督管理有三个层次：第一层次是保险业风险的宏观管理，即通过立法的形式，对保险公司和保险市场实施监督管理；第二层次是保险业风险的中观管理，即通过制定行业规章，对保险公司的行为规范进行自我监督与管理；第三层次是保险业风险的微观管理，即通过建立保险公司内部控制机制进行自我管理。在三个层次的监督管理中，宏观管理侧重于原则性方面，中观管理侧重于技术性方面，微观管理侧重于企业内部的经营活动，三者共同组成了完整的保险业风险的监督管理体系。

14.3.1 保险市场风险的宏观管理

1. 保险监管概述

保险监管是指一个国家通过一套健全和科学的保险监管制度，对本国的保险业进行监督和管理。保险监管制度一般由两部分构成：一是国家对本国保险业进行宏观指导和管理，它通过国家制定的相关保险法规来实现；二是为保证保险法规的贯彻和实施，国家专司保险监管职能的机构依据法律或行政授权对保险业进行行政管理。概括来说，保险监管有三个重点，即保证保险人具有足够的偿付能力，防止利用保险进行欺诈，以及维护保险市场合理的价格和公平的保险条件。

1）保险监管的目标

一般认为，保险监管的目标包括以下三个方面。

一是确保保险公司的偿付能力。保险监管的核心是保障保险公司具有足够的偿付能力。由于保险公司的经营具有负债性和保障性的特点，因此保险公司所面临的最大风险就是偿付能力不足。偿付能力风险一旦发生，不仅会严重影响保险公司的经营能力，损害企业的声誉和形象，而且无法保障广大投保人、被保险人、受益人应有的利益，进而影响社会经济的稳定，因此保障保险公司的偿付能力是保险监管的核心。国家通过对保险市场实行监督管理，在一定程度上可以保证保险公司的偿付能力，促进保险公司稳健经营，从而可以最大限度地避免出现保险公司无力偿付的状况，保障被保险人的利益。

二是维护保险市场的正常秩序。目前，保险市场竞争日趋激烈，一些保险公司为了获利而采取一些不正当的竞争手段，严重扰乱了保险市场的正常秩序。保险公司之间的恶性竞争致使一些保险公司发生亏损甚至面临破产，最终损害被保险人的利益。国家通过对保险市场进行适当的干预，对保险公司的经营行为进行严格的监督和管理，可以防范不正当竞争的出现，确保保险市场健康稳步地发展。

三是保证保险合同的公平性和公正性。保险合同的保险条款和保险费率都是由保险公司事先拟订的，投保人只有选择的权利，它是一种要式合同。如果保险公司制定的保险条款和保险费率对被保险人不利，就会有失保险合同的公平和公正。国家通过对保险市场进行监管，促使保险公司依法办事，维护被保险人的利益，从而确保保险合同的公平性和公正性。

2）保险监管的方式

从国际保险市场来看，保险监管的方式主要有以下三种。

一是公告监管。公告监管不是指国家对保险业的经营进行直接的监督，而是指国家规定各保险人必须依照政府制定的格式及内容定期将营业结果呈报政府的主管机关并予以公告。而其他方面如保险业的组织形式、保险公司的规范、保险资金的运用等，政府不加干预，都由保险人自我管理。公告监管的内容包括：公告财务报表、偿付能力边际标准规定、最低资本金与保证金规定。公告监管是将政府和大众结合起来的监管方式，有利于保险人在较为宽松的市场环境中自由发展。但是由于信息不对称，被保险人和公众难以评判保险公司经营的优劣，对保险公司的不正当经营也无能为力。因此，公告监管是保险监管中最宽松的监管方式。

二是准则监管。准则监管是指国家通过制定保险业经营的准则，要求保险公司共同遵守的一种监管方式。在规范监管下，政府明确规范了保险公司的最低资本金、资产负债表的审核、资本金的运用等保险经营的若干重大事项，但是并不干预保险人的业务经营、财务管理、人事等方面。这种监管方式强调保险经营形式上的合法性，比公告监管方式具有较大的可操作性，但由于未触及保险经营的实体，因此难以起到严格有效的监管作用。

三是实体监管。实体监管是指保险监管机构根据国家订立的完善的保险监督管理规则，依法对保险市场，尤其是保险公司进行全面有效的监督和管理。实体监管一般分为三个阶段：首先是保险公司设立时的监管，即保险许可证监管；然后是保险公司经营期间的监管，它是实体监管的核心；最后是保险公司破产和清算的监管。实体监管是国家在立法的基础上通过行政手段对保险公司和保险中介人进行管理，与公告监管和准则监管相比更为具体、严格和有效。世界上有许多国家都采用了实体监管，如中国、美国、瑞士、日本等。

2. 对保险公司偿付能力的静态监管和动态监管

偿付能力风险是保险公司面临的风险中最为严重的风险，因此加强对保险公司偿付能力的监管是保险监管的核心。对保险公司偿付能力的监管方法有两种，即静态监管和动态监管。

1）保险公司偿付能力的静态监管

静态监管的方法主要有：最低资本金规定、财务比率分析法、风险资本要求法和现场法定检查法。

一是最低资本金规定。保险公司的开业资本称为资本金，大多数国家的保险法都规定了设立保险公司所需的最低注册资本金。注册资本金既是保险公司开业初期赔付保险金的资金来源和保险公司日后积累资本的基础，还是偿付能力的重要组成部分。对于最低注册资本金的数额的规定，各个国家各有不同。我国《保险公司管理规定（2015年修订）》第七条规定，设立保险公司应当具备的条件之一是投资人承诺出资或者认购股份，拟注册资本不低于人民币2亿元，且必须为实缴货币资本。

二是财务比率分析法。财务比率分析法是一种事前监管方法，它既是保险监管机构分析和监管保险公司偿付能力的主要方法，也是保险信用评级机构在评级中分析保险公司财务状况的常用方法。保险监管机构通过设置保险公司的流动比率、盈利能力比率、财务杠杆比率、经营活动比率等一些特定财务比率，考察保险公司的资产、负债、所有者权益及盈利能力等方面的状况。保险监管机构也可以通过设置准备金比率、再保险比率、赔付率等指标，用于分析保险公司的资产、负债、盈利能力等方面的风险对偿付能力的影响。

三是风险资本要求法。风险资本要求法是根据保险公司的规模和风险状况衡量该企业用于支持业务经营所需要的最低资本，以保证保险公司的偿付能力的一种量化风险的监管方法。风险资本是衡量保险公司在各种风险发生的状况下，要保证偿付能力并维持业务经营需要具有的资本水平。具体来说，风险资本要求法是通过对保险公司的资产、负债等各个项目设置不同的风险系数，并将风险加权后的各项目加总，得出最低风险资本，然后以保险公司的实际资本与风险资本的比率为指标，通过指标值的大小变化，来衡量有关资本相对于风险的充分程度以及监管机构应采取的监管行动。风险资本要求法是一种比较科学的偿付能力评估和监管方法。

小思考

风险资本与保险公司的自有资本有什么关联吗？

四是现场法定检查法。现场法定检查法是评估监管保险公司偿付能力的一种重要方法。因为只有通过法定报表将定量指标与定性分析进行合理的结合，才能真正把握保险公司的财务状况和经营状况。监管机构通过对保险公司进行现场检查，检查保险会计账簿和记录、业务经营程序、经营计划以及日常管理，一方面有助于保险监管机构了解保险公司的实际财务状况，发现偿付能力方面的风险，另一方面有助于加强监管机构与保险公司之间的沟通和交流。

2）保险公司偿付能力的动态监管

目前，一些保险业发达的国家从保持保险公司未来持续的偿付能力出发，发展了偿付能力的动态测试方法，这种测试方法已逐渐成为保险监管的一种发展趋势。保险公司偿付能力的动态监管主要有两种方法：美国的现金流量测试和加拿大的偿付能力动态测试。这两种方法预测了保险人在一定假设条件下的现金流入和现金流出及其对保险人财务状况的影响，相对于保险公司偿付能力的静态监管，此方法更为科学和合理。

一是美国的现金流量测试。该方法是在某一确定的评估日，通过预测和比较资产与负债在未来某个时间段内现金流量的发生的具体时间和数量，分析保险公司在这个时间段中与现金流量相关的情况，如财务状况、偿付能力水平、准备金水平、产品设计的可行性等。现金流量测试是分析准备金充足与否以及量化风险的有效工具，它适用于长期产品以及对经济条件变化非常敏感的业务，但并不适用于所有产品的所有情况。

二是加拿大的偿付能力动态测试。该方法是通过分析保险公司面临的各种风险，建立综合模型，以测试在未来一段时间内保险公司现在和未来业务相关的准备金和盈余的充足性。偿付能力动态测试要求保险精算师在调查保险公司前三年资本充足性的趋势后，根据保险公司的发展计划以及合理的假设，测试资本的敏感性，预测保险公司未来五个会计年度的资本水平和资本要求，并与近期的进行比较，以判断保险公司的资本是否充足。偿付能力动态测试中的假设包括一个基本假设和几个不利假设。有时为了测试精确，精算师还必须根据保险公司的情况选择对企业资本状况影响最大的风险因素进行测试。偿付能力动态测试规定，对于基本假设，资本充足的标准通常为法定最低资本要求；对于可能的几个不利假设，资本充足的最低标准是在整个预测期内盈余情况为正。当测试完成后，由精算师将测试结果形成报告，提交保险监督机构。这既可作为偿付能力动态监管的依据，也可作为保险公司自身加强偿付能力管理的依据。

14.3.2 保险市场风险的中观管理

保险市场风险的中观管理，即行业自律。广义上来讲，保险行业自律是保险监管体系的重要组成部分，保险行业自律组织在很多方面发挥着重要的作用，包括协助审定保险条款和保险费率，规范会员市场行为，协调会员利益，处理会员与投保人的纠纷，尤其是防止保险公司之间的不正当竞争，规范保险代理人的行为方面等。虽然保险监管机构根据保险法具有广泛的监管职权，但其不能取代保险行业的自律管理。为此，世界各国都非常重视保险行业的自律管理。在发达国家，各种保险行业协会都有相应的制度规范，它在保险市场管理中发挥着举足轻重的作用。现在很多发展中国家也纷纷成立保险行业协会，进行行业自律，从而监控保险市场面临的风险。

1. 保险行业协会的基本职能

保险行业自律是指保险行业共同遵守由协会或同业公会制定的行业规范，以此达到自我约束的效果。政府对保险公司的监控和管理具有纵向性和强制性，而保险行业协会或保险同业公会的自我管理具有横向性，这正是保险市场风险管理更为需要的。保险行业协会或保险同业公会可以从横向角度进行协调和监督保险市场经营活动过程中大量的具体问题。因此，有效的保险行业自律一方面有助于活跃保险市场，保持保险市场良好的秩序；另一方面又可以避免国家过分强制的干预。

一般来说，保险行业协会的基本职能包括以下三个方面。

（1）辅助监管的职能。保险行业协会的产生是市场经济条件下保险市场竞争的必然结果，也就是说，它产生的最根本原因是法律和自律的手段能使竞争激烈的保险市场得到必要的调和，也能使整个保险行业在健康的市场竞争中得以共同发展。具体来说，保险标的是有限的，因此随着保险市场主体的增加，保险市场的竞争日趋激烈，降低保险费率成了一种最直接的竞争手段。但是，保险费率的降低不仅会减少保险同业的保险基金积累规模，削弱保险同业的偿付能力，而且会影响保险同业的利益和业务经营的稳定。此时保险行业协会就有义务和责任维护保险同业的共同利益，一方面通过制定一些自律性质的规章制度来协调保险公司的竞争行为；另一方面监督和约束保险公司共同遵守国家保险监管机构制定的保险法规，为保险市场的规模发展和合理竞争创造条件。可见，保险行业协会起到了协助政府机关管理和协调保险同业经营、维护保险市场秩序、避免保险市场的恶性竞争的作用。

（2）信息中介的职能。保险市场与保险监管机构之间存在信息不对称的问题，在一定程度上影响和削弱了保险宏观管理的效果。然而作为保险公司总代表人的保险行业协会最了解保险市场的最新动态和存在的问题，因此它是保险监管机构了解保险市场各种信息的最准确、最及时、最合理的渠道。保险行业协会的信息中介的职能还表现在：保险行业协会有责任和义务贯彻政府有关保险业的政策法令，组织和推动本行业执行国家法规。但是，保险监管机构制定的保险法规是否适合保险业管理与发展的需要，是必须通过保险市场来检验的。保险行业协会可以汇集各家保险公司的意见和建议，以供保险监管机构修改法规或制定新的法规所用。因此，保险行业协会在保险公司与保险管理机构之间起到了上传下达的信息中介的作用。

（3）服务的职能。保险行业协会内部设置了费率协调委员会、防灾委员会、客户投诉咨询部门等委员会或部门，各部门都配有专业人员和设施，为会员公司提供专业培训、交流合作、信息咨询等服务。服务的内容包括：组织保险中介人、核保核赔人员以及各类高层管理人员的资格考试和任职资格评审，开展保险市场的调查与研究、负责对保险从业人员的职业技能及职业道德进行教育和培训，组织会员进行技术合作与交流，收集分析外国保险市场信息，为会员公司提供资讯服务，致力于各种风险的分析以及防灾技术的研究，为保险同业费率厘定提供必需的信息。因此，一定意义上保险行业协会的服务职能是非常重要的。

2. 保险同业合作

保险同业合作是指保险公司采取联合统一的方式在业务、技术和信息等方面进行合作，共同履行各自应尽的责任和义务，促进保险市场健康稳定的发展。保险同业合作通过建立全国性、地方性和行业性的合作组织来规范和约束保险市场竞争，以此达到维护良好的竞争秩序和保障保险公司稳健经营的目的。

1）保险同业的业务合作

保险同业进行业务合作的目的是规范保险公司和保险中介人的行为，避免保险公司之间的恶性竞争，维护保险市场的良好秩序，主要通过保险行业自律组织规定最低保险费率标准、统一编制损失统计资料、统一保险单和条款等来实现。

统一最低保险费率标准，具体来说，就是为了使保险公司在同等的水平上经营保险业务，行业自律组织通过协定统一的最低保险费率标准来实现。统一编制损失统计资料，就是要求行业自律组织促成大多数甚至全体保险经营者共同合作，联合收集和整理损失资料，在此基础上计算所得的保险费率和提存的责任准备金将会更加符合将来发生的实际损失情况。因此，统一编制损失统计资料有助于保证保险公司财务的稳定。采用标准化的保险单和条款可以提高保险公司的经营效率，这不仅可以避免投保人在选择不同保单时发生困难，而且可以减少保险同业之间因保单标准不一而引发的争执。除此之外，还包括统一保险中介的佣金标准、进行区域性或国际性合作等。

2）保险同业的技术合作

保险同业在技术上进行合作，有利于提高保险业务的技术水平，有利于推动保险业的发展。保险同业的技术合作主要包括风险研究、保险精算交流和防灾防损方面的合作。

保险公司经营的对象是风险，因此风险研究对保险公司是至关重要的。风险研究的重点是如何准确地识别风险，评估风险发生的频率和损失程度。但是单个保险公司由于受到风险的数量和技术因素的限制，难以专门从事风险的研究工作，而保险行业协会作为保险同业的共同组织，可以完整地收集到各家保险公司的风险状况，研究风险发生的规律，从而为保险公司的业务经营提供科学合理的依据。

保险经营与精算技术密切相关，可以说，精算技术是保险经营的核心技术。精算水平的高低不仅直接影响到费率厘定、准备金提存的准确性，还影响到保险公司整体的风险管理水平。因此，成立精算协会是十分必要的，它有助于集中保险公司的精算力量，加强精算技术人员之间的交流与合作，提高保险经营的科学化。

共同研究防灾防损计划以及开发防灾防损的先进技术与设备是保险同业合作的重要

议题。通过同业之间的技术合作，提高保险防灾防损的技术水平，不仅可以降低保险公司的赔付率，提高保险公司的经济效率，还可产生良好的社会效益。目前，全国性或国际性防灾防损的合作组织有美国的保险犯罪预防协会、美国公路安全保险协会以及国际震灾保险人协会、全国火灾承保人委员会等。

3）保险同业的信息合作

在现代社会，信息对保险业的经营是至关重要的。保险行业自律组织通过各种方式，如创办各种保险专业报刊，定期召开交流会议，定期公布保险损失率、参考费率和标准保单等资料，向各会员提供风险信息、损失信息、市场发展信息和保险技术信息等。保险同业的信息合作，不仅可以更好地交流信息、共享资源，还可以减少因信息不对称给保险业经营带来的盲目性和损失。

14.3.3 保险市场风险的微观管理

前文讲述了保险市场风险的宏观监管和中观自律，两者都是从保险公司的外部对企业的风险进行防范和控制，在效果上不可避免地具有间接性和滞后性的缺点。其实保险公司的内部管理部门是否具有识别、评估、监测和控制自身风险的能力是防范保险市场风险的根本所在。因此，建立完善的保险公司的内部控制机制，将风险管理贯穿于保险经营活动的每一个环节，才是控制保险经营风险的良策。下面主要介绍保险市场风险的微观管理，即内部控制机制。

1. 保险公司内部控制机制的概述

保险公司内部控制机制是保险公司为完成既定工作目标，控制经营风险，在整个业务运作过程中进行监督管理的动态控制机制。内部控制机制是保险公司的一种自我约束行为，是企业内部防范风险的重要环节。保险公司只有形成一套职责明晰、制度完善、平衡制约、运作有序的内部控制机制，才能有效防范和控制经营风险。

1）保险公司内部控制的目标

明确保险公司内部控制的目标，是保险公司进行有效控制和管理经营风险的前提。概括来说，内部控制目标包括以下四个方面。

一是确保国家保险法律法规和保险监管机构的监管规章顺利执行和实施。为了规范保险公司行为，保障企业的稳健经营，国家制定了相关的法律法规，保险监管机构也规定了各种监管规章。而保险公司的内部控制机制就是要确保保险公司在业务经营过程中遵循这些法律法规，一方面使自身的业务经营受法律的保障，另一方面避免因违法经营而导致的风险。

二是确保各类经营风险控制在适当的范围内。内部控制的核心是预防和防范经营风险。因为保险公司即使建立了完善的内部控制机制，仍然难以完全消除经营风险。所以保险公司必须通过有效的内部控制将风险控制在适当的范围内，才能保证保险公司的稳健运行。

三是确保实现保险公司自身的经营目标和发展战略。保险公司根据客观经济环境和自身的实际情况，制定发展战略和经营目标并实施执行，在此过程中需要内部控制机制的监督和控制，以保证发展战略的顺利进行和预定目标的实现。

四是确保保险公司各项报表、统计数字的真实和及时。保险公司内部经营各环节中存在数字风险隐患能通过各项报表和统计数字得以反映，因此通过内部控制保证保险公司各项报表、统计数字的真实和及时，可以确保保险公司能够及时准确地发现问题并采取措施进行处理。

2）保险公司的内部控制系统

保险公司内部控制系统包括：组织机构控制系统、决策系统、执行系统、监管反馈系统、支持保障系统。而这些系统包括的要素有组织机构控制、授权经营控制、财务会计控制、资金运用控制、业务流程控制、计算机系统控制、单证和印鉴管理控制、人事和劳动管理控制、稽核监督控制和信息反馈控制等。

保险公司要使内部控制机制真正发挥作用，必须建立一个要素完备的内部控制系统。建立此系统必须包括以下三点。第一，要建立适合保险经营自身特点的组织机构控制系统，建立健全董事会、监事会制度，并明确其职责；同时明确保险公司各个部门和业务岗位的职责，建立规范的岗位责任制、考核标准和管理措施等。第二，根据决策系统、执行系统、监督反馈系统三者相互制衡的原则设置内部控制系统。其中，决策系统中必须包括成文的决策程序、工作规则和议事规则，必须严格按规定程序进行重大的经营决策，防止因决策违规导致经营决策风险的产生。在执行系统中，按统一法人制度的要求实行授权经营；根据保险公司特点，对核保核赔进行授权授信；建立规范的精算制度，配备合格的精算人员。在监督反馈系统中，建立内部控制的检查评价机构和内部违反规章制度行为的处罚机制。第三，根据保险业务经营特点和各部门的分工要求而建立的各种业务经营控制系统必须既要符合自身局部的控制要求，又要符合保险公司整体的内部控制要求，由此构成一个相互联系、相互制约的完整的内部控制系统。

3）保险公司的内部稽查

内部稽查是保险公司内部控制的重要组成部分，是内部控制系统中其他各项控制的再控制，因此它是健全和完善内部控制机制的重要保证。

预防是内部稽查的重心所在。保险公司的经营性风险，如承保风险、决策风险、投资风险等，具有潜伏期长、反应滞后、隐蔽性强、危害性大的特点。保险公司核查业务资料和会计报表能起到内部稽查的作用，但是此法具有明显的滞后性，而且存在风险漏洞。因为核查业务资料和会计报表一般只能发现和查出已暴露的或已造成损失的事项，风险已成现实，事后采取补救措施往往为时已晚。因此，保险公司在内部稽查时应立足于事前控制，以预防为主，将风险消灭在萌芽状态，保证保险公司业务的稳健经营。

保险内部控制要求有完善的稽查内容，保险内部稽查主要包括盈利性稽查、风险性稽查和合规性稽查三部分。盈利性稽查是内部稽查的主要内容。盈利性稽查主要通过各种指标，如资产利润率、赔付率、保费费用率、保费利润率等，来检查保险公司的经营成果。合规性稽查是最基本的稽查内容，即主要检查保险公司是否在合理、合法、合规的前提下追求利润最大化。风险性稽查主要通过对业务经营活动的风险进行检查、分析、判断、预警和控制，以达到防范和化解经营风险的目的。盈利性稽查、合规性稽查、风险性稽查共同构成保险稳健经营的防范体系。但是随着保险市场竞争的日趋激烈，以获利为目标的商业保险公司的内部稽查应以盈利性稽查为主，充分利用盈利性稽查发现保险公司在经营管理中存在的风险，并不断地健全内部控制机制，完善保险公司的内部经营管理。

内部稽查包括事前稽查、事中稽查和事后稽查三种。事前稽查是内部稽查的主要方式。事前稽查要求及早预防、发现和控制经营风险。事中稽查要求在发现问题过程中及时采取有力措施控制和化解经营风险。事后稽查要求发现和查出问题后及时采取补救措施，将损失降到最低限度。保险公司需要灵活、综合地运用这三种方式，才能全面、有效地监控保险公司经营过程中的各种风险。由于保险公司内部控制制度的核心是防范和控制风险，因此保险公司内部稽查时在保证结合事前稽查、事中稽查和事后稽查的前提下，以事前稽查为主。

2. 保险核保机制的完善

一般而言，保险公司只有承保足够多的风险和标的，才能建立起雄厚的保险基金，履行经济补偿的职能，使实际的风险发生率更接近于预期的风险损失概率。这样，有利于风险管理者控制和管理风险，实现规模经营，降低经营风险。但是保险经营除了追求数量，更需要注重质量。如果保险公司承保大量不符合承保要求的风险，会使保险公司的赔付率增加，也会影响保险公司的利润和财务稳定。因此，对保险公司来说，做好保险核保工作，认真选择风险及承保合适的风险是非常重要的。

保险核保是指保险公司对可保风险进行评判与分类，进而决定是否承保及以何种条件承保的分析过程。核保是保险公司经营活动的起始环节，也是保险承保工作的核心。核保工作的到位与否不仅直接关系到保险合同能否顺利履行，还关系到保险公司的承保盈亏和财务稳定状况。因此，严格规范核保工作是降低赔付率、增加保险公司盈利的关键。

1）明确保险核保的内容

保险核保的内容包括核保选择和核保控制。

核保选择是指在展业的风险选择基础上，进一步分析和审核可承保的标的，确定接受承保的条件。保险承保工作的基本目标是为保险公司安排一个安全和盈利的业务分布组合。保险公司为了避免逆向选择，保证保险业务的质量，必须选择一组能够损失相互平衡的被保险人，即低于平均损失的被保险人能够抵消高于平均损失的被保险人。所以，保险公司必须对每一份投保申请进行核保选择，决定是否承保。核保选择一般包括事前风险选择和事后风险选择两部分。事前风险选择是指保险公司在承保前考虑决定是否接受投保，事后风险选择是指保险公司选择淘汰保险标的物的风险超出了核保标准的保险合同。事前风险选择和事后风险选择都采用了风险管理中避免风险的手段，可见保险经营与风险管理关系十分密切。具体来说，事前风险选择包括：对"人"的选择，即对投保人或被保险人的选择；对"物"的选择，即对保险标的及其利益的选择。事后风险选择就是淘汰那些超出可保风险条件或范围的保险标的。

核保控制就是保险公司运用保险技术手段，控制自身的责任和风险。保险合同关系的成立，还可能会诱发两种新的风险，即道德风险和心理风险。道德风险在法律上是一种犯罪行为，但心理风险并不是，所以更加容易发生。对于这两类风险，保险人除了在保险条款中明确规定被保险人的义务，还要运用各种保险技术手段并采取相应措施予以控制。

2）建立规范的核保制度

规范的核保制度包括核保原则、核保政策、核保标准和核保人员资格以及核保组织系统等方面的内容。

（1）核保原则。核保原则是指导风险选择和分级过程的原则。核保原则不仅要反映各家保险公司的经营战略目标，随着社会和技术的进步还要不断加以修正和完善。核保原则一般包括以下几点。第一，对被保险人的公平原则，即确保每个被保险人所支付的保险费率与其风险等级相一致。保险公司为了确保对被保险人公正，必须保持风险评估的客观性，但是在具体核保过程中，核保人员可能带有一定的主观性，如受到营销、精算等其他部门的压力。精算人员希望核保人员利用风险划级的方法，尽量使死亡率或疾病发生率接近保险产品设计时所预定的比率。这样，企业的管理层在制定核保原则时，必须同时兼顾到上述两方面，确保核保人员能快速出单，又能使死亡率和疾病发生率保持在合适的水平，另外还要尽可能降低核保费用成本。第二，对保险人的公平原则。保险公司在营销运作中，保险人必须进行合理的风险评估，确保公平的原则，否则，会给保险人带来巨大的经营风险。第三，必须具备充分的理由才能拒保。核保人员拒保必须要有合理充分的理由，否则不仅会影响业务的开展，而且会使客户产生误解。

（2）核保政策。保险公司经营目标包括保证偿付能力、持续发展与盈利、树立良好的社会形象等，核保政策能够确保在规划与决策核保过程时以这些目标为指导。核保政策的建立必须考虑经营过程的各个环节和影响标的风险状况的因素，如各环节目标协调、地区的风险状况、保单的形式和费率、赔付计划的选择等。另外，核保政策必须适应于相关法律法规、本公司的承保能力、核保人的素质以及再保险的能力等。

（3）核保标准。核保标准的制定不仅要与各业务部门共同协商，还要充分考虑以往的经验，如索赔经验、业务营运记录、产品发展的历史趋势等。确保核保标准，一方面可以避免核保人员随意费率开价和通融承保，另一方面可以提高保险公司的核保水平和核保工作的规范化、制度化、科学化。

（4）核保人员资格。核保是一项技术性要求很高的工作，需要核保人员具备专门的知识、丰富的实践经验和良好的职业道德。保险公司在制定核保制度时，必须设立专职的核保人员部门，要求核保人员通过严格的资格考试，并定期进行业务培训，以提高业务水平和风险识别评估能力。此外，保险公司在制定核保政策时必须按不同的风险保额列明各级专职及承保人员的权限，严格按权限分派个案，保证核保工作顺利有效地进行。

（5）核保组织系统。保险公司必须结合自身的实际情况建立健全核保的组织系统，一般采取个案分派系统或工作分配系统。保险公司如果采用个案分派系统，可以依据投保的金额、投保类型、投保申请的地理位置以及递交投保申请的代理人所在地分派个案。在这种核保系统下，核保师可以专门从事某些类型的个案来提高工作效率，也可以通过交叉培训和定期轮换来了解其他类型的案例。保险公司如果采用工作分派系统，则可以根据核保人或核保小组分配保险个案。工作划分也可以采取其他形式，如独立核保、小组核保、委员会核保和快速核保等。

3）严格规范核保程序

规范核保程序是规范保险公司核保运作的重要环节，具体地说，核保流程包括以下几步。

（1）收集标的信息。收集标的信息是核保程序中一项重要的基础工作。有关标的信息的来源有：代理人或外勤人员了解到的关于标的的经营和资信状况等，投保人的告知及以往的资料，防灾防损部门的现场勘查报告，财务评级机构的相关报告和资料等。

（2）评估危险因素。当信息掌控充足时，核保人员应根据保险公司的核保原则和核保标准对标的或投保人进行风险分析和评估，风险评估因素主要包括物质危险因素、道德危险因素、心理危险因素等。

（3）确认保险方案。在仔细审核了投保申请的相关风险因素后，核保人员认为有需要还可以进行现场核保。完成核保后，再经过危险因素风险等级划分和通过评估风险等级后，核保师做出承保、条件承保和拒保的决定。

（4）执行核保决策。核保工作不以做出核保决定而终止，它还包括核保部门将核保决定通知代理人，签发保单，并为会计、统计和监督部门记录有关风险情况，为以后补充核保手册做好准备。

（5）核保的监督。核保的结果可能与核保标准、核保原则或其他规定不相符，原因是多方面的，这就需要核保部门对核保结果进行抽查检验，以确保核保的准确性。

3. 保险理赔机制的建设

保险公司在处理保险赔案的过程中，有多方面的因素可能会导致各种理赔风险。理赔风险的产生，一方面会对保险公司造成危害，它不仅会削弱保险公司的责任准备金的积累，减少保险投资资金的规模和收益，不利于扩大保险公司的偿付能力，而且会损害保险公司在社会上的声誉，影响整个保险业的发展；另一方面会对投保人造成危害，理赔风险的存在不仅会影响保险"互助合作、公平合理"原则的执行，抑制投保人的保险需求，而且会造成更多的道德风险、心理风险和逆向选择风险的发生，影响保险人贯彻收支平衡的原则和确保财务的稳定。因此，和核保风险一样，防范保险理赔风险是保险经营管理的重要环节。

1）明确保险理赔的原则

保险理赔原则既是保险理赔工作的指导方针，又是保险理赔工作的行为准则。保险理赔的基本原则包括重合同守信用原则，实事求是原则，以及及时、主动、迅速、合理原则；而保险理赔的特殊原则包括实际现金价值原则、重复保险分摊原则、代位追偿原则、委付及通融赔付原则。在保险理赔过程中，保险公司必须遵循保险理赔的基本原则和特殊原则。尤其是通融赔付原则，极易给予理赔人员赔偿弹性，为其利用通融赔付规则赔偿非保险责任范围的损失提供了可能性，从而导致保险理赔中的风险。如果保险理赔人员不能准确理解和贯彻理赔原则的精神，就会在是否赔付、赔偿计算方法的选择、赔偿金额的确定等方面出现风险，给保险公司带来损失。因此，保险公司在进行保险理赔时应明确保险理赔原则，避免发生风险。

2）规范保险理赔程序

保险理赔程序包括损失通知、单证审核、现场勘查、达成协议、结案五个部分。

（1）损失通知。保险标的发生保险事故时，财产保险的被保险人、人身保险的被保险人或受益人应及时将损失通知保险公司或保险代理人。损失通知的内容包括事故发生的时间、地点、原因及其他有关情况等。损失通知的形式有两种，即书面形式和口头形式，但一般采用书面形式更为有利。损失通知既可以使保险公司及时开展损失调查，避免因延误而造成调查的困难，还可以防止道德风险的产生，以便保险公司能及时采取施救措施，防止灾害事故的扩大和损失的加重。

（2）单证审核。保险公司在接到损失通知后，要立即进行单证的审核，决定理赔工作是否有必要全面的开展。首先，理赔人员要审核保险单的有效性，若保险单无效，就不必受理。其次，理赔人员要审核引起损失的原因是否是在保险责任范围之内，若保险标的损失是由不在保险责任范围内的原因造成的，那么保险公司就不承担保险责任，也就没有继续进行理赔工作的必要。最后，理赔人员要审核有关单证的有效性。在初步确定赔偿责任后，保险公司根据损失通知编号立案，将保险单副本与出险通知单进行核对，为下一步的现场勘查做好准备。

（3）现场勘查。现场勘查的具体内容包括以下几个方面。一是查明保险事故发生的时间和地点，检查其是否在保险合同规定的范围之内。二是调查和核实保险事故发生的原因。出险原因的确定对于理赔工作来说是至关重要的，因此保险理赔人员必须进行深入细致的调查研究才能确定出险原因，尤其对于一些技术性问题，需要依靠专家提供咨询服务，或者请有关部门做出技术鉴定。三是核定损失数额。在确定损失属于保险赔偿责任范围后，保险理赔人员就要进一步核定损失数额和赔偿金额，并编制赔款计算书。对于损余物资，一般通过协议作价给被保险人，并从赔款中扣除。对于施救费用，一般予以赔付，但不超过其保险金额。

（4）达成协议。赔付保险公司完成单证审核和现场勘查工作后，与被保险人或受益人达成损失责任、赔偿金额相关方面的协议，并支付赔款。

（5）结案。保险公司在完成以上几步工作后就可以进行结案工作。在结案时，保险理赔人员需要整理有关赔案的所有文件和单证以及各种相关的信息资料，进行归档管理，便于日后查阅。在结案时保险理赔人员还要注意追偿工作。如果损失应由第三者负赔偿责任，那么被保险人在取得赔偿后应填具权益转让书，把对第三者责任方的要求赔偿权利转让给保险人。

3）完善理赔组织系统和人员配置

理赔的组织系统可以分三种类型，即个案分派系统、工作分派系统和两种系统的综合。在个案分派系统中，赔案按类型、金额和收单地域等分类，每一个理赔师有一定权限处理一定范围的赔案。工作分派系统是由理赔师独立调查并做出决策，理赔工作由理赔督导、理赔师和理赔工作人员完成。理赔督导主要负责处理难度高、金额大的赔案，同时负责理赔师的培训以及与其他职能部门的沟通；理赔师主要负责对每一项索赔进行评估并做出决策，是理赔工作的核心；理赔工作人员主要负责提出对有关信息的需求，建立文档并编码，以及与其他相关部门进行信息交流。理赔工作是一项非常重要的工作，它涉及保险合同的履行和保险金的赔付，会直接影响到保险公司的财务状况、信誉及形象，因此理赔人员必须牢固地掌握专业知识，且必须具备高度责任心和使命感。

应用实例与分析

安邦保险为什么会破产？

近年来，安邦保险的倒下成为了一个备受关注的话题，尤其是在中国金融市场。这家公司曾经是中国最大的保险公司之一，总资产达到了800亿美元。然而，这个曾经的保险巨头却在2018年被接管了，这让人们开始思考这个保险巨头为什么会突然倒下。

安邦保险破产的诱因主要有三点：一、董事长吴小军非法洗钱，利用职务之便进行洗钱行为，造成公司混乱；二、公司的理财产品不正规，涉嫌非法集资；三、公司的偿付能力不足，债务问题造成纠纷。

安邦保险全称叫做安邦保险股份有限公司CEO为吴小军。据报道，CEO吴晓军从事非法行为，涉及洗黑钱，利用职务之便，通过安邦集团进行洗黑钱，已经被调查了。一个公司的CEO都这样，公司内部就不可能出现太过好的环境，公司破产也是应当的。

安邦保险集团其主要业务并不放在保险方面，据了解，安邦集团有很多业务是涉及到中短期投资产品，这是不符合保险行业从业规定的，不做一家正经的保险公司。安邦保险的业务员还从事套路客户的行为，不跟客户讲明白保单的条文，直接让客户缴费买保险。

安邦保险的偿付能力不足，偿付能力指的是公司的净利润与需要还债的金额的比例。正常一家保险公司偿付能力需要在100%以上，平安太平洋等大型保险公司偿付能力甚至高达200%以上，而安保保险的偿付能力只有20%，是不符合规定的，一旦出现紧急资金使用情况，容易造成公司瘫痪。

资源来源：https://baijiahao.baidu.com/s?id=17183970222799477164&wfr=spider&for=pc [2024-07-29]

结论

安邦保险的倒下是多种因素共同作用的结果。高风险投资、高风险运营、管理问题等都是导致安邦保险倒下的原因之一。同时，中国保险监管部门的接管也是对安邦保险管理不善的一种惩罚。对于这个曾经的保险巨头来说，倒下并不是一个好的结局，但是这也给其他保险公司敲响了警钟，提醒他们要合规经营。

本章小结

本章以保险业为主要研究对象，探讨了保险市场风险形成的原因、风险表现，并分析了该行业管理风险的手段。

关键术语

保险（Insurance）、道德风险（Moral Hazard）、逆向选择风险（Adverse Selection Risk）、定价风险（Pricing Risk）、偿付能力风险（Solvency Risk）、核保（Underwriting）、理赔（Insurance Claims）

知识链接

[1] 张虹，陈迪红，2018.保险学原理[M].北京：清华大学出版社．

[2] 米什金，埃金斯，2008. 金融市场与金融机构 [M]. 张莹，刘波，译. 北京：中国人民大学出版社.

[3] 刘钧，2013. 风险管理概论 [M]. 北京：清华大学出版社.

习　　题

1. 判断下列说法是否正确并说明理由。

保险基金的筹集和建立如果运用了科学的数学和统计学等方法，则完全可以避免保险公司的破产。

2. 保险偿付能力的监管不包括（　　）。

A. 最低资本金的规定　　　　　B. 风险资本要求法

C. 现金流量测试　　　　　　　D. 保费率的制定

3. 简述保险的职能。

4. 简述保险与风险管理之间的关系。

5. 简述保险风险的形成机理。

6. 保险的经营性风险有哪几种？

7. 简述保险业监管的层次。

8. 简述保险监管的方式。

9. 简述保险行业协会的基本职能。

第 15 章 金融衍生品市场风险管理

本章教学要点

知识要点	掌握程度	相关知识
期货市场风险的成因及管理	掌握	金融风险的种类
期权市场的原理与运作	掌握	期权交易的基本策略
期权定价模型	了解	微积分及概率论相关知识
互换市场风险的控制	掌握	金融风险管理策略

导入案例

【参考课件】

中行"原油宝"事件始末

2020年理财圈最重大的新闻,即中国银行"原油宝"事件,因纽约原油期货 5 月合约离奇地跌为负值,导致原油宝多头持仓客户本金亏完后还倒欠银行钱。

对此,有业内人士表示,"原油宝"事件的发生,既有经济环境原因,也有中国银行自身风控问题。既有天灾,又有人祸。

2020 年 4 月 21 日早上,中国银行一纸公告引发轩然大波。

同时,鉴于当前的市场风险和交割风险,中国银行自 4 月 22 日起暂停客户原油宝(包括美油、英油)新开仓交易,持仓客户的平仓交易不受影响。

这一纸公告的发布,也意味着国内原油宝账户损失惨重,更有甚者,投资者还要倒欠银行钱。

事实上,如果按照原本正常的计划,中行或许本可以规避此次风险事件。

按照此前安排,原油宝美油 2005 期合约(含美元、人民币)将于 4 月 21 日到期,并在 4 月 20 日 22:00 停止交易和启动移仓。而在停止交易节点时,报价还为 11.7 美元。

然而,当晚即将交割的美国 WTI 原油 5 月期货的价格暴跌至负值,最低价为 –40.32 美元 / 桶,最终收盘价报 –37.63 美元 / 桶。

随后中国银行于 4 月 21 日发布公告称,正积极联络 CME,确认结算价格的有效性和相关结算安排，暂停WTI原油合约当日交易。于是，当日所有投资者的账户被冻结。

在投资者无法交易时，全球石油储存空间不足的问题继续发酵，原油空头又制造了前一天的崩盘行情。而按照上述中国银行发布的公告称，最终只得以 –37.63 美元/桶强制卖出。

至此，国际原油价格的由正转负，加之中国银行选择实行等到最后时刻才进行换月交割，导致市场已经没有对手方，才让原油宝陷入大幅亏损、无人接盘的窘境。

资料来源：https://www.sohu.com/a/390829744_100232732 　[2024-03-27]

案例启示： 中国未来的金融衍生品市场具有广阔的发展前景，金融从业人员应该提早做好各种知识储备，培养风险意识，为我国金融业的发展贡献自己的一份力量。

15.1　期货市场管理

金融期货是交易双方在交易所内买卖在未来某一特定日期以约定价格交割的一定标准数量某种金融工具或商品的合约。作为基础资产的金融工具可以是传统的金融工具，如股票、债券，也可以是金融衍生工具，如期权、期货。

15.1.1　金融期货的特点

1. 标准化

金融期货具有标准的交易数量、标准的交割时间、标准的交割地点。例如在芝加哥国际货币市场上交易的日元期货，其交易数量是12500000日元的整数倍，交割时间为3月、6月、9月、12月的第三个星期三。交易所对金融期货的最小价格波动及每日价格涨跌停板也有具体的规定。

2. 杠杆性强

金融期货交易实行保证金制度，也就是说交易者在进行期货交易时需要缴纳少量的保证金，一般初始保证金占交易额的2%～10%。投资者缴纳少量保证金，就能完成数倍乃至数十倍的合约交易，这种以少量资金就可以进行较大价值额投资的特点称为"杠杆机制"。期货交易的杠杆机制使期货交易具有高收益、高风险的特点。

3. 流动性强

由于金融期货具有标准化的特点，因此持有期货头寸的投资者可以选择将其持有到期，也可选择在期货未到期前平仓。

4. "盯市"结算

金融期货交易所或清算所每日清算保证金余额，当保证金余额低于最低维持保证金时，它们会发出通知，要求客户补充保证金到初始保证金水平。如果客户不能在规定的时间补充保证金，那么交易所或清算所就会强行平仓。如果保证金余额高于初始保证金，那么客户可以提取超过初始保证金的部分。

5. "双向"操作

客户可以根据对市场的判断买进或卖出金融期货,并不需要手中预先持有某种头寸。因此,不论市场的走势是上升还是下降,只要客户对市场的判断是正确的,并采取了正确的操作策略,他们都有获取利润的机会。

6. 交割的特殊性

有些金融期货的交割直接采用现金,如股指期货;有些采用实物交割,采用实物交割的金融期货可允许空方选取一种以上的金融工具用于交割。

由于金融期货具有上述特点,因此被金融机构、企业及其他部门广泛用于价格发现、规避风险。但金融期货市场具有杠杆机制等特点,其风险也是不可低估的。

15.1.2 金融期货市场风险的种类

1. 价格风险

由于金融期货的杠杆作用,它们对其相关联的基础金融工具(如股票指数、汇率、债券)价格的变动极为敏感,波动的幅度比基础市场变化大,即金融期货的价格风险。

2. 流动性风险

如果金融期货深度或广度不够,市场发育不成熟,或是由于突发事件发生所导致的金融期货交易的变现性的突然丧失或要变现,那么就要面对价格大幅度下跌的风险,这就是金融期货的流动性风险。

3. 操作风险

在日常经营过程中,各种自然灾害或意外事故,或是经营管理上的漏洞,使交易员决策出现故意或非故意的错误,导致整个机构面对损失的风险,即金融期货的操作风险。

4. 信用风险

信用风险是指由于交易对手不履行责任而造成的风险。广义的信用风险涵盖了所有导致无法履约的可能性。当金融期货交易价格的波动导致投机者和套期图利者无力存入追加保证金或不愿补仓,决定亏损其保证金时,信用风险就产生了。

5. 法律风险

由于合约在法律范围内无效,合约内容不合法律规范,或者是由于对方因破产等原因不具有清偿能力,对破产方的未清偿合约不能依法进行净平仓,而造成的风险,即金融期货的法律风险。

6. 政治风险

政府的宏观政策或对相关市场的调控都会影响到金融期货的价格,使金融期货的收益产生不确定性,即金融期货的政治风险。

15.1.3 金融期货市场风险的特征

1. 风险发生具有突然性

一方面金融期货交易是表外业务,不在资产负债表内体现;另一方面,金融期货具有极强的杠杆作用，这使其表面的资金流动与潜在的盈亏相差很远。同时由于金融期货交易具有高度技术性、复杂性的特点，会计核算方法和监管一般不能对金融期货的潜在风险进行充分的反映和有效的管理。因此，金融期货风险的爆发就具有突然性。

2. 风险发生具有传染性

金融期货是标准化的金融工具，具有较强的流动性，当一场市场信用危机发生时，往往有大量的信息通过期货交易在各个市场、参与者之间相互传递，再加上期货交易集中，信用风险也日益集中，从而造成了金融市场的剧烈动荡，如墨西哥金融危机、东南亚金融危机、巴林银行破产等事例。

3. 风险具有巨大危害性

金融期货交易可能造成巨大的损失。例如具有233年历史的巴林银行，就是由于其职员在新加坡从事亚洲金融期货和期权交易而造成了14亿美元的损失最终破产倒闭。

15.1.4 期货市场风险的成因

期货市场风险来源于期货市场的三个特性。

1. 价格波动

在市场经济条件下，随着商品交换的复杂化、社会化，市场经济在运行中充满了不确定性。由于某些商品供给和需求的市场调节需要一定的时间，加之现货市场价格机制又具有滞后性，因而造成了市场价格经常不断地发生有规律的变化，这就给生产经营者、消费者带来了价格变动的风险，因此，生产经营者、消费者总是千方百计转移、回避或分散价格风险。期货市场正是为避免价格波动带来的损失才产生的，它为生产经营者、消费者提供回避价格风险的场所。

2. 保证金的杠杆作用

进行期货交易时，投资者并不需要缴足期货合约的总金额，只需要根据合约规定按某个比例交纳一定数量的保证金。保证金数量通常为期货合约价值的2%～10%，以作为期货交易履约的财务担保。用于期货交易的保证金数量不大，却能推动10～50倍的合约价值，这一特点即为期货交易中保证金的杠杆作用。它表明期货交易者可以用较少的资金控制期货合约整体价值。可是，这种以小搏大的高杠杆效应很容易使交易者把握不住自己，容易形成暴赢暴亏，直至穿仓，这也是期货投资区别于其他投资工具的主要标志。保证金的杠杆作用是产生期货市场风险的重要原因。

小思考

保证金交易方式对交易个体和整个交易系统的风险有什么影响？

3. 非理性投机

在期货市场上，投机者充当了价格风险的承担者和市场的润滑剂，投机者需要在期货市场价格波动中，利用自己对未来价格的预测来寻找获利机会，并同时承担市场价格风险。因此，如果对投机者管理不当，他们往往会利用手中的实力、地位和能力来制造赚钱的机会，如通过散布虚假信息、联手操纵市场等手法，扰乱正常的交易秩序，迫使期货交易的价格朝着对自己有利的方向发展，从中获利。在交易所的平衡机制不健全时，这种情况可能产生以下后果：市场出现不公平竞争，不能形成公正的价格；市场价格剧烈波动，交易者在不公平竞争中利益受到损害；甚至交易者破产不能履约。

15.1.5 期货风险的管理方法

1. 期货系统风险管理

其风险管理主要包括以下几个方面。

（1）合约设计，包括选择适当的标的物指数和设计合适的合约条款。

（2）评估参与机构的资质和信誉，以降低机构恶意操纵价格的风险。

（3）建立包括账户管理制度、大户报告制度、充分公开交易信息制度、强行平仓制度、仓位上限制度、涨跌停板制度、期货交易暂停制度、每日盯市制度和保证金制度等完善的制度体系。

（4）建立风险准备基金、实时监控的预警指标体系，以及警报产生后的对策措施。

监管部门对于系统风险的管理范围不仅限于期货市场本身，还需考虑期货市场与证券市场的联动风险与风险的传染性。首先，构建并维持良好的法治环境，完善相关法规法律，对金融期货的监管、交易、结算、风险控制等做出具体法律规定。其次，构建完备有效的交易所二级监管与行业自律相结合的监管体系，规范证券现货市场，实现期货现货监管和证券现货监管的协调和联合管理。

2. 期货非系统风险管理

非系统风险的管理一般可以分为以下三个步骤。

（1）风险识别，即确认所面临的非系统风险的类别和来源，评估风险发生的可能性及影响等。套期保值者虽然在很大程度上可以回避价格下跌带来的风险，但是由于市场的变动与套期保值者的预测并不一定完全一致，有时会出现偏差，使套期保值者在某种程度上也暴露在价格风险中。投机者的头寸则完全暴露，一旦价格与预期相反，则投机者将面临巨大的市场价格风险。这样，如果保证金制度、每日盯市制度以及强行平仓制度执行不力，就可能导致投资者穿仓甚至破产。

（2）风险度量，主要是使用多种计量模型来刻画市场因素的不利变化所导致的金融资产组合价值损失的大小。常用的风险测度方法有灵敏度分析、波动性方法、在险价值模型、压力测试和极值理论等，其中在险价值模型被广泛采用。

（3）风险控制，包括采取措施预防风险发生以及在风险发生后采取应急措施。完善的内部控制体制是风险控制的最基本保证。完善的内部控制体制应包括建立适当的业务运作流程、建立独立的衍生金融产品交易部门和风险管理部门，动态监控保证金变动、套期保值比率等内容。

15.1.6 期货市场的风险监管

由于金融期货风险具有传染性和巨大的外部性，因此只有建立起从市场参与者、市场自律组织到政府的自下而上的风险管理和监管的体系，才能保证整个金融体系的稳定。主要的措施有以下几种。

1. 政府监管

政府监管的目的是建立一个稳定而有效率的市场，维护市场的顺利运作，维护整个社会的秩序和安定。就我国而言，政府监管的主要职责如下。

（1）制定《期货交易法》，规定期货交易所、清算所、期货中介机构和投资者的权利和义务，对合法交易提供保护，从而保证金融期货交易的安全，为期货市场的长久发展提供法律保障。

（2）完善监管的制度体系建设。金融期货交易要采用既包括政府的集中监管，又包括交易所、清算所、同业协会等自律性组织的监管的中间型监管制度模式，这种模式不仅保证了监管的权威性，而且保证了监管的及时、灵活和有效性。

（3）完善监管的组织执行体系。除对金融期货风险实时控制外，还需建立和完善各种可行的可操作的具体监管措施，完善以中央银行为主体的监管组织执行方式；提高金融机构的资本要求和信息公开披露程度及财务公开程度，使金融期货交易达到透明、公平，以维护整个金融体系的稳定和安全。

2. 市场自律性组织的监督与管理

1）期货交易所对期货市场的监管

期货交易所对期货市场进行监管，目的是保证金融期货交易的效率和交易的顺利进行，主要采用对市场参与者的准入规定、风险管理规定来实施监管。

（1）最低资本金限额，即一般对清算机构、清算所会员、期货经纪商等机构都有最低资本金的要求。

（2）保证金制度，保证金制度实质上包含了初始保证金、每日盯市结算保证金及维持最低保证金等方面。

（3）客户资金保护制度，要求中介机构需与其客户的资金相分离，并严格限制中介机构对客户资金所进行的投资。

（4）违约与破产时的优先清偿权、头寸的处理方式。

（5）交易机制，如预警制度、价格限制与涨跌停板制度及额外保证金制度。

（6）交易信息披露制度和财务公开制度。

（7）交易结算制度。

2）行业自律

实行行业自律的目的是维护会员的合法权益，保证期货市场的公开、公平、公正原则。期货行业协会通过制定行业行为准则、职业道德规范和自律性管理规则并监督会员执行，来规范市场参与者的资格及其行为。

3）市场主体的风险管理

进行市场主体风险管理的目的是保证市场主体的风险可控。市场主体特别是金融机构要根据经营目标、资本实力、管理能力和金融期货的风险特征，建立金融期货交易业务性风险管理制度、内部控制制度和业务处理系统，化解可能由于金融期货交易带来的各种风险。风险管理的主要内容包括市场主体的风险管理组织体系、风险的度量、风险限额、信息系统、内部控制与内部审计等。

相关阅读

中国股指期货简介

股指期货，全称股票价格指数期货，也为股价指数期货、期指，是指以股价指数为标的物的标准化期货合约，双方约定在未来的某个特定日期，可以按照事先确定的股价指数的大小，进行标的指数的买卖。股指期货是以股票市场价格指数为交易标的物的金融期货合约。股指期货具有股票和期货的双重性。

目前，国内股指期货有沪深300股指期货、上证50股指期货和中证500股指期货三类。

（1）沪深300股指期货是以沪深300指数作为标的物的期货品种，在2010年4月16日由中国金融期货交易所推出，交易代码为IF。其中，沪深300指数由中证指数有限公司编制，于2005年4月8日正式发布。其以2004年12月31日为基日，基日点为1000点，从上海和深圳证券市场中选取300只规模大、流动性好的A股作为样本，其样本覆盖了沪深市场六成左右的市值，具有良好的市场代表性。

（2）上证50股指期货是以上证50指数作为标的物的期货品种，在2015年4月16日由中国金融期货交易所推出，交易代码为IH。上证50股指期货合约仿真交易自2014年3月21日开始，合约的交割月份分别为交易当月起连续的两个月份，以及3月、6月、9月、12月中两个连续的季月，共四期，同时挂牌交易。其中，上证50指数由上海证券交易所编制，自2004年1月2日起正式发布。其根据科学客观的方法，挑选上海证券市场规模大、流动性好的最具代表性的50只股票组成样本股，以便综合反映上海证券市场最具市场影响力的一批龙头企业的整体状况，目标是建立一个成交活跃、规模较大、主要作为衍生金融工具基础的投资指数。

（3）中证500股指期货是以中证500指数作为标的物的期货品种，在2015年4月16日由中国金融期货交易所推出，交易代码为IC。其中，中证500指数是根据科学客观的方法，挑选沪深证券市场内具有代表性的中小市值公司组成样本股，以便综合反映沪深证券市场内中小市值公司的整体状况。其样本空间内股票扣除沪深300指数样本股及最近一年日均总市值排名前300名的股票，剩余股票按照最近一年（新股为上市以来）的日均成交金额由高到低排名，剔除排名后20%的股票，然后将剩余股票按照日均总市值由高到低进行排名，选取排名在前500名的股票作为中证500指数样本股。该期货旨在描述A股市场中小盘股的整体状况。

15.2 期权市场风险管理

期权交易是随着市场经济和期货市场的发展而产生并发展起来的。自1973年美国芝加哥期权交易所（CBOE）首次推出认购期权合约交易以来，

【参考视频】

期权交易作为一种衍生工具交易已经成为国际金融及商品市场中非常普遍的交易方式。期权交易以其本身所特有的灵活多样的组合策略、可预见成本的运作方式，为交易者提供了最大限度的价格保护，在回避价格变动风险、实现资本增值方面具有很强的灵活性和可操作性，吸引了越来越多的市场参与者。期权作为一种衍生金融工具，在控制和管理金融风险方面应用广泛：其原理既可直接用于股票、股指、债券、货币、利率与汇率及商品的风险管理，也可与远期、期货、互换甚至期权本身等金融衍生工具结合起来构成各种期权组合，以更有效的方式管理和控制金融风险。

期权有看涨期权和看跌期权两种基本类型。在交易中，投资者又可分为期权购买者和期权出售者两类。期权的两种基本类型与两类基本投资者的不同组合，可形成期权交易的四种基本策略：买进看涨期权、卖出看涨期权、买进看跌期权和卖出看跌期权。

15.2.1 期权市场的原理与运作

期权的独特性在于：它使期权多头在避免对自身不利结果的同时，保留了获得对自身有利结果的权利。期权运作中，多空双方的支付不再具有对称性，它允许多方在市场上获益而不承担损失；期权的独特之处还在于：期权将权利和义务分开，期权的多方，不管买入看涨期权还是看跌期权，只有权利而没有义务；而期权的空方，则只有义务而放弃和卖掉了权利。

期权作为一种新兴而迅速推广应用的衍生金融工具，其独特性还在于：它不像其他衍生金融工具那样具有线性和对称性，为此，多方需向空方支付期权费，从而在期权交易中，确定期权费即期权定价就成为重要问题。期权定价理论和模型的确立，是以有效市场假设和无风险套利定价原理为基础的。

期权是一种契约，赋予其持有人在规定时间内进行买卖的选择权。期权与期货一样，都是以合约形式存在的。根据选择权执行时间的不同，期权合约可分为欧式期权和美式期权。欧式期权是指买方只有在期权合约期限到期日才能按敲定价格行使期权权利；美式期权则给买方以更加灵活选择的权利，即买方在到期日或到期日之前的任何交易日均可以行使权利。美式期权与欧式期权的划分并无地域上的区别，近年来美式期权已经成为交易的主流。

期权的买方在支付一定金额的权利金后便拥有选择权，即在期权到期日或期权有效期内，期权标的物若发生有利变动，看涨期权买方可以选择按敲定价格买入约定数量标的物，看跌期权买方可以选择按敲定价格卖出约定数量的标的物，期权过期后则买方权利作废。期权的卖方在得到一定金额的权利金后便有配合买方执行的义务，即当看涨期权的买方选择买入多头标的物时，看涨期权的卖方则须无条件按约定价格卖出标的物；或当看跌期权的买方选择卖出标的物时，看跌期权的卖方则须无条件按约定价格买入标的物；期权过期后卖方的义务也相应解除。

由此可知，期权卖方在期权交易过程中因为获得了权利金收入而面临的最大风险是被迫履行义务时的风险。在期权合约有效期内，期权的买方和卖方均可将手中的期权合约在期权市场对冲平仓。当预计未来标的物价格上升时，可买进看涨期权；反之，则买进看跌期权。只有期权买方才有权行使权利，要求卖方履行合约。如果期权买方能够获利,则可以选择在期权到期日或有效期内行使期权权利;如果期权买方蒙受损失,就会选择放弃权利,所以期权买方所付出的最大代价就是权利金。因此,对于期权买方来说其风险是有限的和可预知的,所以进行期权交易时期权买方一般不需要交纳保证金。期权的卖方在期权交易中面临与期货交易同样大的风险,所以期权的卖方必须交纳一定金额的保证金,以表明其具有应付潜在履约义务的能力。

15.2.2 期权定价理论的基本思想

金融交易的核心技术是对所交易的金融工具进行正确的估值和定价。

期权的"或有性",使其能够防范其他金融衍生工具的风险,但又使它的估值和定价非常复杂和困难。

期权的风险在标的物的价格及其运动中得到了反映,而且标的物的价格还反映了市场对未来的预期。刻画标的物的价格运动规律既是研究期权定价的出发点又是关键点。例如假定股票价格的运动是连续变化的,遵循一种被称为带漂移的几何布朗运动规律(在数学上则被称为伊藤过程的随机过程)。依据伊藤过程的研究结果,布莱克和斯科尔斯建立起 Black-Scholes 随机微分方程。这个随机微分方程刻画了动态调整组合头寸保持无套利均衡的规律。

15.2.3 期权定价模型

期权定价的原理是"无套利"分析方法。1973 年,美国芝加哥大学教授布莱克和斯科尔斯提出了有史以来的第一个期权定价模型,成功解决了期权定价中的风险补偿问题。

1. Black-Scholes 定价模型

期权定价理论是寻找期权均衡价格的理论,这种均衡价格是通过市场实现的。

Black-Scholes 定价模型依赖于以下八个假设。

(1) 市场上不存在套利机会,即标的资产可以自由买卖,且可以被卖空。
(2) 不存在影响收益的外部因素,如税收、交易成本或保险金。
(3) 在期权到期日前,标的资产无任何红利、利息等收益的支付。
(4) 无风险利率为常数,即投资者可以以同一无风险利率无限制地进行借入和贷出。
(5) 期权为欧式期权。
(6) 证券或资产交易是连续的,标的资产价格的变化是连续的,且是均匀的,既无跳空上涨,又无跳空下跌。
(7) 标的资产价格和利率的波动在整个交易期间为已知常量。
(8) 标的资产市场价格的变动符合随机游动,即

$$dS = \mu S dt + \sigma S dz \quad (15\text{-}1)$$

式中,dS 为标的资产市场价格的无穷小变化值;dt 为时间的无穷小变化值;μ 为标的资产在每一无穷小的期限内的平均收益率;σ 为标的资产价格在每一无穷小期限内平均收益率的标准差;dz 是均值为 $0dt$、方差为 $1dt$ 的无穷小随机变量。模型中关键的假设是,资产价格服从对数正态分布。

知识要点提醒

如果某变量的价值以某种不确定的方式随时间变化，则称该变量遵循某种"随机过程"。式（15-1）为伊藤过程，伊藤过程是研究随机过程的一个经典模型。

期权交易中，为获得权利，期权的多方需向空方支付期权费，其期权费的确定由内在价值和时间价值两部分构成。期权的内在价值反映了期权合约的协定价格 x 与相关标的资产市场价格 S 之间的关系。

当看涨期权标的资产的市场价格高于协定价格或看跌期权标的资产的市场价格低于其协定价格时，期权具有内在价值，即实值。期权处于实值状态时，期权多头方会执行期权。期权的时间价值是指期权购买者希望随时间的推移相关标的资产价格变动有可能使期权的内在价值增值而愿意支付的高于内在价值部分的期权费。

例如，以 S_t 表示时刻 t 的标的资产市场价格，R_{t+1} 表示 $t+1$ 时刻的收益率，为此，用相对价格的对数来定义标的资产市场价格从 S_t 变化至 S_{t+1} 的收益率。

$$R_{t+1} = \ln \frac{S_t}{S_0} \qquad (15\text{-}2)$$

可假设时刻 t 相对于时刻 0 的收益率即 $\ln \frac{S_t}{S_0}$ 服从正态分布。

$$R_t = \ln \frac{S_t}{S_0} \sim N(\mu, \sigma\sqrt{t}) \qquad (15\text{-}3)$$

式中，μ 为平均收益率；σ 为平均收益率的标准差。易知

$$\left(\frac{S_t}{S_0}\right) = \exp\left[N(\mu, \sigma\sqrt{t})\right] \qquad (15\text{-}4)$$

$$E(S_t / S_0) = \mu_t \qquad (15\text{-}5)$$

由对数正态分布的性质可得

$$E(S_t / S_0) = \exp(\mu_i + \sigma_t^2 / 2) \qquad (15\text{-}6)$$

以上的分析仅仅表现了资产的价格行为。由此出发，深入探讨金融资产和期权的公平价格，为此，引入数学期望值的定义。任何金融资产的公正价格都是其预期价值。同样的原理也适用于期权，则看涨期权到期日的预期价值为

$$E(C_\gamma) = E\left[\max(S_\gamma - X, 0)\right] \qquad (15\text{-}7)$$

式中，$E(C_\gamma)$ 是看涨期权在到期日的期望值；S_γ 为到期日标的资产的市场价格，X 是期权的协定价。有

$$E(S_t / S_0) = \exp(\mu_i + \sigma_t^2 / 2) = \exp(\mu + \sigma) \qquad (15\text{-}8)$$

设 $\gamma = \mu + \sigma^2/2$ 为折算要用的连续无风险复合利率,所以期权交易的公平价格(C 为看涨期权价格,P 为看跌期权价格,S_0 为标的资产原始价格)为

$$C = P \cdot e^{-n} \cdot \{E[S_r | S_r > X] - X\} \quad (15\text{-}9)$$

由此,导出 Black-Scholes 看涨期权定价公式

$$C = N(d_2) \cdot e^{-h} \cdot \left[S_0 e^n N(d_1)/N(d_2) - X \right] = S_0 N(d_1) - X e^{-h} N(d_2)$$

$$d_1 = \frac{\ln(S_0/X) + (\mu + \sigma^2/2)t}{\sigma\sqrt{t}}$$

$$d_2 = d_1 - \sigma\sqrt{t} \quad (15\text{-}10)$$

看涨期权与看跌期权具有平价关系,由此,通过对看涨期权价格的计算即可求出看跌期权价格。

2. 期权定价的二项式模型

布莱克和斯科尔斯创造的期权定价模型是现代金融学发展的里程碑:它不仅第一次提出了期权定价的可靠方法,而且之后的许多修正模型涵盖了众多的期权和对应资产的定价问题。然而其也存在理论缺陷:首先,Black-Scholes 定价模型必须在一系列严格假设前提下才具有理论意义,尤其界定了股价的行为特征是决定该模型的关键因素;再则,实证分析表明,许多期权的标的资产的对数相对价格并不是正态分布,从定量的角度来看,利用这些期权以 Black-Scholes 定价模型定价是不可靠的。此时,需要另一种期权定价方法:二项式模型。

运用 Black-Scholes 定价模型观察一个欧式看涨期权及其标的金融资产发现:对于任意一个未来时间,金融资产的价格在时间 t 时的价格为 s,它可能在时间 $t+\Delta t$ 时上升到 us 或下降至 ds。假定该金融资产期权价格在时间 t 时为 C,在时间 $t+\Delta t$ 时随资产价格上升为 us 时而至 C_{up},若金融资产价格下降为 ds 时,期权价格下降为 C_{down}。这表明了 Black-Scholes 定价模型中的一个重要假设是标的资产价格的变动符合随机游动规律,即经过一段时间,其价格可能上涨,也可能下跌,具有随机性。从这一基本条件出发,考克斯等于 1979 年发表了《期权定价:一种被简化的方法》一文,以简便的方法导出一种实用的期权定价模型——二项式模型。多期二项式说明,期限分割越多,所得的期权价格越接近和稳定于 Black-Scholes 定价模型所决定的价格。二项式模型与 Black-Scholes 定价模型一样,采用的仍然是有效市场条件下的无风险套利定价原理。

1)单期模型

假设某标的资产现行价格为 s,在 $t+\Delta t$ 时,价格上涨到 us 的概率为 ρ,价格下跌至 ds 的概率就为 $1-\rho$。若看涨期权现行价值为 C,协定价格为 X,则在 $t+\Delta t$ 时期价值分别为 C_{up} 和 C_{down}:

$$C_{up} = \max[(us - X), 0] \quad (15\text{-}11)$$

$$C_{\text{down1}} = \max[(X - ds), 0] \quad (15\text{-}12)$$

这里 C 是未知数，可通过二项式模型确定。对此，假定投资者卖出一个看涨期权的同时，用借贷的资金量 B 去买 h 单位的标的资产（h 称为套头率），令 $R = e^{\gamma t}$，γ 是连续无风险利率，则

$$h = \frac{C_{\text{up}} - C_{\text{down}}}{(u-d)s} \quad (15\text{-}13)$$

$$B = \frac{dC_{\text{up}} - uC_{\text{down}}}{(u-d)R} \quad (15\text{-}14)$$

则期权价值为

$$C = \frac{\rho C_{\text{up}} + (1-\rho)C_{\text{down}}}{R} \quad (15\text{-}15)$$

单期期权价值表达式中的套头率是投资者卖出一个看涨期权的同时用借贷的资金去买标的资产单位数量，它是期权定价和进行期权套利操作的关键变量。看涨期权贴现价值是期权到期日之看涨期权价值关于标的资产价格上涨概率 ρ 和下跌概率 $1-\rho$ 的加权平均数的现值，贴现率为此期间的连续复合无风险利率。

2）多期模型

从单期模型拓展到多期模型，计算的规则与单期模型完全一样，只需把标的资产价格变动的期限分割成两个或两个以上的小期限。多期二项式模型说明：期限分割得越多，所得的期权价格越接近和稳定于 Black–Scholes 定价模型决定的价格。

在实际应用中，对于取定的期数 N，常用以下公式来确定 u、d 和 R。

$$u = \exp\left(\sigma\sqrt{\frac{t}{N}}\right) \quad (15\text{-}16)$$

$$d = \exp\left(-\sigma\sqrt{\frac{t}{N}}\right) \quad (15\text{-}17)$$

$$R = \exp\left(\frac{\gamma t}{N}\right) \quad (15\text{-}18)$$

式中，σ 为收益率标准差；γ 为连续无风险利率。

3. 支付连续红利率的股票期权的定价

"红利"可理解为在除权日由红利引起的股票价格的减少量。再考虑时间因素，价格为 S、支付连续红利率为 q 的股票与价格为 $Se^{-q(T-t)}$、不支付红利的股票具有相同的期末值，可以得出基于一种价格为 S、支付连续红利率为 q 的股票的欧式期权，与基于一种价格为 $Se^{-q(T-t)}$、不支付红利的股票的相应欧式期权有相同的价值，以 $Se^{-q(T-t)}$ 代替 S

可得

$$C = Se^{-q(T-t)}N(d_1) - Xe^{-r(T-t)}N(d_2) \quad (15\text{-}19)$$

$$p = Xe^{-r(T-t)}N(-d_2) - Se^{-q(T-t)}N(-d_1) \quad (15\text{-}20)$$

式中，C 为看涨期权的价格，p 为看跌期权的价格；

$$d_1 = \frac{\ln(S/X) + (r - q + \sigma^2/2)(T-t)}{\sigma\sqrt{(T-t)}}$$

$$d_2 = d_1 - \sigma\sqrt{(T-t)}$$

【参考论文】

4. 美式期权的定价

对于美式看涨期权，在没有红利支付的情况下不应该提前执行；在有红利的情况下，如果提前执行，只有在分红前的瞬时时刻执行才最优，而大多数情况下，提前执行需要考虑的唯一时间是最终除权日 t_n 且红利 $D_n > X(1 - e^{-r(T-t)})$。通过以上分析可以看出，对于美式看涨期权：一是直接使用欧式期权定价方法，二是选取在到期日 T 和最终除权日 t_n 到期的欧式期权中的最大值。

5. 期货期权的定价

期货期权是以期货合约为标的资产，可以证明期货的价格 F 可与支付连续红利率为 q 的股票同样对待。由此以期货价格替代股票价格、以期货价格的波动率替代股票的波动率、以无风险利率作为红利率，就可以从 Black-Scholes 定价模型导出期货期权的定价公式。

15.2.4　期权风险的来源

期权是作为规避风险的金融工具而产生的，但由于期权本身具有灵活性与复杂性，因此其也是一把"双刃剑"。使用得当，可有效地避免风险，增加投资收益；使用不当，可能带来更大的风险。

期权的风险主要包括信用风险、市场风险、流动性风险、运作风险和法律风险五大类。由 Black-Scholes 公式知，期权价值与以下五个因素有关：基础资产现价、执行价格、到期时间、无风险利率和基础资产波动率。

表 15-1　一个因素增加（其他因素不变）对期权价值的影响

变量	欧式看涨期权	欧式看跌期权	美式看涨期权	美式看跌期权
基础资产现价	增加	减少	增加	减少
执行价格	减少	增加	减少	增加
到期时间	不一定	不一定	增加	增加
无风险利率	增加	减少	增加	减少
基础资产波动率	增加	增加	增加	增加

由于基础资产的价格（下面以股票为例）每时每刻都在变化，而且变化的方向和幅度都不能确定，这就使得期权的价值也随时在变，形成期权风险的主要来源。这个风险的度量就是常用的参数 δ，可以用 Black-Scholes 公式求出。设期权的价值为 F（不分看涨期权和看跌期权），则

$$\delta = \frac{\partial F}{\partial S} \tag{15-21}$$

此参数衡量了期权价值对股票价格变化的敏感度，表示股票价格每改变一个单位，期权价值的改变量。因为这个参数不是一个常数，而是一个偏微分，是价格 S 和时刻 t 的函数，随时都在变化，说明期权价值对股票价格变化的敏感度也随时在变，更加大了期权价值的风险。另外这个参数还有一个特别重要的意义，它从另一个角度影响期权的运作。

15.2.5 利用期权管理风险

Black-Scholes 公式的 δ 值又称对冲比率。由 Black-Scholes 公式可知，利用金融衍生物对原生资产进行风险管理的基本策略是套期保值或对冲，即交易者在现货市场构建与期权头寸方向相反的一定数量的头寸，因而形成了一个风险中性的资产组合，这个资产组合的 δ 为 0。这个思想告诉人们管理风险的一种基本策略，就是构建一个风险中性的资产组合。该策略的出发点是：当价格变化时，现货头寸的收益（或损失）和期权的损失（或收益）刚好抵消，从而达到防止因价格波动而造成损失，转移和分散价格波动所带来的风险。那么选择多少数量的现货头寸才能和期权构成风险中性资产组合，这是关键问题。这个数量正是 δ 值（或避险比率），即一个单位的期权和 δ 单位现货构成无风险组合。

期权最大的优点是能够在价格不稳定的时候提供一种保障，而且能保留价格变动的利益。所谓风险管理，就是能主动地把风险控制在可以容忍的范围内。利用期权的特性构造出各种各样的资产组合，可以用来套期保值，也可以用来赚取收益。

由上面分析可知，δ 是衡量由价格引起的风险的大小的指标。通过计算资产组合的 δ 值，可以知道其风险的大小。资产组合的 δ 值等于各种资产的 δ 值之和，每种资产的 δ 值等于契约张数乘以每张期权契约的 δ 值。每张期权契约的 δ 值可由期权定价公式求出，而每张基础资产的总值为 1，但做多契约的 δ 值为正数，做空契约的 δ 值为负数。若资产组合的 δ 值是 0，说明该组合是风险中性的。也就是当基础资产价格稍微变化，无论上升还是下降，该组合的价值不发生变化；δ 值为正，表示组合价值与基础资产价格之间保持正向的变动关系；组合的 δ 值为负数，表示组合价值与基础资产价格之间保持反向变动关系。如果要进行套期保值，则只需构造一个 δ 值为 0 的中性资产组合；如果要进行赚取收益，就要承担一定的风险，需构造一个组合，让它的 δ 值在风险容忍度之内。

进行套期保值时，δ 值随时都在变化，因而要及时地调整资产组合的比例，以保持其 δ 的中性。但是实际市场中交易都有交易费用，如果频繁交易，那么交易费用会很可

观。所以，交易者应该综合考虑，既要经常调整组合以降低风险，又要注意交易费用，不能过于频繁交易。

期权市场给交易者提供了非常灵活的金融工具，交易者可以根据期货和期权市场的价格变动方向、市场波动性等不同情况，选择不同的期权交易策略，以达到谋取利益最大化和风险最小化的目标。

相关阅读

中国首只期权——上证 50ETF 期权

国内首只期权——上证 50ETF 期权，经过一年多的模拟测试后，于 2015 年 2 月 9 日在上海证券交易所上市。这不仅宣告了中国期权时代的到来，也意味着我国已拥有全套主流金融衍生品。

上证 50ETF 期权为欧式期权，行权日即合约到期日，为到期月份的第四个星期三，合约单位为 10000 份。其合约标的为"上证 50 交易型开放式指数证券投资基金"。自 2015 年 2 月 9 日起，上海证券交易所按照不同合约类型、到期月份及行权价格，挂牌相应的上证 50ETF 期权合约。作为其标的物，上证 50ETF 的投资目标紧密跟踪上证 50 指数，最小化跟踪偏离度和跟踪误差，代码 510050。基金采取被动式投资策略，具体使用的跟踪指数的投资方法主要是完全复制法，追求实现与上证 50 指数类似的风险与收益特征。

此外，中国证券报记者独家获悉，2018 年 12 月 13 日晚，深交所向期权经营机构下发《深圳证券交易所股票期权试点交易规则（草案）》《深圳证券交易所、中国证券登记结算有限责任公司股票期权试点风险控制管理办法（草案）》《股票期权试点风险揭示书备案条款（草案）》《ETF 期权合约基本条款（草案）》等多份规则文件。

15.3 互换市场风险管理

15.3.1 互换市场风险的种类

互换是指两个或两个以上的参与者之间，直接或通过中介机构签订协议，交叉支付一系列本金或利息或本金加利息的交易行为。金融互换是在汇率浮动与利率波动的情况下因规避风险的需求、银行的推动以及科学技术的进步等因素综合影响而产生金融创新的结果。

互换交易是用来管理外汇风险及利率风险的最主要且最有效的手段之一，但是互换交易本身也存在着风险。如何在可能的情况下降低互换风险是互换市场参与者共同关心的问题，而解决问题的第一步应是正确识别金融互换风险。

互换资产面临如下一些风险。

（1）利率风险。在进行固定利率对浮动利率互换和货币互换时，交易者面临着严重的利率风险。具体地，如果互换银行是固定利率支付方，而从对方那里接收浮动利率，就会面临利率下降的风险；相反，如果互换银行是固定利率的接收方，而向对方支付浮动利率，则利率上升对银行不利。

（2）汇率风险。如果互换银行持有尚未套期保值的货币互换合约，就会面临汇率风险，汇率变动影响了互换本金和利息的数量大小。

（3）违约风险。违约风险是一种复合风险，它一般是指信用风险同市场风险的乘积。

（4）不匹配风险。互换的本金、期限、利率、支付费率或支付时间的不匹配，都会使银行面临不匹配风险，特别是在互换对方违约的情况下，银行面临的不匹配风险更大。

（5）基差风险。对于利率互换，基差是指两种不同的浮动利率指数之间的差额。基差变动给银行带来的风险即基差风险。基差风险产生的原因有两种：第一种，互换对方要求浮动利率对浮动利率互换，但互换的两边分别盯住不同的指数；第二种，两个相互独立的互换对方都与银行安排了固定利率对浮动利率互换，但浮动利率分别盯住不同的指数。

（6）国家风险。国家风险是指因国家强制性因素而使互换对方违约，从而给互换银行带来经济损失的可能性。例如在货币互换中，如果货币互换对方所属国家的政府进行外汇管制，互换对方不能履约，那么互换银行就可能遭受损失。

（7）利差风险。利差风险是指银行在签订匹配互换协议时，前后两个互换协议利率发生变动带来的风险。利差风险不同于利率风险。

（8）交割风险。交割风险有时也称结算风险，是指互换双方位于不同的国家时，由于时区差的存在，世界各地的资本市场结算时间不同，交易双方必须在一天的不同时间段向对方办理支付，从而产生的风险。

从终端用户的角度来看，如果另一终端用户发生不履约行为，这个终端用户与中介机构的合同仍然有效，而如何弥补未能履约合同是中介机构的事，与终端用户无关。所以，中介机构的作用不仅是搜寻和撮合各个终端用户的互换，而且转移了终端用户的风险。

15.3.2 互换市场风险的控制

控制互换市场风险的关键是要做好各类风险的评估工作。这项工作对于互换资产的风险管理的必要性体现在以下几个方面。

（1）银行签订互换协议时，如面临较大风险，就可要求对方提供一定的补偿，这种补偿可采用收取期初安排费的形式，但通常采用提高利率或调低利率的形式。而要确定对方需支付的具体补偿额时，就必须对风险加以评估。

（2）银行在签订某一互换协议之后，需要利用期货、期权等工具对互换风险进行暂时的套期保值，而要寻找最优套期保值方法就需要对风险加以度量。

（3）银行的内部管理也要求对互换风险进行客观的估计，以便明确规定对某一互换对方或某一组互换对方的风险控制标准。

在互换交易的风险管理上，对互换的估值是十分重要的，互换的估值和前面提到的定价有所区别。定价发生在互换签约之前，考虑的是将要交换的两组现金流是否具有相等的现值；互换的估值发生在互换签约之后，是对已经持有的互换头寸的价值及其变化进行计算，目的是监测可能的盈亏。此外，为了对互换合同随市损益结算，需要将其分解成更简单的合同来进行。如果不计拖欠风险，一个互换可以分解成两个相反头寸的债券组合，也可以分解成一系列远期的组合。两种方法都可以达到估值的目的。

对风险进行识别和评估是为了风险控制。金融互换市场风险的常用控制方法有以下几种。

1. 合理匹配法

与证券风险一样，互换风险也是由系统风险和非系统风险两部分组成。互换风险中的信用风险、基差风险等非系统风险均可通过互换资产分散化策略来实现，其前提是互换资产的规模足够大。在互换风险的控制中，银行作为多个互换的中介人，可以通过将两个互换相匹配的方法，将收入与支付相匹配，从而达到控制风险的目的。

2. 套期保值法

当互换银行安排好一个互换等金融资产之后和在寻找到与其相匹配的互换之前，或者该互换未被完全匹配时，可以利用利率期货进行套期保值。例如，在互换银行利用利率期货对利率风险套期保值时：一方面需要利用中长期国债对支付或收入的固定利率套期保值，另一方面还需要利用欧洲美元或国库券期货对支付或收入的浮动利率金保值。由于套期保值过程及方法大多类似，在此仅以固定利率的套期保值为例来阐释其过程。第一步是决定进行买期保值还是卖期保值。若互换银行是固定利率接收方，则面临利率上升的风险，此时可以通过卖出利率期货进行卖期保值；若互换银行是固定利率支付方，则面临利率下降的风险，此时可以通过买入利率期货进行买期保值。第二步是决定套头率。第三步是决定买卖期货的份数，用互换的名义本金乘以套头率，然后除以单位期货合同的面值就可以得到买卖期货合约的份数。

3. 互换银行将其承担的责任转移给第三方

从理论上讲，互换转移之后，信用风险也随之转移。但在现实中，这种方法并不是很可行，因为互换的转移需要互换双方的同意。如果互换对方不能从互换转移中获利，甚至会受到损失，那么可能就不会同意这种互换转移。

4. 其他方法

互换市场风险控制的其他方法也有很多，在此仅以信用风险为例加以说明。信用风险是不可套期保值风险，但因它是非系统风险，故可通过资产的合理组合使该风险大大降低。此外，尚可采取如下控制措施。

（1）在互换协议中列明违约事件条款，规定违约方应对因其违约而给银行造成的损失提供适当的补偿。

（2）可要求对方提供价值与市场风险相当的抵押物，而且互换协议中应明确，如若银行面临的风险加大或者对方的信誉下降，应及时追加抵押物。

（3）可通过逆转现存互换的方法回避信用风险。逆转现存互换有两种基本模式。第一，与原互换对手签订一个与原互换条款相反的逆向互换，原互换同逆向互换的支付可相互抵消，签订新的互换类似于取消原有互换。第二，可以通过简单的购买取消现存互换，如银行支付一笔中止费用给对方，要求互换对方取消现存互换。

15.3.3 互换市场风险的防范

1. 针对互换本身特点可能导致的风险的防范

（1）会计规范，尽量反映互换交易对公司的风险和收益。建立一套适用于互换交易的统一的国际会计标准，其财务报表应该包括全面的互换交易信息资料，便于公司对互换工具的风险和收益进行核算，对于用于对表内科目套期保值的，应使表外科目和表内相应科目相匹配。

（2）在合约中运用上限或者下限策略，限制杠杆作用，进一步锁定风险。由于一般合约确定的担保抵押价值是一定的，难以追加，因此可以在合约中限定原生金融工具价格的浮动范围。当该价格超出一定界限，也就是互换合约价值超出一定界限时，交易利益的损失方锁定损失金额，获利方锁定盈利水平，不再按照原有比例进行支付。

（3）选取合理的、多样化的各种风险的评估方式评估互换工具风险。由于每种预测方法都有其局限性，市场的实际情况不可能完全满足某一预测方法的全部假设前提，所以应当用多种模型、多种预测手段进行对比分析，选取其中最合理的结果。

2. 针对交易主体和交易行为可能产生的风险的防范

（1）交易前认真评估分析可用金融工具的各种风险特征和优势，选取合适的金融工具。一般而言，场内交易已经规范化的交易合约信用风险小于场外交易的风险，且流动性更好；互换交易，适用多个计息期，擅长中长期利率风险管理。对单一计息期的保值，防范短期利率风险，采用远期利率协议或利率期货比较合适，采用利率互换则成本过于昂贵。

（2）交易方做好内部控制管理，层级负责，防范操作风险。在内部管理上，分开业务操作部门、风险监控部门和管理部门。定期监控风险随经济形势改变的变化，将监控的数据做简单处理后向相应的管理人员汇报，管理人员要及时制定对可预测风险的防范策略。

（3）要对交易方的信用评级和资金保证等信息做充分了解，以防范信用风险，并且尽量选取值得信赖且资金雄厚的银行和信托公司作为交易对手。

（4）增加对交易合约的斟酌考虑，设置担保抵押等事项以减少信用风险。合同中认真斟酌对手的信用、资金实力以及市场变化的各方面因素，制订合理的互换价格。

（5）对合约进行违约保险。

（6）设立损失保证金账户和适当的预付储备，防范流动性风险。

相关阅读

2022年中国利率互换市场回顾

2022年利率互换交易量较2021年相比基本持平，1年期及以下利率互换交易较为活跃。伴随实体经济的恢复，人民币资产的性价比提升，利率中枢将有所抬升，2023年利率市场波动有所增大。

2022年利率互换交易量较2021年相比基本持平，约为20.97万亿元。其中，FR007利率互换交易量约18.75万亿元，占比约89.4%，较上年同期增长0.5万亿元，同比增长2.7%，FR007利率互换交易量和市场占比较往年有所提升。SHIBOR 3M利率互换交易量约2.04万亿元，占比约9.7%，较上年同期减少约0.51万亿元，同比下降20%，SHIBOR 3M利率互换交易量和市场占比较往年均有所下降。受2022年LPR 1Y和LPR 5Y利率分别下行15BP和35BP的影响，LPR利率互换交易量较上年同期有所提升，约为899.45亿元，同比增长约5.7%。

期限方面，2022年全年货币政策呈现宽松的态势，二三季度资金利率较长时间低于政策利率，短期限的票息+骑乘策略受到广泛关注，1年期及以下利率互换交易较为活跃。以FR007利率互换为例，1年期及以下利率互换交易量约11.34万亿元，占比60.5%，在历史上处于较高活跃水平。

市场参与者方面，截至2022年年末，人民币利率互换业务制度备案机构数达733家，机构类型包括商业银行、证券公司、私募基金、保险资管、期货资管、券商资管计划、银行理财子公司、境外机构等。从边际增量来看，非法人产品已经成为人民币利率互换市场增长的重要市场参与者。

应用实例与分析

法国兴业银行股指期货投资巨亏

一、案情

2008年1月18日，法国兴业银行收到了一封来自另一家大银行的电子邮件，要求确认此前约定的一笔交易，但法国兴业银行和这家银行根本没有交易往来。因此，兴业银行进行了一次内部查清，结果发现，这是一笔虚假交易。伪造邮件的是兴业银行交易员凯维埃尔。更深入地调查显示，法国兴业银行因凯维埃尔的行为损失了49亿欧元，约合71亿美元。

凯维埃尔从事的是什么业务能导致如此巨额损失？他从事的是欧洲股指期货交易，是一种衍生金融工具产品。早在2005年6月，他利用自己高超的电脑技术，绕过兴业银行的五道安全限制，开始了违规的欧洲股指期货交易，"我在安联保险上建仓，赌股市会下跌。不久伦敦地铁发生爆炸，股市真的大跌。我就像中了头彩……盈利50万欧元。" 2007年，凯维埃尔再赌市场下跌，因此大量做空，他又赌赢了，到2007年12月31日，他的账面盈余达到了14亿欧元，而当年兴业银行的总盈利不过是55亿欧元。从2008年开始，凯维埃尔认为欧洲股指上涨，于是开始买涨。然而，欧洲乃至全球股市都在暴跌，凯维埃尔的巨额盈利转眼变成了巨大损失。

二、原因

1. 风险巨大，破坏性强

由于衍生金融工具牵涉的金额巨大，一旦出现亏损就将引起较大的震动。法国兴业银行事件中，损失达到71亿美元，成为历史上最大规模的金融案件，震惊了世界。

2. 爆发突然，难以预料

因违规进行衍生金融工具交易而受损、倒闭的投资机构，其资产似乎在一夜间就化为乌有，爆发的突然性往往出乎人们的预料。

3. 原因复杂，不易监管

衍生金融工具风险的产生既有金融自由化、金融市场全球化等宏观因素，也有管理层疏于监督、金融企业内部控制不充分等微观因素，形成原因比较复杂，即使是非常严格的监管制度，也不能完全避免风险。像兴业银行这个创建于拿破仑时代的银行，内部风险控制不可谓不严，但凯维埃尔还是获得了非法使用巨额资金的权限，违规操作近一年才被发现。这警示我们，再严密的规章制度，再安全的电脑软件，都可能存在漏洞。对银行系统的风险控制，绝不可掉以轻心，特别是市场繁荣之际，应警惕因盈利而放松正常监管。

三、启示

衍生金融工具的风险很大程度上表现为交易人员的道德风险，但归根结底，风险主要来源于金融企业内部控制制度的缺乏和失灵。在国家从宏观层面完善企业会计准则和增强金融企业实力的同时，企业内部也应完善财务控制制度，消除企业内部的个别风险。

1. 健全内部控制制度

在一定程度上，防范操作风险最有效的办法就是制定尽可能详尽的业务规章制度和操作流程，使内部控制制度建设与业务发展同步，并提高制度执行力。内部控制制度是控制风险的第一道屏障，要求每一个衍生金融交易人员均应满足风险管理和内部控制的基本要求，必须有来自董事会和高级管理层的充分监督，应成立由实际操作部门高级管理层和董事会组成的自律机构，保证相关的法规、原则和内部管理制度得到贯彻执行；要有严密的内部控制机制，按照相互制约的原则，对业务操作人员、交易管理人员和风险控制人员进行明确分工，要为交易员或货币及商品种类设立金额限制、停损点和各种风险敞口限额等，针对特定交易项目与交易对手设置合理的"集中限额"以分散风险；交易操作不得以私人名义进行，每笔交易的确认与交割须有风险管理人员参与控制，并有完整准确的记录；要有严格的内部稽核制度，对风险管理程序和内部控制制度的执行情况以及各有关部门工作的有效性要进行经常性的检查和评价，安排能胜任的人员专门对衍生金融交易业务进行定期稽核，以确保各项风险控制措施落到实处，等等。

2. 完善金融企业的法人治理结构

金融交易人员的行为风险可以通过内部控制制度来防范，但再严格的内部控制对于企业高层管理人员也可能无能为力，高层管理人员凌驾于内部控制之上的现象是造成金融企业风险的深层原因。我国国有商业银行所有者虚位的现象严重，对高层管理人员的监督和约束机制还相对较弱。对于金融企业主要领导者的监督应借助于完善的法人治理结构。首先是建立多元的投资结构，形成科学合理的决策机构；其次是强化董事会、监事会的职责，使董事会在风险管理方面扮演更加重要的角色；最后是强化内部审计人员的职责，建立内部审计人员直接向股东会负责的制度。

资料来源：http://money.163.com/special/00252HUT/FGXYYHJK.html　[2024-03-27]

本章小结

本章首先分析了期货市场风险管理，在分析期货市场风险种类和特征的基础上，着重介绍期货风险的管理和监管手段；其次分析了期权市场的风险管理，介绍了期权的原理和运作、期权的定价，然后介绍如何利用期权管理风险；最后介绍互换风险的种类、控制和防范方法。

关键术语

金融期货（Financial Futures）、保证金（Margin）、盯市（Market-to-Market，MTM）、期权（Option）、布莱克斯科尔斯期权定价模型（Black-Scholes Option Pricing Model）、二项式模型（Binomial Option Pricing Model）、对冲比率（Hedge Ratio）、互换（Swaps）、基差风险（Basis Risk）、套期保值（Hedging）

知识链接

[1] 赫尔，2014. 期权、期货及其他衍生产品 [M]. 北京：机械工业出版社.

[2] 谭春枝，王忠玉，唐菁菁，2018. 金融工程学理论与实务 [M]. 北京：北京大学出版社.

习　题

1. 判断下列说法是否正确并说明理由：

（1）金融衍生产品市场上存在大量的投机交易，投机交易的存在破坏了市场秩序。

（2）Black-Scholes 定价模型认为市场上存在套利机会。

（3）在 Black-Scholes 定价模型中，当资产组合的 $\delta=1$ 时，就是构建一个风险中性的资产组合。

2. 造成期货价格异常波动最直接、最核心的因素是（　　）。

A. 人为的非理性投机　　　　　　B. 交易规则执行不当

C. 监管措施不完善　　　　　　　D. 会员结构不合理

3. 在金融衍生产品交易中，由合约一方违约所造成的风险被称为（　　）。

A. 信用风险　　　　　　　　　　B. 流动性风险

C. 操作风险　　　　　　　　　　D. 结算风险

4. 期货的风险有什么特征？期货的风险可以分为哪几类？如何管理期货的风险？

5. 考虑一种期权，还有 6 个月的有效期，股票现价为 42 美元，期权的执行价格为 40 美元，无风险利率为每年 10%，波动率为每年 20%，即 $S=42$，$X=40$，$r=0.10$，$\sigma=0.20$，$T-t=0.5$。分别求 d_1，d_2，以及若该期权分别为欧式看涨期权和欧式看跌期权时的价值 c 和 p。

6. 简述期权交易的基本原理和运作过程。
7. 期权定价的方法有哪些？
8. 如何运用期权管理金融风险？
9. 什么是互换风险？互换风险可分为哪几类？
10. 如何控制互换风险？
11. 防范互换风险通常可采取哪些措施？

参考文献

巴塞尔银行监管委员会，2020.第三版巴塞尔协议改革最终方案[M].中国银行保险监督管理委员会，译.北京：中国金融出版社.

贝西，2019.银行风险管理（第四版）[M].路蒙佳，译.北京：中国人民大学出版社.

卜林，王雪杰，刘志强，2020.全球股票市场系统性风险传递网络研究[J].国际金融研究（03）：87-96.

卜亚，李晖，2019.演化博弈视角下金融科技创新监管问题研究[J].内蒙古社会科学，40（06）：116-122.

曹志鹏，安亚静，2018.利率市场化对中国商业银行利差的影响[J].金融经济学研究，30（06）：36-45.

陈守东，杨莹，马辉，2006.中国金融风险预警研究[J].数量经济技术经济研究（07）：36-48.

陈松男，2014.金融风险管理：避险策略与风险值[M].北京：机械工业出版社.

董昀，李鑫，2019.中国金融科技思想的发展脉络与前沿动态：文献述评[J].金融经济学研究，34（05）：38-52.

杜金富，薛曜祖，王旭，2022.巴塞尔协议与宏观审慎监管[M].北京：中国金融出版社.

法博齐，等，2023.金融市场与金融机构基础（原书第5版）[M].北京：机械工业出版社.

方洪全，曾勇，2004.银行信用风险评估方法实证研究及比较分析[J].金融研究（01）：62-69.

方意，王羚睿，王炜，等，2020.金融科技领域的系统性风险：内生风险视角[J].中央财经大学学报（2）：29-37.

高航，俞学劢，王毛路，2016.区块链与新经济：数字货币2.0时代[M].北京：电子工业出版社.

高青松，2023.证券投资学[M].北京：清华大学出版社.

赫尔，2021.风险管理与金融机构（原书第5版）[M].北京：机械工业出版社.

胡滨，2019.金融风险与监管：国际研究镜鉴Ⅱ[M].北京：经济管理出版社.

胡瑾瑾，2011.寿险公司利率风险管理研究[M].上海：上海财经大学出版社.

胡阳，孙宗丰，2016.融资租赁风险控制[M].北京：电子工业出版社.

黄海洲，2018.全球金融系统危机与变革[M].北京：中信出版社.

姜建清，2006.金融定量分析百科全书[M].北京：中国金融出版社.

蒋先玲，2021.国际金融[M].北京：中国人民大学出版社.

赖娟，2011.潜在的危机：中国金融系统性风险研究[M].北京：中国财政经济出版社.

类承曜，2022.固定收益证券[M].6版.北京：中国人民大学出版社.

李敏，2019.金融科技的系统性风险：监管挑战及应对[J].证券市场导报（02）：69-78.

李伟，2017.金融科技发展与监管[J].中国金融（08）：14-16.

刘嘉伟，2018.金融科技重构信贷风控体系[J].中国金融（11）：74-75.

刘湘云，2008.商业银行利率风险动态综合计量与管理[M].北京：中国社会科学出版社.

刘湘云，2016.复杂性视角下金融市场极端风险溢出的群体动力学机制与路径研究[M].北京：经济科学出版社.

刘晓星，2007.基于VAR的商业银行风险管理[M].北京：中国社会科学出版社.

刘瑜恒，周沙骑，2017.证券区块链的应用探索、问题挑战与监管对策[J].金融监管研究（04）：89-109.

刘元庆，2016.信贷的逻辑与常识[M].北京：中信出版社.

罗萍，2020.商业银行金融创新与系统性风险[J].金融发展研究（02）：85-89.

马君潞，陈平，范小云，2011.国际金融[M].北京：高等教育出版社.

马其家，2016.我国场外金融衍生品交易风险监管制度的构建[M].北京：知识产权出版社.

马一民，2007. 金融体系的风险与安全 [M]. 北京：社会科学文献出版社.
钱雪松，徐建利，杜立，2018. 中国委托贷款弥补了正规信贷不足吗？[J]. 金融研究（05）：82-100.
申尊焕，2016. 资产定价与风险管理 [M]. 西安：西安电子科技大学出版社.
石晓军，2007. 商业银行信用风险管理研究：模型与实证 [M]. 北京：人民邮电出版社.
王曼怡，周晔，2015. 中国金融风险报告 [M]. 北京：首都经济贸易大学出版社.
王永巧，蒋学伟，2016. 基于时变 Copula 的金融系统性风险度量 [M]. 北京：中国经济出版社.
吴晓求，2020. 证券投资学 [M]. 5 版. 北京：中国人民大学出版社.
辛格，2023. 抵押品市场与金融管道 [M]. 王永钦，张之晗，褚浩男，译. 北京：格致出版社.
熊良俊，胡艳超，2012. 聚焦银行科技前沿：来自金融机构和监管者的思考 [M]. 北京：中国金融出版社.
徐大为，刘颖，2016. 低风险投资之路 [M]. 2 版. 北京：中国经济出版社.
徐忠，邹传伟，2018. 区块链能做什么、不能做什么？[J]. 金融研究，461（11）：1-16.
薛文骏，2023. 我国公募基金的羊群行为：成因及其投资绩效的研究 [M]. 上海：上海大学出版社.
阎庆民，2005. 中国银行业风险评估及预警系统研究 [M]. 北京：中国金融出版社.
杨燕青，2015. 新常态下的非常态金融风险 [M]. 北京：中国金融出版社.
杨子晖，陈里璇，陈雨恬，2020. 经济政策不确定性与系统性金融风险的跨市场传染：基于非线性网络关联的研究 [J]. 经济研究，55（01）：65-81.
姚前，汤莹玮，2017. 关于央行法定数字货币的若干思考 [J]. 金融研究（07）：78-85.
姚远，2007. 投资组合保险及策略研究 [M]. 北京：中国经济出版社.
于凤芹，2015. 场外金融衍生品的风险及其管控研究 [M]. 成都：西南财经大学出版社.
张健，2016. 区块链：定义未来金融与经济新格局 [M]. 北京：机械工业出版社.
张琳，廉永辉，2020. 债券投资如何影响商业银行系统性风险？：基于系统性风险分解的视角 [J]. 国际金融研究（02）：66-76.
张青龙，孔刘柳，王静华，2022. 外汇交易和风险管理 [M]. 北京：格致出版社.
张亦春，2021. 现代金融市场学 [M]. 4 版. 北京：中国金融出版社.
张志远，2015. 后金融危机时代我国金融监管以及金融风险的博弈研究 [M]. 北京：经济科学出版社.
章彰，2002. 商业银行信用风险管理：兼论巴塞尔新资本协议 [M]. 北京：中国人民大学出版社.
周浩，2014. 中国商业银行汇率风险研究 [M]. 北京：中国金融出版社.
朱敏，张毅，2007. 基金投资：从入门到精通 [M]. 上海：上海交通大学出版社.
朱淑珍，2002. 金融创新与金融风险：发展中的两难 [M]. 上海：复旦大学出版社.
朱淑珍，陈丽娟，2010. SV 模型下中国股票型开放式基金杠杆效应分析 [J]. 统计与信息论坛，25（08）：64-69.
朱莹，王健，2018. 市场约束能够降低地方债风险溢价吗？：来自城投债市场的证据 [J]. 金融研究（06）：56-72.
庄新田，高莹，金秀，2007. 金融工程学 [M]. 北京：清华大学出版社.
卓志，2006. 风险管理理论研究 [M]. 北京：中国金融出版社.
邹传伟，2019. 区块链与金融基础设施：兼论 Libra 项目的风险与监管 [J]. 金融监管研究（07）：18-33.

附录 A AI 伴学内容及提示词

AI 伴学工具：生成式人工智能工具，如 Deepseek、Kimi、豆包、腾讯元宝、文心一言等。

序号	AI 伴学内容	AI 提示词
1	第 1 章　金融风险概述	金融风险中的法律风险有哪些具体表现
2		个体理性为何会加剧股票价格的波动
3		信息不对称在金融业中有哪些具体表现
4		从金融风险管理角度探讨我国当前的外汇政策
5		硅谷银行破产原因
6		出一套关于金融风险性质与特征的自测题
7	第 2 章　金融风险管理的基本理论	存款保险制度能否避免银行挤兑危机
8		我国当前对金融机构市场准入的监管包含哪些内容
9		当前我国股票市场退出标准是什么
10		我国金融业外部监管机构分工情况
11		金融科技在金融风险管理中的应用举例
12		出一套关于金融风险管理组织结构的自测题
13	第 3 章　金融风险的识别与度量	瑞信银行风险管理存在哪些问题
14		CAPM 模型在金融风险管理中的应用
15		套利定价理论在金融风险管理中的应用
16		持续期在金融风险管理中的应用
17		我们为何会对金融风险管理中的"灰犀牛"事件视而不见
18		出一套关于金融风险度量的自测题
19	第 4 章　金融风险的预警	FR 模型具体应用和评价
20		KLR 信号法具体应用和评价
21		STV 模型具体应用和评价
22		我国村镇银行关门潮现象解析
23		量化交易风险的预防和管理
24		出一套有关金融风险预警的自测题

续表

序号	AI 伴学内容	AI 提示词
25	第5章 商业银行风险管理概述	巴塞尔协议Ⅲ最终方案的具体内容
26		我国商业银行资本充足率管理情况
27		从次贷危机角度理解巴塞尔协议Ⅲ的改革动因
28		当前信用评级存在的问题
29		区块链技术在我国商业银行中的应用
30		出一套关于巴塞尔协议的自测题
31	第6章 信用风险管理	我国商业银行信用风险现状
32		我国商业银行信用风险管理手段
33		期权定价模型 B—S 模型在信用风险管理中的应用
34		我国当前互联网金融行业的信用风险情况
35		如何利用人工智能提升商业银行信用风险管理能力
36		出一套关于商业银行信用风险的自测题
37	第7章 流动性风险管理	英国北岩银行风险管理存在哪些问题
38		我国商业银行流动性风险监管有哪些指标
39		我国商业银行流动性管理工具和方法
40		商业银行流动性风险的来源和表现
41		非银行金融机构流动性风险的来源和表现
42		出一套关于流动性风险的自测题
43	第8章 利率风险管理	利率风险的形成原因有哪些
44		比较利率风险度量的各种方法的优缺点
45		我国利率市场化过程
46		利率风险管理的常用工具有哪些
47		举例说明利率风险管理的某种策略
48		出一套关于利率风险管理的自测题
49	第9章 汇率风险管理	汇率风险的类型有哪些
50		近年来我国汇率风险表现
51		比较汇率风险度量的主要方法
52		汇率风险管理的主要程序是什么
53		举例说明汇率风险管理的主要策略
54		出一套关于汇率风险管理的自测题
55	第10章 操作风险管理	操作风险相关的典型案例
56		操作风险的形成原因是什么
57		21世纪以来操作风险呈现出什么新特点

续表

序号	AI 伴学内容	AI 提示词
58	第 10 章　操作风险管理	操作风险高级计量法的具体内容
59		操作风险的控制有哪些方法
60		出一套关于操作风险管理的自测题
61	第 11 章　股票市场风险管理	列举分析近年来国内外股市崩盘事件
62		什么是股市熔断机制
63		股票的非系统性风险有哪些形式
64		度量股票风险的主要方法有哪些
65		量化交易对股市风险的影响
66		出一套关于股市风险管理的自测题
67	第 12 章　债券市场风险管理	垃圾债券有投资价值吗
68		国债规模与财政政策的关系紧密吗
69		比较封闭式与买断式回购的交易风险
70		债券市场面临哪些风险
71		债券市场的信用风险管理可以从哪些方面着手
72		债券的利率风险有哪些度量方法
73		出一套关于债券市场风险管理的自测题
74	第 13 章　基金市场风险管理	基金市场风险的表现
75		基金市场在整个金融市场中的地位如何
76		基金风险收益指数有哪些
77		ETF 基金的风险管理有些什么特殊内容
78		中国基金公司最新的排名
79		出一套关于基金市场风险管理的自测题
80	第 14 章　保险市场风险管理	风险管理与保险的关系
81		保险行业风险的形成机制是怎样的
82		保险风险的基本分类是什么
83		举例说明保险的环境风险
84		保险的中观管理如何开展
85		出一套关于保险市场风险管理的自测题
86	第 15 章　金融衍生品市场风险管理	中国金融衍生品市场发展现状
87		衍生品市场的主要参与者
88		中国股指期货市场未来的完善方向
89		介绍一下上证 50ETF 期权产品的主要特征
90		互换市场风险控制的主要方法有哪些
91		出一套关于金融衍生品市场风险管理的自测题

附录 B 金融决策支持和金融风险管理模拟仿真

教育部将虚拟仿真技术列为教育新基建核心领域，要求从"试点探索"转向"规模化应用"，可见虚仿教学的定位已超越单一技术工具，作为"教育供给侧改革"的战略支点，虚仿教学正从"辅助手段"向"主流模式"演进。

本教材借助 AI 等工具尝试与虚拟仿真系统结合、兼容，对纸质教材拓展和延伸，将有助于培养具有战略思维、量化操作和知识结构体系完备的高质量金融风险管理人才。创新主要在如下两个方面：第一，本教材依托东华大学国家级管理决策虚拟仿真实验教学中心平台，通过"金融风险管理"为抓手开发了"金融风险决策"实验教学系统。以该平台为核心的教改项目在董平军等老师的主持和参与下，自 1997 年至 2018 年多次获得国家级教学成果奖和省部级教学成果奖。第二，本教材对接金融风险决策支持系统（Quant Risk5.0），该系统是一套集蒙特卡罗仿真、预测和优化为一体的软件，可以用于绝大多数金融风险管理量化模型的运算。

B.1 金融风险决策支持系统

东华大学国家级管理决策虚拟仿真实验教学中心主要包含三个模块：创业决策、经营决策和金融风险决策。金融风险管理是金融决策的核心内容，基于此，该模块分成五个子模块，分别为信用风险决策、流动性风险决策、利率风险决策、汇率风险决策和操作风险决策。

信用风险决策子模块，包含信用风险识别、度量、管控和评价四个步骤。通过分析业务性质和财务指标等方法来识别信用风险。通过专家评定法、Z 评分模型、信用矩阵和 KMV 模型等现代信用风险度量模型来量化信用风险。信用风险管控方法主要有：使用衍生产品等金融工具对冲，或在合约中添加增信条款。最后根据实际效果，从风险管理目标和成本两个维度对风险管理决策方案进行评价。

流动性风险决策子模块，包含流动性风险的识别、度量、管控和评价四个步骤。通过分析现金流量时间特征等方法来识别流动性风险。通过基础财务指标、现金流指标和综合性指标来度量流动性风险，其中基础财务指标包括流动性比率、速动比率等，现金流指标包括经营现金流比率和现金流利息保障倍数等，综合指标有流动性缺口和净稳定资金比例等。流动性风险管控方法主要有：现金流预测、合理规划资本投资规模、融资工具的选择和优化。最后根据实际效果，从风险管理目标和成本两个维度对风险管理决策方案进行评价。

利率风险决策子模块，包含利率风险的识别、度量、管控和评价四个步骤。通过分析有息资产和负债特征等方法来识别利率风险类别。通过久期、利率敏感性缺口和情景分析等方法来度量利率风险的大小。利率风险管控的方法主要有：国债期货、利率及结构化产品、利率掉期、远期利率协议和利率期权。最后根据实际效果，从风险管理目标和成本两个维度对风险管理决策方案进行评价。

汇率风险决策子模块：包含汇率风险的识别、度量、管控和评价四个步骤。通过分析外汇收支情况等方法来识别汇率风险。通过计算动态外币敞口和情景分析等方法来度量汇率风险。汇率风险管控的方法主要有：合同法和金融交易法。合同法是在签订进出口合约时，使用对自己有利的货币进行结算，或者在合约中约定一些保值条款；金融交易法是通过各种金融工具来对冲汇率风险，可选择的金融工具包含外汇远期交易、外汇掉期交易等。最后根据实际效果，从风险管理目标和成本两个维度对风险管理决策方案进行评价。

操作风险决策子模块，包含操作风险的识别、度量、管控和评价四个步骤。基于业务性质并结合操作风险类别来识别风险。根据操作风险的具体形式选择定性或定量度量方法，定性度量方法包括自我评估法、情景分析法、流程分析法和风险指标法，定量度量方法可以选择基本指标法和高级衡量法，亦可使用极值法来度量低频高损失的操作风险。操作风险的管控方法主要有：风险规避、风险缓释和风险转移。最后根据实际效果，从风险管理目标和成本两个维度对风险管理决策方案进行评价。

东华大学国家级管理决策虚拟仿真实验教学中心平台网址为：www.jctd.net，目前正式对外开放。

B.2 金融风险管理模拟仿真实验教学系统

本教材通过金融风险管理决策支持系统（以下简称决策支持系统），来辅助完成量化操作的教学任务。表 B-1 展示了决策支持系统的主要功能。

表 B-1 金融风险决策支持系统的主要功能

四大功能模块			
仿真	24 种概率分布 极速仿真 自定义分布 离散分布 连续分布 作为 EXCEL 函数的分布 Copula 相关性	优化	线性优化 非线性优化 静态优化 动态优化 随机优化 有效边际
预测	ARIMA 自动 ARIMA 模型分析 自动计量经济学模型分析 基本计量经济模型 三次样条差值模型 GARCH 模型 逻辑 S 曲线和指数 J 曲线 马尔科夫链 最大似然估计模型 多元回归 非线性外插 随机过程 时间序列分析 趋势线	分析	数据诊断 数据输出和报告 打开和录入数据 分布分析 分布设计 数据拟合 假设检验 非参数拔靴检验 重叠图 情景分析 分类聚合 敏感性分析 统计分析 飓风图

续表

常规设置
中文、英语、日语、西班牙语
完全可以自定义的色彩和图表
详细的示例模型
可与 Real Options SLS 和 Modeling Toolkit 相链接
详细的分析报告
Excel RS 函数和右键支持

决策支持系统主要包含4大模块。第一模块为仿真模块,该模块提供了42种概率分布的计算,涵盖离散分布和连续分布,可以用于蒙特卡罗抽样、Copula 函数等。第二模块为预测模块,该模块提供了多元回归、随机预测、时间序列等多类预测方法。第三模块为优化模块,该模块提供了线性优化和非线性优化,静态优化和动态优化,亦可以计算有效前沿。第四模块为分析模块,包括敏感性分析、主成分分析、情景分析等内容,亦提供了回归和预测诊断工具、统计分析工具等量化分析方法。

该决策支持系统已经升级迭代到第5版,功能的更新主要体现在以下三个方面。第一,超快仿真,这个新功能可以以超快的速度运行仿真,系统通过分析 Excel 模型,对于可汇编的模型,系统会将此模型汇编成纯数学代码再以非常快的速度运行仿真。第二,计量经济学自动分析功能,通过测试线性、非线性、滞后数据、先导数据、相关影响、嵌套和其它模型,决策支持系统可能通过使用智能优选法来运行上百甚至上千种组合和排列来找到最拟合数据的模型。第三,重启功能,该功能通过该菜单"开始/所有程序/Real Options/Valuation/ 风险模拟"实现,当 Windows 或 Excel 暂时禁用本软件的时候(比如断电、电脑中毒,或者误删了一些关键文件等),可以"风险模拟"重启功能。

决策支持系统的运用可以全程起到对教材的辅助功能。第3章中,3.2 金融风险的度量,如时间序列预测法、累积频率分析法、方差计算、马克维茨有效前沿、灵敏度分析等内容可以c过决策支持系统来实现。第4章中,4.1 中的模型预警法和4.2 中的预警指标的应用,可通过决策支持系统来实现。第5章中,5.2 中的风险计量可通过决策支持系统来实现。第6章中,6.2 内部评级法、6.3 传统信用风险的度量和6.4 现代信用风险的度量,都可使用决策支持系统来完成。第7章中,7.2 流动性风险的度量可以借助于决策支持系统来实现。第8章中,8.2 利率风险的度量,如久期的计算、动态模拟分析度量法,均可使用决策支持系统来完成。第9章中,9.2 汇率风险的度量,如在险价值法、情景分析法等,都可通过决策支持系统来完成。第10章中,10.2 操作风险的度量,其中损失分布法可通过决策支持系统来完成。第11章中,11.2 股票市场的风险度量,如方差的计算、可行集的计算、资本资产定价模型、套利定价模型等内容都可以通过决策支持系统来完成。第12章中,12.2.1 债券信用风险度量,包含一些信用风险的计算,亦可通过决策支持系统来完成。第13章中,13.2 基金市场风险的度量,可通过决策支持系统来完成。第15章中,15.1 中的期货风险度量、15.2 中的期权定价,都可通过决策支持系统来完成。

目前东华大学校内学生可以在实验室上机操作该软件,校外学生待开放。